아이덴티티

THE POWER OF US

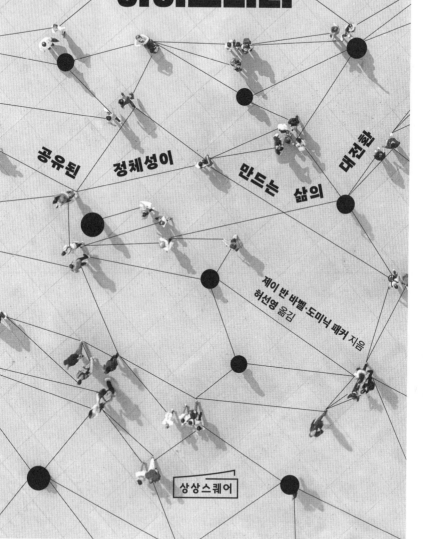

IDENTITY
· 아이덴티티 ·

공유된 정체성이 만드는 삶의 대전환

제이 반 바벨·도미닉 패커 지음
허선영 옮김

상상스퀘어

우리는 주변 환경의 색을 모방하는
일종의 카멜레온이다.

_ 존 로크 John Locke, 《교육론》

정체성은 우리의 관심사가 무엇인지,
어디에 사랑과 헌신을 쏟는지 보여준다.

_ 제이디 스미스 Zadie Smith, 《암시 Intimations》

추천사

와우, 근래에 읽은 가장 흥미로운 사회심리학 책이다. 읽고 나니 가슴이 웅장해지는 느낌이라고나 할까?

사회심리학자들에게 흥미로운 질문 중 하나는 어떻게 자신이 속한 집단이 자아 인식의 일부가 되는가 하는 물음이다. 내가 속한 사회 집단이 어떻게 나의 정체성을 형성하고 감정, 판단, 의사결정, 세계관 등에 영향을 미치는지 말이다.

사회심리학 분야에서 최근 가장 주목받는 학자인 제이 반 바벨과 도미닉 패커는 이 책에서 매우 사적인 경험들을 털어놓으며, 개인의 자아가 어떻게 그들이 속한 집단에서 비롯되는지를 흥미롭게 서술한다. 다시 말해 사회적 정체성이 발달하는 과정을 학문적으로 고찰하는데, 특히 '나는 누구인가?'라는 일반적인 질문을 넘어 '나는 무엇이 되고 싶은가?'라는 질문이 사회적 집단 내에서 어떻게 형성되는지 설명하고 있다.

이 책의 매력은 사회적 집단의 힘과 영향력에 관한 우리의 상식에 이의를 제기하고, 그것이 우리의 정체성에 미치는 영향을 명료하게 설명해준다는 데 있다. 공유된 정체성이 어떻게 사회적 성과를 개선하고, 협동심을 높이며, 사회적 조화를 이루게 하는지를 설명하는 대목은 독자들에게 각별히 유익할 것이다.

철학자 아리스토텔레스가 말한 것처럼, 우리 자신이 누구인지 아는 것은 모든 지혜의 시작이다. 자신을 정확히 안다는 것에는 '우리가 속한 사회가 우리의 사회적 정체성을 어떻게 형성하고, 내가 어떻게 주변 사람들의 정체성에 영향을 미치는지를 제대로 이해하는 것'이 포함된다. 이 책은 바로 그걸 우리에게 말해준다.

_ **정재승** KAIST 뇌인지과학과+융합인재학부 교수

이 책에 쏟아진 찬사

'나는 누구인가?'라는 질문을 해보지 않은 사람이 있을까? 이 책의 저자들은 스스로에게 이 질문을 던지며 수년간 정체성 심리학을 연구했다. 그들은 이 분야의 리더로서 놀라울 정도로 접근하기 쉽고, 실행 가능하며, 읽는 즐거움을 선사하는 권위 있는 가이드를 만들었다!

_앤절라 더크워스 Angela Duckworth 펜실베이니아대학교 심리학과 교수, 《그릿》 저자

정말로 중요한 책이다! 이 책은 동족 의식이 우리의 행동에 미치는 영향을 잘 평가하고, 파괴적인 힘을 건설적인 힘으로 바꾸는 방법을 그 어떤 책보다도 구체적으로 명시했다.

_로버트 치알디니 Robert Cialdini 애리조나주립대학교 심리마케팅학과 석좌교수, 《설득의 심리학》 저자

정체성의 과학으로 떠나는 매혹적인 여정이 궁금하다면 이 책을 펼쳐보라. 광신도 집단에 가입해서 분별없이 순응하는 사람들을 이해하고 싶거나, 훌륭한 팀을 만들어 더 나은 선택을 하도록 영향을 주고 싶다면, 역시 이 책을 펼쳐보라. 이 책은 실용적이고, 재미있으며, 인간 행동을 설명하는 매우 중대한 가이드북이다.

_찰스 두히그 Charles Duhigg 〈뉴욕타임스〉 기자, 《습관의 힘》 저자

미국 정치가 이데올로기와 정책에 관한 투쟁에서 기본적 정체성에 관한 갈등으로 변하면서, '지금 여기에서' 일어나는 일들을 이해하기 위해 사회심리학자들의 도움

이 더 필요하다. 이 책은 이 긴박한 욕구를 채워주는 뛰어난 자원이다.

_ **프랜시스 후쿠야마** Francis Fukuyama 스탠퍼드대학교 프리먼 스포글리 국제학연구소 선임연구원,
《역사의 종말》저자

우리의 사회적 본성이 의사결정에 미치는 깊은 영향력을 이해하려면 꼭 읽어야
할 책이다. 반 바벨과 패커는 정체성의 과학으로 이어지는 매혹적인 여정으로 독
자들을 데리고 간다. 그들은 공유된 소속감이 우리를 집단사고에 취약하게 만듦
과 동시에, 우리의 결정을 개선할 힘이 된다는 것을 보여준다. 우리가 그것을 이용
하는 법만 안다면 말이다.

_ **애니 듀크** Annie Duke 인지과학 전문가이자 포커 월드챔피언, 《큇QUIT》저자

흥미진진하고, 계시적이며, 매혹적인 연구로 가득 찬 이 책은 혼란스럽고 실망스러운
오늘날의 세상에 대한 새로운 생각을 자극하며, 궁극적으로 희망의 빛을 비춰준다.

_ **에이미 추아** Amy Chua 예일대학교 로스쿨 교수, 《정치적 부족주의》저자

재기 넘치고, 재미있으며, 없어서는 안 될 책이다. 제이 반 바벨과 도미닉 패커는
개인의 자아가 어떻게 사회적 집단에서 비롯되는지를 연구하면서 정체성과 인류
의 복잡한 관계를 탐구한다. 그들은 힘과 영향력에 관한 우리의 이해에 이의를 제
기하며, 자신들의 연구 결과를 유리하게 사용할 적절한 방법을 제안한다.

_ **아리아나 허핑턴** Arianna Huffington 〈허핑턴포스트〉 미디어그룹 공동 창립자, 《수면 혁명》저자

21세기 정치와 사회적 삶은 정체성에 관한 것으로 변해왔다. 이 책을 읽은 사람들은 정체성의 깊은 심리를 이해하게 될 것이다. 따라서 정치뿐만 아니라 어떤 종류의 리더십에서도 덜 혼란스럽고 더 성공할 수 있다. 심지어 소셜미디어의 복잡한 정체성 소용돌이 속에서도 말이다.

_ **조너선 하이트**Jonathan Haidt 뉴욕대학교 스턴 경영대학원 교수,《바른 마음》저자

흥미진진한 내용에 풍부한 통찰력이 담긴 이 시기적절한 연구는 독자의 마음을 꿰뚫는다.

_〈퍼블리셔스위클리〉

이 책은 사회심리학 전반에 생겨난 통념의 오류를 설득력 있게 폭로한다. 그중 가장 오래된 통념은 집단을 '자아의 타락과 이성의 상실을 피할 수 없는 장소'로 묘사하는 것이다. 이 책은 이러한 프레임이 전적으로 잘못되었을 뿐만 아니라 위험할 정도로 오해의 소지가 있음을 보여준다. 기능적이고 회복력 있는 조직, 기관, 사회를 가지려면 집단적 마음의 힘을 이해하고 활용해야 한다.

_〈사이언스〉

머리말

교수 휴게실 안은 진지하고 학구적인 대화로 떠들썩했다. 우리
는 주변 분위기에 맞춰 동료 대학원생 무리와 수다를 떨고 있었
다. 연구실 동료가 된 지 얼마 되지 않았던 때라 서로를 거의 알
지 못했다. 제이는 캐나다 앨버타주의 작은 시골 마을 출신이었
고, 도미닉은 영국에서 태어나 몬트리올을 거쳐 토론토로 이주
한 세련된 도시 사람이었다. 몇 주 전 제이가 집에서 쓰지 않는
낡은 나무 책상을 도미닉의 연구소로 들여놓을 때부터 우리 사
이는 틀어지기 시작했다. 한술 더 떠서 도시의 작은 아파트가 비
좁게 느껴진 제이는 악취가 풍기는 거대한 하키 가방까지 환기
가 잘 안되는 지하 연구실로 옮겨 놓았다.

하키 가방이 앞으로 펼쳐질 우리의 우정에 찬물을 끼얹은 셈

이라 그쯤 되면 차라리 혼자 지내는 편이 낫다고 생각할 법했다. 하지만 대학원생의 빠듯한 형편에 값싼 와인과 공짜 음식을 먹을 기회는 무시할 수 없는 유혹이었다. 잠시 서로의 다름을 제쳐 둔 채, 우리는 집단역학* 연구에 신경과학 기법을 사용할 때의 장점을 주제로 토론했다. 우리는 사람들이 타인과 소통하고, 팀을 이루고, 자기 편견을 극복하려 애쓸 때 신경과학 기법을 사용해 그들의 마음을 들여다볼 수 있다는 생각에 진심으로 들떠 있었다.

저명한 학자들과 잘나가는 젊은 교수들이 가득한 그곳에서, 우리는 서열의 밑바닥에 있었다. 하지만 개의치 않았다. 토론토 대학교 심리학부는 매달 다른 대학교에서 뛰어난 강연자를 초대하는 행사를 열었다. 우리는 강연자들을 모시고 점심을 먹거나 강연장에서 원하는 만큼 질문할 수 있었고, 강연 후에는 학부생 전체가 모여 교수 휴게실에 차려진 출장 요리를 먹을 수 있었다. 매달, 몇 시간 동안 벌어지는 이 의례적인 행사는 대학원에서 일어나는 일 중 가장 신나는 행사였다.

그러나 이 행사에서 아주 끔찍한 사고가 생겼다.

함께 아이디어를 논의하는 도중, 제이는 주사위만 한 체더치즈 두어 조각을 입안에 털어 넣었다. 그는 누군가 던진 재미난

---

* 소수 집단 내 힘의 관계 또는 그에 관한 사회심리학적 연구.

농담에 웃음을 터트리다가 엉겁결에 치즈 덩어리를 삼켜버렸고, 치즈가 목에 단단히 걸리고 말았다.

대화는 계속되었다. 제이는 고통스러운 느낌에 얼굴이 빨개졌고, 이마에는 땀이 송골송골 맺혔지만 아무도 알아차리지 못했다. 교수들이 가득한 연회장에서 망신당하고 싶지 않았던 제이는 치즈가 내려가도록 맥주를 벌컥벌컥 마셨다. 하지만 맥주가 장애물을 제거하기는커녕 상황을 악화시켜 폐에 도달할 공기를 아예 차단해버리고 말았다.

누구나 인생에 한 번쯤은 생사를 오간 경험이 있을 것이다. 우리의 뇌는 눈앞에 닥친 위험을 마주하면 위협에 대처하기 위해 준비된 일련의 심리적, 생리적 반응을 발동시킨다. 즉 심장이 내달리기 시작하고, 동공은 확대되며, 호르몬이 솟구치듯 분비되어 투쟁-도피 반응*을 일으킨다. 어떻게 살아남을지에만 집중할 때는 온 세상이 쪼그라드는 것처럼 느껴진다.

제이의 눈앞에 도미닉과 다른 학생들이 무슨 일이냐는 표정으로 자신을 돌아보는 모습이 슬로 모션으로 펼쳐졌다. 말할 수 없던 제이는 목을 조르는 시늉을 했다. 하지만 알아듣지 못한 학생들은 혼란스러운 표정만 주고받았다. 수십 명에 달하는 사람들이 아무 일도 없다는 듯 즐거운 대화를 이어나갔다.

＊　교감신경계가 스트레스나 응급 상황에 대비하는 일련의 생리학적 반응.

시간이 없었다.

제이는 방 안을 훑어보았다. 목숨이 위태로웠지만 교수들에게 좋은 인상을 심어주고 싶었던 그는, 살아남겠다는 욕구와 사람들 앞에서 망신당하고 싶지 않은 비이성적 욕구 사이에서 갈팡질팡했다.

불현듯 예전에 본 안전교육 비디오가 떠올랐다. 앨버타주의 유전油田에서 일할 당시 들었던 안전교육 강좌였다. 음식이 목에 걸려 질식할 위험에 처한 사람이 화장실 같은 은밀한 공간으로 도망치면 사망할 확률이 높았다. 그러나 주변에 사람들이 있어 도움을 요청하면, 보통 누군가는 하임리히법*을 시행해 목숨을 구할 수 있었다.

제이는 몇 발짝 거리에 있는 바텐더를 발견했다. 방 안에서 유일하게 학부와 상관없는 바텐더는 전채 요리를 먹다 질식한 학생을 침착하게 구하는 훈련을 받았을지도 몰랐다. 제이는 비틀거리며 그에게 다가가, 나오지 않는 말 대신 다시 목을 조르는 시늉을 했다. 고통을 호소하는 제이의 신호를 알아차린 바텐더는 제이 뒤로 가서 몸통 주위로 팔을 둘러 껴안고는 가슴 밑을 몇 번 밀어 올렸다.

그때쯤 교수들과 대학원생들은 예사롭지 않은 일이 벌어지고

＊   목에 이물질이 걸린 사람을 뒤에서 안고 가슴뼈 밑을 세게 밀어 토하게 하는 방법.

있다는 것을 알아차렸다. 사람들은 어색하게 껴안은 두 사람을 보고 서서히 대화를 멈췄다.

치즈 덩어리가 일부 내려가자, 제이는 그제야 약간의 공기가 폐로 들어오는 것을 느꼈다. 그는 더 창피스러운 상황을 모면하려고 도미닉의 팔을 잡아끌고는 사람들을 헤치며 연회장 밖으로 나갔다. 복도를 가로지르자 남자 화장실이 보였다. 제이는 여전히 숨쉬기가 버거웠기에 도미닉의 도움이 필요했다.

그제야 도미닉은 상황을 정확히 이해했다. 여름 캠프에서 하임리히법을 배운 지 벌써 몇 년이 지났고, 제대로 기억하고 있는지도 확실치 않았다. 하지만 제이는 화장실에서 곧 죽을지도 몰랐고, 심리학자의 미래도 함께 사라지기 직전이었다. 그를 도울 사람이 자신밖에 없다고 생각한 도미닉은 제이의 몸에 팔을 둘렀다.

몇 번 주저하듯 펌프질한 끝에 요령을 터득한 도미닉은 주먹을 제이의 횡격막 안으로 밀어 넣었다. 그러자 치즈 덩어리가 튀어나와 바닥에 나뒹굴었다.

제이는 감사와 안도의 한숨을 길고 깊게 내쉬었다.

우리는 서로를 빤히 바라보았다.

누구라도 죽음이 임박한 상황에 부닥쳤다면, 우리처럼 즉각적으로 대처했을 것이다. 남자 화장실을 오가는 교수들이 우리를 이상한 눈길로 쳐다보자, 제이는 이 황당한 상황에 배꼽이 빠지라 웃어댔다. 와인과 치즈를 먹다가 죽을 수도 있다는 게 너무 비현실적이라 전혀 심각하게 느껴지지 않았다. 연회장으로 돌아가 다시 와인과 치즈를 먹고 싶었다.

그러나 도미닉은 방금 일어난 사건의 심각성에 충격을 받았고, 새삼 두려워졌다. 제이가 치즈를 먹는 모습을 더는 보고 싶지 않았다.

그 상황에서 느낀 스트레스는 우리에게 깊은 영향을 미쳤다. 우리는 이 요란스럽고 다소 수치스러운 사건 덕분에 하나의 과학 연구팀으로 발전했다. 작은 지하 연구실에서 서로를 참고 지내는 두 개인이 아닌, 어느 학회에서 죽을 고비를 함께 넘기고 회복한 젊은 과학자 한 쌍이 되었다.

그 후로 몇 주간, 우리는 서로에게 점점 더 의지하며 자주 연구를 논의했다. 냄새 나는 하키 가방도 우정을 방해하지 못했다(제이가 더 큰 아파트로 이사하면서 가방을 가져갔을 때, 도미닉은 속으로 안도의 한숨을 내쉬었다). 곧 우리는 공유한 아이디어를 발전시키고 실험을 설계하며 자료를 분석했다. 연구실의 다른 동료들은 우리가 주고받는 끝없는 농담에 짜증을 냈지만, 우리는 창문 없는 지하실 생활이 만족스러웠다.

끔찍한 질식 사건은 대학원을 거쳐 오하이오주립대학교에서 박사 후 과정을 밟은 후, 미국 동부 해안에 있는 대학의 교수가 될 때까지 우리를 끈끈하게 연결해준 유대감의 시작이었다. 우

리는 사회심리학계, 나아가 과학계에 함께 합류했다. 또한 몇 주
차이로 놀랍고 힘든 육아의 세계에도 합류했다. 그리고 이제는
둘 다 책을 쓴 저자가 되었다. 이 모든 것이 우리 정체성의 핵심
적인 부분이다.

사회심리학자인 우리는 어떻게 사람들이 속한 집단이 자아
인식의 일부가 되는지를 연구한다. 또한 어떻게 정체성이 그들
의 세계관, 감정, 사고, 의사결정의 방법을 근본적으로 형성하는
지를 연구한다. 이것이 바로 이 책에서 다룰 내용이다.

이제부터 이 책을 읽는 당신과 함께 공유된 정체성의 역학을
살펴볼 것이다. 왜 사회적 정체성은 발달하는가? 사람들이 자신
을 집단의 구성원으로 정의할 때 그들에게는 무슨 일이 벌어지
는가? 또한 (우리가 연구실에서 경험한 것처럼) 공유된 정체성은
어떻게 성과를 개선하고, 협동심을 높이며, 사회적 조화를 이루
게 하는가?

이 책에서는 **우리**의 감정에 숨겨진 힘도 분석할 것이다. 또한
정체성의 역학이 왜 인간 삶의 많은 영역을 이해하는 비결이 될
수 있는지를 설명할 것이다. 철학자 아리스토텔레스는 "너 자신
을 아는 것이 모든 지혜의 시작이다."라는 유명한 말을 남겼다.
하지만 진정으로 자신을 안다고 해서 불변의 본질로서 자신을
명확히 정의할 줄 아는 것은 아니다. 자신을 안다는 것은 자신이
어떻게 주변 사람들의 정체성에 영향을 미쳤는지 아는 것을 넘

어, 떼려야 뗄 수 없는 사회적 세계가 자기 정체성을 어떻게 형
성하고 바꿔놓았는지를 이해하는 것이다.

어떻게 정체성이 작동하는지를 이해하면 특별한 지혜를 얻을
수 있다. 여기서 지혜란, 자신에게 영향을 미치는 사회적 힘을
보고 이해하고 (가끔은) 저항할 수 있는 능력이다. 지혜는 자신
이 속한 집단에 영향을 미치는 도구들을 알려주기도 한다. 무엇
보다 어떻게 하면 효과적인 리더십을 제공하고, 집단사고를 피
하며, 협동심을 촉진하고, 차별과 싸울 수 있는지 배울 수 있다.

우리의 목표는 사람들이 '나는 누구인가?'라는 질문을 넘어
'나는 무엇이 되고 싶은가?'라고 질문하도록 정체성을 깊이 이
해시키는 것이다.

차례

1장

'우리'의 힘

독일 남부에 있는 헤르초겐아우라흐는 마을을 관통하는 아우라흐강을 따서 이름 지어진 목가적인 도시다. 강은 치열한 라이벌 관계에 있는 두 회사를 가르는 역할을 한다.

　많은 전설이 그러하듯, 이 이야기도 두 형제에게서 시작되었다. 아돌프 다슬러Adolf Dassler와 루돌프 다슬러Rudolf Dassler 형제는 구두 수선공으로, 2차 세계대전 전에는 함께 신발을 만들었다. 형제는 어머니의 세탁실에서 초라하게 신발을 만들었지만, 곧 '다슬러 형제 신발공장'을 설립해 본격적으로 운동 경기용 신발을 제조하기 시작했다.

　미국의 흑인 육상 스타 제시 오언스Jesse Owens가 1936년 베를린 올림픽에서 신었던 운동화를 만든 곳이 바로 다슬러 형제가 운영하는 공장이었다. 독일 총통 아돌프 히틀러Adolf Hitler의 속이 쓰리게도, 오언스는 이 운동화를 신고 미국에 금메달을 네 개나 안겨주었다. 오언스의 승리는 다슬러 형제를 향한 국제적인 관심으로 이어졌고, 신발 판매량은 폭발적으로 증가했다.

　다슬러 형제의 갈등이 정확히 어떻게 시작되었는지는 아무도 모른다. 하지만 전설에 따르면, 형제가 라이벌 관계로 들어선 이유는 1943년의 폭격 때문이었다고 한다. 아돌프와 그의 아내는 루돌프 가족과 같은 피신처로 숨어들었다. 아돌프가 소리쳤다. "더러운 놈들이 다시 돌아왔어." 아돌프는 아마 연합군의 폭격기를 말했을 테지만, 루돌프는 그 말이 자신과 가족을 향한 모욕이었다고 확신했다.

전쟁이 끝난 후, 아돌프와 루돌프는 그 후 수십 년간 고향을 분열시킨 전투를 시작했다. 결국 '다슬러 형제 신발공장'은 살아남지 못했다. 1948년에 형제의 사업체는 둘로 나뉘었고, 헤르겐초아우라흐는 세계에서 가장 큰 스포츠웨어 브랜드 두 곳의 본부가 되었다. 강을 사이에 두고 양쪽에서는 각각의 브랜드에 대한 충성심이 군림했다.

합해서 현재 가치로 250억 달러가 넘는 이 스포츠 브랜드는 강을 사이에 두고 격렬한 라이벌이 되었다. 갈등은 직원들과 그 가족에게까지 번졌다. 시민들은 아돌프와 루돌프의 회사 중 하나와만 동질감을 느꼈다. 시내를 걸어 다닐 때, 사람들은 자기 집단의 구성원하고만 소통하기 위해 신발을 내려다보았다. 그래서 헤르초겐아우라흐는 '굽은 목의 도시'로 알려졌다.

바버라 스미트Barbara Smit는 자신의 저서 《피치 인베이전Pitch Invasion》에서 도시의 양쪽에 그들만의 빵집, 레스토랑, 상점들이 어떻게 생겼는지를 묘사했다.[1] 다른 쪽에서 온 주민들이 우연히 반대쪽 상점으로 들어가면 서비스를 거부당했다. 가족은 둘로 나뉘었고, 다정했던 이웃은 적이 되었다. 심지어 라이벌 회사의 일원과 데이트하거나 결혼하는 것까지 금기시되었다! 그 팽팽한 긴장감은 다슬러 형제가 죽고 나서야 느슨해졌고, 이후 두 회사는 지금처럼 사업과 축구 경기에만 초점을 둔 라이벌 관계를 확립했다. 하지만 다슬러 형제의 원한은 죽어서도 이어졌고, 형제는 공동묘지의 정반대 편에 묻혔다.

그들이 만든 회사는 계속 살아남았다. 눈치챘을지 모르지만, 아돌프가 설립한 회사가 '아디다스Adidas'고, 루돌프가 설립한 회사가 '푸마Puma'다. 헤르초겐아우라흐의 시장은 최근에 이렇게 말한 적이 있다. "저는 이모 때문에 푸마 가족이었습니다. 머리부터 발끝까지 퓨마를 입은 아이 중 하나였지요. 어릴 적엔 '넌 아디다스를 입지만, 난 푸마가 있어.'라는 농담이 유행했어요. 저는 푸마 가족의 구성원이었습니다." 아돌프와 루돌프가 죽고 수십 년 동안 적대감이 흘렀고, 마침내 2009년 두 회사의 직원들은 친선 축구 시합을 열어 오랜 불화에 마침표를 찍었다.[2]

다슬러 형제가 시작한 이 길고 치열한 전투에서 눈에 띄는 점은, 그 불화가 한 도시를 분열시킬 만큼 심각하고 중요한 문제에서 비롯되지 않았다는 것이다. 불화의 원인은 정치나 종교의 문제가 아니었다. 그렇다고 영토, 금, 이념에 관한 것도 아니었다. 단지 신발 때문이었다. 일단 신발을 둘러싼 사회적 정체성이 형성되자, 이 정체성은 엄청난 힘을 발휘하여 직원들과 그 가족, 심지어 다음 세대가 어디에서 살고, 먹고, 쇼핑해야 하는지까지 좌우했다.

중요한 것은 왜 다슬러 형제가 신발을 두고 전쟁을 벌였느냐가 아니다. 자고로 형제란 카인과 아벨 이후로 서로에게 가장 질투심을 느끼는 라이벌이다. 문제는 왜 다른 이들까지 형제의 라이벌 관계를 따랐느냐는 것이다. 왜 헤르초겐아우라흐 사람들은 그토록 쉽게 둘 중 한쪽을 받아들였을까?

비행기를 탄 심리학자들

비행기에서 무거운 짐 가방을 올린 후 비좁은 좌석에 몸을 욱여넣듯 앉고 나면, 종종 다정한 이방인들과 대화를 나누게 된다. 이 수다는 보통 익숙한 패턴으로 흘러간다. "어디서 오셨어요?" "왜 댈러스로 가세요?" 그리고 당연히 이런 질문이 이어진다. "무슨 일 하세요?"

"음, 저는 심리학자입니다."

열에 아홉은 이 대답에 똑같은 반응을 보인다. "설마 지금 저를 분석하고 있나요? 제 마음을 읽을 수 있어요?"

그러면 우리는 보통 웃어넘긴다. "하하, 걱정하지 마세요. 저는 그런 심리학자가 아니거든요." 하지만 가끔은 재미로 상대방을 분석하기도 한다.

우리는 사회적 정체성을 연구하는 심리학자로, 사람들이 속한 집단이 어떻게 그들의 자아 인식에 영향을 주는지, 그들이 어떻게 세상을 인식하고 이해하는지, 어떻게 의사결정을 내리는지를 연구한다.

만약 다른 유형의 심리학자가 비행기 옆자리에 앉은 사람을 분석했다면, 그들은 우리와 다른 질문을 던졌을 것이다. 임상심리학자라면 불안감, 우울증, 가족의 정신 병력을 물었을 것이다. 나이 지긋한 임상의라면 꿈이나 어머니와의 관계를 물었을지 모른다. 성격심리학자라면 빅파이브* 목록을 나열하며 외향성, 성실성, 경험에 대한 개방성 수치를 가늠했을 것이다. 그리고 누군가는 형제 중 몇째인지, 또는 당신의 성격을 형성하는 데 가장 큰 영향을 미친 경험이 무엇인지 물었을 수도 있다.

우리는 당신이 속한 집단에 대해 다음과 같이 물을 것이다. **당신은 어떤 집단에 속해 있을 때 자랑스러운가요? 평소 어느 집단의 구성원들을 많이 생각하나요? 당신이 타인에게 받는 대우에 영향을 미치는 것은 어떤 집단인가요? 어떤 집단과 함께 있을 때 연대감을 느끼나요?**

* 심리학자들이 분석한 다섯 가지 성격 요인으로, 경험에 대한 개방성, 성실성, 외향성, 친화성, 신경증이다.

이 질문의 답을 통해 우리는 당신이 누군지 파악할 수 있다. 아마 당신은 이 집단 규범에 순응하고, 그들의 전통을 즐기며, 집단의 상징을 자랑스러워할 것이다. 또한 당신이 반대를 표명하거나 진심을 말할 때도 이 집단에 있을 거라 예상한다. 반대 의사를 드러내는 것은 꽤 어려운 일이라, 일반적으로 사람들은 어떤 집단에 깊게 마음을 쓸 때만 반대 의견을 드러낸다.

우리는 당신이 이 집단의 구성원을 좋아하고 신뢰할 뿐 아니라, 필요하다면 그들을 위해 자신의 자원이나 행복을 선뜻 희생할 것이라고 추론할 수 있다. 당신이 속한 집단에 만만찮은 라이벌 집단이 있다면, 우리는 그 집단 구성원을 향해 당신이 느끼는 감정과 그들을 대하는 방식도 예측할 수 있다. 게다가 당신에게 중요한 집단이 부당한 대우를 받고 있다면, 우리는 당신이 어느 당에 투표할지, 어떤 사회 운동에 참여할지, 누구를 위해 싸울지까지 파악할 수 있다.

물론 당신에게는 그보다 훨씬 많은 특성이 있다. 하지만 9000미터 상공에서 낯선 사람들과 좁은 공간에 갇혀 있을 때 할 수 있는 분석치고는 제법이지 않은가!

여행을 다니며 이런 대화를 나누다 보면, 사람들은 순식간에 작은 유대감을 형성한다. 하지만 이 유대감은 보통 그 이상으로 발전하지 못한다. 여행에서 만난 사람이 누군가의 정체성의 일부가 되진 않는다는 뜻이다.

 이 책에서는 어떻게 집단이 실제로 자기 정체성의 일부가 되는지를 계속해서 논의할 예정이므로, 먼저 용어의 의미를 명확히 밝혀야겠다. 비행기에 같이 탄 50~150명의 승객은 적어도 심리학적으로는 하나의 집단이라고 할 수 없다. 그들은 잠시 비좁은 공간, 탁한 공기, 맛없는 메뉴를 함께 나누는 사람들의 집합일 뿐이다. 그들 사이에는 연대감, 공동체 의식, 공유된 유대감이 부족하기 때문에 승객으로서 의미 있는 사회적 정체성을 갖지 못한다.

 대부분의 비행에서 승객들은 이처럼 그저 스쳐 지나간다. 승무원들은 하나의 집단을 이루어 정체성을 공유하겠지만, 승객들은 그렇지 않다.

 일시적이지만, 환경에 따라 공동체의 연대감이 고취되기도 한다. 몇 년 전 폭풍우 치던 어느 날 밤, 도미닉은 비행기를 타고 미국 동해안을 따라 집으로 향했다. 작은 유리창 밖으로 번개가 번쩍거렸다. 번개가 구름을 빠르게 통과할 때마다, 탑을 이룬 거대한 먹구름 속에서 무시무시한 빛이 번쩍였다. 조종사들은 구름 사이를 이리저리 누비며 북쪽을 향해 나아갔다. 날씨가 사나워지자, 작은 비행기는 덜컹거리고 흔들리면서 삐걱삐걱 불길한 소리를 냈다. "승객 여러분, 우리 비행기는 지금 난기류를 통과하고 있습니다. 하지만 걱정하지 마세요. 우린 괜찮을 겁니다!" 기장이 지지직거리는 기내 방송으로 말했다.

하지만 "우린 괜찮을 겁니다."라는 말은 기장이 의도한 결과를 내지 못했다. 사람들은 불안한 표정으로 서로를 바라보기 시작했다. 여기저기서 대화 소리가 들렸다. 엔진의 굉음 사이로 승객들은 정말로 아무 일도 없으리라 서로 안심시키면서 과거에 폭풍우를 뚫고 비행했던 경험을 이야기했다. 그리고 아무 일도 일어나지 않았다. 비행기는 폭풍우를 벗어나서 안전하게, 심지어 제시간에 도착했다.

그 비행기 안에 있었던 승객들의 심리는 보통 때와 달랐다. 함께 겪은 공통 경험이 일시적인 집단 유대감과 공동체 의식의 기반이 되었다. 승객들은 긴장 속에서 독특한 고난을 함께 견뎌냈다. 비행기가 착륙했을 때는 모두 손뼉을 쳤다. 잠시였지만, 그들은 정체성을 공유했다.

이 장에서는 이 책의 나머지 부분의 초석이 될 정체성의 원리를 제시할 것이다. 이것이 그중 하나다. 인간은 오래 지속되고 강하며 깊은 의미를 가진 장기적인 사회적 정체성을 가지고 있지만, 인간의 심리는 순간적인 연대 속에서 서로 연결될 준비도 갖추고 있다. 동료에게 하임리히법을 시행하거나 당신이 탄 비행기가 무사히 착륙하기를 바라는 상황은 타인과 하나의 정체성을 구축하는 데 도움이 된다. 이처럼 상황이 우리에게 다른 사람과 같은 경험이나 특성을 공유하고 있다는 사실을 깨닫게 할 때, 자연스럽게 우리가 한 집단의 일부라 느끼는 일련의 정신적 과

정이 시작된다. 아니, 우리가 실제로 하나의 **집단이 되는 과정**이
라 해야 옳을 것이다.

　집단 지향적 심리의 결과는 심오하다. 사회적 정체성은 단합
의 강력한 기반이지만, 굽은 목의 도시에서 보았듯 심각한 분열
의 원인이 되기도 한다.

사회적 진공 상태

집단이 갈등 관계에 놓인 이유를 목록으로 만든다면, 목록은 아
마 어마어마하게 길 것이다. 땅, 석유, 음식, 보물, 물처럼 부족한
자원을 놓고 벌이는 경쟁이나, 신성한 믿음이나 신, 성역을 놓고
벌이는 전투가 목록에 있을 것이다. 뼈에 사무치는 경멸과 모욕
도 갈등의 원인이다. 부와 명예, 더 나은 여론을 좇아 영광을 누
리려는 리더들도 집단 갈등을 부추긴다. 잘못된 인식과 오해, 미
지의 세계에 대한 두려움, 상대를 향한 두려움도 집단 갈등의 원
인으로 작용한다.

　무엇이든 집단 사이의 분열을 촉발하는 원인이 될 수 있다. 앞
서 보았듯, 집단은 신발을 놓고도 대립하곤 한다. 외부인이 봤을
때는 집단 정체성과 집단 간 분열의 이유가 사소해 보일 수도 있
겠지만, 집단 구성원들에게는 매우 의미 있는 일이다. 신발은 사

람들을 모이게 하는 구심점이 되기에는 사소한 명분처럼 보인다. 하지만 이토록 사소한 것들이 종종 정체성을 형성하는 강력한 근거로 작동한다. 이를 이해하기 위해 심리학 역사상 가장 중요한 연구부터 설명하겠다. '최소 집단 연구minimal-group study'라고 알려진 이 연구는 단순한 통제조건*에서 출발했다.

집단이 다른 집단을 싫어하고 차별하는 것을 넘어 상당한 위해를 가하고 싶어지는 심리는 다양한 요인이 결합해 작용한다. 부족한 자원을 놓고 벌이는 갈등에는 부정적인 고정관념과 힘의 차이가 더해지고, 나아가 어떤 리더가 분열을 일으키는 선동으로 상황을 악화하면 수십, 수백 년 전에 있었던 전투의 반감이 되살아나 갈등이 심화된다. 이를 포함한 다양한 요인이 독특한 방식으로 결합해 집단 간의 갈등을 부추길 수 있다.

집단 간 관계의 근본적인 역학을 이해하기 위해 사회과학자들은 다양한 요인을 분리해 연구했다. 말하자면, 화학자가 물질의 속성을 더 잘 이해하기 위해 화합물을 분리하는 것과 같다. 그러나 종교적·민족적·정치적 집단 간에 벌어지는 실제 갈등에서 하나의 요인만을 분리하는 것은 매우 어려운 일이다. 이런 요인들은 동시에 발생해서 한꺼번에 드러나는 경향이 있기 때문이다.

이 문제를 해결하는 동시에 갈등이 일어나는 원인을 이해하

---

*   실험자가 상황을 설정하는 실험조건과 비교하기 위한 조건.

려고 브리스톨대학교의 헨리 타즈펠Henry Tajfel과 공동 저자들은
기발한 아이디어를 고안했다. 화학자들이 화합물을 분리하고
싶을 때 밀폐된 진공 상태를 만드는 것과 같은 논리로 일종의 사
회적 진공 상태를 고안한 것이다. 그들은 고정관념, 자원의 차
이, 모욕 등 집단 갈등에 관련된 모든 요인을 제거해 집단 간 상
황을 최소한으로 만들었다. 다시 말해, 두 집단이 서로 관련되어
있지만 차이나 갈등을 일으키는 요소는 전혀 없는 상황으로 만
든 것이다.

　핵심 요인을 모두 제거해 사회적 진공 상태를 만든 후, 다양한
요인을 그 상황에 천천히 더해보면서 무엇이 차별과 갈등을 만
드는지를 보려고 했다. 사회적 진공 상태에 자원을 놓고 벌이는
경쟁을 조금 첨가하고, 거기에 고정관념을 조금 더해서 각 요소
가 어떻게 집단 간의 관계에 영향을 미치는지를 연구할 수 있을
터였다.

　하지만 사회적 진공 상태를 만들 때 기존의 실제 집단을 활용
할 수는 없었다. 모든 요소를 제거한다고 해도, 심리적인 잔재가
어느 정도 남기 때문이다. 그래서 참가자들과 관련이 없는 기준
을 근거로 그들을 완전히 새로운 집단에 배정했다.[3] 연구의 참
가자들은 자신이 어떤 이미지에서 점을 몇 개 보았는지 대답한
것을 바탕으로 '과대평가자'와 '과소평가자'로 분류되었다고 들
었다. 또 다른 연구의 참가자들은 추상화가 파울 클레Paul Klee와

바실리 칸딘스키Wassily Kandinsky 작품 중 누구의 그림을 선호하는 지를 기준으로 집단이 이루어졌다고 들었다. 하지만 사실은 그렇게 분류하지 않았다. 과대평가자 집단에 있는 사람들은 점의 개수를 과대평가하지 않았으며, 클레의 팬 집단에 있는 사람들 역시 그의 작품 〈지저귀는 기계Twittering Machine〉(맞다, 유명한 작품의 실제 이름이다)를 모두 좋아하는 것은 아니었다. 그들은 동전 던지기로 집단을 분류했다. 이렇듯 연구원들은 점의 개수나 선호하는 예술가가 참가자들이 내집단과 외집단 구성원들을 대하는 태도에 아무런 영향을 주지 않도록 조건을 설정했다.

그다음 연구원들은 참가자들에게 내집단과 외집단 구성원에게 자원을 할당하라고 요구했다. 예를 들어, 클레 팬으로 분류된 사람은 동료인 클레 팬으로 분류된 사람들(내집단)과 칸딘스키 팬으로 분류된 사람들(외집단)에게 자원을 분배해야 했다. 몇 차례에 걸친 연구에서 참가자들은 익명의 내집단과 외집단 구성원들에게 돈을 주었다. 연구원들은 참가자들이 아무런 관계도 맺지 않는 사회적 진공 상태를 유지하려고 노력했다. 참가자들은 다른 구성원들과 전혀 교류하지 않았다. 서로 알아갈 만한 시간도 없었고, 개인적 유대감을 쌓을 기회나 자원을 두고 벌이는 경쟁도 없었다. 그저 '우리'와 '그들'이라는 두 개의 최소 집단만 있었을 뿐이다.

참가자들의 결정은 제로섬 게임*이 아니었다. 한 집단에 더

많이 주었으므로 다른 집단에 더 적게 주어야 하는 것이 아니라
는 의미에서, 이는 중요한 조건이다. 결국 그들의 결정은 자신이
받을 결과에 직접적인 영향을 미치지 않았다. 특정한 방식으로
행동한다고 해서 개인적으로 돈을 더 많이 받거나 더 적게 받을
수 없었다.

　연구원들은 이러한 조치들이 뛰어난 통제조건을 만들 것이라
고 예측했다. 집단끼리 차이가 날 가능성을 모두 제거했으므로,
집단의 조화를 이룰 확실한 바탕이 될 것 같았다. 그들은 일단
이 조건만 확립된다면, 계속 연구하면서 집단 갈등에 다른 요인
을 체계적으로 더해 문제를 정확히 알 수 있을 거라고 생각했다.
하지만 결과를 본 연구원들은 깜짝 놀랐다.

　사람들은 집단 편견을 버리기는커녕 자신이 속한 집단에 유
리한 방식으로 다른 집단의 구성원을 계속 차별했다. 동전 던지
기의 결과로 자신이 칸딘스키의 작품을 선호한다고 믿게 된 사
람들은 클레를 선호하는 사람들보다 칸딘스키를 선호하는 사람
들에게 더 많은 자원을 주었다. 이러한 현상은 클레의 팬으로 추
정되는 사람들도 마찬가지였다.

　놀랍게도 집단 간의 차이를 **극대화**한 사람들도 있었다. 내집
단 구성원 한 명에게 돈을 적게 주면 외집단 구성원 한 명이 훨

＊　참가자 각각의 이득과 손실의 합이 제로가 되는 게임.

씬 더 적게 받는다고 하자, 그들은 자신의 집단에 돈을 적게 주는 쪽을 선택했다.

연구원들은 고정관념, 자원의 갈등, 지위의 차이를 비롯해 가능한 한 모든 것을 제거했다. 그래서 무엇이 남았을까? 임의적이고 일시적이며 의미 없는 이러한 집단에 사람들이 그토록 분명한 선호를 보이는 현상을 설명할 만한 남은 요인은 도대체 무엇일까?

타즈펠과 동료들은 **사회적 정체성**이라는 답을 떠올렸다.[4] 한 집단의 일부로 분류되었다는 사실만으로도 사람들은 자신을 집단의 구성원으로 인식했다. 실험실에 가만히 앉아 있었을 뿐이었지만, 자신을 이상한 자원 할당 실험의 무심한 관찰자가 아닌 가치와 의미를 지닌 진짜 사회 집단의 구성원으로 여겼다. 사회적 진공 상태에서조차 사람들은 익명의 이방인들과 정체성을 형성했다. 그들과 같은 집단의 구성원이라고 믿었기 때문이다. 의미 있고 가치 있는 정체성을 지니도록 자극받은 참가자들은 목표를 이루기 위해 그 상황에서 할 수 있는 유일한 행동 방식을 취했다. 그 방식이란 외집단 구성원보다 내집단 구성원에게 자원을 더 많이 배분하는 것이었다. 그들은 막 부여받은 정체성이 긍정적이면서 뚜렷한 정체성으로 자리하도록 행동했고, 개인에게 돌아오는 분명한 이익이 없는데도 자기가 속한 집단의 이익을 늘리기 시작했다.

　공유된 '우리'라는 의식이 어떻게 심리적 과정의 모든 방식에
영향을 미치는지를 알기 위해 이 실험을 변형한 다양한 실험이
전 세계적으로 수행되고 있다. 여기서 말하는 심리적 과정이란,
공감이나 남의 고통을 즐기는 못된 쾌감을 비롯해 주의력, 지각
능력, 기억까지 포함한다.

　이어진 연구는 누군가가 어떤 집단에 가담해 집단과 자신을
동일시할 때 만들어지는 편견이 외집단을 향한 증오보다는 내
집단을 향한 사랑으로 더 잘 나타난다는 것을 밝혔다. 일반적으
로 사람들은 자신이 속한 집단을 더 좋아하지만, 그렇다고 외집
단을 싫어하거나 해치고 싶어 하는 것은 아니다. 예컨대 타인에
게 혐오감을 주는 행동을 하라고 최소 집단 사람들에게 요구하
면, 그들은 행동의 대상으로 자기 집단 사람들을 덜 선택하는 경
향을 보인다. 하지만 그렇다고 해서 특별히 외집단에 위해를 가
하려 하지는 않는다.[5] 최소 집단을 다룬 연구에서 우리는 사람
들이 자신도 모르게 내집단 구성원에게는 긍정적인 마음을 갖
는 한편, 외집단 구성원에게는 중립적인 마음을 갖는 심리를 발
견했다.[6] 물론 집단은 서로 증오할 수 있다. 특히 모욕적인 고정
관념, 선동적인 발언, 자원 경쟁이 상황에 개입되면 더욱 그렇
다. 이 책에서는 이러한 집단역학을 논의하면서 우리가 수행한
최소 집단 연구를 더 많이 기술할 것이다.

　또한 사람들을 임의의 집단으로 배정하면 그 즉시 뇌 활동 패

턴에 영향을 미쳐 타인을 보는 방식을 바꿀 수 있고, 적어도 잠깐은 인종적 편견까지 무시할 수 있다. 최소 집단 연구는 우리가 진행하는 연구에 큰 영감을 주었고, 근본적으로 인간 정체성의 본질을 어떻게 이해할지를 다시 생각하게 했다. 이 연구로 우리는 진정한 사회적 진공 상태란 존재하지 않는다는 것을 분명히 알게 되었다. 다양한 측면에서 볼 때, 집단심리학은 타고난 인간의 본능이라 해도 과언이 아니다.

정체성의 변화와 목표의 변화

인간이 자기반성을 하는 순간부터 우리는 자아의 본질을 생각해왔다. 자아를 갖는다는 것은 무슨 뜻이고, 그 목적은 무엇일까? 모든 존재를 의심했던 철학자 르네 데카르트Renè Descartes에게 자아는 다른 모든 것을 추론하는 확실한 출발점이었다. 데카르트의 명언 "나는 생각한다, 고로 존재한다."에서 그의 철학을 엿볼 수 있다. 철학자 대니얼 데닛Daniel Dennett은 자아를 "이야기 중력의 중심"이라 부르며 인상적인 설명을 남겼다. 다시 말해, 우리는 자기 이야기의 중심에 있다는 것이다.

하지만 최소 집단 연구에 따르면, 중력의 중심인 자아 인식이 늘 같은 자리에 머물지는 않는다. 동전 뒤집기 한 번으로 사람들은 몇 분 만에 완전히 새로운 정체성을 만들었다. 자아 인식은 정체성의 다양한 관점 사이를 돌아다니며 바뀐다. 정체성의 이동은 당신이 무엇을 선택하는지, 어떻게 세상을 인식하고 이해하는지를 보여준다.

한 사람의 정체성을 몇 시간에 걸쳐 살펴보면, 자아 인식(특정한 순간에 활성화되는 자아 감각)이 바뀐다는 것을 알 수 있다. 예를 들어, 차로 가득 찬 출근길에 옆 차량 운전자와 싸우는 개인의 자아에서 화상 통화로 한 회사를 대표하는 직원의 자아로 바뀔 수 있다. 또한 소셜미디어에 올라온 뉴스를 놓고 논쟁하는 어느 정당 지지자의 자아로, 이어 TV 중계로 경기를 보는 스포츠 팬의 자아로 바뀌다가, 마침내 하루가 끝날 즈음에는 낭만적인 연인의 자아로 바뀐다. 한 사람이 이 모든 정체성을 지닐 수 있을 뿐 아니라 이보다 더 많은 정체성을 가질 수도 있다.

자아의 중심이 바뀌고 특정 정체성이 활성화됨에 따라, 자신을 동기부여하는 목표와 자신이 관심을 갖는 사람들의 운명도 변하게 된다. 더 일반적으로, 정체성이 개인에서 사회적·집단적 수준으로 확장되면 다른 사람들이 자신의 관심 영역 안으로 들어온다. **나**는 **우리**가 되고, **내 것**은 **우리의 것**이 된다.

이 동기부여의 변화는 사회심리학자 데이비드 드 크리머David De Cremer와 마크 판 퓌흐트Mark Van Vugt가 수행한 실험에 잘 설명되어 있다.[7] 그들은 대학생들을 '사회적 가치 성향'을 바탕으로 분

류했다. 사회적 가치 성향이란, 의사결정을 내릴 때 자신의 이익
과 타인의 이익을 어떤 비중으로 고려하는지를 보여주는 성향
이다.

연구원들은 당신의 사회적 가치 성향을 평가하기 위해 다양
한 액수의 돈을 자신과 상대방에게 어떻게 분배할지를 상상하
라고 요청한다. 당신은 매번 선택에 직면한다. 당신이라면 자기
몫을 최대화하겠는가, 상대방에게 더 많은 돈을 주겠는가? 아니
면 자신과 상대방의 금액 차이를 넓히겠는가?

다음의 보기 중에 무엇을 선택할지 생각해보라. 선택 A는 당
신과 파트너에게 각각 500점을 준다. 선택 B는 당신에게 560점
을, 파트너에게는 300점을 준다. 선택 C는 당신에게 400점을,
파트너에게는 100점을 준다. 당신은 무엇을 선택하겠는가?

동등한 분배인 A를 선택한다면, 당신에게 **협조적 성향** 또는 **친
사회적 성향**이 있다는 의미다. 남들이 받는 몫과 관계없이 자신
의 몫을 최대화하는 분배인 B를 선호한다면, **개인주의적 성향**을
띤다고 할 수 있다. 마지막으로 자신과 남들 몫의 차이를 최대화
하는 분배인 C를 선택한다면, **경쟁적 성향**을 지닌 것이다. 이 경
쟁적 성향이 굽은 목의 도시에서 아돌프와 루돌프를 움직이게
한 성향으로 보인다.

크리머와 퓌흐트의 실험에서 연구원들은 개인주의자와 경쟁
주의자를 **친자아적 성향**이라는 하나의 범주로 묶어 **친사회적 성향**

과 비교했다. 참가자들의 사회적 가치 성향을 알아낸 후, 연구원들은 그들의 자아 개념 중 가장 중요하거나 활동적인 면을 조작하는 실험을 만들었다. 연구원들은 참가자들에게 대학생 또는 개인이라는 정체성 중 하나를 강조하는 업무를 무작위로 배정해 완수하게 했다. 그다음, 경제 게임을 할 때 그들이 동료 대학생들로 구성된 집단에 얼마나 많이 기부하는지를 측정했다.

이 경제 게임은 집단에 가장 좋은 선택을 하려면 어느 정도 개인의 희생이 필요하도록 설계되었다. 예컨대 집단에 많이 주면 자신은 덜 받아야 하는 식이다. 놀랍게도 친사회적 성향으로 분류된 사람들은 항상 후한 편이었다. 그들은 대학생 정체성의 활성화 여부와 상관없이 실험의 약 90퍼센트에서 돈을 기부했다.

반면 친자아적 성향을 지닌 사람들은 달랐다. 그들은 개인의 정체성이 강조되자 친사회적 성향의 사람들보다 야박했다. 그들은 44퍼센트의 실험에서만 집단에 기부했다. 이는 친사회적 성향인 사람들의 절반 정도다.

그러나 대학생으로서 사회적 정체성이 중요해지자, 친자아적 성향의 사람들은 패턴을 완전히 바꿨다. 정체성이 일시적으로 한 집단의 구성원으로 정해졌을 때, 친자아적 성향의 사람들은 두 배 정도 후해져 79퍼센트의 실험에서 집단에 기부했다. 친사회적 성향의 사람들과 거의 구분할 수 없는 정도였다.

이 실험 결과는 엄청난 의미를 지닌다. 친자아적 성향의 사람들이 기적처럼 덜 이기적인 사람으로 변했을 가능성은 적다. 그보다는 그들의 이기적 동기가 '개별적 자아'에서 '한 집단의 자아'로 변형된 것이라고 보는 게 옳다. 이것이 바로 사회적 정체성이 만드는 마술 중 하나다. 사회적 정체성은 목표를 변형해 이기적인 사람들조차 친사회적 방식으로 행동하게 만든다.

수많은 자아 포함하기

> 내가 모순된 말을 하는가?
> 그렇다면 그냥 모순된 말을 하겠다.
> (나는 거대해서, 내 안에는 수많은 내가 있으니까)
> _ **월트 휘트먼**Walt Whitman, 〈**나 자신의 노래**Song of Myself〉

우리는 역동적이고 다면적인 정체성이라는 그림을 그리고 있다. 사람들은 걸어 다니는 모순덩어리다. 그들은 여러 개의 자아를 담고 있다. 하지만 인간의 정체성이 복잡하고 가변적이라는 여러 증거가 있음에도, 이 말은 여전히 직관에 어긋나는 것처럼 들린다. 매 순간의 경험은 꽤 일관성 있게 느껴져서, 시간과 장소에 따라 달라지는 자기 정체성마저 알아차리기 어려울 수 있다. 언젠가 수업 시간에 이 문제를 거론할 때, 한 학생이 실망스

럽다는듯 질문했다. "교수님의 말이 옳다면, 제 자아는 몇 개입
니까? 대체 저는 누구일까요?"

그렇다면 대체 우리는 누구인가? 우리 내면에는 얼마나 무수
한 자아가 있을까? 사회심리학자들은 정체성의 다양한 요소를
활용하기 위해 '20개 진술 과제'라고 알려진 기법을 활용한다.
방법은 매우 간단하다. '나는 ____이다.' 또는 '나는 ____하다.'라
는 문장을 20번 완성하기만 하면 된다.

도미닉	제이
교수	아버지
아버지	과학자
남편	캐나다인
똑똑하다	아들
스트레스를 받는다	사회신경과학자
사회심리학자	낙천주의자
음악 애호가	폭스 크리크 출신
빨간 머리	하키 골키퍼
펜실베이니아 주민	소셜미디어 중독자
아마추어 요리사	정치광

여기에 우리가 직접 만든 샘플이 있다. 자기 정체성 목록을 직

접 작성해보면, 몇 가지 흥미로운 사실을 알 수 있다. 첫째, 자신을 정의하는 정체성을 20가지쯤 떠올리는 일이 그리 어렵지 않다는 것이다. 목록의 끝으로 갈수록 작성 속도가 조금 느려지기는 했지만, 자신의 다양한 면이 의외로 쉽게 떠올랐다.

둘째, 작성한 목록은 대부분 특정한 범주로 묶을 수 있는 것들이 포함된다. 어떤 정체성은 확연히 **개인적 차원**의 정체성이다. '스트레스를 받는다'처럼 일시적인 상태도 있고, '똑똑하다'와 '낙천주의자'처럼 지속적인 상태도 있다. 이 모든 성격 특징은 모두 독특한 독립체로서 한 사람이 지닌 일면을 드러낸다.

다른 요소는 자아의 **관계적 차원**을 나타낸다. 예를 들어, '아버지'와 '남편'이라는 것은 적어도 한 명 이상과 관계를 맺고 있다는 의미고, '아버지'와 '남편'이라는 정체성을 정의하는 것은 바로 그 관계에서 자신이 맡은 역할이다. 다른 요소로는 자아의 **집단적 차원**이 있다. '펜실베이니아 주민'과 '사회신경과학자'와 같은 사회적 정체성은 스스로 중요하다고 느끼는 영역의 구성원으로서 자신을 정의한다는 것을 보여준다.

이 목록에는 흥미로운 또 다른 특징도 있다. 사람들은 타인과 뚜렷하게 구분되는 자신만의 독특한 특징을 정체성에 포함하는 경향이 있다.[8] 빨간 머리는 전 세계 인구의 약 2퍼센트에 불과하므로, 제이가 '갈색 머리'라고 쓸 확률보다 도미닉이 '빨간 머리'라고 쓸 확률이 높다. 어떤 속성은 하나 이상의 정체성 차원에

속할 수도 있다. 자신을 빨간 머리로 정의하는 것은, 머리색을
남들과 구분 짓는 특징으로 여기고 있다는 의미다. 하지만 머리
색은 사회적 분류의 기준으로 세상을 무리 지어 나누는 방식이
기도 하다. 실제로 빨간 머리에 관한 고정관념이 존재한다. 《빨간
머리 앤》에는 세계에서 가장 유명한 빨간 머리인 주인공 앤을 가
리켜 "그녀의 성격은 머리 색과 딱 들어맞는다."라고 말하는 구절
이 있다.[9] 자신들의 독특함을 인식한 빨간 머리 사람들은 그들만
의 축제를 열고, 온라인 커뮤니티와 데이트 웹사이트까지 만들
었다.

　사실 정체성의 개인적인 차원과 사회적인 차원을 분리하기는
어려운데, 이는 특히 두 가지 측면에서 그렇다. 첫째, 수많은 개
인적 특징은 본질적으로 상대적이며 타인과 비교했을 때만 의
미를 갖는다. 예를 들어, 자신을 똑똑하다고 정의하는 것은 자신
이 타인보다 영리하다고 여기는 것이고, 자신을 낙천주의자라
고 정의하는 것은 자신이 타인보다 상황을 더 긍정적으로 바라
본다고 생각하는 것이다. 이때 중요한 점은 스스로 생각했을 때
비교 대상이 될 만한 사람들과 자신을 비교하며, 이 대상은 외집
단보다는 내집단 구성원일 가능성이 훨씬 크다는 것이다.

　둘째, 귀속한 사회적 집단에 따라 개인의 경험이 좌우된다. 독
립적인 자아가 되려고 노력하는 방식은 자신이 속한 집단 규범
에 영향을 받는다. 규범이란 사회 집단 안에서 용인된 행동 기준

이며, 개인의 행동 방식에 영향을 미친다. 집단과 자신을 동일시하는 사람일수록, 집단 규범에 강력히 순응하는 경향이 있다. 다시 말해, 집단과 깊게 동질감을 느끼는 구성원은 동질감을 덜 느끼는 구성원보다 집단 내 구성원들과 비슷하게 생각하고 느끼고 행동할 확률이 높다.

집단주의* 문화권에 있는 사람들은 고개를 끄덕일지 모르겠지만, 만약 개인주의 문화권의 사람이라면 조금은 회의적인 시각으로 이 글을 읽을지도 모른다. 자신을 규범에 순응하는 사람으로 생각하지 않기 때문이다. 그러나 이 또한 사회적 규범이라는 것이 드러났다!

일부 집단의 경우 개인주의적 규범을 가지고 있다. 예를 들어, 미국인은 개인주의적 성향이 강해 개인의 자주성, 책임감, 개인적 권리의 중요성을 강조하는 한편, 합의와 화합의 중요성은 가볍게 여긴다. 그렇다면 국가와 깊게 동질감을 느끼는 미국인들의 성향은 어떨까? 국가와 깊은 동질감을 느낄수록 집단 규범에 더 많이 순응해 개인주의를 더욱더 추구하게 된다.

그렇다면 미국인의 개인주의가 정말 순응의 한 유형일까? 퀸즐랜드대학교의 욜란다 예튼Jolanda Jetten과 동료들의 연구 결과는 정말로 그렇다는 것을 보여준다.[10] 한 연구에서, 국가와 깊은 동

---

*   개인의 이익이나 목표보다는 집단의 이익이나 목표를 우선시하는 관점.

질감을 느끼는 미국인들이 동질감을 덜 느끼는 미국인보다 더 높은 수준의 개인주의를 표출한다는 사실을 발견했다. 이 연구에 따르면, 개인주의를 표명하는 미국인들은 사실 매우 강한 사회적 규범에 순응하는 것이다.

미술평론가 해럴드 로젠버그Harold Rosenberg가 남긴 불멸의 표현처럼 미국인의 규범은 "독립적 정신을 지닌 무리"를 만든다. 이를 **독립성의 역설**이라 부르는데, 사람들이 남들과 어울리기 위해 독립을 추구한다는 의미다. 반대로 예튼의 연구에서는 집단주의 규범이 강한 인도네시아의 경우, 국가와 깊은 동질감을 느끼는 인도네시아인이 동질감을 덜 느끼는 인도네시아인보다 더 높은 수준의 집단주의를 표출했다.

이런 현상이 순전히 나라마다 문화가 다르기 때문에 벌어진다고 생각할까 봐 덧붙이자면, 한 나라 안에서도 다양한 차이가 있다. 오하이오주립대학교에서 연구할 당시, 우리는 학부생들이 함께 어울리는 데 집착하는 것에 주목했다. 수많은 학생이 자기 학교의 대표색인 자주색과 회색이 들어간 옷을 자랑스럽게 입고 다녔다. 심지어 스포츠 경기가 있는 날에는 학생들뿐 아니라 콜럼버스시 전체가 자주색과 회색이 들어간 옷을 입었다. 오하이오주립대 미식축구팀 '벅아이스'가 경기할 때면, 경기장을 가득 메운 10만 명이 넘는 인파가 응원가를 합창했다. 오하이오로 간 첫해 벅아이스가 내셔널 챔피언십 결승전까지 진출하자

도시 전체가 정체성을 고취하는 의식에 푹 빠져들었다.

그 장관은 얼마 전 '49경기 연속 패배'라는 전국 신기록을 세운 토론토대학교 출신의 두 청년에게 굉장히 놀라운 인류학적 경험이었다. 하지만 도미닉이 리하이대학교로, 제이가 뉴욕대학교로 직장을 옮긴 후, 상황은 급격하게 달라졌다. 학교를 상징하는 색깔의 옷을 입은 뉴욕대학교 학생들은 드물었다. 뉴욕대 학생들이 무엇보다 소중히 여기는 가치는 '흥미로운 사람이 되는 것'이었다. 그들에게 함께 어울린다는 것은 눈에 띈다는 것을 의미했다.

물론 대학교마다 저마다의 문화가 있다. 그래서 지역 규범과 교육 환경에 따라 다양하게 존재하는 커뮤니티 중 자기에게 맞는 커뮤니티를 선택해 가입한다. 매우 응집력 있는 공동체에 어울리려는 욕구가 강한 지원자들은 리하이대학교보다는 오하이오주립대학교에서 더 좋은 경험을 할 것이다. 남다른 개성을 가지고 있으며 개인주의 욕구가 강한 지원자들은 오하이오주립대학교보다는 뉴욕대학교에서 더 좋은 경험을 할 것이다. 또한 캠퍼스에 도착한 후 학생들은 자신의 정체성이 대학의 사회적 규범에 가깝게 변화하는 것을 발견할 수도 있다.

이와 비슷한 역학이 토론토대학교의 대학원생 연구실에서도 작용했다. 제이는 슬리퍼를 신고 풍자적인 디자인의 티셔츠를 즐겨 입었지만, 도미닉은 나이 많은 교수들을 따라 정장 재킷을 입고 출근했다. 얼마 지나지 않아 제이는 팔꿈치에 패치를 덧댄 갈색 코듀로이 재킷에 끌리기 시작했다. 이러한 변화는 패션 감각이 생겨나면서 유발되는 자연스러운 단계처럼 보이지만, 실제로는 말쑥한 차림의 동료와 학과 교수들을 자신과 동일시하는 데서 비롯되었을 확률이 높다. 정체성과 규범은 이런 식으로 결정에 영향을 미친다. 제이가 오하이오주립대학교로 직장을 옮긴 지 몇 달 후, 도미닉도 그곳으로 직장을 옮겼다. 그러나 직장 동료들이 그가 제이를 따라 한다고 생각하자, 도미닉은 기분이 나빴다. 더 분통 터지는 일은 제이가 사람들의 오해를 바로잡으려고 하지 않았다는 것이다.

　스탠퍼드대학교의 헤이즐 마커스Hazel Marcus와 그의 동료들은 도시와 시골에 사는 미국인의 규범이 어떻게 다른지를 연구했다.[11] 대도시에 사는 사람 대부분은 가장 친한 친구가 자기와 같은 옷을 사거나 인테리어를 자기 집과 똑같이 꾸미면 몹시 당황할 것이다. 개인주의를 침해당하는 느낌이 들기 때문이다. 하지만 시골 사람들은 모방을 진심 어린 칭찬이라 여기며, 공통된 경험을 친구들과 함께 나누면서 즐거워하는 경향이 있다. 그러므로 개성과 독특함을 추구하는 힙스터들은 세련된 도시에 모여 산다. 반면에 전통적인 시골 동네에서는 규범에서 벗어나 일탈을 추구하는 사람들이 놀림당하거나 외면받기 쉽다.

　집단의 중요한 기능 중 하나는 다수의 행동과 활동을 조화롭게 만드는 능력이다. 우리의 친구인 꿀벌과 우리의 적인 흰개미처럼 인간은 초사회적인 종이다. 인간은 연인이나 가족 같은 작은 규모에서 수억 명의 시민으로 이루어진 나라까지 다양한 집단에서 함께 생활한다. 그러나 인간이 벌집과 흰개미 군집과 다른 점은 인간이 만든 집단, 조직, 사회가 끊임없이 발전하고 있다는 것이다. 인간은 혁신하고, 새로운 제도를 만들고, 계속 변화하는 환경에 적응하며 협력에서 얻는 어마어마한 이익을 누릴 수 있다.

이러한 조화는 규범에 순응하며 이루어진다. 순응은 연구원들이 살펴본 삶의 모든 영역에서 관찰되었다. 그들은 패션, 정치, 음악 선호도, 도덕적 가치, 먹고 마시는 행동, 성적 관습, 사회적 태도, 협동과 갈등 등 여러 실험에서 순응을 발견했다. 개인의 생각, 감정, 행동은 놀라울 만큼 타인의 생각, 감정, 행동에 영향을 받았다. 게다가 사람마다 여러 집단에 속하고 여러 정체성이 존재하므로, 특정한 순간에 어떤 규범에 이끌리는지는 그들의 어떤 면이 가장 두드러지고 활성화되는지에 따라 달라졌다.

은행원들은 윤리의식이 부족하다?

은행원은 변호사, 정치인과 비슷하게 정직성 측면에서 그다지 평판이 좋지 않다. 2019년 갤럽 여론조사에 따르면, 응답자의 20퍼센트가 은행원의 정직성과 윤리의식을 '낮다' 또는 '아주 낮다'고 평가했다. 간호사는 3퍼센트, 치과의사는 6퍼센트였으니, 이는 매우 높은 수치라고 볼 수 있다.[12] 2008년 금융 위기 이후에 은행원의 진실성에 관한 대중의 인식은 부정적으로 변했고, 그 뒤로 온전히 회복하지 못하고 있다. 응답자의 55퍼센트는 은행원의 윤리의식이 부족하다고 평가했지만, 그래도 미국 의원들보다는 약간 나은 평판을 얻었다.

은행원에 대한 고정관념이 그들의 실제 행동과 얼마나 일치하는지를 조사하기 위해, 취리히대학교의 경제학자들은 기발한 실험을 만들었다.[13] 그들은 다국적 기업에 다니는 은행원들에게 동전을 10번 던져서 앞면과 뒷면이 나온 횟수를 기록해달라고 요청했다. 은행원들은 동전의 앞면이나 뒷면 중 어느 한쪽이 나오면 보상을 받는다고 미리 설명을 들었다. 예를 들어 앞면이 나와야 상을 받는 조건이라면, 동전을 던져서 앞면이 나올 때마다 20달러에 상응하는 상품을 받고, 뒷면이 나오면 아무것도 받지 못하는 식이다. 판돈을 올리기 위해, 연구원들은 은행원들이 다른 연구 참가자 중 무작위로 뽑은 사람보다 더 많은 금액을 따야만 상품을 받을 수 있다고 말했다.

여기서 중요한 것은 은행원들이 연구원들의 눈을 피해 은밀하게 동전 던지기를 했다는 점이다. 은행원들은 자신이 원하는 대로 앞면이나 뒷면을 보고했고, 아무도 눈치채지 못했다. 속임수에 대한 인센티브가 워낙 강했기 때문에 은행원들의 정직성을 확실히 테스트할 수 있었다.

은행원들이 동전 던지기 과제를 시작하기 전에, 그들 절반은 "현재 어느 은행에서 근무합니까?"처럼 직업적 정체성을 떠올리게 하는 질문을 받았다. 이는 그들의 정체성 중 직업적인 면을 활성화하여 동전을 던지기 전에 직업적 정체성을 상기시키려는 의도였다. 반대로 은행원의 나머지 절반은 "일주일에 몇 시간이나 TV를 봅니까?"처럼 직업과 관계없는 질문을 받았다. 그들의 개인적 정체성이나 직업 외 다른 정체성을 떠올리게 하려는 의도였다.

특정한 은행원이 실제로 얻은 앞면이나 뒷면의 횟수는 알 수 없다. 결과는 실제로 비밀이었다. 하지만 확률상 동전을 던지는 횟수의 50퍼센트는 앞면이 나와야 한다. 각각의 조건에서 보고된 앞면과 뒷면의 횟수가 확률상 예상되는 횟수와 얼마나 비슷한지를 비교하여, 연구원들은 조건에 따른 은행원들의 속임수를 확인했다.

TV 시청 습관 등 일상적인 질문을 받은 은행원들은 속임수를 쓰지 않은 것으로 나타났다. 평균적으로 그들은 던진 횟수의

51.6퍼센트에서 자신에게 유리한 면이 나왔다고 대답했는데,
이는 확률적인 예상과 통계적으로 큰 차이가 없다. 하지만 부정
행위는 직업적 정체성을 떠올리게 했을 때 오히려 증가했다! 이
은행원 집단은 던진 횟수의 58.2퍼센트에서 자신에게 유리한
면이 나왔다고 대답했다.

'은행원들은 윤리의식이 부족한가?'라는 질문의 답은 문제의
은행원들이 '자신을 은행원으로 생각하고 있는지'에 달린 것 같
다. 평범한 사람들과 마찬가지로 은행원도 수많은 자아를 가지
고 있기 때문이다.

나아가 이 실험이 암시하는 것은 '은행원들은 윤리의식이 부
족한가?'라는 질문이 사실 별로 중요하지 않다는 점이다. 은행
원의 정체성이 정직성에 영향을 줄지는 자신이 속한 은행 공동
체의 규범에 달려 있다. 또한 이러한 규범은 집단마다 다를 수
있으며, 시간이 흐르면서 변하기도 한다.

이러한 이유로 중동과 아시아 지역 은행원들의 직업적 정체성
활성화가 정직성에 미치는 영향을 조사한 최근 논문에서는 같은
결과를 얻지 못했다.[14] 중동의 문화 규범은 확실히 취리히의 문화
규범보다는 폭이 넓어서, 원래 연구의 규범과는 다를 수 있다.[15]
또한, 기존 연구의 은행원들은 주로 투자와 무역을 담당했지만
두 번째 연구의 은행원들은 주로 대출을 담당하는 상업 은행원
들이었기 때문에 은행원의 유형에서도 차이가 있을 수 있다.

실험 재현에 관하여

이미 발표된 연구 결과를 재현할 수 없다는 우려가 심리학계에서 상당히 커지고 있다. 우려는 지난 몇 년간 수많은 과학 분야에서 '재현성 위기'[*]라고 불리는 현상으로 현실이 되었다. 은행원의 연구 결과에서 알 수 있듯, 이전 연구를 재현하지 못했을 때 그 의미를 이해하는 것은 쉽지 않다. 어쩌면 기존 연구를 통해 알게 된 발견들이 사실이 아니었을지도 모른다. 너무 적은 샘플을 사용해 확률이 증가한 통계적 요행이나, 드물지만 자료를 조작해 만든 명백한 사기일 수도 있다. 수많은 사례를 통해 알 수 있듯, 연구 결과가 한 조건에서는 어떤 행동 패턴을 보이지만 다른 조건에서는 보이지 않는다면, 그 조건은 결과를 바꿀 수 있는 의미 있는 변수일 수 있다. 이것이 바로 사회심리학과 문화심리학의 주요 관심 분야다. 은행원 연구의 경우, 어떤 은행원은 부정행위를 하지만 또 어떤 은행원은 부정행위를 하지 않는데, 이게 바로 규범의 차이 때문이라는 것이다. 이 설명이 타당하다고 생각하지만, 더 깊은 연구 없이는 진실이 무엇인지 확실하게 알 수 없다.

이 책에서 다루는 모든 연구에서, 특정 연구의 결과와 이를 통해 밝혀낸 더 광범위한 정체성의 원칙은 분명히 구분해야 한다. 이 책

---

[*]   재현하기 어렵거나 불가능한 연구가 인용을 통해 널리 퍼진 현상.

에는 사람들이 집단 규범에 상당한 영향을 받는다는 것을 보여주는 문헌이 엄청나게 실려 있다. 그중 일부는 다음 장에서 심도 있게 이야기할 계획이다. 그러니 은행에서 일하는 자녀나 친구가 있다면, 그들이 직장에서 윤리적으로 부정하다고 생각하면 안 된다. 하지만 그들의 고용주가 어떤 종류의 규범을 지니고 있는지에는 관심을 두어야 한다. 또한 만약 당신이 은행이나 다른 직장에 취직할 생각이라면, 해당 지역의 규범이 어떤지에 관심을 두어야 한다. 그 규범이 당신의 행동과 인생에 중요한 영향력을 행사할 것이기 때문이다.

이 책에서 우리는 확실한 연구 결과에 집중하려고 노력했다. 하지만 정체성의 근본적 원리들은 이 책에서 전부 거론할 수 없을 만큼 수많은 연구에 근거하고 있다. 그리고 다양한 연구 기관에서 수년에 걸쳐 수행한 광범위한 연구 결과들이 그 원리를 뒷받침하고 있다. 물론 모든 논쟁이 해결된 것은 아니지만, 아이디어가 발전하고 논쟁이 이어지며 의문이 남는 곳이 있다면 우리는 계속해서 논의할 것이다. 시간의 흐름에 따라 과학적 이해가 깊어지는 과정은 역사상 가장 재미있는 부분 아닌가!

정체성의 원리

이 장에서는 정체성과 정체성이 사람들의 삶에서 수행하는 역할에 대한 몇 가지 핵심적인 내용을 설명한다. 첫째, 개인이 속한 집단은 종종 자신이 누구인지를 이해하는 자아 인식의 바탕이 된다. 둘째, 개인은 놀랄 만큼 타인과 연대하고자 하는 마음이 있고, 일시적인 경우일지라도 정체성을 형성한다. 정체성은 공통적인 경험과 특징을 기반에 두지만, 새로운 집단에 무작위로 배정될 때조차도 정체성이 생겨난다. 셋째, 특정한 사회적 정체성이 두드러지거나 활성화되면 개인의 목표, 감정, 행동에 큰 영향을 미칠 수 있다. 넷째, 개인은 대부분 활성화된 정체성과 관련된 규범에 순응할 확률이 높고, 필요하다면 사적인 희생을 감수하면서 집단 이익을 발전시키는 방식으로 행동한다.

타인과 사회적 정체성을 형성하고 공유할 때 좋은 일이 많이 일어난다. 여기에는 또 다른 측면이 있는데, 바로 협동과 너그러움도 정체성과 관련이 있다는 점이다. 모든 내집단에는 외집단이 있다. 사회적 정체성은 자기 집단 구성원들을 돕고 싶게 만들지만, 한편으로는 다른 집단 사람들에게 해를 가하거나 도움을 주지 않으려는 마음을 만들 수도 있다.

이 책에서는 집단 간 갈등과 관련해 정치적 정체성을 많이 논의할 것이다. 정치적 양극화나 당파적 갈등으로 인해 전 세계 많은 나라에서 사회 문제가 일어나고 있다. 수많은 곳에서 정치의 독성이 눈에 띄게 강해지고 있다.

집단 간 관계가 경직되고 '우리'의 이익이 '그들'의 이익과 완전히 반대된다고 생각하기 시작하면, 자신이 속한 집단에 느끼는 자연스러운 긍정적 감정과 공감이 위험한 방향으로 바뀔 수 있다. 우리는 자신이 **본질적으로** 선하다고 생각한다. 그리고 만약 이게 사실이라면, 그들은 본질적으로 악하므로 어떤 희생을 치르더라도 반드시 그들에게 반대해야만 한다. 사람들은 특정 이슈에 자기에게 유리한 도덕적 의미를 부여한다. 우리는 반대 의견을 잘 참지 못하고, 우리와 그들 사이에 놓인 경계를 매우 중요하게 여기며, 그 경계를 위협하는 모든 일탈 행동을 경계한다. 또한 안팎으로 적을 발견하기도 한다. 집단의 이익을 추구하는 일이라면, 어떤 수단도 목적을 정당화할 수 있다고 믿기 시작한다. 나아가 남들에게 해를 가할 때는 더 크고 고결한 목적을 위해 어쩔 수 없는 선택이었다고 생각한다.

경쟁이 협동에 얼마나 많이 의존하고 있는지 대부분 알지 못한다. 바둑이나 축구 경기를 하거나 승진을 두고 경쟁할 때, 그들은 암묵적으로 상호 공유되고 합의한 규칙을 지키기로 동의한 것이다. 정치에서도 헌법에 명시되고 전통과 선례로 새겨진 규칙들이 있다. 정치제도로 구체화된 이러한 규칙들로 인해, 경쟁자들은 격렬한 토론으로 유혈 사태 없이 문제를 해결할 수 있다.

공정한 규칙과 책임을 규정하는 효과적인 제도는 사회가 제공할 수 있는 가장 중요한 사회적 재화 중 하나다. 그리고 제도는 많은 사람이 그 제도를 믿을 때, 다음 선거에서 이기는 것보다 더 크고 궁극적으로 중요한 것이 있다고 믿을 때만 효과가 있다. 독성 정치는 이러한 믿음을 훼손할 때 특히 위험하다. 시민으로서의 정체성을 잃은 구성원들이 집단의 정의를 맹신해 구성원이 사회적 규칙을 따르는 것을 어리석다고 생각하거나, 어떠한 대가를 치러서라도 상대편을 막아야 한다고 생각하면 상황은 정말 걷잡을 수 없다.

독성 정치는 표준집단*과 정체성 역학의 산물이지만, 절대 피할 수 없는 결과는 아니라고 생각한다. 집단 간 소통과 정치는 이런 식으로 이루어지면 안 된다. 정체성이 작용하는 방식을 이해하면 현재 상황을 이해할 수 있고, 이 혼란에서 벗어날 방법을 찾을 수도 있다.

사회적 정체성에 삶을 좌우하는 강력한 힘이 있을지라도, 우리에게는 어느 정도 그것을 통제할 능력이 있다. 누구나 자기가 속한 범주 중에 특별히 가치를 두거나 자신과 동일시하지 않는 범주가 있다. 연구자들은 사회적 정체성을 연구할 때, 성별, 인

＊   개인이 행위나 규범의 표준으로 삼는 집단.

종, 직업, 종교, 민족 등을 비롯해 특정 범주에 속하는 모든 사람
이 그 범주와 동일시된다고 가정하지 않는다. 대신, 개인이 해당
집단과 자신을 얼마나 동일시하는지를 측정한다. 예컨대 집단
에 소속된 것이 얼마나 자랑스러운지, 집단이 자아 인식의 핵심
이 되는지를 평가하라고 요청하는 것이다.

　물론 자신이 어떤 집단에 속할지를 완벽히 통제할 수는 없다.
하지만 어떤 집단을 자신의 정체성으로 받아들일지는 선택할
수 있는 경우가 많다. 대학이나 직업을 선택할 때, 어떤 스포츠
팀을 응원할 때, 특정 정당에 가입할 때, 우리는 특정한 정체성
을 능동적으로 선택한다. 마찬가지로 특정 정당을 더는 지지하
지 않거나, 직장을 그만두거나, 심지어 담배를 끊는 것도 하나의
정체성을 놓아버리는 것이다. 우리의 감정, 신념, 행동의 상당
부분이 사회적 정체성에 내포되어 있다는 점을 고려할 때, 어떤
정체성을 중요하게 여기고, 어떤 정체성이 선택에 영향을 미치
며, 어떤 정체성이 세상과의 관계를 정의할 것인지를 선택하는
것은 매우 중요한 요건이다. 이것이야말로 우리가 삶에서 내리
는 가장 중요한 결정이다.

　또한 우리는 집단의 규범과 자신의 의견이 다를 때나, 리더십
에서 더 적극적인 역할을 맡을 때도 내면의 힘을 발휘한다. 이때
가장 중요한 것이 정체성이다. 앞으로 설명하겠지만, 사람들은
어떤 집단에 깊은 관심을 둘 때 반대 의사를 표명할 확률이 높

고, 리더들은 자신을 따르는 추종자들에게 정체성을 공유할 수 있을 때 더 효과적으로 집단을 이끈다.

이 책의 핵심 전제는 정체성의 작동 원리를 알아야 정체성의 영향력을 더 잘 통제할 수 있다는 것이다. 앞서 말했듯이, 사회적 정체성을 이해하면 '나는 누구인가?'라는 질문이 '나는 어떤 사람이 되고 싶은가?'라는 질문으로 바뀔 수 있다.

다음 장은 어떤 내용일까?

1장에서는 사회적 정체성이 세상을 경험하는 방식과 우리가 내리는 의사결정을 어떻게 형성하는지 살펴보았다. 2, 3, 4장은 사회적 정체성이 어떻게 세상을 바라보는 모종의 렌즈가 되어 상황을 인지하게 하는지, 또 그것이 우리의 가장 중요한 신념에 어떤 영향을 주는지 설명할 것이다. 또한 정치적 당파 싸움에서의 정체성 역할, 소셜미디어를 비롯한 새로운 기술이 당파 싸움을 어떻게 악화시키는지, 분열된 사회를 이을 잠재적 해결책은 무엇인지도 살펴볼 것이다. 그리고 5장에서는 사람들이 특정한 사회적 정체성을 다른 정체성보다 가치 있게 여기는 이유, 사회적 정체성이 적절한 상징과 목적에 가치를 부여하는 방식에 대해 알아본다.

사회적 정체성은 집단 간 상황에서 항상 존재한다. 사람들은
자신이 속한 집단에 이익을 주고, 다른 집단에 피해를 주는 편견
을 드러내기도 한다. 6장에서는 암묵적이고 명시적인 모든 편견
의 속성을 살펴보고, 이러한 편견이 어떻게 긴 탄압의 역사와 제
도적 구조에 기초해 생겨나는지를 논의한다. 사회적 정체성의
작동 원리를 이해하면 편견을 줄이는 해결책을 얻을 수 있지만,
조직적 차별을 해결하려면 더 광범위한 행동이 필요하다.

　이후의 장에서는 정체성이 어떻게 집단행동의 기초가 되는지
를 살펴볼 것이다. 7장에서는 역경에 대응하여 사회적 정체성이
발달하는 방식과 사회적 변화를 추구할 때 사회적 정체성이 결
속의 기초가 되는 방식을 논의한다. 8장에서는 내부인이 어떻게
안에서부터 자신의 집단을 바꾸는지, 정체성 역학이 서로 의견
이 다른 이들에게 어떻게 영향을 미치는지, 집단이 다양한 관점
을 어떻게 활용할 수 있는지 살펴본다. 또한, 9장에서는 이 모든
영역에서 리더들이 수행할 중대한 역할을 설명한다. 유능한 리
더들이 어떻게 집단 구성원의 욕구를 만족시키는지, 그리하여
구성원들이 자기가 누구고, 어디로 가고 있는지를 깨닫게 하는
지 살펴볼 것이다. 정체성을 이용한 리더십은 좋은 쪽으로도, 나
쁜 쪽으로도 이용될 수 있다.

　마지막 10장에서는 집단생활을 하면 어떤 일이 벌어질지 추
측해본다. 점점 증가하는 불평등, 기후변화, 민주주의에 대한 위

협 등 인류가 직면한 어려움에 초점을 맞출 것이다. 이 문제들을 효과적으로 해결하려면 정체성의 역할을 이해해야만 한다.

2장에서는 정체성이 어떻게 인식을 변화시키고, 우리가 주변 정보를 거르고 이해하는 방식에 어떻게 영향을 미치는지 살펴볼 것이다. 정체성은 세상을 경험하게 하고 의미를 부여하는 렌즈가 되기도 하지만, 우리의 관심을 엉뚱한 방향으로 돌리고 편견을 갖게 만들기도 한다.

정체성의 렌즈

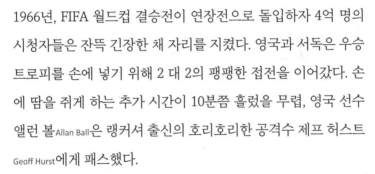

1966년, FIFA 월드컵 결승전이 연장전으로 돌입하자 4억 명의 시청자들은 잔뜩 긴장한 채 자리를 지켰다. 영국과 서독은 우승 트로피를 손에 넣기 위해 2 대 2의 팽팽한 접전을 이어갔다. 손에 땀을 쥐게 하는 추가 시간이 10분쯤 흘렀을 무렵, 영국 선수 앨런 볼Allan Ball은 랭커셔 출신의 호리호리한 공격수 제프 허스트Geoff Hurst에게 패스했다.

허스트는 골대를 향해 오른발로 공을 차면서 균형을 잃고 쓰러졌다. 공이 쭉 뻗은 독일 골키퍼의 손끝을 간발의 차이로 비켜서 골대 상단의 아랫면에 부딪힌 후 골라인 쪽으로 튕겨 나갔다. 서독 수비수들은 공을 처리하고자 급하게 달려들었다. 우승컵은 그 찰나의 순간에 달려 있었다.

자기 팀이 이겼다고 확신한 영국 선수들은 승리를 축하하기 시작했다. 관중은 함성을 질렀다. 그러나 스위스 출신의 심판인 고트프리트 디엔스트Gottfried Dienst는 영국이 실제로 골을 넣었는지 확신할 수 없었다. 당시 디엔스트는 세계 최고의 심판으로 인정받고 있었다. 확신이 서지 않았던 그는 부심과 상의한 후, 매우 중요한 결정을 내렸다. 공이 골라인을 넘었기 때문에 골이라고 선언한 것이다.

경기 영상을 보면 공이 실제로는 선을 넘지 않았다는 것을 확인할 수 있다. 영국이 1966년 월드컵에서 우승을 차지한 일은 옳지 않았다. 적어도 그 골을 근거로는 이겼다고 말할 수 없다. 하지만 당시 공에 가장 가까이 있었던 영국 선수 로저 헌트Roger Hunt는 공이 선을 넘어서 네트로 들어가는 장면을 똑똑히 봤다고 맹세했다. 틀림없이 그는 그 장면을 보았을 것이다. 그렇지 않았다면 동료들과 우승을 축하하려고 골대에서 돌아서는 게 아니라 공에 달려들어 살짝 차 넣었을 테니 말이다.

결국 그는 보고 싶은 것을 본 셈이다.

이런 상황은 드물지 않다. 세계인이 널리 시청하는 스포츠 대회에서 논쟁의 여지가 있는 경기 운영으로 승부가 결정되는 사례가 얼마나 많은가? 게다가 전 세계 스포츠팬들은 심판이나 심사위원과 꾸준히 갈등을 겪고 있다. 많은 팬이 자기 팀의 정체성에 너무나 영향을 받은 나머지 다른 모든 이의 의사결정이 몹시 편향되었다고 느끼기 때문이다(특히 상황이 모호할 때는 더욱 그렇게 느낀다).

이 문제에 관한 연구는 미식축구 경기를 추적하며 시작되었다. 1951년 11월 말 어느 상쾌한 토요일 오후, 뉴저지주 프린스턴에 있는 파머 경기장에서 아이비리그 팀이 맞붙었다. 시즌의 마지막 경기였는데, 프린스턴대학교 타이거스 팀은 다트머스 대학교 인디언스 팀을 이겨 무패로 그해의 마지막을 장식하려 했다.

아주 거칠고 험난한 경기가 될 조짐이 보였다. 선수들이 충돌하자 분노가 들끓고, 폭력성이 빠르게 고조되었다. 곧 프린스턴의 뛰어난 국가대표 쿼터백인 딕 카즈마이어Dick Kazmaier가 코가 부러진 채 경기장을 나갔다(이후 그는 대학 미식축구팀의 최고 선수에게 매년 수여되는 하이즈먼 트로피를 역대 최대 표 차이로 수상했다). 자기 팀의 슈퍼스타가 출전하지 못하자 극도로 분노한 프린스턴 선수들이 보복하기 시작했다. 결국 3쿼터에 다트머스 측 선수 한 명이 다리가 부러져 경기장 밖으로 실려 나갔다.

프린스턴은 13 대 0으로 승리했다. 하지만 이야기는 여기서 끝나지 않았다.

곧바로 비난 게임이 시작되었다. 프린스턴 학생신문은 그 경기를 "역겨운 학예회"라고 부르며 "비난은 다트머스가 받아야 마땅하다."라고 보도했다. 그러나 다트머스 학생신문의 기자들은 상황을 매우 다르게 보았다. 그들은 프린스턴대학교의 코치 찰리 캘드웰Charlie Caldwell이 "저들이 한 대로 되갚아주라는 낡은 사고방식을 선수들에게 불어넣었다."라고 주장했다.

뜨겁고 거침없는 공방전은 다트머스와 프린스턴의 심리학자들에게 영감을 주었다. 그들은 어떻게 두 명문대가 게임이라는

객관적인 사실을 두고도 그토록 격렬하게 의견이 나뉘는지 이
해하기 위해 힘을 합쳤다. 그들은 게임이 끝난 일주일 후에 두
대학의 학생들을 대상으로 설문조사를 진행했다.[1] 두 학교의 신
문 기자들처럼, 그 게임에 대한 프린스턴과 다트머스 학생들의
해석도 철저하게 달랐다. 결론적으로 말하면, 다른 팀이 먼저 거
칠게 굴기 시작했다고 주장한 학생은 122명이지만, 자기 팀이
먼저 싸움을 시작했다고 생각한 학생은 단 두 명에 불과했다!

122 대 2. 거의 만장일치로 다른 팀에게 잘못이 있다고 판단
했다.

의견 불일치의 원인을 기억의 오류나 편향된 신문 보도의 영
향으로 돌릴 수도 있기에, 연구원들은 각 학교에서 새로운 무리
의 학생들을 데려와서 경기 영상을 보여주었다. 그리고 연구원
들은 학생들이 그 경기 영상을 볼 때 보이는 반응을 녹화했다. 그
들은 경기 영상을 보면 학생들이 현실을 직시할 거라 예상했다.

하지만 같은 영상을 보았음에도 두 학교 학생들의 의견은 달랐
다. 프린스턴 학생들은 다트머스 선수들이 자기 학교 선수들보다
반칙을 두 배 많이 저질렀다고 주장했다. 다트머스 학생들은 반
칙의 횟수가 양 팀이 거의 같다고 주장했다. 같은 영상을 보고 있
는데도 각 학교의 학생들은 각기 다른 것을 보고 있는 것 같았다.

만약 당신이 이 조사 결과를 일부 대학생들의 착각일 뿐이라
고 치부하고 싶다면, 오하이오의 한 다트머스대학교 졸업생이

모교에 보낸 전보를 눈여겨보라. 그는 프린스턴대학교 졸업생인 친구들에게 해당 경기 영상을 받았다. 프린스턴 졸업생 친구들은 그가 사랑하는 다트머스 팀이 비열한 행동을 했다며 비난하듯 말했다. 하지만 영상을 본 그는 친구들에게 들었던 반칙을 찾아볼 수 없어서 적잖이 당황했다.

다가오는 동창회에서 경기 영상을 보여줄 계획으로, 그는 다트머스대학교 행정실에 연락을 취했다.

프린스턴 측이 준 영상을 살펴보니 중요한 부분이 상당히 많이 잘린 것으로 보입니다. 동창회가 1월 25일에 예정되어 있는데, 가능하면 그 전에 설명과 함께 잘린 부분을 항공 우편으로 보내주시기를 바랍니다. 저희에게 잘린 영상을 이을 수 있는 장비가 있습니다.

그는 프린스턴 졸업생 친구들에게 들었던 끔찍한 반칙이 그 테이프에서 잘려나갔을 것이라고 생각했다.

60여 년 전 연구원들은 이렇게 결론지었다. "미식축구 경기장에서 나온 '똑같은' 감각적 충격이 시각 메커니즘을 거쳐 뇌에 전달되면서, 사람마다 다른 경험을 불러일으키는 것이 분명했다." 다시 말해, 팬들은 편향되어 있었다. 그들은 팀과 자신을 동일시하는 정체성의 렌즈로 경기를 보았고, 상대편이 저지른 모든 반칙은 찾으면서 자기편이 저지른 반칙에는 눈뜬장님이었다.

이 연구는 인간 인지의 중요한 점을 드러낸다. 우리는 종종 정체성에 좌우되어 특정한 방식으로 세상을 해석한다. 다음 장에서는 정체성이 우리의 세계관에 미치는 영향을 논의할 것이다. 여기서 정체성의 영향력이 (우리가 보고, 듣고, 맛보고, 냄새를 맡는) 지각적 판단에까지 확장될 수 있음을 알 수 있다.

어떤 종목의 스포츠든, 정체성이라는 렌즈에 따라 다양하게 해석할 수 있는 애매한 경기가 수십 건에 이른다. 요즘은 기술이 발전해 즉시 비디오로 판독해서 이런 애매모호한 상황을 해결할 수 있다. 하지만 정체성이 판단에 미치는 영향은 스포츠 경기장을 넘어, 비디오 판독으로 즉시 판정을 바로잡을 수 없는 삶의 모든 영역에 존재한다.

우리는 지난 10년간 스포츠팀에서 정당과 국가에 이르기까지, 다양한 집단 정체성이 주변 세상을 해석하는 방식에 어떻게 영향을 미치는지 조사해왔다. 이러한 역학 관계는 저녁 식사 자리나 형사 사법 제도 등 모든 곳에서 나타난다. 정체성은 감각을 고조시켜 초콜릿 냄새를 더 잘 음미하게 하고, 고소한 곡물의 맛을 갈망하게 하는 한편, 사물을 정확하고 공정하게 인식하는 능력을 훼손하기도 한다. 이 과정의 상당 부분은 우리가 인식하지 못하는 사이에 일어난다. 그리고 정체성에 영향을 받지 않은 사람은 거의 없다.

정체성이라는 색깔을 띤 안경

우리는 사물을 있는 그대로 보지 않고, 우리의 모습으로 본다.

_ 아나이스 닌Anais Nin, 《미노타우로스의 유혹Seduction of the Minotaur》

매 순간, 우리가 의식적으로 처리할 수 있는 양보다 많은 정보가 감각 기관에 도달한다. 주의력과 신경계는 긴밀한 관계에 있다. 신경계는 주의력을 통해 가장 관련성이 높은 정보 중 일부를 선택하여 더 깊이 있게 처리할 수 있다. 이로 인해 움직임, 소리, 향기 등 어떤 일이 일어났다는 것을 인지하기도 전에 많은 정보가 걸러진다. 겉껍질에서 밀을 골라내듯이, 감각을 분류하는 시스템은 유용함을 넘어 필수적인 인간의 능력이다.

대표적인 예로 '칵테일파티 효과'*를 들 수 있다.[2] 많은 사람이 모인 곳에서 음악과 대화 소리가 배경 음악처럼 웅성거릴 때, 우리는 이야기를 나누고 있는 사람에게 주의를 기울인다. 이때 뇌는 소리를 걸러내 친구가 전하는 흥미진진한 이야기나 소문에 우리가 집중할 수 있도록 한다.

이제 저 멀리서 누군가가 당신의 이름을 언급하면 어떻게 될까? 대부분 배경 소음을 뚫고 귀에 들어오는 자기 이름을 알아

---

*   시끄러운 환경에서도 자기가 관심 있는 이야기만 선택적으로 듣는 현상.

듣고, 그쪽으로 관심을 돌리게 된다. 갑자기 귀를 쫑긋 세우고 자신에 대해 말하는 내용에 귀를 기울이게 된다. 저들이 나를 칭찬하고 있는 건가? 아니면 혹시 내 수치스러운 일화를 퍼뜨리고 있나?

칵테일파티 효과는 뇌가 주변 배경에서 일어나는 모든 정보를 무시하지는 않기 때문에 발생한다. 잠재의식은 수다를 떠는 중에도 중요한 사건이 일어날 경우를 대비해 주변의 대화를 감시한다. 이때 누군가가 내 이름을 부르는 것은 가장 중요한 사건이라 할 수 있다!

주의력이 작동하는 방식은 매우 복잡하지만, 사람들의 주의를 끄는 것은 두 가지 형태로 발생한다. 어떤 것들은 주변 환경에서 가장 눈에 띄기 때문에 주의를 사로잡는다. 갑작스러운 움직임, 이상한 소리, 아름답거나 유해한 것들, 자신의 이름 등은 우리의 관심을 확실히 끌어 적절하게 대응할 수 있게 한다. 이러한 유형의 관심 지향을 상향 처리bottom-up processing라고 한다.

그러나 우리가 이미 관심을 두고 있어 주의를 기울이게 되는 것들도 있다. 기대하고 원하고 필요한 것들은 이미 뇌가 우리와 관련이 있다고 결정했기 때문에 더 많은 관심을 받는다. 예를 들어 자동차 키를 찾고 있다면, 시각 체계가 급하게 필요한 물건을 찾기 때문에 자기도 모르게 작고 반짝이는 모든 것에 눈길이 갈 것이다. 이러한 유형의 관심 지향은 하향 처리top-down processing라고 알려져 있다. 목표, 욕구, 갈망, 정체성은 감각 기관이 초점을 맞추는 대상을 바꾼다.

우리가 하나의 정체성을 받아들이는 것은 세계관을 거르는 안경을 끼는 것과 마찬가지다.[3] 정체성은 감각에 끊임없이 쏟아지는 어마어마한 정보를 처리하도록 돕는다. 정체성은 무엇이 중요한지, 어디를 보아야 할지, 언제 들어야 할지, 심지어 무엇을 먹어야 할지까지 알려준다.

일단 한 집단에 소속되면 집단의 구성원인 '우리'가 무엇을 중요하게 여겨야 하는지, 따라서 무엇을 마음 놓고 무시해도 되는지 통찰력을 얻게 된다. 이 통찰력은 대부분 효과가 좋다. 예를 들어, 직장에서는 상사에게 특별히 주의를 기울이면서 워크숍에 참석하고, 직장 내 정치에 대처하는 방법을 알아내기 위해 노력할 것이다. 또한 시간과 에너지를 고갈시키는 특정한 이메일, 대규모 회의, 직장 내 행사를 무시하는 방법을 배우기도 한다.

하루가 끝날 무렵에는 집으로 가서 가족의 의무를 수행할 렌즈나 참견하기 좋아하는 이웃의 렌즈를, 동네 맥줏집에서는 우정의 렌즈를 낀다. 이것이 정체성의 가장 중요한 요소라 할 수 있다. 어두운 건물로 들어갈 때나 컴퓨터 앞에서 글자를 읽을 때 선글라스에서 보통 안경으로 바꿔 끼는 것처럼, 하나의 상황에서 다음으로 넘어갈 때 정체성을 바꿀 수 있다.

사람들은 서로 다른 다양한 정체성을 가지고 있으며, 자아의 다양한 면이 활성화되면 세상을 인식하는 방법도 바뀐다. 이중 문화권의 사람들에게는 이러한 효과가 더욱 심하게 나타날 수 있다. 둘 이상의 문화나 인종적 정체성을 지닌 사람이 다양한 상황을 접하면, 정체성의 뚜렷한 부분이 활성화되어 생각하는 방식과 주변 사람들을 인식하는 방식에 영향을 받는다.

문화 신경과학자 조안 치아오Joan Chiao와 동료들은 이 현상에 관한 흥미로운 연구를 수행했다.[4] 그들은 한 실험에서 흑인 및 백인 참가자, 혼혈 참가자(부모 중 한 명은 백인, 한 명은 흑인)에게 시각적 주의력 과제를 완수하게 했다. 각 실험에서는 참가자들에게 0.5초간 8명의 얼굴 사진을 보여주었다. 참가자들의 임무는 여러 백인 얼굴 중 흑인 얼굴이 있는지 빨리 답하는 것이었다. 다른 실험에서는 여러 흑인 얼굴 중 백인 얼굴이 있는지 답해야 했다.

치아오와 동료들은 모든 참가자 집단이 흑인 무리에 있는 백인 얼굴보다 백인 무리에 있는 흑인 얼굴을 더 빨리 시각적으로 인식한다는 것을 발견했다. 그러나 인종 정체성이 어떻게 시각적 주의력을 끌어냈는지 밝히는 흥미로운 연구 결과가 두 가지 있었다. 첫째는 흑인 참가자들이 백인 참가자들보다 흑인 얼굴을 더 빨리 식별했다는 것이다. 그들은 즉시 내집단 구성원을 알아보았다.

둘째는 혼혈 참가자들에게 일어난 일이다. 앞서 언급하지 않았지만, 과제를 시작하기 전에 실험자들은 참가자들에게 부모 중 한 명의 인종 정체성에 관해 짧은 에세이를 쓰라고 요청했다. 이 과제는 그들의 문화적 정체성 중 어느 한쪽을 촉진하려는 의도로 고안된 것이다. 그러자 참가자들이 시각 자료에 반응하는 방식이 바뀌었다.

혼혈 참가자들에게 백인의 정체성을 촉진했을 때, 그들의 시각적 주의력 패턴은 백인 참가자들의 패턴과 거의 비슷했다. 그러나 흑인의 정체성을 촉진했을 때는 흑인 참가자들의 패턴과 거의 비슷했다. 다시 말해, 참가자들의 주의 체계가 그 순간 활성화된 정체성에 따라 바뀐 것이다.

시각은 인간의 가장 강력한 감각이다. 개에게는 후각이, 박쥐에게는 청각이 가장 강력하다. 하지만 정체성은 다른 감각을 특히 강하게 하거나 좋은 기억을 떠올리게 할 수 있다. 예컨대 할머니가 만든 음식 냄새나 어떤 지역의 특정한 향기, 특정한 언어의 소리나 어릴 적 배웠던 노래, 자기 문화의 유서 깊은 전통음식의 맛은 좋은 기억을 불러온다.

실제로 음식과 정체성 사이에는 깊은 연관이 있는 것 같다. 요리사이자 작가인 고故 앤서니 보데인Anthony Bourdain은 〈슬레이트〉와의 인터뷰에서 이렇게 말했다. "음식은 우리의 모든 것입니다. 음식에는 국민의 정서, 인종적 감정, 개인사와 개인들이 속한 자치구, 지역, 부족, 할머니까지 내포되어 있어요. 음식은 처음부터 그 모든 것과 떼려야 뗄 수 없는 관계입니다."

정체성의 맛

1992년에 개봉한 영화 〈나의 사촌 비니〉에서 배우 조 페시Joe Pesci는 억울하게 살인 누명을 쓴 사촌을 변호하는 뉴욕 출신의 변호사 비니를 연기한다. 앨라배마주가 낯선 이 자신만만한 이탈리아계 미국인은 미국 남부의 시골 문화를 이해하려 애쓴다.

주요 장면에서 현지 식당에 간 페시는 옥수숫가루로 끓여 만든 그리츠가 남부 사람들의 정체성에서 큰 부분을 차지한다는 걸 깨닫는다. 그리츠*를 제대로 끓이려면 20분이 걸리지만, 즉석식품을 사용하지 않는 것은 남부인의 자존심이다.

주인공 비니는 검찰 측 증인인 남부 사람 팁턴을 심문한다. 팁턴은 아침을 막 만들기 시작할 때 비니의 사촌이 가게로 들어오는 모습을 보았고, 5분 후에 아침을 막 먹으려 할 때 총소리를 들었다고 증언한다.

"아침으로 무엇을 먹었습니까?"라고 비니가 질문하자, "달걀을 얹은 그리츠요."라고 팁턴이 대답한다. 남부 요리를 최근에

＊　빻은 옥수수로 만든 죽으로, 미국 남부의 흔한 아침 식사.

알게 된 비니는 전통식 그리츠를 그렇게 빨리 요리할 수 없다는 것을 알았다. 따라서 팁턴에게 아침으로 인스턴트 그리츠를 만들었느냐고 물었다. 이 질문은 남부인의 자부심을 지닌 팁턴에게는 심각한 모욕이었다! 이 순간 팁턴은 자기 증언이 잘못되었다고 인정하든지, 아니면 열등한 형태의 그리츠를 만들어 남부인의 문화유산을 저버렸다고 인정해야 했다.

무고한 한 사람의 목숨이 그의 증언에 달려 있었다.

판사와 지역사회 주민들이 가득한 법정에서, 팁턴은 스스로 증언한 타임라인의 신빙성이 깨지더라도 남부인으로서의 정체성을 지키기로 한다. 팁턴은 공격적으로 단언한다. "자존심 있는 남부 사람이라면 인스턴트 그리츠는 먹지 않습니다. 저는 제가 만든 그리츠에 자부심이 있습니다."

자기가 만든 그리츠의 명예를 지키려고 위증을 인정하는 사람이 있을까? 아마 없을 것이다. 이는 그리츠의 문제가 아니라 '정체성'의 문제였다. 문화적 전통은 종종 식생활과 밀접하게 엮여 있다. 따라서 정체성과 자신이 먹는 음식 사이에는 깊은 연관이 있다.

사람들은 이국적인 요리를 맛보려고 세계를 여행하지만, 한 나라 안을 여행하는 것으로도 매우 다양한 맛, 질감, 재료, 요리 전통을 경험할 수 있다. 미국에서는 지역마다 선호하는 요리가 크게 다르다. 뉴욕 사람들은 뉴욕 피자가 미국 최고의 피자라고 생각하고, 필라델피아 사람들은 그 도시의 명물인 치즈케이크를 음미한다. 캘리포니아 사람들은 아보카도 토스트를 우적우적 먹는다고 알려져 있고, 남부인들은 그리츠, 동부콩, 바비큐를 즐겨 먹는 것으로 유명하다.

〈나의 사촌 비니〉에서 영감을 받은 우리는 남부인의 정체성과 음식 경험이 어떤 관련이 있는지 연구하기로 했다. 그리츠는 남부인의 정체성에 얼마나 깊이 엮여 있을까? 남부 사람들에게 남부인의 정체성을 떠올리게 하면, 그들의 전통과 관련된 음식을 먹고 싶어 할지 궁금했다.

리어 해컬Leor Hackel이 주도한 일련의 실험에서 우리는 250명 이상의 남부 사람을 모집해 자신의 정체성과 음식 선호도를 알려달라고 부탁했다.[5] 우리가 처음 주목한 점은 '남부인의 표본'으로 뽑은 사람들이 남부와 동질감을 느끼는 정도가 꽤 다양하다는 것이다. 남부인인 것이 자기 정체성에서 핵심적인 부분이라고 말하는 사람도 많았지만, 그 지역에 전혀 또는 거의 관련성을 느끼지 못한다고 말한 사람도 많았다(1장에서 논의한 바와 같이, 이런 차이는 집단 내에서 흔하다. 예를 들어, 일부 학생들은 대학교와 자신을 깊게 동일시한다. 그들은 학교의 색을 입고, 대학 스포츠 행사에 참석하고, 자기 학교를 대단히 자랑스럽게 이야기한다. 하지만 학교에 애증이 교차하거나 심지어 적극적으로 자기가 속한 대학을 멀리하는 학생들도 있다).

우리는 남부인들에게 남부와 자신의 연관 정도를 말하게 한다음, 메기 튀김이나 동부콩 등의 음식에 순위를 매겨달라고 부탁했다. 그 음식들이 남부인의 정체성에 얼마나 밀접하게 관련되어 있는지, 각각의 음식을 얼마나 많이 먹고 싶은지를 기준으로 순위를 매기게 했다. 다른 지역 음식과 비교한 그들의 남부음식 선호도와 그들이 남부인으로서 느끼는 정체성의 정도가 상관관계가 있는지를 알아보고 싶었다.

예측한 대로, 남부인 정체성의 정도는 남부 요리에 대한 선호도와 분명히 관련이 있었다. 남부 요리에 대한 선호도를 설명할때 중요한 것은 그냥 남부 출신이라는 사실이 아니라 '남부인의 정체성'이었다. 당연하게도 자부심이 넘치는 남부인들은 피자, 참치 샌드위치를 비롯한 다른 지역 음식에 관심이 적었다. 음식 선호도에서 정체성이 중요한 이유는 정체성이 음식에 정서적의미를 부여하기 때문이다.

하지만 앞서 살펴본 것처럼, 정체성은 고정되어 있거나 정적이지 않다. 남부 출신 사람들은 항상 이 문화유산을 지니고 있지만, 그렇다고 매 순간 남부인의 정체성이 활성화되거나 작동하지는 않는다. 은행원의 정체성이 활성화되었을 때 더 부정하게행동했던 은행원들처럼, 남부인들이 이런 정체성을 지니고 있고 실제로 그 정체성을 소중히 여길 때 비로소 요리 취향이 더남부인다워진다.

 새로운 사람들로 구성된 두 번째 연구에서는 그들에게 미리
질문을 던져 남부인의 정체성을 활성화했다. 실험 대상의 절반
에게는 남부인들이 자주 하는 두 가지 행동과 잘하는 두 가지 행
동, 남부인과 관련된 부정적인 특징 두 가지와 긍정적인 특징 두
가지를 물었다. 다른 절반에게는 개인으로서 그들이 자주 하는
두 가지 행동과 잘하는 두 가지 행동, 스스로 평가하는 자기의
긍정적인 특징과 부정적인 특징을 설명하게 했다. 이 질문들은
남부인의 정체성이나 개인의 정체성을 활성화해서 그들의 음식
선호도를 바꿀 수 있는지를 확인하려는 의도였다.

 남부인들은 남부인 정체성을 맨 먼저 떠올리게 한 후에야 개
인적 정체성을 떠올리게 했던 사람들보다 그리츠와 콜라드그린
을 비롯한 기타 남부의 진미를 선호했다. 개인으로서 자신을 생
각하고, 개인적 특징에 초점을 두도록 자극받을 때는 남부 요리
를 향한 취향이 두드러지지 않았다.

 캐나다 수도인 오타와의 한 노천 시장에서 프로젝트를 시행
했을 때도 비슷한 결과가 나왔다.[6] 당시 우리는 동료이자 칼턴
대학교의 심리학 교수인 마이클 월Michael Wohl과 팀을 이루어 실
험을 진행했다. 월은 바이워드 시장(캐나다에서 가장 오래된 시장)
에 부스를 설치한 후, 행인들에게 갓 채취한 꿀과 메이플 시럽의
단맛을 비교하게 했다.

 둘 다 달짝지근하고 끈적하지만, 메이플 시럽은 캐나다인의

정체성을 상징했다. 메이플 잎은 캐나다 국기 한가운데 눈에 잘 띄게 드러나 있고, 심지어 캐나다는 메이플 시럽이 동나는 비상 사태를 대비해 국가 차원에서 비축 전략까지 세워두고 있다(농담이 아니다). 하키와 비버처럼, 메이플 시럽은 캐나다의 보물로 여겨지고 있다.

캐나다인들에게 맛 테스트를 해보니, 그들도 미국 남부인들과 똑같이 응답했다. 자국의 문화유산과 관련된 것(여기서는 메이플 시럽)을 선호했지만, 캐나다인으로서의 정체성을 활성화한 후에만 그런 선호도를 보였다. 캐나다인의 정체성을 떠올리기만 해도 그들은 꿀이 아닌 메이플 시럽에 입맛이 샘솟았다.

이 연구는 정체성을 활성화하는 것만으로도 사람들이 먹고 싶은 음식의 종류에 영향을 줄 수 있음을 암시한다. 그래서 문화적으로 특정한 요리를 제공하는 많은 레스토랑이 현지에 있는 듯한 분위기를 만들려고 애쓰는 것 같다. 그리스 식당의 벽면을 파르테논 신전의 이미지로 장식하거나 한국 식당에서 케이팝을 틀어놓는 것은 그 문화와 관련된 요리를 먹고 싶은 욕구를 강하게 자극할 수 있다.

이는 성인이나 케이팝 열성 팬들에게만 해당하는 이야기가 아니다. 아이들도 사회적 정체성이 있어서 먹을 것을 선택할 때 비슷한 단서를 사용한다. 어린아이들을 대상으로 한 일련의 연구에 따르면, 한 살 무렵의 아이들도 무엇을 먹을지 결정할 때 사회적 정체성을 사용한다고 한다. 두 가지 음식 중 하나를 선택해야 할 때, 유아들은 모국어를 말하는 사람이 권하는 음식을 선택하는 한편, 외국어로 말하는 사람이 권하는 음식은 거부했다.[7]

인간은 매우 어릴 때부터 정체성에 관한 단서에 민감하다. 그리고 언어는 정체성을 공유하고 있다는 강력한 신호 중 하나다. 이는 주목할 만한 발견이다. 한 살 된 아이들은 미식가일 수 없고, 무엇을 먹을지 결정할 때 어른들의 지도가 필요하기 때문이다. 하지만 아이들은 다른 많은 것을 이해하기 전에 음식과 정체성 사이의 연관성을 직관적으로 이해하는 것처럼 보인다.

이 연구는 정체성이 어떻게 음식 선호도를 형성하고, 나아가 식단까지 좌우하는지를 보여준다. 하지만 이는 다양한 정체성이 세상을 경험하는 방식을 어떻게 형성하는지에 대한 표면적인 설명일 뿐이다. 음식 선호도는 단순한 욕구를 넘어 후각에 영향을 미치는 등 기본적인 인식을 더 직접적으로 형성할 수 있다.

초콜릿을 연상시키는 냄새

정체성의 영향을 더 깊이 조사하고자, 우리는 동료 제럴딘 카핀 Géraldine Coppin과 함께 스위스 제네바대학교에서 일련의 연구를 수행했다.[8] 우리는 사람들이 주변 냄새를 맡는 방식에 정체성이 어떻게 영향을 미치는지를 조사하고 싶었다. 평소에 즐겨 먹으면서도 왠지 죄책감이 드는 음식 중 하나인 초콜릿을 사용하기로 했다(도미닉은 다크초콜릿을 좋아하고, 제이는 밀크초콜릿을 좋아한다).

스위스는 은행과 눈부시게 아름다운 알프스산맥, 다용도 군용칼, 세계 최고의 초콜릿으로 유명하다. 이 실험의 자극제를 만들기 위해 화학자들과 협력하여 맛있는 스위스 초콜릿 냄새가 나는 사인펜을 만들었다.

스위스인이든 아니든 상관없이 제네바대학교의 모든 학생을 연구소로 오게 했다. 남부 음식과 메이플 시럽에 관한 연구에서와 마찬가지로, 무작위로 뽑은 일부 참가자들에게 스위스인의 정체성을 떠올리게 했다. 나머지 참가자들에게는 개인적인 정체성을 떠올리게 했다. 그런 다음 참가자들에게 초콜릿 향이 나는 사인펜의 냄새를 20번 맡게 한 후, 그들이 느끼는 냄새의 강도를 기록했다. 이 과정을 통해 우리는 오랜 시간에 걸쳐 정체성이 냄새에 미치는 영향을 살펴볼 수 있었다.

또한, 통제조건을 만들기 위해 버터 팝콘 냄새가 나는 사인펜도 사용했다. 두 향기 모두 쉽게 알아차릴 수 있는 냄새였다. 사람들이 팝콘 냄새를 맡으면 영화관을 연상하는 것처럼, 우리는 초콜릿 냄새가 스위스인의 정체성을 강하게 연상시키고, 초콜릿 냄새만이 스위스인 참가자들에게 울림을 줄 것이라 예상했다. 특히 그들이 스위스인의 정체성이라는 렌즈로 세상을 생각할 때는 말이다.

사람들은 이와 같은 실험에서 처음에는 모든 냄새를 강렬하게 인식하지만, '습관화'라는 과정 때문에 시간이 흐를수록 냄새를 감지하는 능력이 퇴화한다. 아마 당신도 빵집에 들어갔다가 갓 구운 강렬한 빵 냄새에 휩싸이거나, 막 들어간 사무실에서 누군가의 진한 향수 냄새를 감지한 경험이 있을 것이다. 하지만 몇 분이 지나면 냄새는 희미해져 주변 냄새와 뒤섞인다. 계속 그 냄새를 생각한다면 탐지할 수 있겠지만, 처음처럼 확실히 느껴지진 않는다. 우리의 감각 시스템이 적응하기 때문이다.

사람들이 팝콘 냄새를 맡을 때도 똑같은 일이 벌어졌다. 팝콘 냄새는 처음엔 강렬했지만 결국 희미해졌다. 사실 초콜릿 향 사인펜을 포함해서 우리 실험의 거의 모든 조건에서 사람들은 습관화를 보였다. 그러나 눈에 띄는 예외가 하나 있었다. 스위스인의 정체성을 상기시킨 스위스인은 초콜릿 냄새가 습관화되지 않았다. 그들은 초콜릿 향을 20번이나 반복해서 맡은 후에도 냄새를 강하게 인식했다. 그것은 그들의 정체성을 일깨우는 향기였다. 아름다운 알프스산맥과 첨단 시계, 세계적으로 유명한 은행 시스템 같은 것들을 떠올리면 초콜릿에 더 민감해지는 듯 보였다.

초콜릿은 사람을 유혹하는 기분 좋은 향기를 가지고 있다. 하지만 냄새는 매혹적인 향기부터 끔찍한 악취까지, 그 범위가 다양하다. 사회적 정체성은 기분 나쁜 냄새를 맡을 때도 사람들의 경험에 영향을 줄 수 있을까? 스티븐 라이커Stephen Reicher가 이끄는 영국의 연구팀은 바로 이 점을 알아내기로 했다.[9]

이 연구에 사용된 소재는 확실히 특이하다고 할 수 있다. 연구진은 한 남성 연구 조교에게 운동할 때나 잘 때를 포함해 일주일 내내 같은 티셔츠를 입어달라고 부탁했다. 일주일이 지나고 나니 셔츠에서 톡 쏘는 냄새가 풍겼다. 그다음 연구가 시작될 때까지 냄새를 보존하기 위해 밀폐된 용기에 셔츠를 넣어 조심스럽게 밀봉했다.

연구원들은 얼마 후 서식스대학교에서 온 아무것도 모르는 학생들에게 그 옷 냄새를 맡아달라고 부탁했다(연구에 참여하려고 갔는데 누군가의 더러운 빨랫감 냄새를 맡으라고 요구받는 장면을 상상해보라). 셔츠 냄새를 맡은 후, 학생들은 역겨운 정도를 등급으로 매겼다. 당연히 대부분이 매우 역겹다고 말했다.

연구원들은 사람들이 불쾌한 냄새에 반응하는 방식에 사회적 정체성이 영향을 주는지 알아보기 위해 기발한 속임수를 사용했다. 모든 참가자는 서식스대학교의 라이벌 학교인 브라이턴대학교의 로고가 새겨진 냄새 나는 티셔츠의 냄새를 맡아야 했다. 이때 무작위로 선택한 절반의 학생에게는 셔츠 냄새를 맡기 전에 모교인 서식스대학교의 정체성이 두드러지도록 상기시켰고,

다른 절반에게는 대학생이라는 더 넓은 정체성을 상기시켰다.

체취에 관해서라면 자신을 서식스대 학생이라고 생각하든 더 넓은 범주로 대학생이라고 생각하든, 티셔츠 냄새가 역겹다고 느끼는 정도에 거의 차이가 없으리라 생각할 수도 있다. 하지만 실제로 학생들은 자신을 더 넓은 범주인 대학생이라고 생각했을 때 라이벌 학교의 티셔츠 냄새가 덜 역겹다고 말했다. 대학생이라는 동일한 정체성을 두드러지게 했더니 퀴퀴한 셔츠 냄새조차 더 참을 만해진 것이다.

연구원들은 스코틀랜드의 세인트앤드루스대학교 학생들과 다른 버전의 연구에 돌입했다.[10] 한 여학생에게 각기 다른 두 벌의 티셔츠를 입고 조깅해달라고 부탁했다. 하나는 남색의 세인트앤드루스 로고가 박힌 티셔츠였고, 다른 하나는 라이벌 대학교인 던디대학교의 로고가 박힌 셔츠였다.

참가자들은 모교 로고가 있는 옷을 만진 후보다 라이벌 대학교 로고가 있는 옷을 만진 후에 손 세정제를 더 많이 썼고, 더 오래 손을 씻었다. 사회적 정체성이라는 공통의 느낌 때문에 사람들은 더러운 셔츠를 만질 때 역겨워하지 않았던 것이다(적어도 덜 역겨워하는 것 같았다).

냄새에 관한 연구는 정체성이 세상에 대한 우리의 인식을 어떻게 형성하는지 상당히 극적으로 보여준다. 향긋한 냄새든 불쾌한 냄새든 간에, 감각적 경험은 그것이 우리가 현재 활성화한 정체성 안에 있는지, 밖에 있는지를 중심으로 형성된다. 이제 어떻게 정체성이라는 렌즈가 경계를 넘어 '외부인'의 인식에도 영향을 미치는지 더 깊게 살펴볼 시간이다.

친구는 가까이, 적은 더 가까이

중국 만리장성부터 미국-멕시코 국경 장벽까지, 인간은 외부인을 멀리 떨어진 곳에 두려고 어마어마한 피와 재물을 쏟아부었다. 실제로 외부의 위협이 존재했을 때도 있었지만, 위협이 없거나 과장된 때도 있었다.

지난 몇 년간 일부 연구에서는 집단 간 갈등과 거리감, 특히 집단 간 물리적 거리에 대한 인식과 갈등 사이에 어떤 관계가 있는지를 조사했다. 그리고 제니 샤오Jenny Xiao가 이끄는 연구에서는 외집단에 위협을 느끼는 사람들이 안전하다고 느끼는 사람들보다 물리적으로 외집단이 더 가까이 있다고 판단하는 경향이 있음을 발견했다.[11]

'멕시코에서 온 이민자들이 미국 문화를 훼손하고 있다.'라는 말에 동의하는 사람들은 이민자들에게 위협을 느끼지 않는 사람들보다 자기 지역과 멕시코시티가 더 가깝다고 생각했다. 이러한 패턴은 뉴욕 시민을 대상으로 한 연구와 미국 전역의 사람들을 대상으로 한 설문조사에서 다시 한번 발견되었다. 자신이 어디에 살든 간에 사람들은 위협을 느낄 때면 외집단과의 거리를 한층 더 가깝게 느꼈다.

외집단은 실제보다 더 위협적으로 보이기도 했다. 또 다른 연구에 따르면, 이런 유형의 위협을 느낀 사람들은 위협을 느끼지 않은 사람에 비해 국경을 넘어 미국으로 들어오는 이민자의 수가 훨씬 더 많다고 생각했다.[12]

이러한 패턴은 실제적 위협이 아닌, 심리학자들이 '상징적 위협' 또는 '문화적 위협'이라 부르는 감정에 휘둘릴 때 눈에 띄게 두드러졌다. 상징적 위협을 느끼는 사람들은 자신의 문화, 즉 자기 정체성이 외집단 구성원들에게 잠식당하고 있다고 여긴다. 한편 실제적 위협을 느끼는 사람들은 더 현실적인 문제에 초점을 맞춘다. 예를 들어, 외집단 구성원들이 자기들의 일자리를 뺏어간다거나 중요한 자원을 남용한다고 믿는 것이다. 다수의 미국인은 이민을 향한 실제적 우려가 아닌 상징적 우려 때문에 외집단과의 거리를 과장한다.

하지만 이는 국가와 깊게 동질감을 느끼는 미국인들에게서만 관찰된다는 점에 유의해야 한다. 자국에 대한 자부심이 가장 높다고 대답한 이들은 상징적 위협을 느끼는 사람들이자 멕시코시티가 너무 가까이 있어서 불안하다고 생각하는 사람들이었다. 반면 미국인으로서 정체성이 깊이 확립되지 않은 사람들은 같은 패턴을 보이지 않았다.

하지만 사람들이 미국과 멕시코 사이에 튼튼한 국경이 있다고 생각했을 때는 이 모든 생각이 바뀌었다. 이민자들에게 위협을 느꼈던 미국인들은 남쪽 국경이 "세계에서 철통같은 보안을 자랑하는 국경 중 하나"라는 기사를 읽은 후, 그전처럼 멕시코시티와의 거리가 가깝다고 생각하지 않았다. 그러나 그들에게 '국경이 자주 침범되고, 대체로 보안이 허술하다'는 점을 상기시켰을 때는 이전과 거의 동일한 패턴을 보였다.

이 프로젝트가 끝난 직후, 도널드 트럼프Donald Trump는 미국과 멕시코 사이에 장벽을 세우겠다는 공약을 내걸고 대통령직에 출마했다. 국경 장벽 공약은 그의 선거 운동에서 가장 핵심적인 부분이었고, 트럼프와 그의 지지자들은 정치 집회에서 "장벽을 세워라! 장벽을 세워라!"라고 연호했다.[13] 대부분의 전문가가 장벽은 나쁜 정책이고 이민자 문제를 해결하는 데 효과적이지 않다고 생각했지만, 트럼프는 장벽에 집착했다. 그는 우리가 연구하는 심리를 이용해, 이민과 이민자에 대한 지지자들의 우려를 부추기려고 상징적 위협감을 끌어올렸다.

진짜 장벽이든 비유적 장벽이든 간에, 외부인에게 벽을 쌓는 행위는 정치권력을 얻고자 할 때 역사적으로 효과가 입증된 전략이다(9장에서 리더십에 관해 이야기할 때 더 자세히 설명하겠다). 하지만 이런 역학은 단지 이민자나 정치적 맥락에서만 적용되지 않는다. 우리는 다른 형태의 사회적 정체성을 조사할 때도 비슷한 판단 패턴을 발견했다.

어느 멋진 여름밤, 우리는 뉴욕시 양키 스타디움에서 열린 야구 경기에 연구팀을 보냈다. 양키스 팬들(관광객과 다른 팀의 팬들도 뒤섞여 있었다)이 관중석으로 몰려들 때, 우리는 한 무리에게 자신이 가장 좋아하는 팀과 다른 팀을 향한 감정을 묻는 설문지를 작성해달라고 부탁했다. 그다음 그들에게 아무런 표시가 없는 미국 동해안 지도를 건네주었다. 그 지도에는 노스캐롤라이나주부터 메인주까지 미국 동부의 해안선이 약 800킬로미터가량 쭉 뻗어 있었다. 우리는 각각의 참가자에게 양키스의 숙적인 보스턴 레드삭스(펜웨이 파크에서 경기함)와 같은 리그에 속한 팀인 볼티모어 오리올스(캠던 야즈에서 경기함)의 경기장 위치를 표시해달라고 요청했다. 지도에는 양키 스타디움의 위치만 핀으로 표시해두었는데, 양키 스타디움은 두 경기장의 중간쯤에 있었다. 정확히 표시한다면 참가자들은 뉴욕에서 북쪽으로 약 300킬로미터 떨어진 보스턴 중심에 펜웨이 파크를, 남쪽으로 약 270킬로미터 떨어진 볼티모어에 캠던 야즈를 표시해야 했다.

양키스와 레드삭스 팬들이 서로를 경멸하는 것은 야구계에서 잘 알려진 사실이다. 많은 사람이 둘의 관계를 미국 스포츠계에서 가장 격렬한 라이벌 관계라고 생각한다. 연구 당시 양키스는 리그에서 선두를 달리고 있었고, 레드삭스는 한 게임 차이로 2등이었다. 오리올스는 양키스에 총 23게임 뒤진 꼴등이라서 플레이오프에 진출할 가능성이 전혀 없었다. 양키스와 레드삭스 간의 치열한 경쟁은 이미 100년간의 적대감을 가진 양쪽 팬들에게 서로를 미워할 또 하나의 이유가 되었다.

'적대감'이라는 감정은 사람들이 물리적 거리를 판단할 때도 영향을 미친다. 뉴욕 양키스 팬들은 보스턴 레드삭스 경기장이 볼티모어 오리올스 경기장보다 가깝다고 생각했지만, 사실은 그 반대였다. 결정적으로 우리가 경기장에서 양키스 팬이 아닌 사람들에게 같은 질문을 했을 때, 대부분 더 정확하게 오리올스 홈구장이 레드삭스 홈구장보다 더 가깝다고 대답했다.[14]

그리고 사람들이 해당 도시에 가본 적이 있는지 또는 자신의 판단에 자신감이 있는지는 중요하지 않다는 사실도 발견했다. 여행을 통해 얻었을 전문 지식은 양키스 팬들이 더 정확한 판단을 내리는 데 도움이 되지 않았다. 강렬한 경쟁의식이 그들의 경험을 압도한 듯 보였다.

오해에는 대가가 따랐다. 1년 후, 우리는 양키스 팬들을 대상으로 또 다른 연구를 진행했다. 숙적과의 거리감이 차별적 행동에 가담하도록 동기를 부여하는지 알아보기 위함이었다.[15] 이번에는 레드삭스와 양키스 로고가 있는 두 장의 사진 중 하나를 보여주어 적이 가까이 있다는 느낌이 들게 만들었다. 한 장의 사진에서는 두 로고가 가까이 붙어 있었고(불편할 정도로 가까웠다),

다른 사진에서는 멀리 떨어져 있었다.

얄미운 레드삭스 로고가 자기 팀과 가까이 붙어 있는 사진을 본 양키스 팬들은 상대팀에게 불리한 차별 정책을 기꺼이 지지했다. 이 팬들은 양키스 스타디움에서 레드삭스 팬들에게 낮은 등급의 좌석을 주는 정책에 찬성했다. 또한 양키스 팬들에게 좌석 배치도를 주면서 레드삭스 팬들이 어디에 앉아야 한다고 생각하는지 표시하게 했는데, 놀랍게도 양키스 팬 중 몇몇은 레드삭스 팬들을 경기장에서 아예 몰아내야 한다고 말했다!

우리의 연구는 사회적 정체성이 어떻게 세상을 해석하는 렌즈가 되어 집단 간 갈등을 증폭시키는지를 보여준다. 하지만 이는 빙산의 일각에 불과하다고 생각한다. 정체성은 여러 면에서 편향된 인식을 만들기도 한다. 그리고 이러한 편향은 법률 제도상의 정의와 정반대되는 결과를 불러오는 것을 비롯해, 엄청난 파급 효과를 일으킬 수 있다.

경찰의 보디캠

2014년 8월, 미주리주 세인트루이스에서 경찰이 정신 병력이 있는 25세 흑인 남성 카지메 파월Kajieme Powell을 총으로 쏴 숨지게 한 사건이 발생했다. 에너지 음료 두 캔과 도넛 몇 개를 훔치려

한 파월을 체포하러 현장에 도착한 경찰은 20초도 채 되지 않아 그에게 몇 발의 총격을 가했다.

이 비극이 일어나기 불과 며칠 전, 그곳에서 몇 킬로미터 떨어지지 않은 미주리주 퍼거슨에서는 마이클 브라운 주니어Michael Brown Jr.가 경찰관에게 입은 총상으로 숨을 거두었다. 경찰의 손에 희생당한 두 흑인 남성의 끔찍한 죽음은 경찰 폭력에 대항하는 전국적 시위를 일으켰다.

파월의 죽음을 설명하는 경찰의 발표는 영상 증거와 일치하지 않았다. 경찰서장은 "파월이 칼을 손에 쥐고 높이 든 채 경찰관들에게 다가왔고, 경찰관들이 그를 사살했을 때는 1미터도 떨어져 있지 않았습니다."라고 발표했다.[16] 그러나 총격 장면이 담긴 휴대폰 동영상을 보면 파월은 1미터보다 훨씬 멀리 떨어져 있었고, 두 손도 옆으로 내린 듯 보였다.

이 사건은 실제로 무슨 일이 일어났는지, 경찰관의 무력 사용이 정당했는지를 놓고 열띤 논쟁을 촉발시켰다. 법의학 분석과 영상, 증인들의 증언을 오래 조사한 끝에 세인트루이스 지방 검사 제니퍼 조이스Jennifer Joyce는 "두 경관이 형사상 위법했다는 혐의를 뒷받침할 증거를 찾을 수 없다."라고 판단했다. 경관들을 기소하지 않기로 한 검사의 결정은, 시민들과 치명적인 대치를 벌인 후 기소된 경찰관이 거의 없다는 그간의 전국적인 패턴과 일치했다.

경찰관들이 보디캠*을 장착하기 시작하자, 대다수는 시민과 경찰이 대치할 때 종종 발생하는 불미스러운 논란을 해결하는 데 도움이 될 것이라고 생각했다. 영상이 실제로 무슨 일이 일어났는지를 객관적으로 설명하는 증거가 되어줄 것이라 기대한 것이다. 사람들은 보디캠 영상이 경찰과 시민에게 똑같이 책임을 물을 수 있기를 바랐다. 판사와 배심원들은 목숨이 좌우되는 이 충돌에서 실제 벌어진 일을 자기 눈으로 직접 볼 수 있었다.

전 세계 수백 곳의 경찰서에서는 보디캠이 치안을 개선해주길 바라며 거액을 투자해 경찰관의 몸에 카메라를 달았다. 어떤 경찰서에서는 무작위로 선정된 경찰관들에게 카메라를 달게 하기도 했다. 결과는 엇갈렸다. 카메라 덕분에 경찰의 진압 강조가 줄었는지, 대중이 경찰 행동을 두고 제기하는 불만이 줄었는지는 명확하지 않다.[17] 또 다른 의문은 형사 사건을 수사할 때 영상 덕분에 편견이 줄었느냐는 점이다. 검사, 배심원, 판사는 보디캠 영상 덕분에 실제로 무슨 일이 일어났는지를 더 잘 파악할 수 있게 되었을까?

사우스캐롤라이나대학교의 법학 교수 세스 스토턴Seth Stoughton은 경찰과 시민의 충돌을 둘러싼 의견일치를 만드는 데 보디캠이 얼마나 효과적인지를 직접 조사하기 위해 한 동영상을 제작

---

* 경찰관이 가슴에 장착해 피의자의 불법행위나 과잉 진압 여부를 파악하는 카메라.

했다.[18] 전직 경찰이었던 스토턴은 충돌의 진상을 밝히기 위해 경찰관에게 카메라를 장착시키는 계획을 지지했다.

그러나 스토턴의 희망과 달리, 사람들은 그가 만든 동영상을 동일한 관점으로 보지 않았다. 대다수는 대체로 이 영상에서 경찰관이 안전에 위협을 받고 있다는 데 동의했다. 하지만 경찰에 대한 신뢰도가 높은 사람들은 경찰을 불신하는 사람들보다 경찰관이 생명에 심각한 위협을 받았다고 믿는 경향이 강했다.

영상에 포착된 많은 실제 대립 상황과 마찬가지로, 그 영상도 판단하기 애매했다. 그렇기에 사람들이 경찰을 향해 품고 있던 선입견과 신념이 판단에 영향을 미쳤다. 로르샤흐 잉크반점검사Rorschach Inkblot Test*처럼, 이 영상에서 사람들 눈에 보이는 장면은 그들이 이미 가진 생각에 영향을 받는 경향이 있었다. 또한 그 생각은 경찰과 시민 간의 대립을 해석하는 데 영향을 미쳤다. 영상을 본 사람들은 경찰과 시민에게 느끼는 동질감의 정도가 저마다 달랐다. 결과적으로 소속감 때문에 사람들은 같은 상황을 꽤 다르게 보았다.

이러한 판단을 내릴 때 정체성과 시각적 주의력은 어떤 역할을 할까? 이를 더 잘 이해하기 위해 야엘 그라노트Yael Granot와 그의 동료들은 경찰관과 용의자가 물리적으로 대립하는 영상을

＊   좌우 대칭인 데칼코마니 카드 10장을 어떻게 해석하는지에 따라 성격과 잠재 요인을 밝히는 인격 진단 검사 도구.

보는 사람들의 눈 움직임을 관찰했다.[19] 이 연구에서 참가자들은 경찰관과 민간인 사이의 실제 실랑이가 찍힌 45초짜리 영상을 보았다. 그 영상은 경찰관이 용의자를 체포할 때 과도한 무력을 사용하는 등 비윤리적이거나 폭력적인 행동을 했는지 여부가 모호한 동영상이었다.

한 영상에서는 마약 꾸러미를 삼킨 후 체포에 저항하고 있던 용의자에게 경찰관 한 명이 수갑을 채우려 했다. 용의자와 경찰관은 몸싸움을 벌였고, 경찰관은 용의자를 순찰차에 대고 밀었다. 그러자 용의자는 경찰관의 팔을 물었고, 이에 경찰관이 용의자의 뒤통수를 때렸다. 참가자들이 그 영상을 보는 동안 연구원들은 미리 컴퓨터 모니터에 장착한 눈 움직임 추적기를 사용해 그들의 시각적 주의력을 은밀히 관찰했다. 참가자들은 용의자를 때린 경찰관이 벌을 받아야 하는지, 받는다면 어느 정도로 받아야 하는지를 질문받았다.

정확히 똑같은 영상을 봤지만, 참가자들은 놀라운 의견 차이를 보였다. 경찰과 동질감을 느끼며 영상에서 경찰관에게 오래 집중했던 사람들은 경찰관이 처벌받기를 그다지 원하지 않았다. 경찰에게 동질감을 느끼지 못하면서 경찰관이 무엇을 하는지 주시한 사람들은 경찰관이 처벌을 받아야 한다고 생각했다.

간단히 말해, 영상은 대립적인 결과를 해결하는 데 거의 도움을 주지 못했다. 오히려 사람들이 경찰관에게 더 많이 집중할수록 처벌 결정을 내릴 때 심한 양극화 현상을 보였다. 사람들은 관심의 초점을 경찰에게 놓고, 자신이 기존에 지닌 정체성에 맞춰 비난의 화살을 돌리려 머릿속에서 이야기를 만들었다.

정체성은 우리에게 아이디어, 철학, 이론, 언어를 제공하여 우리의 관심을 중요한 것으로 돌려놓고, 우리 주변에서 벌어지는 일을 나 자신과 타인에게 설명하도록 돕는다. 또한 우리가 어디를 보아야 할지, 환경을 어떻게 해석할지에 영향을 미쳐 사회적·물리적 세계에 관한 우리의 인식을 형성한다. 이 선택적 관심과 여과 과정 덕분에 우리는 왜 사람들이 같은 사건을 경험하면서도 매우 다른 결론을 내리는지를 설명할 수 있다. 다행히도 이러한 문제를 해결할 잠재적인 묘책이 몇 가지 있다.

다양한 관점

'경찰의 보디캠'에서 엿본 편견 덕분에, 우리는 정체성이라는 렌즈로 세상을 바라보는 것이 사회 문제가 될 수 있다는 것을 확인했다. 그러나 이는 중요한 사례 중 하나일 뿐, 유일한 사례는 아니다. 불행히도 정체성이라는 렌즈는 어떻게 제삼자가 경찰관의 행동을 판단하는지, 어떻게 경찰관이 민간인을 판단하는지에도 영향을 미친다. 한 가지 예를 들어보겠다. 연구원들은

2011년부터 2018년까지 미국 전역에서 발생한 경찰 검문 사례 약 1억 건을 조사했다. 이는 인종적 정체성에 관한 시각 정보가 경찰의 결정에 영향을 주는지 밝히기 위해서였다.[20]

　낮에는 운전자의 인종이 경찰관들에게 잘 보인다. 그러나 해가 지면 운전대를 잡은 사람의 인종을 알아보기가 어려워진다. 경찰 업무의 상당 부분이 모호한 상황에서 결정을 내려야 할 때가 많기 때문에 이는 중요하다. 어떤 차가 제멋대로 운행하고 있는가? 어떤 사람이 의심스럽게 행동하고 있는가? 어떤 운전자가 지명 수배자처럼 생겼는가? 경찰이 이러한 사소한 결정을 어떻게 내리느냐에 따라 엄청난 결과를 초래할 수 있다.

　만약 경찰관의 검문 여부가 운전자의 피부색에 따라 좌우된다면, 인종을 구별하기 힘든 밤보다 낮에 차를 세우는 횟수에서 인종별 차이가 더 클 것이다. 실제로 연구원들은 이러한 사실을 발견했다. 흑인 운전자들이 경찰에게 검문당한 비율은 낮보다 밤에 더 낮았다. 날이 어두워지자 경찰관들은 인종적으로 덜 편향된 결정을 내렸다. 밤에는 애매한 정보를 파악할 때, 인종적 정체성과 고정관념을 사용할 수 없었기 때문이다.

　이어서 연구팀은 경찰관들이 약물이나 무기와 같은 불법 소지품을 찾으려 차를 수색한 경우도 분석했는데, 여기서도 인종 편견의 증거가 발견되었다. 예컨대 지방 경찰서의 차량 검문에서 차량 수색까지 이어진 경우가 흑인 운전자는 9퍼센트, 히스패닉* 운전자는 7퍼센트였으며, 백인 운전자는 4퍼센트에 불과했다.

하지만 실제로 수색해본 결과, 경찰관들은 백인 운전자에게서 불법 소지품을 더 자주 발견했다. 같은 경찰서에서 그들이 수색한 백인 운전자의 18퍼센트가 불법 소지품을 가지고 있었다. 반면에 히스패닉 운전자는 11퍼센트, 흑인 운전자는 14퍼센트만이 불법 소지품을 가지고 있었다. 따라서 흑인 운전자가 단속될 경우 불법 소지품을 가지고 있을 가능성은 백인 운전자보다 낮았지만, 단속되는 빈도가 훨씬 더 높았기 때문에 흑인 운전자가 백인 운전자보다 더 자주, 많이 체포당한 것이다.

이런 패턴은 특정한 차를 검문하고, 수색할지 결정할 때 작동하는 경찰관들의 심리적 편견 때문에 발생한다. 그들은 시각 정보를 사용하여(이 사례에서는 피부색) 다른 정보를 어떻게 해석하고 행동할지를 결정한다.

경찰관의 검문 사례에서는 정체성이 문제의 원인이면서도 동시에 부분적 해결책이 될 수 있다. 예컨대 최근 시카고에서 실시된 대규모 연구에 따르면, 경찰관의 인종을 다양하게 늘리자 치안 활동에 상당히 큰 변화가 일어나는 것으로 나타났다.[21] 흑인 및 히스패닉 경찰들은 백인 경찰들보다 차량 검문과 체포 건수

---

* 에스파냐어를 쓰는 라틴 아메리카계 이주민과 그 후손.

가 더 적었고 무력을 덜 사용했는데, 특히 흑인 민간인과 마주쳤
을 때 더욱 그러했다. 연구원들이 자료를 자세히 조사한 결과, 이
러한 차이는 흑인 및 히스패닉 경찰관들이 흑인 민간인의 경미
한 위법 행위를 집행하는 데 초점을 덜 두었기 때문으로 밝혀졌
다. 이렇듯 업무 지침이 분명히 규정되지 않은 상황에서는 정체
성을 기반으로 한 단서에 주목하고 그에 따라 해석하기가 쉽다.

이 자료는 대표가 왜 중요한지를 매우 구체적으로 보여준다.
경찰의 경우, 다양한 인종과 민족을 대표할 수 있는 경찰관을 더
많이 채용하면 인종적으로 불균등한 결과를 초래하는 공격적인
형태의 법 집행을 줄일 수 있다. 다양한 배경의 경찰관들은 더욱
다양한 렌즈로 세상을 볼 수 있으므로, 모호한 상황을 해석하고
치안을 유지하는 방식이 현재와는 달라질 것이다.

우리는 다른 상황과 조직에도 같은 원칙을 적용할 수 있다고
믿는다. 정체성은 우리가 세상을 이해하도록 돕는다. 정체성은
많은 것을 드러내지만 다른 것을 가리기도 한다. 하나에 집중하
면, 다른 것들을 놓칠 수밖에 없다. 설상가상으로 우리는 자신의
편견을 인식하기 어렵다. 타인의 인식에 어떤 오류가 있는지는
쉽게 보이지만, 자신의 경험이 정체성이라는 렌즈를 통과하며
어떻게 걸러지는지는 종종 알아차리지 못한다.

연구원들이 '편향 맹점bias blind spot'이라 부르는 이 현상은 흔하
다. 661명의 미국인을 조사한 연구에 따르면, 85퍼센트 이상의

참가자가 자신이 보통 사람들보다 덜 편향되었다고 생각했다.[22] 놀랍게도 자신이 보통 사람들보다 **더 편향되었다**고 인정한 사람은 단 한 명에 불과했다. 스포츠 경기부터 경찰의 치안 활동에 이르기까지, 정체성이 살면서 겪는 모든 것에 대한 우리의 해석을 좌우한다는 사실을 이해한다면 우리는 잠시 멈춰야 한다. 성급히 결론 내리기 전에, 잠재적 편견뿐 아니라 편견 자체가 종종 우리 눈에 보이지 않는다는 사실까지 곰곰이 생각해볼 필요가 있다.

이 장에서는 정체성이 우리의 인식에 영향을 미치는 방식을 광범위하게 살펴보았다. 우리의 편견을 인식하는 것이 편견을 일으키는 문제의 해결책을 향한 첫걸음이기 때문이다. 다음 장에서 어떻게 집단이 세상에 관한 우리의 신념을 형성하는지, 그리고 더 나아가 어떻게 우리가 정확성과 진실을 추구하는 정체성을 결정적으로 확립하는지 살펴볼 것이다.

3짱

현실 공유하기

1954년 어느 가을날, 〈시카고헤럴드〉의 독자들은 신문 뒷면에서 이상한 기사를 발견했다.

> 클라리온 콜* 행성에서 시카고로 보낸 예언:
> 홍수를 피하라. 12월 21일, 우리를 집어삼킬 홍수가 오리라. 우주의 메시지를 받은 교외 주민이 전하노니.

문제의 교외 주민은 도러시 마틴Dorothy Martin이었고, 이 글을 아주 흥미롭게 읽은 독자 중에는 미네소타대학교의 사회심리학자인 레온 페스팅거Leon Festinger가 있었다.

마틴은 시카고에 거주하는 주부이자 세계종말론 교파의 리더였다. 신문은 우등한 외계의 존재와 교신할 수 있다는 마틴의 주장을 그대로 보도했다. 마틴의 주장에 따르면, 클라리온과 세루스라는 행성에서 왔으며 '가디언스'라고 알려진 외계의 존재가

＊ '분명한 메시지'라는 뜻.

자신에게 긴박하고 불길한 경고를 전달했다고 한다. 마틴은 가디언스가 UFO를 타고 지구에 올 때, 지각에서 불안정한 단층선을 발견했다고 말했다. 그 단층선으로 미루어 예견컨대, 미국 서해안을 잠기게 할 만큼 거대한 홍수가 곧 닥친다는 것이다. 이미 마틴과 긴밀하게 소통하던 외계인들은 그녀에게 친절하게 경고했고, 그녀는 이를 충실히 현지 신문에 알렸다.

당시 페스팅거는 사람들이 어떻게 모순된 믿음에 대처하는지 이해하려 애썼다. 자기 생각이 틀렸다는 논리나 반증을 마주하고도 신념을 바로잡지 않는다는 사실이 의아했기 때문이다. 페스팅거는 종말론의 예언을 통해 집단 역학이 사람들의 신념을 강화하는 방식을 알 수 있을 거라고 생각했다.[1]

페스팅거와 그의 동료는 '시커스'라고 알려진 종교 집단에 가입해 신뢰받는 내부자로서 자료를 모으기로 했다. 그들은 종말의 홍수가 예정된 12월 21일에 그 종교 집단 구성원들이 어떻게 반응하는지 관찰하고 싶었다. 페스팅거는 예언이 터무니없다는 것을 알고 있었다. 그래서 이날 광신도 집단 구성원들이 그들의 예상이 틀렸다는 반박할 수 없는 증거를 마침내 마주하리라고 생각했다. 그들의 세계관 전체가 무너지는 순간, 시커스 구성원들이 어떻게 반응하는지 보고 싶었다.

12월 중순경, 마틴은 가디언스에게 흥분되는 새 정보를 받았다고 발표했다. 그녀와 충성스러운 신봉자 무리가 홍수에서 구원받을 것이라는 소식이었다! 이 행운의 최신 뉴스에 따르면 신도들은 12월 21일 자정에 부름을 받을 것이며, 그때 그들을 안전한 곳으로 신속히 데려갈 우주선의 위치를 전달받기로 했다. 이것이 시커스가 품은 희망의 근원이자 믿음의 주춧돌이었다.

12월 20일 저녁, 광신도들은 마틴의 집에 모였다. 진정한 신자임을 증명할 수 있는 사람만 입장이 허용되었다. 리더의 지시에 따라 그들은 지퍼, 와이어 달린 브라, 열쇠를 포함한 모든 금속을 몸에서 제거한 후 외계인의 호위를 인내심 있게 기다렸다. 신자들이 얼마나 흥분했을지가 눈에 훤했다. 그들은 최초로 외계인을 만나 자신들이 공유한 현실을 확인하기 직전이었다. 시커스에게는 그야말로 굉장한 밤이었다.

자정이 다가왔다. 광신도들은 기대감을 안고 기다렸다.

시계가 마침내 12시를 알렸을 때, 신도들은 주위를 힐끗거리며 왜 아무 일도 일어나지 않는지 의아해했다. 몇 분이 지나자, 몇몇 사람이 이 상황을 걱정하기 시작했다.

한 신도가 11시 55분을 가리키는 다른 시계를 보고 안도의 한숨을 내쉬었다. 저 시계가 정확한 것이 틀림없다. 드디어 5분 후 외계인들에게서 연락이 올 것이다!

곧 두 번째 시계가 12시를 알렸다.

아무 일도 일어나지 않았다.

1초, 2초, 시간이 흐르고 고통스러운 몇 분이 지나갔다. 몇 분은 몇 시간이 되었다. 대재앙이 일어난다던 시간은 벌써 몇 시간 전이었다.

신도들은 할 말을 잃은 채 차가운 현실에 직면해 멍하니 앉아 있었다. 아무도 오지 않을뿐더러, 설상가상으로 그들의 신념 체계 전체가 틀렸다는 현실적 자각이 찾아왔다. 한 신도가 울기 시작했다.

그때, 새벽 5시가 되기 직전에 마틴이 갑자기 다른 메시지를 받았다. "밤새 앉아 있던 신도들의 작은 무리가 너무도 밝게 빛나 신이 종말에서 세상을 구하셨도다." 결국 그들은 틀리지 않았다! 흔들리지 않는 믿음으로 완강히 버티고 서 있던 신자들의 작은 무리가 인류에게 구원을 가져다주었다!

문제는 세상을 구원한 다음 그들이 무엇을 했느냐는 것이다. 버렸던 소지품들을 조용히 챙겨 가족의 품으로, 이전의 삶으로 돌아갔을까? 그것을 끝으로 믿음을 포기하고 새 인생을 살았을까?

실제는 그와 반대였다. 이전까지 인터뷰를 피했던 시커스는 몇 시간 내에 신문사 곳곳에 전화를 걸어 자신들이 세상을 구원했다는 메시지를 최대한 널리 퍼뜨렸다.

왜 그들은 자기네 신념이 틀렸다는 사실이 드러난 후에도 그 신념 체계에 매달렸을까? 정체성과 믿음의 본질을 이해하기 위해, 이 장에서는 1950년대부터 이 종교 집단이 보여준 교훈을 분석할 것이다. 그 과정에서 사람들을 집단 규범에 순응하게 하는 중요하고도 매우 합리적인 심리적 동기를 논의할 계획이다. 세상은 너무 복잡하고 혼란스러워서 누구도 혼자 살아갈 수 없다. 그러므로 집단 규범에 순응하는 것은 우리가 소중히 여기는 정체성을 세상에 표현하는 방식이기도 하다. 이 방식은 보통 효과가 좋지만, 집단과 조직이 집단사고로 인해 광신도 집단으로 변한다면 매우 심각한 결과를 초래할 수 있다.

모든 현실은 사회적 현실이다

> 모두가 공유한 착각은 현실이 된다.
>
> _ 에리히 프롬Erich Fromm, 《그리스도의 교리The Dogma of Christ》

페스팅거가 시커스에 잠입했을 때, 사회심리학자 솔로몬 애쉬Solomon Asch도 순응에 관한 획기적인 실험을 수행하고 있었다. 애쉬는 스워스모어칼리지에 다니는 학생들 무리에게 매우 쉬운 시각적 과제를 완수해달라고 요청했다.[2] 학생들에게 수직선 세 개를 보여주며 어떤 것이 네 번째 수직선과 길이가 같은지를 물었다. 걸음마 하는 어린애라도 풀 수 있는 문제였다(아이들이 걸음마 할 때, 직접 이 테스트를 해보았기에 확신할 수 있다!).

참가자들이 혼자서 과제를 완수했을 때는 거의 항상 정답을 말했다. 하지만 애쉬는 무리 지어 있을 때 과연 어떤 결과가 나올지 궁금했다. 그래서 학생들을 한 테이블에 둘러앉게 한 다음, 실험자가 간단한 시각 자료를 들어 올리고는 각자 답을 말하게 했다. 그러나 참가자들은 한 테이블에 진짜 참가자가 자기밖에 없다는 사실을 몰랐다. 다른 사람들은 실험하는 동안 중요한 순간에 틀린 답을 말하도록 미리 지시받은 애쉬의 꼭두각시였다. 또한 수상한 낌새를 느끼지 못한 진짜 참가자가 항상 마지막에 대답하도록 상황을 설정했다.

가짜 참가자가 모두 틀린 답을 말할 때, 진짜 참가자는 선택의 갈림길에 선다. 명백한 정답을 말할 것인가, 아니면 집단에 순응해 틀린 답을 말할 것인가? 영화 〈식은 죽 먹기〉에서 배우 치코 마르크스Chico Marx가 한 대사 "너는 누구를 믿을래, 나야 아니면 네 눈이야?"와 같은 상황이었다.

눈에 보이는 증거와 현저히 다른 타인의 오답을 마주했을 때, 실험 참가자 중 76퍼센트는 자기 눈을 무시한 채 적어도 한 번 이상 틀린 대답을 따라 말했다. 평균적으로 사람들은 실험 횟수의 3분의 1에서 집단 구성원들과 같은 답을 말했다. 모든 실험에서 집단의 힘에 완전히 저항한 사람은 네 명 중 한 명이 채 되지 않았다.

이유가 무엇일까? 왜 사람들은 집단에 순응해서 오답인 줄 알면서도 틀린 답을 말했을까? 짐작했을지도 모르겠지만, 이는 또

래압력* 때문이다. 또래압력은 **순응**을 끌어내는 데 중요한 역할을 한다(심리학자들은 이를 **규점적 영향**이라고 부른다). 애쉬의 실험 참가자들도 이러한 또래압력에 영향을 받았음을 알 수 있다. 참가자들에게 답을 크게 말하지 말고 쓰라고 해 익명으로 대답할 기회를 주자, 틀린 답의 숫자가 거의 0으로 줄었기 때문이다.

이러한 유형의 순응 압력은 대개 집단에 어울리고 싶은 욕망에서 비롯되고, 어울리지 못하는 데서 오는 사회적 불편과 소외감을 피하려고 생겨난다. 하지만 사람들이 순응하는 이유는 이뿐만이 아니다. 우리는 사람들에게 방향이 다른 두 도형이 같은지 다른지 판단해야 하는 다소 어려운 시각적 과제를 부여하는 유사한 실험을 진행한 적이 있다. 이번에는 답이 한눈에 들어올 만큼 명확하지 않았다. 참가자들은 몇 초간 도형을 관찰했고, 그 후 우리는 이전 참가자들이 각각의 답변을 선택한 비율을 알 수 있는 원그래프를 보여주었다.

대다수가 정답을 말했다는 원그래프를 봤을 때는 정답을 말한 비율이 상당히 높았고, 대다수가 오답을 말한 원그래프를 봤을 때는 틀린 답을 말한 비율이 상당히 높았다. 하지만 여기서 중요한 점은 모든 참가자가 작은 칸막이에 있는 컴퓨터에서 혼자 이 작업을 수행했기 때문에 다른 사람이 자신의 반응을 관찰할 수

---

*   집단 동료들에게 받는 사회적 압력.

없었다는 점이다. 그들은 집단에 맞추기 위해 순응하기보다는 다른 사람들이 어떻게 대답했는지 보여주는 원그래프를 보고 자신의 응답을 끌어냈다. 이러한 유형의 **순응**을 **정보적 영향**이라고 하며, 일반적으로 다른 사람들이 좋은 정보를 가지고 있다는 가정하에 정답을 얻으려는 욕구에서 생겨난다.[3] 자신이 어떻게 행동해야 할지 모를 때, 사람들은 그 단서를 타인에게서 찾는다.

정보적 영향은 애쉬의 기존 연구 결과에 영향을 미친 요인이 아니었다. 질문이 너무 간단해서 정보를 찾으려고 남에게 의존할 필요가 없었기 때문이다. 하지만 일이나 상황이 더 어렵거나 모호할수록, 우리는 무슨 일이 진행되고 있는지 알아내려고 다른 사람들에게 의지한다. 어른들은 "그냥 싫다고 말해!"라고 훈계하면서 10대들에게 또래압력에 순응하지 말라고 가르치지만, 많은 경우 다른 사람의 행동을 따르는 것은 지극히 합리적인 일이다.

다른 사람들이 나만큼만 정보를 알고 있다고 가정하면, 결정을 내릴 때 자신의 결정과 그들의 선택에 같은 무게를 두는 것이 합리적이다.[4] 예를 들어, 장거리 자동차 여행을 혼자 떠나기 전에 차에서 들을 오디오북 두 개 중 하나를 선택한다고 상상해보자. 당신은 첫 번째 오디오북에 약간 끌리지만, 친구가 최근에 두 번째 오디오북을 선택했다는 말을 들었다(그 오디오북에 대한 친구의 생각은 모르지만 말이다). 이 상황에서 당신과 친구의 지식 및 전문 기술이 같다고 가정하면, 기본적으로 동전 던지기를 해서 선택하는 방법이 합리적일 것이다. 다시 말해, 당신의 선택만큼 친구의 선택을 따를 근거도 충분하다는 뜻이다. 어쩌면 친구는 내가 모르는 것을 알고 있을 수도 있기 때문이다.

다음으로 당신의 친한 친구 둘이 두 번째 오디오북을 선택했다고 상상해보자. 이제는 선택의 비율이 2 대 1이 되었으니, 동전 던지기를 할 필요조차 없다. 당신은 원래 끌렸던 오디오북이 아닌 그들의 선택을 따를 것이다. 이러한 유형의 역학은 소위 '유행'이라고 알려진 '행동의 연쇄 반응' 발달에 기여할 수 있다. 행동의 연쇄 반응이란 특정 음악가, 책, 옷 스타일, 헤어스타일, 대학교 전공, 언어 표현에 대한 선호도가 많은 사람을 통해 빠르게 확산되는 현상이다. 옛날 잡지를 훑어보면, 어깨 패드와 나팔바지처럼 한때는 인기를 끌다가 사라진 수많은 유행을 볼 수 있다(물론 영원히 사라지지는 않겠지만 말이다). 무엇이 좋게 들리고 무엇이 예뻐 보이는지 등을 다른 이들이 잘 안다고 생각하면, 처음 가졌던 의견이나 인상이 무엇이든 간에 우리는 재빨리 사람들을 따라 한다.

이 개념은 유형이나 패션이 빠르게 끝나고 사람들이 새로운 것을 선호하게 되는 현상을 설명하는 데 도움이 된다.[5] 연쇄 반응이 커지면 커질수록 점점 더 많은 사람이 자신의 지식과 전문성이 아닌 다른 사람의 행동을 바탕으로 결정을 내린다고 가정할 수 있다. 어느 시점이 되면, 타인이 어떤 것을 선택하는 이유

가 맛있거나 멋져 보여서가 아니라 그저 인기 있어서라는 사실
이 분명해진다.

그러면 소수의 다른 선택이 더 유익해진다. 그들이 특이한 결
정을 내린 데는 타당한 이유가 있을 것이다. 갑자기 오늘의 패션
이 시들해지고 지겨워지면서, 당신은 다음 유행을 따르는 무리
에 합류할 준비가 된 것이다!

우리는 타인과 어울리고 싶고, 그들에게서 좋은 정보를 얻을
수 있다고 판단할 때 타인을 따라 한다. 우리가 순응하는 세 번
째 이유는 **소중한 정체성**을 표현하기 위해서다.[6] 1장에서 설명했
던 것처럼, 우리가 속한 집단에는 '여기서 어떻게 행동해야 하는
지'를 분명히 표현한 규범이 있다. 즉, 규범은 특정 집단의 구성
원이 되는 것이 어떤 의미인지를 규정하는 사고, 감정, 행동의
패턴이다. 특정 집단에 깊이 동질감을 느낄수록 우리는 어떤 행
동을 할 때 집단 규범의 모범이 되고자 하는 경향이 있다.

사람들은 때때로 순응을 '전염성'이라고 표현하는데, 이는 아
이디어와 행동이 전체 집단, 심지어 종 전체에 바이러스처럼 퍼
진다는 의미다. 하지만 전염성이라는 표현은 적합한 비유가 아
니다. 대부분의 바이러스와 달리 순응은 전형적으로 집단의 가
장자리에 멈춰서 더는 확산하지 않기 때문이다. 순응은 경계를
넘어서지 않으므로, 외집단 규범보다 내집단 규범에 순응하는
경향이 훨씬 크다. 이때 순응의 세 가지 동기가 전부 원인이 된

다. 우리는 내집단 구성원들에게 받아들여지고 그들과 어울리는 것에 더 많이 신경 쓴다. 게다가 자기가 속한 집단이 다른 집단보다 똑똑하고 현명하므로 양질의 정보를 얻을 수 있다고 추정한다. 그리고 우리가 표현하고자 하는 것은 바로 우리가 속한 집단의 정체성이다.

사실 순응은 내집단의 경계 안에서 규범을 따르는 데 그치지 않고, 반대 관점을 취하는 방식으로 표출되기도 한다. 예를 들면, 어떤 집단은 다른 집단이 이미 시행하고 있다는 이유만으로 같은 것을 선택하지 않고, 반대로 다른 집단이 하지 않기 때문에 그 행동을 선택할 때가 있다.[7] 예컨대, 부유하거나 유행에 밝은 집단에서 받아들인 유행이 대중 전반에 퍼지면 유행을 선도했던 집단은 다른 스타일로 갈아탄다. 이러한 정체성의 역학이 극단적으로 양극화된 환경에서 문제가 되는 상황은 주변에서 쉽게 찾아볼 수 있다. 반항심 때문에 일부 집단이 덜 정확한 신념을 포용하거나 경쟁자와의 차별성을 유지하기 위해 자기 파괴적인 행동을 저지른다면 말이다. 때때로 어떤 이들은 특정 기업의 정치적 입장을 거부한다는 신호를 보내기 위해 그 회사의 신발을 불태우거나 커피머신을 부수는 영상을 소셜미디어에 올리곤 하는데, 이는 이러한 역학을 보여주는 한 예다.

일부 어두운 면이 있을지라도 순응은 인간 집단에서 매우 중요한 기능을 한다. 생각과 정보를 공유하고 그에 따라 행동을 조율하는 인간종의 능력은 다른 영장류를 포함한 기타 종들과의 차이점이다. 인지 과학자 필립 페른백Philip Fernbach과 스티브 슬로먼Steve Sloman은 이렇게 말했다. "침팬지들은 숫자와 공간 추론 과제에서 어린아이들을 능가할 수 있지만, 목표를 성취하기 위해 다른 개체와 협력이 필요한 일에서는 결코 인간을 따라잡을 수 없다. 우리 각자가 아는 것은 미미하지만, 함께 모이면 놀라운 위업을 성취할 수 있다."[8]

어떤 지성인도 세상을 수월하게 헤쳐나가는 데 필요한 모든 지식을 섭렵해서 머릿속에 품고 있을 수 없다. 지식은 머릿속에 있는 것이 아니라 우리 사이에 공유된 것이다. 아이작 뉴턴Isaac Newton은 "내가 남들보다 멀리 본다면, 그건 내가 거인의 어깨 위에 서 있기 때문이다."라고 기술하며 지식의 집단적 속성에 고마움을 표현했다.[9]

혼자 남은 인간은 사실과 허구를 제대로 구분할 능력이 없다. 만약 이 책을 읽으며 외계인 우주선이 시커스를 구하러 온다는 발상에 코웃음이 나왔다면, 그건 당신이 UFO나 종말론에 회의적인 공동체에 속해 있기 때문일 것이다. 이는 사회적 정체성이 부족하다는 의미가 아니라, 자신의 신념이 다른 집단 구성원들의 신념과 일치한다는 의미다.

보통은 자신이 속한 공동체에 의존하는 것이 혼자서 삶을 헤쳐나가는 것보다 훨씬 수월하지만, 일부 중요한 예외도 분명히 있다. 사기꾼, 광신교 리더, 전도자에게 지나치게 영향을 받으면 사람들은 잘못된 길로 이끌린다. 광신도 집단의 구성원들이 별종이라고 생각하겠지만, 비슷한 형태의 집단 심리는 정치나 기업 등 삶의 모든 영역에서 사람들을 괴롭힐 수 있다. 집단이 구성원들에게 순응하라는 압박의 강도를 늘릴 때, 배타적인 정보만을 찾을 때, 자기 집단과 세상에서 그들의 지위에 관한 이야기를 맹신할 때 어떤 일이 일어나는지는 굳이 실제 광신도 집단까지 가지 않아도 알 수 있다. 이러한 역학이 방치되면, 경제적·인적 비용이 엄청나게 커질 수 있다.

맨해튼만큼 견고한 기업

2019년 5월의 이른 아침, 도미닉은 투덜거리는 아이들을 깨워 그래놀라 바를 건네고는 차에 태웠다. 일요일 아침 6시 반이라 차가 거의 없어서 곧 목적지에 도착했다. 리하이대학교에 있는 동창생 추모 공원의 주차 빌딩 꼭대기 층이었다. 놀랍게도 그곳에는 여전히 잠옷 차림인 사람들과 손에 커피를 들고 있는 사람들이 많았다. 이른 시간이고 장소도 엄숙했지만, 군중 사이에는 조용한 축제 분위기가 풍겼다. 그들은 마틴타워가 무너지는 광경을 보려고 모인 사람들이었다.

마틴타워는 펜실베이니아 리하이 밸리에 건설된 가장 높은 건물이었다. 1970년대 초반에 세워진 이 인상적인 건물은 한때 미국에서 두 번째로 큰 철강 회사였던 베들레헴 스틸Bethlehem Steel의 본사였다. 베들레헴 스틸은 미국 군사력을 지원하는 필수 기업으로, 2차 세계대전 동안 1000척 이상의 배를 만들 재료를 제공했다. 또한 베들레헴 스틸의 재료로 금문교를 건설했고, 1955년에는 〈포춘〉이 선정한 500개 기업 순위에서 8위에 오르기도 했다.[10]

베들레헴 스틸은 힘을 과시하기 위해 의도적으로 마틴타워를 세웠다. 그러나 의도치 않게도 마틴타워는 배타적이고 오만한 기업 문화의 일면을 상징하기도 했는데, 이는 결국 장기적으로 회사의 몰락에 기여했다. 마틴타워는 구조적인 이유가 아닌, 전망 좋은 고급 사무실을 최대로 만들어달라는 경영자와 임원들의 요구 때문에 십자형(플러스 기호 모양)으로 건설되었다.

베들레헴 스틸은 경영진에게는 일하기 좋은 회사였다. 임원진의 만찬은 '4성 호텔급'으로 유명했다. 그들은 은 식기까지 갖추어놓고 우아하게 장식된 방에서 점심을 오래 즐겼다. 당시에는 많은 기업이 골프를 치면서 중요한 업무를 했기 때문에, 베들레헴 스틸도 공장 근처에 경영진을 위한 골프 코스를 지었다.

어느 시점에는 미국 전역에서 가장 높은 연봉을 받는 임원 12명 중 아홉 명이 베들레헴 스틸을 다니고 있었다. 그들은 직장에 충분히 만족했고, 자신의 지위가 확고하다고 생각했다. 최고 경영자 유진 그레이스Eugene Grace의 말대로, "맨해튼섬 근처 화강암 지대에 높이 솟은 인상적인 고층 건물들처럼 회사는 견고"했다. 실제로 대다수 건물이 베들레헴 스틸로 지어지기도 했다.

하지만 회사 밖 현실은 녹록지 않았다. 해외 경쟁과 기술 변화가 점점 더 거세지고 있었다. 이러한 상황은 20세기 후반에 더욱 가속화되었고, 결국 미국 철강 산업 전체가 치명적인 어려움에 직면했다. 일부 기업은 새로운 외부 현실에 적응해 살아남았지만, 베들레헴 스틸은 그러지 못했다.

대기업이 무너지는 데는 여러 요인이 있지만, 베들레헴 스틸 이야기는 우리에게 경각심을 준다. 하나의 조직이 배타적으로 변해 내부에서만 의견을 찾고, 그들만의 신화에 사로잡힐 때 무슨 일이 일어나는지를 잘 보여주기 때문이다.

이 기업은 창사 이래 66년간 딱 네 명의 CEO가 있었다. 그레이스는 80대까지 CEO로 재직했으며, 말년에는 이사회에서 가끔 잠이 들어 이사진이 그가 깨어나 회의를 진행할 때까지 기다리기도 했다. 이사회 자체가 내부인들로 구성되었고, 임원진도 마찬가지였다. 점점 위협적으로 변모하는 경쟁 회사에서 경험 많은 임원들을 모집하기보다 내부 직원을 승진시켜 임원으로 임명했다. 경쟁이 과열되는 산업에서 외부인의 관점이 부족하니 파멸은 당연한 순서였다.

궁극적으로 베들레헴 스틸을 망하게 한 요인은 회사가 번창

하고 기반이 탄탄했을 때 세워놓은 연금과 건강 보험 혜택이었다.[11] 경영진은 앞을 내다보지 못한 채 특전과 혜택에 아낌없이 돈을 썼다. 그들은 내일이 오늘과 같을 것이라 착각하며 비용 일체를 미래의 일로 미뤘다. 하지만 미래가 왔을 때, 문제는 눈덩이처럼 불어나서 바로잡을 수가 없었다. 결국 2001년 회사는 파산했고, 2003년에는 세상에서 완전히 사라졌다.

그리고 2019년 어느 화창한 아침 7시가 막 지난 시각, 주차장 건물 꼭대기에 모인 군중은 폭탄의 뇌관이 지지대를 무너뜨릴 때, 번쩍하는 불빛과 함께 십자형 건물 옆면이 흘러내리는 모습을 지켜보았다. 관중이 숨죽이며 바라보는 사이, 마틴타워는 아주 잠시 그대로 서 있다가 이내 거대한 먼지구름을 일으키며 무너져내렸다.

기업이라는 이름의 집단 신앙

사이비 광신도 집단의 이야기로 이 장을 열었다. 베들레헴 스틸은 광신도 집단이 아니었지만, 광신도 집단과 비슷한 조직적 특징을 보였다. 그들은 자신들의 우월성과 지혜와 회복력을 병적으로 굳건히 믿었다. 베들레헴 스틸이 쇠락하던 20세기 후반, 또 다른 미국의 대기업도 같은 궤도로 추락하고 있었다.

1980년대 중반, 케네스 레이Kenneth Lay는 두 에너지 거대 기업이 합병해 탄생한 새로운 회사 엔론Enron을 이끌게 되었다. 이후 10년 동안 레이와 긴밀하게 결속된 고위 경영진의 지휘 아래, 엔론은 석유와 가스 기반 시설(물리적 자산)에 바탕을 둔 전통적인 에너지 기업에서 대규모 상품 거래에 참여하는 금융 기관으로 변모했다.[12] 엔론은 큰 성공을 거두었고, 2000년에는 2만 명 이상의 직원을 고용하고 적어도 서류상으로는 1000억 달러 이상의 수익을 기록했다.

그러나 실상은 전혀 달랐다. 엔론의 가치로 여겨진 수익은 진짜 수익이 아니라 부실한 회계 관행 때문에 만들어진 환상에 불과했다. 사기 행각은 다방면에서 복잡하고 창의적으로 이루어졌다. 예를 들어, 임원들은 상당한 빚을 합자회사*로 옮겨 빚을 장부에서 누락하고는 그 합자회사들을 엔론과 별개의 회사처럼 취급했다. 이 관행이 회계 감사관들에게 적발되었을 때, 엔론은 모래성처럼 무너져내리기 시작했다.

엔론의 사기 규모는 너무 방대해서 그저 "썩은 사과 몇 개"라고 치부할 수 없었다. 미국 43대 대통령 조지 부시George Bush는 그렇게 표현했지만 말이다. 〈이코노미스트〉에 기고한 논평가들

---

* 두 사람 이상이 자본을 대어 만든 회사로, 유한 사원과 무한 사원으로 조직된다. 무한 사원은 업무의 집행에 관한 권리 및 의무를 지니고, 유한 사원은 재산에 대한 한정된 권한 및 감독권을 가진다.

은 엔론을 "일종의 복음주의 광신도 집단"으로 이해해야 한다고
말했다. 조직 연구원인 데니스 투리시 Dennis Tourish 와 나히드 베차
Naheed Vatcha 는 진지하고 자세한 조사 끝에 그 비유가 적절하다고
결론 내렸으며, 특히 엔론의 전성기에는 광신도 집단에서 보이
는 다양한 특징이 보였다고 말한다.[13]

　예를 들어, 광신도 집단에는 보통 카리스마 있는 리더가 있다.
시커스에는 더 우월한 존재와 소통하는 특별한 힘을 지녔다는
마틴이 있었다. 엔론에서는 고위 임원진이 거의 신적인 존경을
받았다. 임원들은 스스로를 엄청나게 큰 수익을 좇아 지루하고
보수적인 기업을 혁신한 진정한 혁명가로 여겼고, 널리 그렇게
인식되기도 했다.

　레이 다음으로 CEO를 맡은 제프리 스킬링 Jeffrey Skilling 은 '다스
베이더'*라는 별명을 좋아했다. 스킬링은 사람들의 마음을 통제
하는 능력을 지닌 에너지 업계의 대가일 뿐 아니라 최고의 권력
을 쥐고 있어 모두가 두려워하는 인물이었다.[14] 또한 그는 무역
상사 직원들을 '스톰 트루퍼스'**라고 부르기도 했다.

　광신도 집단의 리더들은 모든 것을 설명하고 명확한 행동 지
침을 제공하는 초월적 이념, 즉 '전체주의적 비전'을 내세운다.

＊　영화 〈스타워즈〉에 등장하는 악역. 제국의 사령관으로 엄청난 카리스마를 보여
　　준다.
＊＊　영화 〈스타워즈〉에 등장하는 제국의 병사들.

예컨대 세상이 곧 멸망하는데 구원받을 길이 하나밖에 없다는 주장보다 더 포괄적인 비전은 없을 것이다. 하지만 엔론의 비전은 에너지 업계에 존재하는 일개 회사보다 훨씬 더 큰 기업이 되는 것이었다.

회사 입구에 걸린 거대한 현수막에 쓰여 있듯, 엔론의 목표는 '세계 에너지 기업의 선두에서 세계 기업의 선두'로 탈바꿈하는 것이었다. 투리시와 베차는 "비록 목표가 종교나 종말론적 비전보다는 세속적이지만, 사람들에게 약속한 것은 다름 아닌 지상의 천국이었다. 만약 회사가 목표를 달성한다면, 상상할 수 없는 부와 행복이 때마침 고용된 운 좋은 사람들의 몫이 될 터였다."라고 말했다.

일반적으로 광신도 집단이 그러하듯, 엔론도 직원들을 채용하는 과정에서부터 그들을 세뇌시켰다. 직원 채용 과정은 여덟 명의 면접관이 속사포처럼 질문을 퍼붓는 압박 면접을 포함해 치열하고 경쟁적인 방식으로 악명이 높았다. 그 시련을 이겨내고 취직한 직원은 자신이 특별히 선택받은 엘리트 대열에 합류한다고 느꼈다. 신입사원의 이런 특별한 느낌은 강화되어 회사에 대한 동질감으로 연결된다. "엔론인은 세계에서 가장 똑똑한 최고의 직원이라는 말을 자주 들었고, 정말로 그렇게 믿게 되었다."라는 칭찬에 걸맞게, 적극적으로 회사의 이익을 추구했다고 인정받는 사원은 후한 보상을 받았다.

마지막으로, 엔론의 경영진은 믿음을 유지하기 위해 어떠한 반대 의견도 용납하지 않았다. 또한 '등급 매겨 내쫓기rank and yank'＊라는 가혹한 평가 시스템을 도입해, 경쟁이 치열한 환경을 조성하고 관리자가 마음에 들지 않는 직원을 빠르게 퇴출할 수 있도록 했다. 전문가들은 엔론을 이렇게 평가했다. "회사에서 제 역할을 다하지 못하는 직원을 빠르고 효율적으로 걸러내는 과정에서 엔론은 그들만의 분위기를 조성했다. 대부분의 직원은 두려움에 자신의 의견을 표출하거나 비윤리적이고 불법적인 경영 관행에 이의를 제기하지 못했다. 등급 매겨 내쫓기 시스템이 독단적이면서도 주관적이었기 때문에, 관리자들은 맹목적으로 충성하는 직원에게 보상을 주고, 끓어오르는 반대를 잠재우기 위해 그 정책을 사용했다."[15]

카리스마 있는 리더, 전체주의적 비전, 세심한 세뇌, 반대 의견 제거와 같은 광신도 집단의 특징 덕분에 엔론은 매우 열성적인 추종자들이 떠받드는 집단과 조직을 만들었다. 임무에 헌신적으로 임하면서 다양한 관점을 접하지 못한 이들은 집단 내부의 모순, 가혹한 대가, 심지어 잠재적 불법행위조차 보지 못했다. 이 세계관은 동료 구성원에게 영향을 받아 사회적으로 강화된다. 마틴이 이끌었던 종말론 광신도 집단의 시커스처럼 말이다.

＊　직원의 순위를 매겨 최하위에 있는 사람들을 해고하는 절차.

환상과 잘못된 신념이 무너지자, 엔론은 파산했고 세상에서 사라졌다. 레이와 스킬링은 재판에 넘겨져 사기죄로 유죄를 판결받았다. 레이는 형을 선고받기 전에 사망했지만, 스킬링은 다른 임원들과 함께 감옥에 갇혔다. 수천 명의 직원이 직장과 연금을 잃었다. 꿈은 끝났다. 기업이라는 이름의 맹목적 기대가 실현되지 않았을 때, 그들은 현실이라는 무게를 확실하게 짊어져야 했다. 반면, 시커스 같은 사이비 종교 집단의 예언이 실현되지 않았을 때는 다른 양상이 펼쳐진다.

예언이 실현되지 않을 때

마틴의 외계인 친구들이 나타나지 않은 채 50년이 흐른 후, 해럴드 캠핑Harold Camping이라는 목사는 또 다른 종말을 예언했다. '패밀리 라디오'라는 기독교 방송국의 사장이었던 캠핑은 2011년 5월 21일에 휴거*가 일어난다고 예언했다.

캠핑은 많은 시간을 바쳐 자신의 라디오 프로그램에서 '심판의 날'을 이야기했고, 수백만 달러를 들여 40개국이 넘는 나라의 옥외 광고판에 경고문을 올렸다. 이 홍보는 성공을 거두어 그의

---

* 예수가 재림할 때 구원받는 사람을 공중으로 들어 올리는 것.

예언은 〈뉴욕타임스〉, 〈AP통신〉, 〈타임스〉를 비롯한 많은 유명 뉴스 매체의 관심을 끌었다.

시커스에 관한 페스팅거의 기존 연구를 더 발전시키기로 한 어느 경제학 연구팀은 캠핑의 휴거론에 끌렸다. 경제학자답게 그들은 돈이 믿음에 미치는 힘을 측정하고 싶었다. 그래서 시커스의 연구에는 없었던 결정적인 통제 집단을 추가했다. 그들은 캠핑의 추종자들과 다소 비슷한 제칠일안식일예수재림교Seventh-Day Adventist의 신도들을 실험에 포함시켰다. 그들은 휴거가 그들 생애에 일어날 것이라고 기대한다는 점에서 캠핑의 신도들과 비슷했지만, 캠핑의 예언처럼 휴거가 5월 21일에 일어난다고 믿지는 않았다. 연구원들은 비슷하면서도 다른 두 종교 집단의 반응을 직접 비교할 수 있었다.

연구원들은 성경 수업을 위해 모인 교실 밖에서 패밀리 라디오 추종자들과 제칠안식일예수재림교 신도들에게 접근해 돈을 지급했다. 신도들은 그 자리에서 5달러를 받을지, 4주 후에 최대 500달러를 받을지 선택해야 했다(금액은 다양했다).**16** 여기서 결정적인 부분은 참가자들이 종말의 날로 예정된 5월 21일이 지나야 더 큰 금액을 받을 수 있다는 점이었다.

이 조건을 읽은 합리적인 투자자라면, 4주를 기다려 더 큰 액수를 받는 쪽이 주식 시장의 어느 펀드보다도 수익률이 높다는 사실을 알아차릴 것이다. 물론 그 수익률은 세상이 존재해 돈을 받을 수 있다고 생각할 때만 유효하다.

제칠안식일예수재림교는 이전에 경제 연구에 참여했던 사람들과 비슷하게 행동했다. 평균적으로 그들은 당장 5달러를 받느니 머지않아 최소한 7달러를 받을 수 있다면 기꺼이 기다려 돈을 받았다. 몇 주간 기다려야 했던 통제 집단의 참가자들이 받은 최고액은 20달러였다. 그들은 몇 달러를 더 벌 수 있다면 기꺼이 인내심을 발휘했다. 현명한 금융 선택이었다.

그와 대조적으로 캠핑의 추종자들은 예외 없이 당장 돈을 받고자 했다. 그들은 매우 높은 금액을 제시할 때만 당장 5달러를 받지 않고 나중에 큰 금액을 받을지 고민했다. 실제로 신도 대다수는 몇 주 안에 수백 달러를 받을 기회를 거절하고 당장 지급받기를 고집했다.

실제로 2011년 5월 21일에는 무슨 일이 벌어졌을까?

연구원들이 페스팅거 팀처럼 광신도 집단에 잠입하지는 못했지만, 그에 못지않게 유리한 자리에서 그들을 관찰할 수 있었다. 연구팀은 포털사이트 야후에서 그 집단의 게시판 글을 읽을 수 있었다. 예정된 휴거일이 오기 며칠 전, 게시판에는 믿음과 희망의 메시지가 가득했다. 캠핑에 따르면, 휴거는 5월 21일 첫 번째 표준 시간대에서 일몰과 함께 시작되어 전 세계로 퍼져나간다고 했다. 첫 번째 표준 시간대에서 일몰이 있기 몇 시간 전 게시판은 고요했다.

그러다 예언의 순간이 지나가자, 활동이 다시 활발해지기 시
작했다. 게시물에서 페스팅거가 50년 전에 이미 목격했던 장면
과 같은 유형의 반응이 나타났다. 추종자들은 희망을 버리기보
다 예언의 핵심 교리를 유지할 수 있는 일종의 해명을 궁리했다.
사람들은 휴거가 올 다른 미래 시간을 제시했고, 새로운 예언이
들어맞지 않을 때마다 수정된 시간을 재빨리 제시했다.

이러한 반응은 캠핑이 직접 새로운 계시를 발표한 5월 23일
까지 계속되었다. 그는 비록 휴거가 물리적인 영역에서는 감지
되지 않았지만, '영적인 심판'은 실제로 일어나서 세상의 종말이
시작되었다고 말했다. 명백하게 모순된 증거 앞에서도 그와 추
종자들은 틀렸다고 생각하지 않았고, 상황은 계속 이어졌다. 인
터넷 시대에 일어난 시커스의 완벽한 복사판이었다.

왜 광신도 집단의 구성원들은 예언이 실패했을 때 이런 식으
로 반응할까?

시커스를 관찰한 후 페스팅거와 그의 동료들은 자기 정체성
과 믿음이 심각하게 의심받을 때 사람들이 **인지 부조화**라고 알려
진 엄청난 불편함을 느낀다고 말했다. 그럴 때는 집단을 포기하
고 가족과 친구들에게 돌아가 새출발하는 쪽이 이성적으로 보
인다. 하지만 사람들은 자기 정체성과 집단이 공유한 현실감을
지키려고 갖은 노력을 다한다. 매우 열성적인 구성원들에게는
모순을 무시하거나 불편한 느낌을 줄이기 위해 새로운 정보를

찾는 쪽이 더 쉬운 일인 것이다.

사람들은 대부분 삶의 어떤 면에서 예기치 못한 문제에 부딪힐 때, 의지할 수 있는 또 다른 정체성과 사회적 인맥이 있다. 회사 사무실에서 상황이 좋지 않았다고 해도, 일과를 마친 후 가족과 함께 지내며 위안을 얻을 수 있다. 아니면 소셜미디어로 친구들에게 연락하거나, TV를 보면서 좋아하는 스포츠팀을 응원하며 위로받는다. 이러한 대안적 정체성은 위기 상황에서 '심리적 완충재' 역할을 한다. 하지만 시커스와 패밀리 라디오 추종자들, 엔론 직원들은 너무 깊이 빠져들었던 것 같다. 그들은 엄청난 동기를 스스로 부여하며 자신의 정체성과 집단을 북돋우는 방식으로 상황을 합리화하거나 정당화했다.

모순되는 증거에 직면했을 때 믿음을 유지하는 비결은 바로 사회적 지지다. 고립된 신도들은 예언이 맞지 않으면서 드러나는 압도적인 증거를 견디지 못한다. 시커스의 사례에서 보았듯이, 구성원들이 공유한 현실감을 유지하는 데 사회적 지지는 매우 중요하다. 사람들이 현실에서 정당성을 의심받을 때, 그들은 자기 믿음을 수정하는 것을 넘어 신도 수를 늘리기 위해 주위 사람들을 개종시키려 한다. 이에 관해 페스팅거는 이렇게 말했다. "더 많은 사람에게 어떤 믿음 체계가 옳다고 설득할 수 있다면, 결국 그 믿음은 옳은 것이 틀림없다."**17**

집단의 예언이 실현되지 않았을 때, 믿음을 굳건히 다져나가는 것은 흔한 현상이다. 인류 역사를 통틀어 예언이 실현되지 못했을 때 종교 집단이 어떻게 반응하는지를 조사한 페스팅거는 이렇게 말했다. "예언은 틀렸지만, 광신도의 열기는 더 거세졌고… 틀린 예언은 신도들이 충성심을 더 많이 표현하게 하는 계기가 된 것 같았다."

한창 이 책을 집필하고 있던 무렵, 우리는 큐어논QAnon* 추종자들 사이에서도 비슷한 역학이 작용하는 것을 보았다. 2020년 미국 대통령 선거에 관한 그들의 예측은 거듭 틀렸다. 사람들은 음모론자들이 근본적으로 보통 사람들과 다르다고 생각한다. 하지만 우리는 상당수의 음모론자가 정체성이라는 목표 때문에 이러한 유형의 음모론에 끌린다는 사실을 발견했다. 그들은 자신의 정체성과 일치하는 음모론적 믿음에 끌리고, 동료 지지자들과 그 믿음을 공유하면서 소속감을 얻는다.[18]

집단사고 피하기

우리는 집단이 반드시 또는 언제나 광신도 집단과 비슷하다고 주장하는 게 아니다. 하지만 모순된 정보를 접하고도 집단이 공

---

*   트럼프를 추종하는 극우 음모론 집단이자 이론.

유한 현실을 추구하도록 몰아붙이는 정체성의 역학은 실제로 모든 종류의 집단에 영향을 미친다. 관련 과학 문헌에서는 이러한 역학을 **집단사고**라고 표현했는데, 이는 이미 널리 알려진 용어다.

이 개념의 창시자인 어빙 재니스Irving Janis에 따르면, 집단사고가 분명히 엿보이는 사건이 미국 35대 대통령 존 F. 케네디John F. Kennedy의 재임 시절에 발생했다고 한다. 케네디 행정부는 피그만이라고 알려진 먼 섬 지역에서 쿠바의 본토로 침공을 개시했다.[19] 목표는 쿠바 리더인 피델 카스트로Fidel Castro를 타도하는 것이었다. 카스트로는 공산주의자이자 미국의 경제·외교 정책의 이해관계에서 영원한 가시와 같았다.

비밀 군사 작전 계획은 케네디의 전임자인 드와이트 아이젠하워Dwight Eisenhower 행정부 시절에 시작되었다. CIA는 미국의 병력이 개입되는 것을 피하기 위해 쿠바에서 온 망명자 1400명을 훈련시켰다. 그들은 피그만을 기습해서 아바나까지 진격할 준비를 마쳤다. 망명자들은 간절히 집으로 돌아가고 싶었고, 그들이 독재자이자 부적격자라고 여겼던 리더를 실각시키고 싶었다. 미국은 쿠바 국민이 이 기습에 자극받아 카스트로에게 대항하는 봉기를 일으킬 것으로 생각했고, 더불어 공산주의 이념에 강력한 타격을 입힐 것이라 기대했다.

하지만 쿠바 출신 망명자들은 2만 명의 쿠바군을 맞닥뜨리자마자 순식간에 제압당했다. 나흘 만에 약 60명이 사살되었고,

1100명 이상이 붙잡혔다. 상황이 악화되자 남아 있는 병사 일부를 미국 함선으로 대피시키려 했지만, 결국 쿠바의 화력에 밀려 후퇴할 수밖에 없었다. 피그만 침공은 막 시작된 케네디 대통령직의 재앙이자 수치였다. 케네디는 나중에 "우리는 왜 그렇게 어리석었지?"라고 물었다고 한다.

아무리 똑똑한 사람이라도 어리석은 실수를 한다. 일부 광신도 집단의 행동은 무시하기 쉬울지 모른다. 하지만 언론과 마찬가지로 케네디 행정부에도 매우 영리한 사람들이 많았다. 하지만 안타깝게도 개인의 지성으로는 집단의 어리석은 행동을 고칠 수 없다. 연구에 따르면, 이미 믿고 있는 것을 확인하는 방식으로 문제에 접근하는 인간의 경향은 인지능력과 관련이 없다.[20] 게다가 집단역학까지 더해지면 문제는 심각해질 수 있다.

재니스는 매우 똑똑한 사람들이 집단사고에 사로잡혀 희생되었다고 주장했다. 집단사고는 한 집단의 구성원들이 사회적으로 순응하려는 욕구 때문에 비이성적인 결정에 도달할 때 발생한다. 또한 시간이 충분치 않고, 자기보다 지위가 높은 구성원들에게 자기 의견이나 반대 의사를 공개적으로 표현해야 할 때 특히 강력하게 작용한다. 이러한 환경에서 조화와 화합을 유지해야 한다는 압박감 때문에, 사람들은 어떻게든 동의해야 한다는 생각에 이르게 된다. 어떤 결정을 매우 회의적으로 생각하는 개인들이 많을지라도 말이다. 집단사고는 실제로 구성원들이 공유한 현실이 없을 때도 있다고 착각하게 한다.

피그만 공습 결정을 분석한 재니스는 케네디 참모들이 침공 실패를 예상했지만, 자기가 '무르게' 보이거나 '대담하지 않게' 보일까 봐 의구심을 표현하지 않았다는 사실을 발견했다. 침공 계획에 반대 의사를 분명히 밝힌 사람은 단 한 명도 없었다. 그러나 케네디의 한 참모는 나중에 "수석 고문 중 한 명이라도 그 모험에 반대했다면, 케네디 대통령은 계획을 취소했을 것이다." 라고 말했다.

의사결정자들은 이러한 덫을 피하고자 몇 가지 행동을 조처 했다. 리더들은 의견을 밝히기 전에 아랫사람들이 먼저 말하게 하라고 조언받았다. 또한 몇몇 직원을 선의의 비판자로 정하고, 그들에게 자신의 견해와 관계없이 집단의 일치된 의견에 반대 하는 임무를 주었다. 연구원인 우리에게 매우 익숙한 접근법 중 하나인 '독립적 검토 절차independent-review process'라는 유형이다.

만약 케네디가 아이젠하워의 계획을 수석 고문들에게 보내서 각자 익명으로 생각을 표현하게 했다면 무슨 일이 일어났을지 상상해보라. 아마 획일적 동의가 아닌 매우 다양한 의견을 받아 보았을 것이다. 그랬더라면 케네디는 그들의 의견을 검토한 후, 견문이 넓으면서도 독립적인 특유의 방식으로 결정했을 것이 다. 아무도 공개적으로 생각을 말할 필요가 없고, 대통령은 자신 의 결정을 공표하기 전에 고문들의 생각과 반대 의사를 완벽히 이해했을 것이다.

　피그만 침공이 과거와 다르게 더 철저하게 조언을 구하는 과정을 거쳤더라면 어떻게 전개되었을지 알 수는 없다. 하지만 학자와 과학자 사이에서 동료 평가가 편향된 의사결정을 뿌리 뽑는 데 도움을 준다는 것은 널리 알려진 사실이다. 과학 논문을 출판하려고 학술지에 제출할 때마다, 이러한 유형의 철저한 검토를 거친다. 논문을 편집자에게 보내면, 편집자가 분야 전문가인 익명의 몇몇 검토자에게 논문을 보낸다. 검토자들은 가능한 한 모든 오류와 논리의 허점, 만족스럽지 못한 결론을 찾으라는 임무를 받는다. 대부분 이 과정에서 이중맹검을 거친다. 이중맹검이란 검토자는 저자가 누구인지 모르고, 저자 또한 검토자가 누구인지 알 수 없는 방식이다.

　연구자들은 이 과정을 거치며 출판을 거절당하곤 한다. 하지만 연구 과정이 매우 엄격하고 근거가 탄탄하다면, 연구자에게 전폭적으로 내용을 수정해서 논문을 다시 검토받으라고 요청한다. 연구에 따르면, 처음에 거절당한 논문도 다른 학술지에 제출될 때 개선되는 경향이 있다. 고통스러운 과정을 통해 연구원들은 과학적 발전을 이끌고 전문 지식을 고안한다. 여기서 끝이 아니다. 논문이 출판되면 다른 과학자들이 자기만의 논평으로 심사숙고하고, 실험실에서 실험 결과를 재현한다. 각각의 발견과 이론은 잠정적인 결과로 이해되고, 지식은 시간이 흐르면서 천천히 그리고 공들여 늘어난다.

　동료 평가가 완벽한 것은 아니지만, 집단사고에는 놀랄 만큼 효과가 좋은 해독제라고 할 수 있다. 자기가 쓴 논문의 강점과 약점에 동의하지 않는 과학자에게서 논문을 검토받는 것은 짜증 나는 일이다(정말이다, 우리도 짜증이 난다!). 또한 다양한 의견을 활용하다 보면 출판 일정이 늦어질 수 있다. 하지만 우리가 백신을 접종받거나 비행기를 타거나 컴퓨터를 켤 때면, 현대 의학과 기술 뒤에서 과학적 기반을 개선한 동료 평가의 진가가 드러난다.

증거를 기반에 둔 정체성

집단사고가 전통적으로 체계화될 때, 정확성이라는 한 집단의 목표는 합의와 화합이라는 목표와 부딪힌다. 하지만 피그만 침공에 관련된 공문서가 공개되고 관련 인물들 중 일부가 회고록을 출간하며 참고 자료가 더 많아지자, 심리학자 로데릭 크레이머Roderick Kramer는 집단사고에 관한 설명을 재평가했다.[21] 재니스보다 훨씬 많은 증거를 검토한 크레이머는 이렇게 결론지었다. 의사결정 과정에서 드러난 케네디 행정부의 문제는 성공 확률이 더 높은 군사 작전을 참모들이 차마 말하지 못한 것이 아니었다. 문제는 처음부터 그런 방식으로 생각하지 않았다는 점이었다.

크레이머는 케네디와 참모들이 군사 작전의 성공 확률을 최대화할 방법에 초점을 맞춘 것이 아니라, 행정부에 정치적으로 도움이 되거나 적어도 국내에서 정치적으로 입게 될 피해를 최소화하는 데 초점을 두었다고 주장했다. 따라서 그들의 의사결정을 집단사고의 산물이라 부르기보다는 '정치적 사고'의 결과로 여기는 편이 낫다고 말했다.

크레이머의 주장은 중요한 지점을 강조한다. 바로 집단은 다양한 목표를 지닐 수 있고, 의사결정의 동력이 될 목표에 따라 다양한 패턴이나 규범을 발달시킬 수 있다는 것이다. 또한 이러한 패턴은 규범으로서 강화되고 강요되는 경향이 있다. 예컨대 우리 둘이 소셜미디어에 불확실한 뉴스 기사를 공유하기 시작한다면, 우리의 메일함은 친구들로부터 받은 정정 메일로 가득 차게 될 뿐만 아니라, 과학계에서도 많은 의문을 제기할 것이다. 우리의 경력에 도움을 줄 기회는 사라져갈 것이고, 강연 요청을 덜 받을 것이며, 중요한 위원회에서 천천히 제명될 것이다.

우리 두 사람이 완벽하다고 말하는 것이 아니다! 우리가 잘못된 정보를 공유하거나 근거가 부족한 주장을 하면, 동료들은 재빨리 문제를 지적한다. 만약 이 책에 오류가 있다면, 동료들이 정중하게 쪽지를 보내거나 트위터* 또는 과학 블로그에 비판적

＊　현재 X(엑스)로 명칭이 바뀌었지만, 이 책에서는 옛 명칭인 트위터로 부르겠다.

인 논평을 올려 알려줄 것이라는 데는 의심의 여지가 없다. 만약 우리가 오류를 인정하지 않는다면, 틀림없이 학계에서 엄청나게 시달릴 것이다. 이러한 비공식적인 제재가 작동하는 이유는, 과학자로서의 정체성에는 경험적 분석을 통해 검증할 수 있는 결론에 도달할 것이라는 강한 기대가 내재되어 있기 때문이다. 정확성을 추구하는 규범은 과학자의 정체성에서 매우 소중한 규범이자, 과학자들이 세대별로 사회화하는 방식에서 매우 중요한 부분이다.

물론 사회화 과정은 과학자마다 조금씩 다르고, 멘토와 바로 옆에 있는 동료들의 가치관과 행동에 영향을 받는다. 하지만 틀렸다고 입증된 이론을 옹호하거나 여러 번 재현에 실패한 실험에 관한 의문을 일축한다면, 우리는 좋은 과학자로서 그들의 정체성에 의문을 품을 것이다. 우리가 좋은 과학자에게 갖는 기대는 생각을 업데이트하고, 자신의 결론과 비평가들의 결론 간 차이를 줄이기 위해 더 많이 연구하는 것이다. 이렇게 하는 과학자들은 타인의 존경을 받지만, 모순된 증거에도 자기 이론을 고수하는 과학자들은 위상이 떨어진다.

과학자만이 증거 기반 추론을 중요시하는 것은 아니다. 탐사보도 저널리스트, 변호사, 판사, 투자자, 공학자를 비롯한 많은 직업인이 현실을 철저히 파고드는 능력을 꾸준히 평가받는다. 그렇지 않다면 사람들은 뉴스를 믿거나, 비싼 변호사를 고용하거나, 뮤추얼펀드*에 돈을 투자하거나, 다리의 구조적 안정성에 대해 생각하지 않고 건너는 일 따위는 하지 않을 것이다.

전문가들은 타당한 결론을 끌어내지 못했을 때, 최대한 빨리 실수를 수정한다. 그렇지 않으면 고객을 잃고 실업자 신세가 될 테니 말이다. 엄격함을 요구하는 전문적 편집 기준, 법적 기준, 기술적 기준을 사용할 때, 이 모든 전문직 종사자는 번창한다. 이 분야가 완벽한 사람들로 이루어져서가 아니라, 정확성의 규범을 유지하는 제도와 가치관에 그들의 장점이 있기 때문이다.

앞에서 독립적 평가 절차가 순응적인 의사결정을 내리는 데 해독제가 될 수 있다고 말했지만, 동료 평가에도 결함은 있다. 만약 검토자들의 편견이 조직에 널리 스며들었다면, 학계 전체에 부정적인 영향을 미칠 수도 있다.

우리는 최근 심리학 연구원 커뮤니티에서 정치적 편견을 뿌리 뽑는 데 동료 평가 과정이 유용한지를 분석했다. 몇몇 설문조사에 따르면, 대다수의 사회과학자가 자신의 정치적 신념을 진보적이라고 분류했다.[22] 실제로 사회심리학자를 대상으로 한 설문조사에서는 그 분야의 89퍼센트 이상이 자신을 진보적이라고 분류했고, 자신이 보수적이라고 대답한 사람은 3퍼센트도 채

＊   투자자들의 자금을 모아 투자 회사를 설립해 주식과 채권 등에 투자한 후, 그 수익을 투자자에게 나누어주는 투자 신탁.

되지 않았다.[23]

이러한 불균형을 두고 보수적인 정치평론가 아서 브룩스Arthur Brooks는 자기도 모르게 논문에 녹아 있는 당파적 편견이 연구의 질을 약화할지 모른다고 말했다. 그는 한 과학자가 한 말을 인용해 이렇게 말했다. "이념적으로 배타적인 학계에서 정치적으로 논란을 일으키는 주제에 관해 믿을 만한 결과를 도출하리라 기대하는 것은 완전한 망상이다." 브룩스는 철저한 연구원들조차 편견에 영향을 받을 수 있고, 특히 진보적 가치와 대개 일치하는 견해에는 학자들이 더 낮은 기준의 잣대를 갖다 댈지도 모른다고 지적했다.

물론 이 주장은 확실히 가능성이 있다. 편파적인 정체성을 지닌 사람들이 연구를 이끈다면, 과학적 검토 과정에서 어떤 형태든 편견이나 집단사고가 발생할 수 있다. 우리는 실제로 비공식 설문조사를 실시했다. 트위터에서 699명의 동료에게 진보적 연구 결과와 보수적 연구 결과 중, 어느 쪽이 재현에 성공할 가능성이 적다고 예상하는지를 물었다. 응답자의 43퍼센트가 진보적 실험 결과가 재현에 성공할 가능성이 적다고 대답했고, 13퍼센트는 보수적 실험 결과가 재현에 성공할 가능성이 적다고 응답했다(나머지 44퍼센트는 차이가 없을 것이라고 예상했다). 다시 말해, 연구 문헌에 녹아든 진보적 편견이 논리의 기반을 허술하게 할까 봐 걱정하는 사람이 많았다.

하지만 우리는 과학적 정체성과 관련된 비판적 규범과 동료 평가가 이 문제를 근절하는 데 도움이 될 수 있다고 생각했다.[24] 이를 실험하기 위해 디에고 리네로Diego Reinero와 제이의 연구소 동료들은 100만 명이 넘는 참가자들이 참여한 218건의 심리학 실험을 분석했다.[25] 이 실험은 후에 다른 연구소에서 재현되었다. 기존 실험 결과와 재현된 실험 결과를 비교해, 그 분야의 편파적인 정치 성향과 일치하는 실험 결과가 재현했을 때도 똑같이 유지되는지 살펴보고자 했다. 만약 진보적인 과학자들이 집단사고나 정치적 사고를 했다면, 연구자로서는 자신의 정치적 정체성과 일치하는 연구에 더 허술한 증거를 제시했을 것이고, 검토자로서는 비슷한 연구를 더 쉽게 통과시켰을 것이라고 예상했다. 그리고 이러한 태도는 발표된 연구 전체를 정치적 편견으로 가득 차게 만들 것이다.

우리는 수많은 학술 논문을 모은 후, 자신의 편견을 확인하도록 조처했다. 다양한 정치적 관점을 지닌 대학원생들을 모집해 각 논문의 짧은 요약본을 읽게 했다. 그다음 학생들에게 각 논문의 연구 결과가 진보적 세계관을 지지하는지, 보수적 세계관을 지지하는지, 아니면 그 중간인지를 결정해달라고 부탁했다.

자료를 분석하기 전, 우리는 시간이 기록된 온라인 문서에 미리 분석 계획을 적었다. 이는 무의식적으로 작용할 수 있는 편견을 억누르기 위한 전략으로, 결과를 왜곡할 수 있는 어떤 행동도

하지 못하게 하는 조치였다. 또한 우리 팀과 매우 다른 예측을 하는 연구원과 팀을 이루어, 그들이 선호하는 접근방식을 사용할 경우에도 동일한 결과를 도출할 수 있는지 확인했다. 그리고 제이는 연구원들에게 이렇게 경고했다. "결과가 어떻게 나오든, 누군가는 우리를 미워하게 될 거야."

그런 다음, 수치를 분석했다.

결과는 많은 면에서 우리를 놀라게 했다. 우선 정치적으로 편향되어 보이는 연구가 거의 없었다. 학계에 진보주의자들이 상당히 많은데도, 진보주의 신념과 분명히 일치하는 연구는 거의 없었다. 심지어 가장 보수적인 평가자들조차도 연구 문헌에서 진보 쪽으로 치우친 경향을 거의 발견하지 못했다.

다음으로, 진보적인 연구 결과가 보수적인 연구 결과보다 논리가 빈약한지 조사했다. 이것은 우리의 중대한 연구 과제였다. 만약 진보적 집단사고가 발생했다면, 진보적 연구 결과가 더 허술하고 실험 재현의 성공 확률이 낮을 것이다. 그러나 익명의 동료 평가가 계획대로 작동했다면, 진보나 보수 쪽으로 기운 연구 결과의 재현 가능성에는 차이가 전혀 없거나 거의 없을 것이다. 논리와 자료의 약점은 정치적 정체성이 아닌 과학적 렌즈로 연구를 판단하는 편집자들과 검토자들에 의해 뿌리 뽑힐 것이다.

좋은 소식은 진보적 또는 보수적 연구 결과의 실험 재현 성공률 사이에 차이가 없다는 점이다. 진보적 성향의 연구와 보수적

성향의 연구는 연구 결과의 강도('효과 크기effect size'*라고 함)와
연구 방법의 품질 등 다른 연구 품질 측정 항목에서도 큰 차이가
없었다.

결과적으로 진보적 집단사고의 흔적은 전혀 없었다. 대부분
의 심리과학자는 연구를 수행하고 검토할 때, 자신의 정치 성향
을 한쪽으로 제쳐둘 줄 아는 것 같다. 그들은 지나친 당파성을 드
러내는 대신, 자신의 과학적 정체성이 지닌 가치와 규범에 전념
했다. 이 결과는 외부인들과 연구원들이 자료를 신뢰할 수 있는
더 큰 근거가 된다. 과학자들이 세운 제도는 정치 행정부나 다른
집단에 영향을 미칠 수 있는 사고 패턴으로부터 어느 정도 면역
이 되어 있는 것 같다.

다른 연구에서도 비슷한 패턴이 발견되었다. 어떤 연구에서
는 학회 발표 자료의 초록이 진보 쪽에 유리하게 치우쳤는지를
분석했다. 물론, 학회 발표물은 학술지에서 거치는 엄격한 동료
평가를 거치지 않는다. 다시 한번, 전문가들은 진보적 편견이 분
명히 드러난 증거가 있을 것이라 예측했다. 그리고 정말로 약간
의 진보적 편견이 있다는 증거를 발견했다. 예를 들어, 초록에서
는 연구 대상으로 진보주의자들보다 보수주의자들을 언급한 확
률이 약간 높았다. 하지만 편견의 증거는 예상보다 훨씬 약했다.

---

*   연구하는 현상이 실제 모집단에 존재하는 정도.

전문가들은 실제로 발견한 증거보다 훨씬 많은 증거를 찾을 수 있으리라 예상했기 때문이다.[26]

이 결과는 과학적 과정의 무결성을 강조한다는 점에서 학계에 반가운 소식이다. 그뿐 아니라 과학계 밖에 있는 사람들에게도 교훈을 준다. 강한 정치적 신념이 있다고 해도 규범과 제도적 관행을 사용해 정확성을 촉진할 수 있다는 교훈 말이다. 믿기 어려울 수 있다. 심지어 과학자들도 더 많은 편견이 있을 것이라 예상했으니 말이다. 하지만 우리가 집단사고의 근절을 위해 어떤 회사에 고용된다면, 동료 평가와 비슷한 해결책을 생각해낼 것이다. 만약 베들레헴 스틸과 엔론이 독립적인 익명의 전문가들에게서 조언과 통찰력을 얻을 수 있었다면, 그렇게 광신도 집단 같은 자기 파괴적인 문화를 지속했을까? 동료 평가는 완벽하지 않지만, 집단행동 문제를 다루는 데는 꽤 유용해 보인다.

과학자들은 동료 평가 과정을 끊임없이 수정하고 개선하고 있다. 학술지에 실릴 논문의 동료 평가 과정에서 연구 계획, 자료, 데이터, 분석 코드를 충분히 이용하고 있다. 어떤 학술지 관계자들은 최고의 수단을 쓰고 있음을 알리기 위해 보이스카우트나 걸스카우트처럼 배지를 만들기도 한다. 또한 우리는 동료 평가 전과 후에도 연구를 공유하고 피드백을 받는 새로운 시스템을 만들었다. 발표된 논문도 계속해서 철저한 검토를 받아야 한다는 사실을 이해했기 때문이다. 새로운 자료가 들어올 때, 계속해서 획기적인 생각을 분석하고 평가하는 것도 중요하다. 실제로 과학자들의 행동을 연구하는 메타과학이라는 분야가 따로 있다.

정확성을 핵심 목표로 삼고 전념하는 것은 과학에만 국한되지 않는다. 집단과 조직은 현명한 비판을 가치 있게 여기면서, 반대 의견을 촉진하고 의사결정을 개선할 수 있다. 하지만 많은 리더가 피그만 공습을 계획했을 때의 케네디처럼 행동한다. 그들은 회의에서 가장 먼저 자신의 의견을 공유하여 자기 생각을 알리고 반대 의견을 억누른다. 아마 의도하지는 않았겠지만, 그들은 문제를 인식하고 창의적인 아이디어를 끌어낼 질문과 의견을 뭉개버린 것이다. 이러한 태도는 빠르게 결정을 내릴 때는 전략적으로 유용해 보일 수 있지만, 장기적으로는 엄청난 비용을 초래할 수 있다.

분열된 세계에 필요한 정확성

이쯤 되면 세상에 관한 인간의 이해는 타인에게 영향을 받고 형성된다는 것, 즉 우리의 현실은 근본적으로 사회적이라는 사실을 여러분이 확실히 이해했기를 바란다. 하지만 이 말이 사실이라 할지라도 사람들은 여전히 자신이 세상을 객관적으로 바라본다고 믿는 경향이 있다. 심리학자들은 이 현상을 **소박한 실재**

론naive realism이라고 부르는데, 이는 사람들이 현실을 있는 그대로 본다고 순진하게 생각하기 때문이다. 소박한 실재론으로 인해, 우리는 다른 사람들(특히 다른 집단 구성원)의 의견이 자신의 의견과 다를 때 그들을 무지하거나 비이성적이거나 편견을 가진 사람으로 간주하곤 한다.

　사람들은 자신이 속한 집단이 현실을 있는 그대로 보고 상황을 잘 이해한다고 여기는 반면, 자신이 속하지 않은 다른 집단은 망상에 사로잡혀 있고 순응적이며 대체로 무능하다고 여긴다. 이 점을 분명히 보여주기 위해 퀸즐랜드대학교의 연구원들은 기발한 연구를 수행했다. 그들은 한 집단의 참가자들에게는 자신이 자랑스러워하는 내집단의 본질을 가장 잘 표현하는 동물을, 다른 집단의 참가자들에게는 자신이 어울리고 싶지 않은 외집단의 본질을 가장 잘 표현하는 동물을 말하게 했다.[27] 첫 번째 집단의 참가자들은 사자, 늑대, 호랑이, 돌고래 같은 고귀한 동물의 이름을 나열했다. 그러나 두 번째 집단의 참가자들은 맹목적으로 순응하는 양과 나그네쥐, 사악하다고 알려진 뱀과 하이에나를 지명했다.

　이러한 종류의 가정은 집단 간 의견 불일치를 해결하기 어렵게 만든다. 만약 상대편이 바보나 몽상가 집단이라 가정하고 토론에 들어가면, 새로운 친구들을 사귀지 못할 것이다. 또한 자신이 틀렸을지 모른다는 가능성에 마음을 열지 않을 것이다.

정체성과 집단 심리의 이러한 특정 측면은 정치적 분열과 소셜미디어의 영향으로 확장되어 현대 사회에 심각한 문제를 야기한다. 집단이 기본적인 사실에 동의하지 못하는 상황은 타협의 기반을 무너뜨리고, 다루기 힘든 집단 간 갈등의 토대를 마련한다. 인터넷 시대에는 광신도 집단 같은 보호막을 형성하기가 그 어느 때보다 쉽다.

백신 접종에 관한 찬반 논란을 생각해보라. 한 집단은 백신 접종이 소아마비, 홍역, 코로나19 같은 질병을 예방하는 비결이라 믿지만, 다른 집단은 백신에 자폐증을 유발하는 독소가 있으며 백신 접종이 사람들을 통제하려는 음모론의 일부라고 생각한다면 타협의 여지가 없다. 과학자들은 음모론을 믿지 않을 것이고, 백신 반대론자들은 자폐증과 백신의 연관성을 부정하는 연구를 믿지 않을 것이다. 이로 인해 양쪽 모두 상호 소통의 자리에서 물러나 자신과 생각이 비슷한 사람들과 더 많은 시간을 보내게 될 것이다.[28]

사람들은 자신의 정체성과 일치하는 의사, 학군, 친구, 직업을 선택한다. 자신에게 동의하지 않는 사람들을 상대하며 불편함을 감수하느니, 자신을 지지하는 사람들을 찾아 갈등을 피하는 편이 더 쉽다고 여기는 것이다.

전 세계는 온라인에서 잘못된 정보와 역정보*의 빠른 확산을

＊   일부러 유출한 허위 정보.

막거나 최소한 그 속도를 늦추는 방법을 놓고 고심하고 있다. 페이스북과 트위터 같은 소셜미디어 회사들은 논란이 많거나 사실 여부가 의심스러운 메시지에 팩트체크fact-check 및 경고 문구("이 주장은 논란의 여지가 있습니다.")를 시범적으로 사용하고 있다. 게다가 음모론을 퍼뜨리는 사용자와 계정을 삭제하는 조치도 강화하고 있다.

이는 올바른 방향으로 나아가는 조치가 분명하지만, 연구에 따르면 정치적으로 양극화된 시대에 팩트체크 같은 대책으로는 사람들의 마음을 바꾸기 매우 힘들다고 한다. 최근 우리는 동료인 리네로, 엘리자베스 해리스Elizabeth Harris, 애니 듀크Annie Duke와 함께 사회적 정체성과 팩트체크의 영향력이 상충하는 실험을 진행했다. 진짜 광신도 집단의 정체성보다는 약하지만, 사람들이 특정 정당에 느끼는 관련성에 초점을 맞췄다. 미국에서는 60퍼센트 이상의 사람들이 두 개의 주요 정당 중 하나를 지지하는 것으로 나타났다.

우리는 두 정당의 지지자들에게 트위터에서 가져온 것으로 보이는 일련의 글을 읽게 했다. 각각의 글은 내집단이나 외집단 구성원의 트위터에서 가져온 것처럼 보였고, 우리는 참가자들에게 그 글을 얼마나 믿는지 물었다. 정치 리더들이 작성한 메시지처럼 보이는 글은 온라인 정치 토론에서 주고받은 일부 대화를 캡처한 것이었다.

예를 들어, 참가자들은 트럼프의 트위터 계정에서 가져온 듯 보이는 트윗을 보았다. "만약 지구 온난화가 진짜라면, 빙하가 녹고 있을 것이다. 그러나 빙하는 현재 기록적인 수준으로 증가하고 있다." 그다음 그들은 이 글이 내집단이나 외집단 구성원에게 '팩트체크' 과정을 거치는 모습을 지켜보았다. 이 과정에서 연구의 참가자들은 힐러리 클린턴Hillary Clinton이 언급했다고 알려진 응답을 봤을지도 모른다. "국립빙설데이터센터에 따르면, 현재 북극(북극점 주변)의 빙하는 사상 최저 수준을 기록했고, 남극(남극점 주변)도 최저 수준에 가깝다. 빙하는 결코 기록적으로 높지 않다." 다른 실험에서 참가자들은 유명한 공화당원이 유명한 민주당원의 말을 팩트체크하는 모습을 보았는데, 우리는 그 실험에서 양당 지지자들의 편견을 살펴볼 수 있었다. 우리의 질문은 '팩트체크는 효과가 있었을까? 아니면 강력한 정체성이 신념을 지배했을까?'였다.

팩트체크는 효과가 있긴 했으나 아주 미미했다. 팩트체크가 표시된 게시물을 볼 때, 사람들은 자신의 신념을 아주 조금 업데이트하는 경향을 보였다. 예를 들어, 참가자들이 지구 온난화에 관한 트럼프의 말을 믿는다면, 그들이 힐러리의 팩트체크를 읽은 후에는 약 1퍼센트 덜 믿는다고 대답했다.

이번 연구에서 사람들의 신념을 좌우하는 주된 동력은 트윗을 최초로 올린 사람이나 그것에 관한 팩트체크를 한 사람이 내집단 구성원인지, 외집단 구성원인지였다. 사람들은 처음 정보를 공유했던 사람이든 팩트체크를 하는 사람이든 상관없이 내집단 구성원을 더 믿었다. 이 연구에서 '동일한 정당'이라는 공동의 현실이 팩트체크보다 10배는 더 강력했다! 이는 공화당원과 민주당원 모두에게 해당되었다.

이번 연구 결과는 이전 연구 결과와 일치한다. 팩트체크는 많은 분야에서 효과가 있었지만, 정치 분야에서는 아니었다. 일단 사람들의 정체성이 위태로우면, 특히 그 정보가 상대 쪽에서 왔다면 실제 정보의 힘은 약해진다.

잘못된 정보의 영향력과 확산을 줄이고자 한다면, 팩트체크는 그다지 효과적인 방법이 아니다. 다행스럽게도 최근의 다른 연구에 따르면, 사람들이 허구보다 사실에 더 집중할 수 있는 방법이 있다고 한다. 여기서 또다시, 사람들이 어떤 목표를 가지고 정보에 접근하는지가 중요한 요인인 것으로 드러났다. 사람들이 온라인에서 정보를 접할 때, 정확성을 고려하도록 자극받는가, 아니면 다른 목표에 고무되는가? (정보에 접근하는 다른 목표로는 진보주의자를 화나게 하려고, 친구들을 즐겁게 하려고, 아니면 매우 빨리 인기를 끌고 싶어서 등이 있다.)

다양한 목표가 온라인에서의 정보 처리 과정에 어떤 영향을 주는지 알아보기 위해, 연구원들은 페이스북 게시물처럼 보이는 글에 코로나19와 관련된 진짜 헤드라인과 가짜 헤드라인을 끼워 넣어 참가자들에게 보여주었다.[29] 참가자 절반에게는 헤드라인을 온라인에 공유하겠느냐고 물었고, 다른 절반에게는 그들이 아는 한, 헤드라인에 나온 주장이 정확한지를 물었다.

정확성을 고려해달라고 요구받은 사람들은 정보를 공유하겠느냐고 질문받은 사람들보다 효과적으로 진짜와 가짜 헤드라인을 식별했다. 정확성에 초점을 맞추자 사람들은 진짜와 가짜를 더 잘 구별했다. 스티브 랏제Steve Rathje와 샌더 반 린든Sander Van Linden이 이끄는 연구팀은 재정적인 유인책이 잘못된 정보의 확산을 줄이는 데 효과적이라는 사실을 발견했다. 정확한 정보만을 믿는 참가자들에게 1달러를 주기만 해도 그들의 당파적 편견을 충분히 줄일 수 있었다.

사람들은 정확해지고자 할 때 대체로 그 일을 잘 해낸다. 따라서 정확성을 추구하는 능력은 우리의 힘이 된다. 점점 양극화되는 세상에서 사람들은 생각이 비슷한 사람들하고만 어울리기 좋아하고, 기회만 있으면 경쟁자들과 의견을 달리하며 그들을 깎아내린다. 이러한 환경에서 정확성을 추구하는 규범을 만드는 것은 어려운 과제다.

게다가 이 문제는 '정치적 신념 때문에 서로 반대하는 사람들을 어떻게 협력하게 할까?'라는 더 어려운 과제를 제기한다. 다음 장에서는 이 문제에 대한 심층적인 이해와 몇 가지 잠재적인 해결책을 제시할 것이다.

4장
반향실 효과 벗어나기

당신이 시의원에 당선되었다고 가정해보자. 당신은 은닉 권총 면허*를 금지하는 새로운 총기 규제법을 제정하여 시의 범죄율을 줄일 수 있는지 알고 싶다. 이런 유형의 입법이 성공한 적이 있는지 확인하기 위해 당신은 전국의 자료를 찾아본다. 이전 몇 년간 이 법을 통과시킨 도시부터 통과시키지 않은 도시까지 샅샅이 뒤진다. 은닉 권총 면허를 **금지하지 않은** 도시 중 225개 도시에서 범죄율이 증가했지만, 75개 도시에서는 감소했다. 그러나 은닉 권총 면허를 **금지한** 도시 중에는 105개 도시에서 범죄율이 증가했고, 20개 도시에서 감소했다.

잠깐 이 숫자들을 곱씹어보자. 이런 유형의 총기 규제법은 효과가 있는 걸까?

이번에는 다른 시나리오를 상상해보자. 당신은 진료실에서 일하고 있고, 고약한 발진의 치료제로 팔리고 있는 새로운 연고의 효능을 평가해야 한다. 이번에도 당신은 비교한다. 새로운 연고

---

* 민간인이 신변 보호를 위해 권총을 휴대할 수 있는 면허.

를 **처방받지 않은** 환자 중 270명은 발진이 심해졌지만, 90명은 호전되었다. 그리고 새로운 연고를 **사용한** 환자 중에서는 126명의 발진이 심해졌고, 24명이 호전되었다.

그렇다면 이 연고는 효과가 있는 걸까?

이제 이 답을 이전의 답과 비교해보라. 총기 규제와 똑같은 결론이 나왔는가?

순전히 가상의 상황이지만, 이 자료를 바탕으로 나온 답은 연고와 총기 규제법 모두 효과가 없다는 것이다. 위 질문들은 답이 한눈에 들어오지 않도록 고안되었다. 하지만 계산해보면 연고를 사용하지 않은 환자 중 발진이 개선된 환자는 25퍼센트($90/(90+270)=0.25$)였지만, 연고를 사용한 환자 중 발진이 호전된 환자는 16퍼센트($24/(24+126)=0.16$)에 불과했다. 마찬가지로 총기 규제의 숫자를 같은 방정식에 대입하면 총기 규제법이 없는 도시에서는 범죄율이 25퍼센트 감소했지만, 총기 규제법을 제정한 도시에서는 범죄율이 불과 16퍼센트만 감소했다. 다시 말해 연고와 규제법 활용의 84퍼센트가 나빠진 결과와 관련이 있었고, 연고와 규제법을 활용하지 않을 경우 75퍼센트만 나빠진 결과와 관련 있었다. 즉 그다지 좋지 않은 연고, 좋지 않은 법이라는 말이다!

이 두 질문은 수학적으로 동일하지만, 사람들이 연구 조사에서 이 두 질문에 답할 때는 재미있는 일이 일어난다. 예일대학교 법학 교수 댄 카한Dan Kahan과 그의 동료들이 수행한 2013년 실험에 따르면, 수학 실력이 출중한 미국인 참가자들에게 연고에 관해 질문했을 때는 참가자들이 정확한 답을 말하는 경향이 있었다. 하지만 총기 규제에 관한 질문일 때는 종종 틀린 답을 내놓았다.[1]

차이점은 무엇일까? 피부 관리는 위험률이 낮은 문제지만, 총기 규제는 그렇지 않다. 특히 미국에서 총을 둘러싼 공공 정책은 항상 격렬한 논쟁이 벌어지는 정치적 사안이다. 총기 규제에 관한 질문에 사람들이 답할 때, 그들의 수학 실력은 정치적 정체성만큼 중요하지 않았다. 총기 규제법이 효과가 없다는 수학적으로 옳은 답이 일부 열렬한 총기 신봉자들에게는 매력적으로 느껴질 수 있지만, 다른 이들에게는 당혹스러운 결과일 수도 있다. 결과적으로 자료의 올바른 해석과 일치하는 정치적 정체성이나 신념을 지닌 사람이 그 문제를 바르게 풀 확률이 높다.

당신은 총기 규제가 효과적이고 중요하다고 생각하는가? 만약 그렇다면, 당신은 총기 규제에 관한 질문에 정답을 이야기할 가능성이 낮다. 하지만 총기 규제의 효과를 믿지 않는다면, 이 질문은 비교적 쉽다. 심지어 처음부터 답을 알고 있었던 것처럼 느낄지도 모른다.

앞서 구성한 질문에서 보았듯, 정답은 이 특정한 총기 규제법이 효과가 없다는 것이었다. 카한의 연구에서 민주당원의 정답률이 공화당원보다 낮았다.[*] 하지만 앞에서 언급했듯 이 질문에서 언급한 숫자는 완전히 가상의 숫자였으며, 숫자를 바꿔 질문했을 때는 반대의 결과가 나왔다. 예를 들어, 총기 규제가 효과가 있다는 것이 수학적으로 정답인 문제를 물었을 때는 공화당원의 정답률이 민주당원보다 낮았다.

심지어 수학 능력이 출중한 당파주의자들도 마찬가지였는데, 이들은 정답이 자신의 정치적 신념에 반하는 경우 총기 규제에 관한 질문에 오답을 이야기할 가능성이 45퍼센트 높았다. 간단히 말해, 정치적 정체성 때문에 사람들은 더 바보가 되는 것 같았다.

증가하는 당파성

정치적 정체성이 수학 문제를 푸는 능력에 영향을 끼치는 이유는 무엇일까? 대답은 대중의 삶에서 점점 증가하는 '정치적 당파성'이라는 현상에 있다. 사람들은 정치 리더, 정당, 신념 체계에 동질감을 느낀다. 이러한 동질감은 공공 정책을 평가할 때 분석적 기술을 적용하는 방식부터 투표 행태와 데이트까지 거의

[*] 미국 민주당은 총기 규제를 강화하는 데 찬성하고, 공화당은 총기 규제를 완화하는 데 찬성한다.

모든 것에 영향을 미친다.

　이 책에서 논의한 사회적 정체성의 기본적인 구성 요소는 정치 영역에서 다음의 영향을 받아 증폭될 수 있다. 매우 경쟁적이고 대립하는 정당 중 하나로 분류되는 것, 열렬한 지지자의 뉴스 메시지, 정치 리더들과 엘리트 계층의 여론 조작이 바로 그것이다. 소셜미디어를 통한 정보의 흐름도 점점 더 중요한 역할을 한다.

　현재 미국, 캐나다, 영국, 브라질, 헝가리 등 전 세계 많은 나라에서 정치적 양극화가 심해지고 있다.[2] 미국에서는 좌파 민주당과 우파 공화당의 갈등이 양극화를 띠고, 영국에서는 유럽 연합에 남을지 떠날지를 결정하는 이른바 '브렉시트Brexit'로 갈등이 표출되었다. 브라질에서는 불화를 일으키는 보수 리더인 자이르 보우소나루Jair Bolsonaro 대통령을 향한 지지나 반대로 갈등이 나타났으며, 캐나다에서는 뉴질랜드나 스위스처럼 진보주의자와 보수주의자들이 점점 더 양극화 현상을 띤다.

　이러한 추세 때문에 사람들은 예전보다 정치적 정체성을 더 중요시하게 되었다. 또한 이는 연애부터 소셜미디어에 자신을 표현하는 방법까지 삶의 다양한 측면에 영향을 미치고 있다.[3] 예를 들어, 미국의 트위터 사용자들은 프로필에 사회적 정체성과 관련된 단어보다 정치적 단어를 더 많이 덧붙이고 있다.[4] 사람들은 종교적 소속보다 정치적 소속으로 자신을 더 많이 묘사하곤 한다. 우리가 정체성의 시대에 살고 있다면, 정치는 점점 더 많은 사람에게 중요한 정체성의 일부로 작용할 것이다.

예컨대 가족 구성원들과 정치 성향이 다를 경우, 명절 저녁에
도 가족과 함께 오랜 시간을 보내지 않는다.[5] 당파성은 연애 문
제에까지 스며들었다.[6] 미국인들 사이에서 다른 정당 지지자와
데이트하는 것은 다른 인종과 데이트하는 것보다 더 금기시되
고 있다. 트럼프가 취임할 무렵 이 문제를 연구한 결과, 정치 성
향이 다른 사람과 기꺼이 데이트하겠다는 사람이 25퍼센트도
되지 않는다는 사실을 확인했다.[7]

정치적 의견 불일치와 논쟁은 항상 존재해왔으며, 이는 건강
한 사회와 튼튼한 민주주의에 필수적인 요소다. 하지만 사회적
정체성의 심리를 내집단을 향한 사랑(자신이 속한 집단을 향한 정
상적인 선호)에서 외집단을 향한 증오로 바꾸는 것이 양극화의
특징이다. 실제로 일부 정치적 편파주의자는 자기 당이 특별히
좋아서라기보다 상대 당이 매우 싫어서 활동에 가담하곤 한다.
또한 사람들은 자기가 좋아하는 후보자를 뽑으려고 투표하는
게 아니라, 자기가 두려워하거나 경멸하는 후보자에 **반대하기 위
해** 투표하곤 한다.

같은 맥락으로 미국에서 한 설문조사 자료를 보면, 지지 정당
을 향한 사랑보다 반대 정당을 향한 증오가 투표 행태의 더 강력
한 예측 변수라고 한다.[8] 이러한 지나친 정치 갈등에는 상대 당
을 자기와 근본적으로 다르거나 어울리지 않다고 여기며, 상대

당과 그들의 의도를 강하게 불신하고, 그들이 도덕적으로 부패해졌다고 여기는 경향이 포함된다.

이 장에서는 정치 갈등의 기원과 역학을 분석하고, 현대 사회의 환경적 요소들이 어떻게 갈등을 악화시켰는지, 그리고 이에 우리는 무엇을 할 수 있는지를 살펴본다. 당파성의 영향으로 사람들은 자기 당의 노선과 일치하지 않거나 리더들의 평판을 안 좋게 만드는 증거를 거부한다. 또한 집단 전체가 당파적 목표를 위해 사실을 부인한다면, 사회를 분열하고 훼손하는 행동과 정책을 유발할 수 있다. 우리가 가진 데이터와 분석이 미국을 중심으로 치우쳐 있다는 것은 인정하지만, 잠재된 비슷한 집단역학은 수많은 나라에서도 작용하고 있다.

정치적 뇌

인류의 진짜 문제는 우리에게 구석기의 감정, 중세의 제도, 신과 같은 기술이 있다는 것이다.

_ 에드워드 윌슨Edward Wilson **✴**

✴ 〈과거를 돌아보고, 미래를 내다보다Looking Back, Looking Forward〉 2009년 하버드 대학교 자연사박물관에서 열린 제임스 왓슨과 에드워드 윌슨의 좌담. 다음 유튜브 영상 참조. https://www.youtube.com/watch?v=N8_W2cBAO7s

흥미롭게도, 정치적 차이는 인간생물학과 관련이 있다. 사람들은 주로 자신의 부모와 동일한 정책과 정당을 선호한다. 우리는 이것이 양육 방식과 저녁 식사 자리에서 오고 간 무수한 대화 때문이라고 예상한다. 일반적으로 인간의 정치적 견해를 사회적 훈련의 산물이라고 추정한다.

하지만 꽤 많은 사람이 생물학적으로 특정 정당과 리더를 좋아하는 경향이 있는 것으로 밝혀졌다. 한 연구에 따르면, 정치적 신념의 절반이 유전적 요인 때문이라고 한다. 예를 들어, 일란성쌍둥이(유전물질의 100퍼센트를 공유함)는 이란성쌍둥이 또는 형제자매(유전물질의 50퍼센트만 공유함)보다 정치 성향이 비슷할 확률이 높다.[9] 따라서 일란성쌍둥이를 어릴 때 분리해서 한 명은 진보주의자 가족에서 양육하고 다른 한 명은 보수주의자 가족에서 양육한다고 해도, 결국 둘 다 같은 정치 성향으로 끌릴 확률이 높다.

몇 년 전, 영국 배우 콜린 퍼스Colin Firth는 진보주의자와 보수주의자의 뇌가 틀림없이 다르리라 추측했다. 그는 유니버시티칼리지 런던의 신경과학자들과 팀을 이루어, 수많은 진보주의자와 보수주의자의 뇌신경 영상을 스캔하는 연구를 시작했다.[10]

연구 결과, 그들은 특정 뇌 구조를 조사하는 것만으로도 사람들의 정치 성향을 72퍼센트의 정확도로 예측할 수 있다는 놀라운 사실을 발견했다.

그들은 다양한 뇌 부위를 관찰하며 정치 성향에 따라 회백질*
의 양이 얼마나 어떻게 다른지를 살펴보았다. 보수주의자들은
편도체가 더 큰 경향이 있었고, 진보주의자들은 전대상피질이
더 큰 경향이 있었다. 두 부위 모두 감정적 요인, 사회적 지위, 갈
등에 반응하는 방식을 비롯한 여러 심리적 과정에 관여한다.

아카데미상(영화 〈킹스 스피치〉로 남우주연상)을 받고, 같은 해
에 신경과학 학술지에 연구 결과를 발표한 사람은 퍼스가 유일
할 것이다. 그 연구는 정치 견해가 상반되는 사람들 사이에 신경
학적 차이가 분명히 존재한다는 것을 밝혀냈다. 그 연구에 영감
을 받은 우리는 정치 신경과학까지 들어가 편도체의 특정한 역
할을 더 자세히 살펴보았다.

해나 남Hannah Nam이 이끄는 프로젝트에서 제이는 뇌의 차이와
실제 정치적 행동의 연관성을 확인하기 위해 뉴욕대학교에서
퍼스의 실험과 유사한 한 쌍의 실험을 수행했다. 연구 결과, 사
회 변화보다 현상 유지를 선호(일반적으로 보수주의와 연관된 선호
도)한다고 답한 사람들의 편도체가 약간 더 크다는 유사한 패턴
이 확인되었다.[11]

하지만 더 중요한 사실은 따로 있었다. 편도체의 크기로 실제
정치적 행동을 예측할 수 있는지 알아보기 위해 뇌 구조를 조사

---

* 뇌와 척수에서 신경세포가 모여 있는 곳으로, 육안으로 관찰했을 때 회백색을
띤다.

했던 실험 참가자들을 1년 후에 추적 조사한 결과, 정말로 그러했다!**12** 편도체가 작은 사람들이 진보주의 시위와 집단행동에 더 참여하는 경향을 발견한 것이다. 다시 말해, 사회 정서적 뇌 부위에서 회백질의 밀도가 낮은 사람들이 '흑인의 생명도 소중하다Black Lives Matter(이하 BLM)'* 집회와 '기후변화에 대항하는 행진Marching Against Climate Change'과 '월가를 점령하라Occupy Wall Street'** 시위에 참여할 확률이 높았다.

이것은 무엇을 의미할까? 물론 유전자나 뇌가 특정 정치인, 정당, 정책을 지지하거나 찬양하도록 미리 결정되어 있다는 것은 아니다. 기후변화, 성 소수자들의 권리, 최저임금 인상 등 21세기에 고심하는 특정 정치 문제는 옛 조상들이 살았던 환경에서는 말할 것도 없고, 1800년대 사람들의 걱정과도 다르다. 그보다는 각 개인의 생물학적 특성이 특정한 방식으로 세상을 경험하게 함으로써, 특정한 정치적 입장, 정당, 지도자를 더 매력적이거나 덜 매력적으로 보이게 할 확률이 높다.

예컨대 보수주의자는 진보주의자보다 변화를 불편해하는 경향이 있어서, 다른 모든 조건이 같다면 상황이 똑같이 유지되는

---

* 2012년 흑인 소년을 죽인 히스패닉계 미국인 남성이 무죄 판결을 받은 후 시작된 흑인 인권 운동.
** 2011년 뉴욕 월가에서 빈부격차를 성토하고 대형 금융사들의 부도덕성에 항의한 시위.

쪽을 선호한다.[13] 또한 진보주의자보다 사회계층을 더 편안하게
여겨 지위와 권력이 분명한 구도를 선호한다. 이 두 가지 선호도
모두 사람의 신경계가 상황에 대응하는 방식에서 나왔으므로
생물학적 근거가 있다. 어떤 상황은 더 옳거나 편하게 느껴진다.
어떤 상황은 더 불안하고 걱정스럽다. 상황에 대한 이러한 반응
은 사회의 정치적 스펙트럼에서 다양한 방향으로 향하게 한다.

변화를 즐기거나 평등한 계급과 공정이 만족스러운 사람들은
진보적 견해에 끌린다. 변화를 싫어하거나 누구의 책임인지가
분명하기를 원하는 사람들은 보수적 견해에 끌린다.

편도체는 모든 종류의 감정 처리 과정에 관여하는 뇌 부위다.
무엇보다 편도체는 인간의 사회적 계급, 지위와 관련이 있다. 예
를 들어, 뇌신경을 촬영한 한 연구에서 편도체는 새로운 사회적
계급을 알아가는 상황과 관련이 있었다.[14] 추측건대, 편도체에
회백질이 많은 사람들은 사회적 서열에 더 많은 주의를 기울이
는 성향이 있을 것이다. 그 결과, 부분적으로는 계급을 유지하는
사회적 방식과 계급을 보호하는 정책에 더 끌렸을지 모른다.[15]
궁극적으로 그들은 시위처럼 기존의 사회 질서를 방해하는 활
동에 기꺼이 참여할 확률이 낮았다.

자극적이기는 하지만, 이와 같은 생물학적 차이는 정치적 정
체성을 설명하는 일부에 불과하다. 이러한 유형의 뇌 자료는 닭
이 먼저냐, 달걀이 먼저냐의 문제가 있다. 즉 뇌에 차이가 있어

서 그들의 정치적 신념이 달라졌는지, 아니면 정치적 신념이 달라서 뇌가 변했는지는 알 수 없다.

일반적으로 생물학적 요인 때문에 특정 정치 견해에 끌리기도 하지만, 일단 정치적 정체성이 형성되면 좋은 집단 구성원이 되는 방법에 대한 단서를 찾고, 그 정체성의 렌즈를 통해 상황을 걸러낸다. 사람들은 자신과 생각이 같은 당파로 자신을 분류한다. 정치적으로 뜻이 맞는 조직에 가입하고, 더 동질적인 지역사회로 이사하며, 특정한 방송국의 저녁 뉴스로 채널을 돌린다. 그리고 최근 들어 사람들이 자신의 정치적 견해를 온라인에 드러내면서 당파적인 충동이 자주 과열되곤 한다.

온라인에서의 정치

인터넷과 소셜미디어 시대 초기에는 신기술로 서로 연결될 수 있다는 가능성에 대한 기대가 컸다. 누구나 로그인해서 가족과 옛 친구는 물론이고, 다양한 문화와 배경을 지닌 무수한 사람들과 교류할 수 있었다. 이 기술은 상호 연결된 새로운 세상으로 가는 관문으로, 모두가 공유한 새로운 현실을 만들 것으로 기대했다.

기대는 많은 부분 실현되었다. 우리는 역사상 어느 때보다도 서로 연결된 새로운 세상에 살고 있다. 전 세계 소셜미디어 사용자는 40억 명이 족히 넘는다.

이 기술이 사람들을 더 많이 연결해준 것은 분명하지만, 동시에 한편으로는 사람들을 분열시키는 역할을 하기도 했다. 소셜미디어는 사람들이 문화와 국경을 넘어 교류할 수 있게 해주었지만, 사람들이 자신의 정체성을 확인하고 신념을 확증하는 정보를 더 쉽게 찾을 수 있게 해주기도 했다. 일부 소셜미디어 회사들은 인간을 이해하는 분위기를 조성하는 대신, 당파적 정체성을 이용해 최악의 충동을 부추기는 플랫폼과 보상 시스템을 개발해 수익을 창출하고 있다.

공동 연구자인 몰리 크로켓Molly Crockett의 연구는 사람들이 오프라인에서보다 온라인에서 분노를 느낄 때가 더 많다는 사실을 알아냈다.[16] 이제는 일상적인 실제 생활에서 부도덕한 행동을 접하는 경우가 거의 없다. 하지만 온라인은 또 다른 문제다. 실제로 인쇄 매체, TV, 라디오를 합친 영역보다 온라인에서 부도덕한 행동을 세 배 더 많이 접한다고 한다![17]

누군가가 지갑을 훔치거나 남에게 폭언하는 장면을 평소에 자주 목격하는가? 실제로 그런 일이 일어나기는 하지만 꽤 드문 일이다. 하지만 인터넷에서는 이러한 사건이 누구에게나 일어날 수 있고 누구나 목격할 수 있다. 자녀를 돌보지 않는 부모, 반려동물을 방치하는 주인, 학원 폭력, 부패한 정치인들, 심지어 끔찍한 집단학살까지, 인터넷에서는 매우 다양한 악행을 접할 수 있다.

인터넷은 끝없는 타락의 구덩이가 될 수 있다. 로그인만 하면 분노가 들끓을 만큼 부도덕한 사건들을 쉽게 많이 찾을 수 있다. 결과적으로 말하면, 크로켓의 연구에 참여한 사람들은 삶의 다른 부분에서보다 온라인에서의 만남에서 훨씬 더 많은 분노를 경험했다고 대답했다. 또한 인터넷에서 도덕적 행동보다 부도덕한 행동을 더 많이 접하고 있다고도 말했다.

온라인에서 접한 사건에 대한 부정적 반응에는 중요하면서도 생산적인 기능이 있다. 예를 들어, 불평등에 대한 분노나 죄책감은 집단행동의 동기가 될 수 있다. 트위터는 2011년 아랍의 봄*을 가능하게 했다고 평가받았다. 당시 시민들은 중동과 북아프리카 전역에서 독재주의 정권에 대항해 더 큰 자유를 위해 싸웠다. 이와 마찬가지로, 사람들이 페이스북이나 트위터에서 경찰의 폭력적인 모습을 담은 동영상을 보게 되면, 이를 보고 시위에 참여하거나 공직에 출마하거나 사회 변화를 위해 싸울 수 있다 (이러한 시위와 변화의 역학에 관해서는 이후 7장에서 더 자세히 설명하겠다).

이러한 기술들은 여러 면에서 과거보다 더 많은 정보를 얻을

＊　2010년 말 튀니지에서 시작되어 아랍 국가 및 북아프리카로 확산한 반정부 시위.

수 있게 해주었다. 사람들은 자신과 생각이 비슷한 사람을 찾아 지지 공동체를 형성하기도 한다. 화상회의 시스템과 같은 연결 기술의 엄청난 가치는 사람들이 물리적으로 떨어져 있어야만 했던 코로나19 팬데믹에 특히 분명해졌다. 코로나19의 확산으로 우리 둘은 갑작스럽게 전면 온라인 수업을 진행해야 했다. 과학 콘퍼런스도 가상의 장소에서 열렸다. 그리고 이 책을 쓰는 동안에도 수많은 생각이 떠오를 때마다 문자메시지를 주고받으며 의견을 나누었다.

하지만 이러한 기술 혁신, 특히 소셜미디어에는 어두운 면이 있다는 인식이 점점 더 커지고 있다.

반향실* 안에서

BLM의 미국 페이스북 페이지에는 "거리 시위에 함께 참여합시다! 트럼프와 그의 편협한 정책을 멈추게 합시다!"라는 공지가 쓰여 있었다. 집회에 모인 약 1만 명의 시위자들은 뉴욕의 유니

---

* 특수재료로 벽을 만들어서 소리가 밖으로 나가지 않고 소리를 메아리처럼 울리게 만든 방으로, 반향실에서는 어떤 소리를 내도 똑같은 소리가 되돌아온다는 점에 착안하여 만들어진 용어. 반향실 효과란 같은 입장을 지닌 정보만 지속적으로 되풀이하여 수용하는 현상을 말한다.

언 스퀘어에서 센트럴파크 남단 근처에 있는 트럼프 타워의 정
문까지 행진했다.

비슷한 시기에 '플로리다는 트럼프를 지지한다Florida Goes Trump'
라는 단체는 2016년 대통령 선거를 준비하면서 스무 곳이 넘는
플로리다주 전역의 도시에서 집회를 준비했다. 이 행사를 홍보
하는 언론은 트럼프의 선거 연설을 그대로 인용하며, '미국을 다
시 위대하게!Make America Great Again!' 캠페인을 지지해달라고 자칭
'애국자'들을 부추겼다.

이러한 계획에는 풀뿌리 민주주의* 정치 행사라는 흐름이 있
지만, 사실 훨씬 더 사악한 음모가 숨어 있었다. 특별검사 로버
트 뮬러Robert Mueller는 이후 기소를 통해 이 두 조직이 선거를 조작
하고 민주적 절차를 방해하려는 러시아의 대규모 계획을 위한
위장 단체였다고 밝혔다. 특히 러시아는 미국인의 정치적 정체
성에 호소하여 이념이 다른 미국인들이 서로 등을 돌리게 만들
었다.

러시아 선전 기관은 선거 기간 내내 페이스북에 분열을 일으
키는 광고를 올리고, 트위터에 이민자와 이슬람교도 등 '이방인'
에 대한 공포, 시민권, 총기 규제에 관한 글을 게시했다. 한 메시
지에는 힐러리의 얼굴에 빨간 뿔이 달린 악마의 모습을 포토샵

---

*   평범한 민중들이 지역 공동체의 살림살이에 자발적으로 참여하는 참여 민주주의
의 한 형태로, 1935년 공화당 전당대회에 사용되면서 일반화되었다.

으로 합성해 예수와 싸우는 듯한 모습을 보여주기도 했다. 이미지 상단에는 "예수가 이기길 원하면 '좋아요'를 누르세요!"라는 헤드라인이, 하단에는 "예수의 군대"라는 단어가 쓰여 있었다. 페이스북은 2016년 대선까지 몇 달 동안 최대 1억 5000명이 이와 같은 광고를 보았다고 추정한다.

　이런 광고가 열혈 지지자들의 관심을 끌어 갈등을 악화시키기 위해 고안된 밈*이라는 것은 분명했다. 성조기, 카우보이, 심지어 빨간 수영복만 입은 조각 같은 버니 샌더스Bernie Sanders가 등장하는 히어로 만화까지, 메시지에는 미국인의 정체성을 강하게 드러내는 상징이 포함되어 있었다.

　허위 정보로 이루어진 선거 운동의 문제는 거짓 정보를 퍼뜨리는 것만이 아니었다. 거짓 정보는 팩트체크로 뿌리 뽑을 수 있지만, 이 광고들은 미국인들을 서로 반목하게 할 속셈이었다. '러시아 선전 기관'이라는 말을 들으면 대개 냉전 시대에 행진하는 병사들과 줄지어 놓인 미사일을 위에서 굽어보는 이오시프 스탈린Iosif Stalin과 블라디미르 레닌Vladimir Lenin의 이미지를 떠올릴 것이다. 하지만 페이스북과 트위터 시대의 선전용 밈은 과거와 달라서 현대 사회의 정체성이 담긴 언어와 이미지로 풍부하게 채워져 있다. 그리고 이러한 메시지는 가장 극단적인 당파주의

＊　인터넷에서 유행하는 말이나 행동을 모방하여 만든 문구, 사진, 영상 따위나 그 것을 퍼뜨리는 문화 현상.

자들에 힘입어 증폭되는 경향이 있다.

　최근 소셜미디어 플랫폼의 알고리즘이 '필터버블filter bubble'*을 만들고 있다는 우려가 많다. 필터버블 안에서 사람들은 자신의 신념과 일치하는 뉴스와 의견과 밈을 본다. 페이스북과 유튜브는 사용자에게 최대한 즐거운 온라인 경험을 제공하기 위해 뉴스피드와 추천 동영상을 통해 사람들이 알고 싶어 하지 않는 사실을 노출하지 않으려 한다. 설상가상으로 어떤 알고리즘은 사람들을 더 극단적인 정보 환경으로 끌고 들어가 헤어 나올 수 없게 한다.

　이것이 실제로 얼마나 문제를 만드는지는 분명하지 않다. 어떤 플랫폼의 알고리즘이 무엇을 하는지 정확히 알기 어려운 이유는 알고리즘의 메커니즘이 대중에게 공개되지 않고, 수시로 바뀌며, 플랫폼마다 다른 기능을 수행하기 때문이다. 소셜미디어 기업, 특히 대기업들은 필터버블을 만들고 사용자를 급진주의로 이끌 수 있다는 문제에 더 주의를 기울이고 있다. 그러나 앞서 논의한 심리 및 정체성 관련 역학을 보면, 사람들은 소셜미디어 알고리즘 없이도 여러 방식으로 자기 신념을 확인하는 정보에 이끌린다.

　사람들은 종종 자기와 비슷한 사람들을 선택하여 손을 잡고,

＊　인터넷 알고리즘이 사용자의 관심사에 맞는 정보만 제공해서 사용자가 자기만의 거품에 갇히는 것.

의견이 일치하는 사람들과 관계를 유지하면서, 그렇지 않은 이
들을 차단하거나 친구 목록에서 삭제한다. 나아가 그들의 소셜
미디어 피드에 다양한 관점이 포함되어 있더라도 자신의 정체
성에 일치하는 정보, 즉 자신의 사회적 현실을 확인해주는 '사
실'만 선택적으로 집중해 기억한다. 그들은 내집단의 규범에
더 잘 순응하며, 생각이 비슷한 사람들의 합의를 문제에 대한
자신의 의견으로 채택한다. 또한 자신의 정체성과 일치하는 정
보를 공유함으로써 이러한 정체성을 세상에 알리려 한다.

소셜미디어 시대에 접어들면서 정치적·사회적·문화적 이슈
를 논하는 대화는 저녁 식탁에서 가족끼리 또는 동네 선술집에
서 친구들끼리 하던 토론에서 훨씬 넓은 공적 영역으로 이동했
다. 이 변화 덕분에 우리 같은 연구원들은 정치적 담화의 추진력
인 심리 요소를 대규모로 분석할 수 있게 되었다. 우리는 정체성
이 어떻게 온라인에서 표현되는지, 어떻게 분열을 조장하는 언
어가 집단 간 갈등을 조장하는지(반대의 경우도 마찬가지)를 조사
하기 시작했다.

지금 우리는 정보의 홍수 속에 살고 있다. 어떤 연구에서는 소
셜미디어 사용자가 매일 평균 9미터가 넘는 내용을 스크롤한다
고 추정한다.[18] 만약 당신이 15센티미터 길이의 스마트폰을 갖
고 있다면, 이는 하나 이상의 미디어 플랫폼에서 매일 약 600번
스크린을 판독한다는 의미다. 이 정도면 대략 자유의 여신상 높

이를 2~3센티미터씩 스크롤해서 내려가는 것과 비슷하다.

사람들이 이렇게 압도적인 정보를 어떻게 걸러내는지 조사하기 위해 제이와 그의 제자인 빌리 브레이디Billy Brady, 아나 갠트먼Ana Gantman은 실험을 진행했다. 그들은 '관심'이라는 고전적인 척도를 사용해 어떤 종류의 메시지가 사람들 눈에 금방 띄는지 알아보았다.[19] 참가자들은 소셜미디어 피드를 스크롤할 때 보이는 화면과 비슷하게 컴퓨터 화면에서 옆으로 지나가는 단어와 메시지를 보았다. 단어는 다양했다. 어떤 단어는 **물건, 오토바이**처럼 중립적인 뉘앙스지만 **울다, 순수한, 신성한, 두려운**처럼 감정적이거나 도덕적인 단어도 있었다. 당연하게도 사람들의 시선은 중립적인 단어보다 감정적이고 도덕적인 단어에 더 쉽게 끌렸다. 우리는 이것이 관심경제*가 작동하는 원리라 판단했다. 본능적 언어로 보는 이의 관심을 사로잡아, 그들의 소셜네트워크에 그 메시지를 공유하게 유도하는 방식이 바로 관심경제가 작동하는 원리다.

이를 시험하기 위해 총기 규제, 동성 결혼, 기후변화 등 논쟁적인 정치적 주제와 내용이 담긴 실제 트위터 메시지 50만 개 이상을 샘플로 모아 분석했다. 그 결과, 트위터 실사용자들은 실험실에서 참가자들의 관심을 사로잡았던 종류의 단어들을 공유할

＊   특정한 고객의 관심에 맞춰 제품이나 서비스를 제공함으로써 소비자를 유인하는 시장을 형성하는 경제 활동.

확률이 높다는 사실을 발견했다.

우리는 트윗에 도덕적·감정적 단어가 하나씩 포함될 때마다 다른 사람이 그 메시지를 리트윗할 확률이 대략 15퍼센트 늘어난다는 사실을 발견했다. 흥미롭게도 순전히 도덕적인 단어(**자비, 옳다** 등)나 완전히 감정적인 단어(**두려움, 사랑** 등)의 영향은 크지 않았고, 도덕적 의미와 감정적 반응이 결합한 단어(**증오, 수치, 파멸** 등)가 가장 큰 파급력을 발휘했다.

또한 사람들이 메시지에서 도덕적·감정적 단어를 더 많이 사용할수록, 그 단어들이 그들의 팔로워를 넘어 퍼질 확률이 높다는 사실도 발견했다. 만약 누군가가 한 트윗에 이런 단어 네다섯 개를 몰아넣었다면, 그 메시지는 훨씬 멀리까지 퍼져나갈 확률이 높았다. 사람들은 콘텐츠의 내용을 지지하거나 출처를 신뢰할 때 메시지를 리트윗한다. 도덕적·감정적 단어들은 이러한 결정에 로켓 연료를 단다. 사람들의 관심을 끌면 메시지는 입소문을 타게 된다.

한 학생이 우리 논문을 읽고 가장 강력한 도덕적·감정적 단어 15개로 구성된 트윗을 만들었다. 단어들은 **공격, 나쁜, 비난, 관심, 파괴, 싸움, 미움, 죽임, 살인, 평화, 안전, 수치, 테러, 전쟁, 잘못**이었다. 우리의 요지를 증명하기라도 하듯, 이 학생의 메시지는 빠르게 800회 이상 공유되었고 1700명의 사람에게 '좋아요'를 받았다. 농담에서조차 특정한 단어에는 힘이 있다.

이러한 도덕적 전염의 패턴은 기후변화에서 총기 규제에 이르기까지 우리가 연구한 모든 주제에서 관찰되었다. 좌파와 우파(우파의 영향력이 약간 더 강했지만), 다양한 소셜미디어 플랫폼, 정치 리더와 일반 시민들 사이에서도 동일한 패턴을 발견했다. 또한 소셜네트워크의 크기와 관계없이, 메시지가 긍정적이든 부정적이든 어디에서나 찾아볼 수 있었다. 사람들이 존경을 말하든 증오를 말하든 간에, 도덕적·감정적 언어는 눈앞에 있는 소셜네트워크를 넘어 멀리까지 울려 퍼졌다.

만약 당신이 입소문을 타길 원한다면, 소셜미디어에 글을 올릴 때 이런 단어를 사용할까 고민할지도 모르겠다. 하지만 이러한 단어들이 내집단 사람들에게는 영감을 줄 수 있지만, 동시에 외집단 사람들에게는 소외감을 줄 수도 있다. 그리고 실제로 그런 경우가 종종 있다.

분열의 씨 뿌리기

나는 그들이 쓴 돈보다 소셜미디어에 더 큰 힘이 있다고 생각한다.
_ 도널드 트럼프, 〈60분 60minutes〉**＊**

＊   미국 CBS TV 계열의 심층 시사 보도 프로그램.

정치 리더들과 참모들은 소셜미디어에서 주위를 환기시키는 언어의 힘을 잘 알고 있다. 이 문제에 관해서는 트럼프보다 더 좋은 예를 찾기 힘들다. 그는 선거 유세 기간부터 대통령 임기 내내 트윗을 엄청나게 올렸다(그러다 2021년 1월 6일에 있었던 반란 사건* 이후, '폭력을 더 선동할 위험'이 있다는 이유로 트위터로부터 계정을 영구 정지당했다). 2016년 대선에서 승리한 후, 첫 번째 전국 방송 인터뷰에서 트럼프는 힐러리의 선거 캠프가 자신보다 대략 5억 달러 더 쓴 것을 만회하는 데 소셜미디어가 도움이 되었다고 주장했다.[20] 그는 소셜미디어의 힘을 활용하기 위해 무슨 일을 했을까?

이를 알아보기 위해 우리는 트럼프와 정치 리더들이 어떻게 트위터를 사용했는지 분석했다.

제이의 제자 브레이디는 이 프로젝트를 진행하며 2016년 연방 정부 기관에 선출된 모든 미국 정치 리더의 트위터 계정을 조사했다. 선거를 앞둔 1년 동안 이 정치인들은 무려 28만 6255개의 게시물을 트위터에 올렸다.[21] 아마 정치인 대다수에게 소셜미디어를 관리해주는 직원이 따로 있었겠지만, 이들의 게시물에서도 보통 시민과 똑같은 패턴을 발견했다. 그들이 도덕적·감정적 언어를 사용하는지는 메시지가 빨리 확산할지 아닐지를

---

* 트럼프의 지지자들이 선거에 불복하며 바이든의 의회 인증일에 국회의사당을 습격한 사건.

예측하는 최고의 변수였다.

가장 덜 유명한 의회 후보자부터 잘 알려진 상원의원까지, 정치인의 트윗에서는 평균적으로 메시지에 사용된 도덕적·감정적 단어 하나마다 리트윗이 10퍼센트 증가하는 경향을 보였다. 물론 가장 유명한 수혜자는 트럼프였다. 트럼프의 계정을 분석한 결과, 그가 도덕적·감정적 단어를 하나 사용할 때마다 메시지가 리트윗될 확률이 25퍼센트 증가하는 것으로 나타났다. 트럼프의 메시지는 수만 번 리트윗되어, 국내 및 국제적 이슈에 관한 토론이나 정책의 원동력이 되었다.

가장 많이 퍼진 트럼프의 메시지를 자세히 살펴보던 중, 우리는 메시지에 집단 희생을 의미하는 단어가 포함된 경향을 발견했다. **비난, 잔혹, 상처, 포기, 피해자, 도둑질, 학대, 유죄**와 같은 단어들이 선거를 앞둔 1년 동안 그가 사용한 가장 강력한 용어들이었다. 희생자인 척하는 연기가 그의 신조를 퍼트리는 데 가장 효과적인 도구였다.

우리는 이 언어가 자신의 지지자들을 동원하는 동시에, 미국 곳곳에 분열의 씨를 뿌리기 위해 고안된 것이 아닌지 의심스러웠다. 사람들은 자기 집단 사람들이 공격받아 왔다고 느끼면, 집단 전체가 위협받고 있다고 인식한다. 이 과정이 소셜미디어를 통해 이루어질 때, 이는 공유된 정체성을 만들어내는 값싸고 효과적인 전략이 될 수 있다.

  그러나 당파성이 짙은 언어로 자극받은 리트윗은 빨리 퍼지
는 잠재력이 있었지만, 이념적 경계를 넘은 경우는 거의 없었다.
우리는 사람들이 누구를 팔로우하고 누가 그들을 팔로우하는지
를 조사해서 샘플로 뽑은 트위터 사용자들의 정치적 정체성과
이념을 추정했다. 예를 들어 어떤 사람이 힐러리와 버락 오바마
Barack Obama를 팔로우한다면 진보주의자이거나 민주당 지지자일
가능성이 크고, 트럼프와 밋 롬니Mitt Romney*를 팔로우한다면 보
수주의자이거나 공화당 지지자일 가능성이 크다. 만약 이들 모
두를 팔로우한다면, 중도파이거나 기자단의 일원이거나 아니면
그냥 혼란스러운 사람일 것이다!

  앞에서 설명한 일반 시민의 트윗을 분석한 결과, 사람들이 도
덕적·감정적 언어를 사용하고 그에 반응할 때 결국 동떨어진 반
향실에 갇힌다는 사실을 발견했다. 진보주의자들은 다른 진보
주의자들에게서, 보수주의자들은 다른 보수주의자들에게서 받
은 메시지를 리트윗하는 경향이 있었다. 도덕적 감정이 담긴 메
시지는 같은 집단에서는 산불처럼 퍼지지만, 정치적 경계 너머
에 있는 사람들에게는 거의 관심을 끌지 못했다.

  물론 일부 트윗은 단순히 격한 단어를 사용하는 데 그치지 않
고 상대편을 적극적으로 비하하는 경우도 있다. 최근 우리는 동

＊　　미국의 기업인이자 정치인. 매사추세츠주지사를 지냈고 2012년 공화당 대통령
　　후보로 지명되어 출마했으나, 오바마에 패해 낙선했다.

료인 랏제와 린든이 주도한 한 프로젝트를 통해 트위터와 페이스북에서 사용되는 이러한 극단적 대립 언어를 분석했다. 이를 위해 두 플랫폼에서 270만 개 이상의 메시지를 조사했다.

분석 결과, 외집단 구성원이 부정적인 메시지를 묘사할 때마다 공유 횟수가 엄청나게 증가했다. 특히 이런 메시지가 국회의원 계정에서 나왔을 때는 공유 횟수가 180퍼센트까지 증가해서, 도덕적·감정적 언어의 영향력이 오히려 왜소해 보일 정도였다. 또한 페이스북에서는 외집단에 관한 게시물이 격앙된 반응을 가장 많이 끌어냈고, 오늘날 온라인 정치 토론을 지배해버린 도덕적 분노의 표출에 불을 붙였다.

온라인에서의 대화는 '실제 삶'이 아니라고 치부하고 싶은 유혹이 들게 한다. 하지만 온라인에서의 삶과 현실 세계에서의 삶은 경계가 너무 흐릿해져 이제는 구분이 무의미할 정도다. 온라인 활동이 진짜 세계에서 행동으로 이어지고, 소셜미디어 활동이 점점 진짜 삶으로 녹아들고 있다. 예컨대 말런 무어먼Marlon Mooijman과 그의 동료들이 실시한 한 분석에 따르면, 경찰 반대 시위를 하는 동안 옳고 그름을 훈계하는 트윗이 한 시간에 몇 번이나 올라갔는지를 통해 이후 시위 도중에 체포되는 사람들의 수를 예측할 수 있다는 사실이 밝혀졌다. 이는 온라인에서의 설교가 거리에서의 갈등과 관련이 있거나 그 원인이 될 수도 있음을 시사한다.[22]

분열을 초래하는 언어가 소셜미디어에서 큰 영향력을 미치는 이유는, 부분적으로는 플랫폼의 설계 때문이다. 페이스북과 트위터에서는 사용자가 높이 평가하는 댓글에 클릭 한 번으로 '좋아요'를 표시할 수 있지만, 경멸을 표하려면 더 많은 노력이 필요하다. 따라서 도발적인 내용의 게시물을 올리면 자신과 생각이 비슷한 사람들에게서 쉽게 공감을 얻을 수 있지만, 친구나 가족이 품을지도 모르는 의구심은 알아차리기 어렵다. 소셜미디어는 사람들이 더 극단적인 의견을 표현하도록 부추기고, 만약 그러한 발언이 직장이나 식사 자리에서 이루어졌을 경우 받을 경멸이나 불쾌함의 표현을 찾아보기 어렵게 만든다. 이러한 유인책은 거대 소셜미디어 기업의 참여와 수익을 증가시킬 수 있지만, 동시에 시민들을 집단 간 분열과 갈등의 길로 이끌 수도 있다.

실제로 불쾌한 트위터 메시지를 사용해 일련의 실험을 진행한 결과, 사람들이 도덕적·감정적 언어를 사용하는 상대편 사람과는 정치 이야기를 하고 싶어 하지 않는다는 것을 발견했다. 그들은 상대의 말을 불쾌하게 여기며, 그 메시지를 속 좁은 사람들이 만든 이야기라고 결론지었다. 이러한 현상은 자신이 지지하는 정당에 깊은 동질감을 느끼는 사람들에게 특히 두드러졌다.[23]

하지만 사람들이 덜 격한 언어로 의견을 달리할 때는 이념적 차이를 넘어 대화의 기회가 생겼다. 사람들은 때때로 어려운 문제에 대해 상대방과 의견을 나누기도 했지만, 이는 무의식적으로 상대가 부도덕하다는 인상을 주지 않는 선에서 서로의 의견을 표현할 때만 가능한 일이다.

물론 선동적인 언어와 분열을 초래하는 소셜네트워크는 온라인 정치의 유일한 문제가 아니며, 가장 중요한 문제도 아니다. 잘못된 정보와 역정보는 전 세계 민주주의 사회에서 문제가 되고 있다. 또한 정치적 정체성이 강한 사람들은 허위 사실에 더 취약해, 상대방을 부정적으로 보게 하는 잘못된 정보를 기꺼이 믿고 공유하는 경향이 늘고 있다.

가짜 뉴스!

러시아 선전 기관이 소셜미디어에 양극화를 부추기는 광고를 게시했던 사건을 기억하는가? 2016년 대선 준비 기간에 퍼진 잘못된 정보나 역정보에 비하면 이는 빙산의 일각에 불과하다. 마케도니아에서 미시간에 이르기까지, 사람들은 미국 유권자들을 조종하고 혼란스럽게 만들기 위해 가짜 뉴스를 만들어 퍼트렸다.

한 연구에 따르면 선거전 막바지에 신뢰할 수 없는 웹사이트에 방문한 성인 미국인이 44퍼센트에 달했고, 수백만 명이 소셜미디어 피드에서 이런 유형의 콘텐츠를 본 것으로 나타났다.[24] 미국인의 약 4분의 1이 가짜 뉴스를 공유했다고 답했으며, 최근 조사에 따르면 정당 지지자들은 가짜 뉴스를 공유하는 행위를 도덕적으로 허용된다고 생각한다는 것으로 밝혀졌다. 가짜 뉴스를 의심하는 사람도 있겠지만, 어떤 이들은 그저 믿고 싶었기 때문에 속았을지도 모른다. 〈WTOE 5 뉴스〉 사이트에서 발표한 가짜 뉴스는 프란치스코 교황이 전통을 어기고 트럼프를 대통령으로 지지했다고 보도했다. 이 가짜 뉴스는 페이스북에서 〈뉴욕타임스〉 1면 기사보다 대략 세 배 많은 100만 건의 지지를 받았다!

　가짜 뉴스의 여파는 2016년 영국의 브렉시트 투표 기간과 2018년 브라질의 총선 기간에도 두 나라를 휩쓸었다. 이렇듯 가짜 뉴스는 국제적으로 확산되고 있다. 소셜미디어 기업들과 과학자들은 사람들이 어떻게, 왜 허위 사실을 퍼뜨리고 믿게 되는지를 이해하기 위해 끊임없이 노력해오고 있다.

　광신도 집단과 마찬가지로 평범한 일반 시민들도 집단의 구성원, 특히 집단의 리더들을 보면서 자신의 신념을 다진다. 자신이 가장 소중히 여기는 정체성을 지지하는 뉴스를 발견하면 사람들은 우월감을 느끼고, 그 이야기를 기반으로 유대감을 느끼며, 자신이 역사의 옳은 편에 서 있다고 느낀다. 사회적 핵심 욕구를 충족시키고 기존의 신념과 일치하는 특정 뉴스는 그 진위와 상관없이 사람들의 관심을 끌 수 있다. 이러한 이유로 가장 인기 있는 가짜 뉴스는 특정 집단의 미덕을 강조한다. 예를 들어, 프란치스코 교황이 트럼프에게 지지를 표명한다는 가짜 뉴스는 보수적인 가톨릭 신자들과 정치적 선택에서 지조를 지키고 싶은 기타 기독교인의 정치적 신념을 강화한다.

문제는 이러한 사회적 동기와 신념이 정확성에 대한 욕구보다 커서 사람들이 정체성을 확고히 하는 정보를 지나치게 신뢰한다는 점이다. 우리가 수행한 몇몇 연구에 따르면, 사람들은 정보가 아무리 의심스럽다고 해도 내집단에 대해서는 긍정적인 이야기를, 외집단에 대해서는 부정적인 이야기를 믿는 경향이 있었다.

안드레아 페레이라Andrea Pereira와 해리스가 주도한 일련의 연구에서 우리는 정치적 정체성이 어떻게 반응을 끌어내는지 살펴보기 위해 1420명의 미국인에게 진짜 뉴스와 가짜 뉴스를 제시했다.[25] 기사 중 일부는 민주당에 대한 부정적인 가짜 뉴스였다. 예를 들어, 어떤 헤드라인은 "힐러리가 토론 중 비밀 이어폰을 착용했다"였고, 또 어떤 헤드라인은 "플로리다 민주당원들이 여성에게 이슬람법을 시행하는 법에 막 투표했다"였다. 다른 기사에는 "트럼프 대통령이 소수 인종을 대상으로 한 자녀 출산 법을 제정한다"처럼 공화당에 부정적인 가짜 뉴스가 포함되었다.

우리는 실제 가짜 뉴스 사이트나 풍자 뉴스 웹사이트에서 이런 기사들의 표본을 추출했다. 그 결과, 공화당원들이 공화당에 관한 뉴스보다 민주당에 관한 고약한 가짜 뉴스를 더 믿는다는 사실을 알아냈다. 마찬가지로 민주당원들도 민주당에 관한 가짜 뉴스보다 공화당에 관한 가짜 뉴스를 더 믿었다. 설상가상으로, 참가자들이 가짜 뉴스를 믿으면 믿을수록 그들이 가짜 뉴스를 소셜미디어에 공유할 확률이 높았다. 이러한 결과는 정당에 상관없이 매우 유사했다. 민주당 지지자와 공화당 지지자들은 똑같이 상대 당의 가짜 뉴스를 맹신했다.

아마 회의론자들은 실제 웹사이트에서 이런 뉴스를 수집했기 때문에 민주당 지지자와 공화당 지지자들에 관한 뉴스에 차이가 있을 수 있다고 지적할 것이다. 어떤 가짜 뉴스는 다른 뉴스보다 더 그럴듯하기 때문이다. 같은 걱정을 했던 우리는 대상이 공화당원이었는지 민주당원이었는지를 제외하고, 모든 세부 사항이 같은 악성 가짜 뉴스를 만들어 실험을 다시 진행했다.

이 연구에서 사람들은 정확히 같은 방식으로 부패한 민주당원과 공화당원에 관한 뉴스를 읽었다. 이 연구는 기존 연구 결과를 거의 그대로 재현하여, 공화당원과 민주당원이 자신의 정체성에 따라 상대 집단에 관한 나쁜 뉴스를 믿게 되었다는 것을 다시 한번 보여주었다.

하지만 그렇다고 좌파와 우파 사이에 차이가 없었던 것은 아니다. 하나의 차이는 누가 기꺼이 가짜 뉴스를 소셜네트워크에 더 많이 공유했느냐는 것이다. 민주당원과 공화당원은 상대방에 관한 가짜 뉴스를 똑같이 믿었지만, 공화당원이 가족과 친구들에게 공유할 확률이 더 높았다. 이러한 이유로 2016년 선거 캠페인 동안 교황이 트럼프를 지지했다는 뉴스가 빨리 퍼졌을 것이다.

왜 공화당원이 이런 이야기를 더 기꺼이 공유하는지는 정확히 모르지만, 공화당이 가짜 뉴스를 공유하는 행위를 더 관대히 여기는 규범을 지녔기 때문이라는 설명이 그럴듯해 보인다. 트럼프도 잘못된 정보를 엄청나게 퍼트리는 사람이므로, 그의 지지자들에게 질 낮은 뉴스를 믿어도 된다거나 불완전한 정보를 공유해도 괜찮다는 신호를 주었을지도 모른다.

또한 좌파와 우파의 지지자들이 정치와 관련 없는 가짜 뉴스를 얼마나 믿는지에 대해서도 차이점을 발견했다. 우리는 영국 왕실의 콘웰 공작부인 커밀라Camilla, Duchess of Cornwall가 중독 치료 재활원에 들어갔다거나, 배우 레오나르도 디카프리오Leonardo Dicaprio가 눈썹 문신 예술가를 1만 2000킬로미터나 떨어진 곳에서 데려와 잘생긴 눈썹을 그리게 했다는 식으로, 정치와 관련 없는 거짓 정보를 사람들에게 주었다. 공화당원들은 이런 뉴스도 곧잘 믿었다. 일반적으로 민주당원들은 공화당원에 관한 부정적인 뉴스가 아니면 가짜 뉴스에 회의적이었지만, 공화당원들은 다양한 주제의 가짜 뉴스를 믿는 경향이 있었다.

소셜미디어 플랫폼에는 수많은 잘못된 정보와 역정보가 퍼져 있기에, 그로 인한 정치적 양극화의 책임을 소셜미디어 탓으로 돌리기 쉽다. 하지만 사람들을 이념적 고치에 가두는 요인이 이러한 기술만은 아니다. 사람들은 독자의 정체성을 확고히 하려고 비상한 노력을 기울이는 신문을 구독할 수도 있고, 불건전한 집단사고를 불어넣는 방송국의 프로그램으로 채널을 돌릴 수도 있으며, 매일 밤 잠들기 전 입에 거품을 물고 비판을 쏟아내는 TV 프로그램 진행자를 볼 수도 있다. 소셜미디어가 많은 비난을 받지만, 가짜 뉴스에 관한 책임은 일부분에 불과하다. 또한 이는 수년 동안 점점 더 편향된 뉴스를 꾸준히 접해온 노년층이 소셜미디어와 함께 자란 밀레니얼 세대보다 훨씬 더 양극화되어 있는 현상을 설명해줄 수 있다. 실제로 일부 전문가들은 소셜미디어의 부상보다 주류 언론의 양극화가 더 큰 분열을 가져왔다고 생각한다.

미국 정치인 대니얼 모이니핸Danial Moynihan은 "모든 사람은 각자 의견을 말할 권리가 있지만, 본인만의 생각을 사실이라고 말할 권리는 없다."라고 말했다. 하지만 우리의 연구 결과에 따르면 이는 정치적 당파에 관한 하나의 희망적인 생각일 뿐이었다. 오히려 현대 정치 환경에서는 코미디언 스티븐 콜버트Steven Colbert가 엔터테인먼트 웹사이트 〈AV 클럽〉과의 인터뷰에서 한 말이 진실에 가깝다. "모두 각자 의견을 말할 권리는 있지만 본인만의 생각을 사실이라고 말할 권리가 없다는 건 옛말이다. 이제는 그렇지 않다. 사실은 전혀 중요치 않고, 우리가 어떻게 인식하느냐가 중요하다." 하지만 사실은 여전히 중요하기 때문에 이는 좋은 현상이 아니다. 우리가 무시한 현실은 우리의 뒤통수를 때릴 수도 있다.

열성 지지자들의 확산

코로나19 팬데믹 초기에는 백신이나 치료제가 없었다. 전 세계 공중보건 전문가들은 바이러스를 늦출 가장 중요한 방법 중 하나가 서로 떨어져 지내는 '사회적 거리 두기'라 선언했다. 이 말은 최대한 집에 머물고 이동을 급격하게 줄이라는 뜻이었다. 당국은 시민들에게 집에 머물고 사람 많은 곳을 피하라고 애원했지만, SNS에 올라온 파티, 손님 가득한 술집, 붐비는 해변 등의 이미지는 사람들이 그들의 요청에 귀를 기울이지 않고 있음을 시사했다.

젊은이들의 과신부터 음모론까지, 사람들이 공중보건 전문가들의 조언을 무시한 이유는 무수히 많다. 하지만 특히 미국에서는 당파적 분열이 부분적인 원인이었다는 여론조사 결과가 나왔다. 2020년 3월 초 〈ABC 뉴스〉와 〈월스트리트저널〉이 공동으로 수행한 설문조사 결과에 따르면, 민주당 지지자의 68퍼센트는 가족 중 누군가가 바이러스에 걸릴까 봐 걱정했지만, 공화당 지지자 중 같은 걱정을 한 사람은 40퍼센트에 그쳤다. 또 다른 설문조사는 민주당 지지자들이 공화당 지지자들보다 사람이 모인 곳을 피하는 경향이 18퍼센트 높았다고 발표했다.**26**

바이러스에 관한 우려에 당파적 차이가 큰 이유는 무엇일까? 한 가지 가능성으로는 많은 보수주의자가 인구 밀도가 낮은 시골에 살고 있고, 많은 진보주의자가 바이러스가 퍼지기 최적의 환경인 크고 붐비는 도시에 살고 있다는 점이 있다. 실제로 코로나19가 세계적으로 기승을 부렸던 몇 달간 제이는 맨해튼의 집에만 머물러야 했다.

바이러스에 관한 우려가 당파에 따라 차이를 보인 또 다른 이유는 정치적 정체성의 역학이었다. 양당 리더들과 엘리트들이 다른 메시지를 보냈기 때문에 추종자들이 위험을 다르게 인식했을지 모른다. 우파의 유명 인사들은 팬데믹의 확산을 놓고 공개적으로 의구심을 드러냈다. 〈폭스 뉴스〉의 진행자 숀 해니티 Sean Hannity는 자신이 진행하는 라디오 토크 프로그램에서 "코로나19는 딥스테이트*가 퍼트린 사기일지도 모른다."라고 말했다. 폭스사의 동료 트리시 리건 Trish Regan은 민주당 지지자들이 코로나바이러스라는 위기를 이용해 "트럼프를 깎아내리고 악마로 만들고 있다."라고 비난했다.**27**

＊   민주주의 제도 밖의 숨은 권력 집단.

실제로 가장 영향력 있는 공화당원인 트럼프는 팬데믹을 가장 격렬하게 의심한 사람 중 한 명이었다. 트럼프는 팬데믹을 '민주당의 거짓말'이라 불렀고, 거리 두기와 같은 조치의 중요성과 효과뿐 아니라 바이러스의 위험까지도 일관적으로 가볍게 여겼다.[28]

바이러스를 향한 당파적 태도가 여론조사뿐 아니라 실제 행동에도 반영되는지를 알아보기 위해, 우리는 공화당과 민주당이 우세한 미국 전역의 자치구와 주에서 사람들의 물리적 이동을 조사했다.[29] 예일대학교의 안톤 골비처Anton Gollwitzer는 동료들과 힘을 합쳐 1700만 명이 넘는 스마트폰 사용자들의 위치 추적 자료를 분석해, 정치색이 다른 지역의 주민들이 다양한 물리적 거리 두기 행동에 참여했는지를 알아보았다. 익명성을 보장하기 위해 개인별 스마트폰 데이터를 사용하지 않고 자치구 전체에서 이동 수준을 살펴보았다.

결과는 놀랍도록 명확했다. 처음 팬데믹의 정점이었던 2020년 3월 9일부터 5월 8일까지 민주당이 우세한 자치구의 시민들은 집에 있었고, 공화당이 우세한 자치구의 시민들은 계속해서 움직였다. 전반적으로 2016년 대선에서 트럼프에게 투표한 자치구에서는 이동이 16퍼센트 더 많았고, 외식 같은 비필수 서비스를 이용하기 위한 이동도 더 많았다. 엄밀히 말하자면 팬데믹이 확산되면서 모두가 예전보다 거리를 두고 이동을 자제했지만, 이런 상황이 진행되면서 당파 간 격차는 오히려 늘어났다!

우리는 이런 현상의 이유를 설명하는 수많은 이론을 시험했다. 당파 간 이동량의 차이는 인구 밀도, 코로나19의 지역 감염률, 가구 소득 및 실업률과 같은 경제 요인, 인구의 평균 연령, 종교 분포로는 설명할 수 없었다. 대신 각 자치구의 보수 성향 미디어 소비량이 그곳에 사는 사람들의 물리적 거리 두기 실천이 적은 이유를 설명해주었다. 다시 말해, 보수적인 뉴스를 더 많이 접할수록 더 많은 사람이 계속 이동했다.

치명적인 팬데믹 상황에서 이러한 당파 간 차이는 결코 사소하지 않다. 감염률과 사망률을 분석한 결과, 공화당이 우세한 자치구에서 물리적 거리 두기를 덜 실천한 것이 2주 후 코로나19의 감염률 및 사망률 증가와 관련이 있음을 발견했다.

이러한 치명적인 수치의 차이는 발생하지 않을 수도 있었다. 미국인들이 국경 너머 캐나다를 살펴보았더라면, 미국과는 다른 상황을 목격했을 것이다. 그곳 연구원들은 정당의 어떤 리더도 팬데믹을 가볍게 여긴다는 증거를 찾지 못했다. 결과적으로 캐나다인들은 물리적 거리 두기 측면에서 어떠한 정치적 차이도 보이지 않았다. 하지만 그렇다고 캐나다인들이 남쪽에 있는 미국인 친구들과 근본적으로 다르다는 말은 아니다. 그보다는 두 나라의 리더와 엘리트들이 국민에게 무엇을 믿어야 하는지에 대해 매우 다른 단서를 제공했고, 결과적으로 국민의 행동과 삶에 실제 영향을 미쳤다고 해야 할 것이다.

유능한 리더들은 사람들이 자신을 어떻게 보고, 무엇을 믿어야 할지를 제시함으로써 단합된 힘으로 국가적·세계적 난관에 대처한다. 뉴질랜드 총리 저신다 아던Jacinda Ardern은 팬데믹 동안 이러한 형태의 리더십을 아주 잘 보여주었다. 아던은 팬데믹을 맞아 과학자들의 조언을 철저히 따랐을 뿐 아니라 국민이 지침을 따르도록 격려했다. 또한 국민을 "500만으로 이루어진 팀"이라 부르며 공유된 정체성을 만들었고, 본인부터 지침을 확실히 따랐다.**30** (9장에서 정체성과 리더십 사이의 관계에 대해 더 자세히 설명하겠다.)

코로나19 팬데믹 동안 사람들이 이동하는 방식은 정치와 공간 사이의 관계를 여실히 보여주었다. 더 일반적으로 말하면, 사람들은 정치적 차이로 인해 물리적으로 분리되었고, 결과적으로 물리적 분리 때문에 정치적 차이가 더 깊어졌다.

통로를 가로질러

그 사건은 전형적인 초임자의 실수였다. 2019년 1월 3일, 하원 의원으로 처음 출근한 앤디 김Andy Kim은 워싱턴 D.C.의 국회의사당으로 걸어 들어가 자리에 앉았다. 보통 자리에 앉는 일은 논란거리가 아니지만, 뉴저지주 제3선거구에서 갓 선출된 그는 자신도 모르게 공화당 자리에 앉고 말았다(그는 민주당원이었다). 이후 그는 "저는 그저 빈 좌석이 있는지 둘러보고 있었습니다."라고 말했다.[31]

　세계에서 가장 양극화된 공간 중 하나인 국회의사당에서 좌석은 그저 단순한 좌석이 아니다. 의회의 한쪽은 공화당원을, 다른 한쪽은 민주당원을 위한 자리로 지정되어 있다. 국회의사당의 좌석은 당파의 충성심을 보여주는 강력한 상징으로, 사람들이 어디에 속해 있는지를 나타내며, 사람들이 무엇을 믿는지 보여주는 꽤 좋은 지표다. 트루먼 시대*의 공직자였던 루퍼스 마일스Rufus Miles는 "어느 편에 설지는 당신이 어디에 앉느냐에 달려 있다."라고 말한 바 있다.

　앤디가 치른 대가는 유럽 축구 경기장에서 잘못된 구역에 앉은 팬이 치를 대가만큼 나쁘진 않았지만, 미국 의회만큼 선명하게 공간적으로 분리된 장소는 드물다. 분리된 공간은 사회적 정체성의 차이를 드러내고 강화한다.

　하지만 의회는 서로 다른 정치적 견해를 지니고 다른 정당에 소속된 사람들이 중요한 목표를 달성하기 위해 상호작용하는 현장이다. 정치인들이 타협해 새로운 법을 통과시키려면 통로를 가로질러 당파의 경계를 넘어야 한다. 하지만 사람들은 그들

＊　해리 트루먼Harry Truman이 미국 대통령으로 재직한 기간인 1945년에서 1953년을 가리키며, 제2차 세계대전이 종결되고 냉전 시대가 시작된 시기다.

의 정치적 견해에 따라 물리적으로 분리된다. 사람들이 일을 처리하기 위해 상호작용해야 한다면, 이러한 공간적 분리가 미국의 통치에 방해가 되지 않을까?

연구원들은 최근 6526개의 의회 영상에 움직임 감지 기술을 적용하여, 의회 안에서 공화당원과 민주당원들이 어떻게 돌아다니는지를 조사했다.[32] 그들은 몇 번이나 통로를 가로질러 상대방에게 갔을까? 예상대로 민주당원들과 공화당원들은 의회 중앙을 가로지르는 통로를 건너기보다는, 같은 당 소속 의원들 가까이에서 더 많이 이동했다.

더 걱정스러운 점은 이런 추세가 시간이 지나며 점점 증가한다는 것이다. 1997년 1월부터 2012년 12월까지의 영상에서, 두 당이 정치적 선호도에서 더 양극화됨에 따라 원내 투표 후에 두 당원끼리 소통하는 모습이 줄었다. 의원들이 다른 당원들과 물리적으로 교류하는 시간이 줄어든 것이다.

당파성을 드러내는 투표 때문에 상호 교류가 줄었다는 추정은 타당하다. 하지만 인과관계의 타이밍은 그 반대였다. 물리적으로 교류가 없었기 때문에 이후 투표에서 더 양극화된 모습을 보였다는 것이다. 허물없는 상호작용이 줄어들자, 통로를 가로질러 초당적인 입법을 가능하게 할 우정과 유대감을 쌓기가 어려워졌고, 그 결과 시간이 흐르면서 비협조적인 투표 패턴으로 이어졌다. 또한 상호작용이 부족해 상대 당의 관점을 이해하기가 더 어려워졌다.

이 모든 상황을 고려한다면, 우리는 어떻게 해야 할까?

해결책 찾기

전 세계의 연구원, 정책 입안자, 정치인과 소셜미디어 경영진은 어떻게 기술 발전이 시민의 삶에 영향을 미치는지 이해하는 것은 물론, 기술 발전이 유발할 해로운 영향을 줄일 방법을 찾느라 서로 경쟁하고 있다. 이런 문제에 관한 연구가 폭발적으로 늘면서 매일 새로운 연구가 발표되고 있다.

단순히 사람들에게 더 다양한 정보를 제공해서 상대방의 견해와 관점을 접하게 하는 것이 반향실 효과와 필터버블의 해결책이라고 생각하기 쉽다. 이러한 접근방식은 근본적인 문제가 지식 부족에 있다고 가정하며, 사람들이 관련 문제에 대해 더 잘 알고 있거나 교육받는다면 모든 것이 해결될 것이라고 여긴다. 하지만 안타깝게도 정치에 관해 다양한 지식을 얻거나 폭넓은 정보를 접하는 것이 반드시 도움이 되지는 않는 것 같다.

정보의 출처가 당파의 반향실 밖이라면 정치적 분열을 줄이는 데 도움이 될까? 사회학자 크리스토퍼 베일Christopher Bail과 그의 동료들은 대규모의 현장 실험에서 이 가능성을 시험했다. 그들은 민주당과 공화당 구성원들에게 각각 11달러를 주면서, 한 달간 매일 24개의 정치 메시지를 리트윗하는 트위터봇*을 팔로우해 달라고 부탁했다.[33] 여기서 중요한 점은 그 트위터봇은 실험 참가자와 이념적 성향이 달랐으며, 상대 당의 선출직 공직자, 오피니언리더,** 언론 조직 및 비영리단체의 계정에서 무작위로 트윗을 보냈다는 점이다.

하지만 정치적으로 의견이 다른 쪽으로부터 트윗을 받는 것은 정치적 태도를 부드럽게 하는 데 전혀 효과가 없었다. 오히려 역효과를 낳았다. 보수적인 계정을 팔로우한 민주당원의 태도는 더 진보적으로 변했고, 진보적인 계정을 팔로우한 공화당원의 태도는 더 보수적으로 변했다. 그저 다른 정보를 받는 것만으로는 충분하지 않았다. 그 메시지가 상대편으로부터 온 것이라는 사실을 알면, 무시하거나 반박하고 싶은 충동이 들기 때문이다.

이에 대한 해결책 중 하나는 정보에서 당파의 정체성을 제거하는 것이다. 예를 들어, 한 연구에 따르면 사람들이 상대 당 열혈 당원의 사회적 정체성을 알 수 없을 때는 그와 소통하면서 기후변화와 같은 양극화된 문제를 효과적으로 파악하는 것으로

---

* 트위터에서 프로그램을 이용해 자동으로 글을 올리고, 이용자가 가상의 인물이나 대상인 것처럼 가장해 운영하는 계정.

** 집단 내에서 다른 사람의 사고방식, 태도, 의견, 행동 따위에 강한 영향을 주는 사람.

드러났다.[34] 연구원들은 참가자들에게 지난 34년간 북극해 얼음의 월평균 높이를 보여주는 나사NASA의 그래프를 보여주었다. 장기간의 흐름으로 보아 분명히 얼음이 꾸준히 줄었지만, 그래프에 나온 최근 몇 해 동안에는 얼음 수위가 약간 높아져 있었다. 그런 다음, 그들은 참가자들에게 2025년쯤에 남아 있을 북극해 얼음의 양을 예상해달라고 요구했다.

그래프를 검토한 후, 보수주의자들은 나사의 그래프를 장기간의 흐름과 일치하는 방식으로 해석하는 비율이 진보주의자들보다 현저히 낮았다. 모든 참가자에게는 다른 이들의 대답을 본 후 자기 추정치를 업데이트하거나 개선할 기회가 있었다. 한쪽의 반응이 아닌 양쪽의 대답을 접하자 참가자 전원의 추정치가 개선되었다. 하지만 대답에 정당의 정체성이나 로고가 첨부된 경우에는 다른 관점을 지닌 사람들에게 배우는 능력이 상당히 감소했다. 반면 정당의 로고가 제거되거나 정치적 정체성이 가려진 경우에는 다른 사람들에게 영향을 더 많이 받아 자신의 추정치를 20퍼센트 가까이 개선시켰다.

뉴스 보도나 인터뷰에서 정치적 상징을 제거하면 사회가 더 나은 방향으로 나아갈지도 모른다. 이렇게 하면 시청자들이 당파적 충성심보다는 정책 제안의 세부 사항에 더 초점을 맞출 수 있기 때문이다. 일상적인 대화에서 사람들은 종종 자신의 정체성을 밝히며 이야기를 시작한다. 이러한 태도는 투명성을 촉진하고 특정 문제에 자기 견해를 전달하게 하지만, 동시에 마음을 닫게 하고 의견 차이를 조장할 수도 있다. 당파를 넘어 대화를 나눌 목적이라면 정치적 정체성을 언급하기 전에 한 번 더 생각해보는 것이 좋을지도 모른다.

정치적 외집단에서 정보를 받는 것이 양극화를 다루는 데 반드시 효과적인 전략은 아니지만, 다른 견해를 지닌 사람들끼리 상호작용하는 것은 도움이 된다. 최근 한 연구에서 에린 로시터 Erin Rossiter는 한 무리의 공화당원과 민주당원들에게 정치적이거나 비정치적인 주제를 무작위로 배정해 짧은 온라인 채팅에 참여하게 했다.[35] 그들이 논의한 주제와 관계없이, 정치적 외집단과 디지털 소통에 참여했던 참가자들은 이런 대화를 나누지 않았던 사람들보다 외집단을 긍정적으로 느꼈다.

잠시나마 온라인 영역을 완전히 떠나는 것도 양극화를 완화하는 데 도움이 된다. 2018년 가을에 실시된 한 연구에서 경제학자들은 사람들을 격려해 (가끔은 돈을 주기도 하면서) 한 달간 페이스북 계정을 사용하지 못하게 했다.[36] 한 달간 참가자들은 온라인에서 보내는 시간을 줄이고 심리적으로 더 행복해졌다고 말했다. 그들은 뉴스를 알지 못하자 정치적으로 덜 양극화된 모습을 보였다. 주목할 만한 점은 한 달간 관찰한 양극화 감소량이 1990년대 중반 이후 미국에서 계속 증가해온 양극화 총량의 절반과 맞먹었다는 것이다!

마지막으로, 사회가 실제로 얼마나 양극화되었는지에 대해 사람들의 관심을 끌어모으는 것도 도움이 될 수 있다. 위에서 언급했듯, 양극화는 여러 곳에서 심화되고 있다. 이는 정치인과 같은 엘리트들 사이에서 특히 그러하다. 하지만 일반 시민들 사이에서는 양상이 좀 더 복잡하다. 대체로 사람들은 정치적 외집단에 대한 강한 불신과 반감을 지니는 '정서적' 또는 '감정적' 양극화를 매우 많이 경험한다. 그러나 연구원들이 실제 문제와 정책에 관한 사람들의 견해를 조사하면, 양극화에 대한 증거를 그다지 많이 찾지 못하는 경향이 있었다.

물론 의견 차이가 있긴 하지만, 좌파와 우파 대다수의 사람은 논란의 여지가 있는 문제에 대해서도 꽤 비슷한 태도를 보였다. 예를 들어, 미국에서는 의료보험, 특정 종류의 총기 규제, 이민에 대한 좌파와 우파의 의견이 크게 다르지 않다. 서로의 차이점을 과대평가하면 타협할 때 문제가 생길 수 있다. 그러나 사람들이 정치에 관해 얻는 정보 대부분은 서로에게 메울 수 없는 차이가 있다는 생각을 강하게 심어준다. 예컨대 선거 결과를 지리적으로 시각화하여 보여주는 방식조차도 사람들에게 국가가 명확히 분열되어 있다는 인상을 준다.

선거일 밤이 되면, 우리는 다양한 자치구에서 얼마나 많은 사람이 투표했는지 보여주는 지도를 보곤 한다. 미국의 경우 공화당은 빨간색으로, 민주당은 파란색으로 표시한다. 지도는 각 주

내에서 만장일치를 이룬 듯한 인상을 풍긴다. 그러나 실제로는 모든 주에는 양당의 표가 섞여 있으며, 경우에 따라 각 정당의 후보자에게 투표한 사람의 수가 매우 비슷할 때도 있다. 다양한 색조를 사용하면 투표자의 선호도를 더 정확히 묘사한 지도를 만들 수 있다. 공화당원의 표가 많은 주는 더 붉은색으로, 민주당원의 표가 많은 주는 더 푸른색으로, 그 사이는 보라색의 여러 색조로 말이다.

사라 콘래스Sara Konrath와 그의 동료들은 함께 진행한 한 연구에서 이렇듯 비율적으로 정확하면서 보라색이 상당히 강조된 지도를 참가자들에게 보여주었다.[37] 이러한 지도를 본 참가자들은 일반적으로 사용되는 빨간색과 파란색 지도를 본 사람들에 비해 정치적 외집단을 향한 고정관념이 적었고, 미국이 덜 분열되어 있다고 느꼈다. 마찬가지로, 다른 당원에 대한 고정관념을 깨는 것은 더욱 긍정적인 상호작용으로 가는 길을 열 수 있다.

앞서 말했듯, 온라인에서의 정치적 분열과 그 원인을 다루는 데 많은 연구가 집중되고 있다. 정보의 소비자로서 그리고 집단의 구성원으로서 사람들은 한쪽으로 덜 편향되면서도 문제를 정확하게 이해하는 전략을 사용할 수 있다. 우리가 연구한 바에 따르면, 사람들이 직감을 따르기보다 시간을 들여 체계적으로 판단할 때 가짜 정치 뉴스를 믿게 될 가능성이 줄어든다. 신중하고 비판적인 사고는 당파적 목표와 정확성이라는 목표 사이의

줄다리기에서 정확성을 택해 승리하도록 돕는다.

　뉴스 기사를 타인과 공유하기 전에 여유를 갖고 잠깐 멈춰서 그 출처의 평판을 신중하게 고려하라. 상대 당에 악영향을 주는 이야기가 너무 그럴듯해서 믿기지 않는다면 더욱 경계하라. 그 기사는 당신이 실제 믿는 것이 아니라 믿고 싶은 제보일지도 모른다. 다음에 정치 기사를 접하면, 스마트폰이나 이메일에 정신을 뺏기지 않도록 조심하라. 산만해지는 것만으로도 뉴스를 신중하게 판단하는 능력이 떨어질 수 있기 때문이다. 케임브리지대학교 공동 연구자와 함께한 프로젝트에서 우리는 정확도를 높이는 동기를 부여하면 똑같은 효과를 낸다는 사실을 발견했다. 정확한 판단을 내린 사람들에게 작은 보상을 제공하자, 부정확한 정보에 대한 반응에서 양극화가 줄어들었다.

　다른 사람들에게 잘못된 정보를 접했을지 모른다고 경고하는 것도 도움이 된다. 자신의 집단 내부에서 팩트체크와 의문 제기 과정이 중요한 규범과 정체성으로 확립되도록 노력하라. 정확성과 건설적인 피드백에 기초를 둔 정체성을 구축하라.

　상대편에 선 사람들과 대화할 때는 정체성이라는 원동력과 신념 때문에 그들이 우리의 관점을 제대로 보지 못할 수 있음을 이해하라. 또한 정체성을 나타내는 상징을 제거하라. 만약 불가능하다면, 상대의 정체성과 가치관에 공감하거나 적어도 그 정체성이 그들에게 얼마나 중요한지를 인정하는 방식으로 문제를 다룰 수 있다.

중대한 문제에 관한 건강한 토론을 촉진하면서 당파성 문제를 해결하려면 아직 갈 길이 멀다. 이러한 분열의 근본을 이해하기 위해서는 정체성의 역학을 파악해야 한다. 이는 시민들의 삶과 안녕에 영향을 미치는 중요한 문제에 더욱 집중하도록 건강한 정치 환경을 만드는 데 필요한 기반을 제공할 것이다.

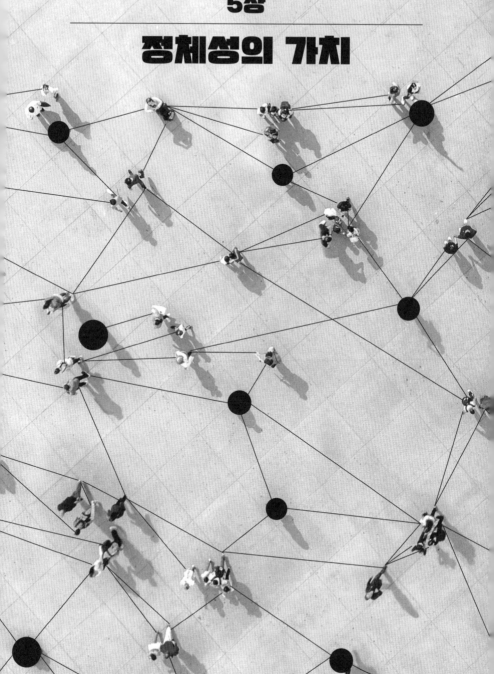

5장

정체성의 가치

2020년, 스칸디나비아 항공은 "진정으로 스칸디나비아다운 것이 있나요? 전혀 없죠."라는 도발적인 광고 문구로 자사를 홍보하는 광고를 방영했다.[1]

　스칸디나비아 사람들은 이 광고를 달가워하지 않았다. 스칸디나비아 항공은 '노르웨이-스웨덴-덴마크 협력의 상징'으로 여겨져왔지만, 세 나라의 국민은 이 광고 문구로 인해 그 회사를 신랄하게 비판했다.

　이 광고는 덴마크의 페이스트리와 스웨덴의 미트볼처럼 세계적으로 북유럽의 정체성이라고 여겨지는 주요 산물이 어떻게 다른 나라에서 날조되고 있는지를 묘사했다. 또한 세 나라의 국가적·지역적 자부심의 원천이 다른 나라의 기업가, 발명가, 인권 지도자들에게 빼앗겼다는 사실을 알게 된 시민들이 우울하고 허탈해하는 모습을 보여주었다.

　"해외를 여행하면서 마음에 들었던 것을 모조리 가져와서 조금만 수정하면, 짜잔! 이게 바로 스칸디나비아다운 것이죠!" 광고는 여행을 통해 스칸디나비아의 문화유산을 더 풍부하게 할 수 있다고 주장하면서, 진정한 스칸디나비아인이라면 당장 항공권을 사서 세계를 탐험하러 나가야 한다는 말로 끝을 맺었다.

정체성을 바탕으로 영감을 주려는 시도였다면, 그 광고는 처참한 실패작이다. 오히려 항공사 광고를 향한 대중의 분노만 전례 없이 커졌다. 보수적인 정치인들은 다시는 그 항공사를 이용하지 않겠노라고 맹세했다. 또한 시민 수천 명의 반응이 소셜미디어에서 퍼져나갔다. 유튜브에서 그 광고를 본 13만 1000명이 '싫어요'를 눌렀는데, 이는 '좋아요'를 누른 사람의 10배가 넘는 수치였다.

회사 관계자들은 결국 그 광고를 철회하면서 자신들이 스칸디나비아의 문화유산을 자랑스럽게 생각한다고 말했다. 그들은 자신들의 메시지가 다른 뜻으로 오해를 받았다며 유감스러워했다.[2] 하지만 어떻게 한 기업이 정체성에 관한 메시지를 이렇게 잘못 전달할 수 있을까? 그리고 이를 바로잡으려면 어떻게 해야 할까? 대서양 건너편에 있는 한 맥주 회사가 이 질문에 부분적으로 답을 주었다.

체크무늬 셔츠와 빛바랜 청바지를 입은 제프 더글러스Jeff Douglas가 무대 위를 성큼성큼 걸어 마이크로 다가갔다. 그는 머뭇거리며 극장에 있는 사람들에게 말하기 시작했다. "안녕하세요, 저는 벌목꾼이나 모피 상인이 아닙니다. 이글루에 살지도 않고, 동물의 내장도 먹지 않으며, 개 썰매도 없습니다. 또한 캐나다 출신인 지미, 샐리, 수지는 모릅니다. 물론 그들은 정말로 착한 사람들이겠지요."

그는 말을 이어나가며 천천히 목소리를 높였다. "우리나라에는 대통령이 아닌 총리가 있습니다. 저는 영어와 프랑스어를 할 줄 알지만, 미국식 영어는 하지 않습니다. 그리고 'about'을 '어부트a boot'가 아니라 '어바웃'이라고 발음합니다." 남자 뒤쪽의 큰 화면에는 비버, 체스터필드,* 알파벳 Z('제드'로 발음), 토크(털실로 짠 겨울 모자)가 보였다.

"캐나다는 전 세계에서 두 번째로 큰 영토를 가지고 있고, 하키의 종주국이며, 북아메리카 최고의 지역입니다." 그가 이렇게 포효하며 선언함과 동시에, 화면에는 고전적인 하키 게임 영상이 등장했고 거대한 캐나다 국기가 펄럭였다. 절정에 이르러 남자는 이렇게 말했다. "제 이름은 '조'이고 저는 캐나다인입니다."

'고함'이라는 별칭으로 알려진 이 연설은 약 1분간 지속되었다.[3] 이 연설은 캐나다 역사상 가장 성공한 맥주 광고 캠페인의 중심이 되었다. 캐나다에서 가장 오래된 맥주 공장인 몰슨 브루어리Molson Brewery가 2000년에 시작한 '저는 캐나다인입니다' 광고 캠페인의 일부였다. 유능한 회사 마케팅팀은 몰슨의 가장 중요한 구성 요소가 맥주의 원료인 홉 열매가 아니라 회사의 정체성

---

* 캐나다에서는 모든 형태의 소파를 '체스터필드'라 부름.

이라는 것을 알았다.

'고함'은 애국심을 이용해 맥주를 팔려는 노골적인 시도로, 그들이 광고하는 맥주도 이미 '캐나디안Canadian'이라고 이름 지었다. 하지만 이 광고는 많은 캐나다인이 자기 나라를 언급할 때 빠져 있다고 느꼈던 것들을 대변해주었다. 캐나다인들은 대담한 방식으로 자국의 정체성을 표현하는 것을 부끄러워한다. 하지만 더 크고 강력한 남쪽 이웃인 미국과 비교하여 캐나다인이라는 것이 어떤 의미인지를 특징짓는 광고를 보며, 그들은 자신이 누구인지 정의할 수 있었다.

토크를 쓰거나, 집에 체스터필드가 있거나, 알파벳 Z를 '제드'라고 발음하는 모든 캐나다인은 그 광고를 보고 **소속감**뿐만 아니라 캐나다인은 **독특하다**는 자부심을 느꼈다. 이 광고는 사람들이 원하는 소속감을 무시하고 독특하다는 감정도 저하시킨 스칸디나비아 항공사 광고와는 정반대였다. 그 항공사 광고는 문화적 정체성을 지지하기는커녕 오히려 위협했다.

소속감과 독특함이라는 두 심리 요인을 결합한 '저는 캐나다인입니다' 캠페인은 캐나다인들에게 큰 반향을 불러일으켰다. 이 광고 덕분에 몰슨 브루어리는 주식 시장에서 회사 주가가 1.6포인트 상승하는 등 아주 성공적인 한 해를 보냈다. 사회적 정체성을 마케팅에 이용한 꾸밈없는 시도 덕분에 맥주 '몰슨 캐네디언'의 판매량은 엄청나게 늘었다.

고함 광고는 맥주 판매량을 늘리는 것 이상의 효과를 냈다. 맥주 광고에서는 보기 드문 방식으로 사람들을 감동시킨 것이다. 이 광고는 2001년 광고업계에서 골드 퀼 상*을 받았으며, 캐나다 전역에서 모방과 패러디가 이어졌다. 심지어는 《인기 있는 캐나다 시와 노래를 모은 펭귄 명작집Penguin Treasury of Popular Canadian Poems and Songs》에 실리기도 했다. 명작집의 편집자인 존 콜롬보John Colombo는 이 광고를 실은 이유에 관해 이렇게 말했다. "그 광고는 무지와 무관심에 맞서 자신의 정체성을 확인하려는 인간의 욕구를 표현했다."

'고함'은 제품부터 사람에 이르기까지, 모든 것에 우리가 부여하는 가치를 좌우하는 정체성이 얼마나 강력한지를 보여준다. 사람들은 자신의 취향이 개성을 이루는 독특한 부분이라고 생각하곤 한다. 그리고 실제로 자신만의 독특한 취향으로 타인과 구별되고 차별화되기를 원하는 경우도 많다. 물론 당신이 친구에게 특정 브랜드의 맥주를 왜 마시느냐고 물어본다고 해도, 친구가 맥주 회사와 동질감을 느끼기 때문이라고 말하지는 않을 것이다.

하지만 정체성은 일상의 모든 결정에 영향을 미치며, 그 영향은 종종 의식하지 못하는 사이에 이루어지기도 한다. 한 사람의

---

* 국제비즈니스커뮤니케이터협회가 기업 커뮤니케이션 우수 사례를 선정하여 주는 상.

선호는 근본적으로 사회적 정체성에 의해 형성되는데, 그 이유는 아주 간단하다. 사회적 정체성이 바로 나 자신이기 때문이다. 이 장에서는 소속감, 차별성, 지위에 대한 인간의 핵심 욕구에 초점을 맞춰 다양한 동기가 어떻게 정체성에 영향을 미치는지 설명한다. 이러한 동기는 특정한 정체성을 더 매력적이고 중요하게 만들며, 결국 주변 세상의 사람들과 상황을 평가하는 방식에도 영향을 미친다. 먹는 음식부터 데이트 상대, 구매한 제품, 다니는 학교에 이르기까지 정체성은 중요한 결정을 내리는 데 핵심적인 역할을 한다.

정체성 경제학

정체성이 의사결정에 매우 중요하다는 의견은 비단 우리만의 생각이 아니다. 노벨상 수상자 조지 애컬로프George Akerlof와 레이철 크랜튼Rachel Kranton은 《아이덴티티 경제학》이라는 책에서 "정체성의 선택은 사람이 내리는 가장 중요한 경제적 결정일 수 있다."라고 주장한다.[4] 정체성이 가치관에 어떤 영향을 주는지를 이해하면, 어떤 이들에게는 비이성적으로 보이는 결정이 왜 다른 이들에게는 완전히 이치에 맞는지 그 이유를 알 수 있다.

예를 들어, 정체성을 표현하는 행동은 집단에 소속되어 있음을 확인하려는 시도일 수 있다. 인스타그램이나 페이스북 프로필에 공개적으로 자신을 표현하는 행위는 자신과 자신이 속한 사회 공동체에 **내가 누구인지**를 보여주는 효율적인 방법이다. 이 책에서 누누이 강조한 것처럼, 내가 누구인지는 내가 소중하게 여기는 집단의 규범이 좌우한다.

마케터, 정책 입안자, 리더들은 영향을 주고 싶은 사람들의 정체성을 구축하기 위해 이 심리학을 사용한다. 올바른 정체성을 구축하면 더 깊은 연대감을 쌓을 수 있고, 기업은 더 확실한 수익을 가져갈 수 있다. 사회적 정체성의 역학을 이해하면 어떤 조직은 시장을 장악할·수 있고, 어떤 조직은 세계를 포섭할 수도 있다. 예를 들어, '애플'이 세계 거대 기업 중 하나가 된 이유는 기술성은 물론이고 많은 소비자가 제품에 깊은 동질감을 느꼈기 때문이다. 몰슨 캐나디안 맥주처럼 애플은 '최적의 차별화(소속감을 느끼는 동시에 남들 눈에 띄고 싶은 욕구가 뒤섞인 강렬한 감정)'라는 심리적 욕구를 충족시킬 수 있도록 브랜드의 정체성을 구축했다.

심리적 욕구는 사람들이 가진 집단 정체성을 이해하는 데 도움이 된다. 어떤 집단을 다른 집단보다 더 매력적으로 보이게 하는 요소는 무엇이며, 삶의 특정 시기에 어떤 집단이 더 매력적으로 보이는 이유는 무엇일까? 우리는 사람들을 집단으로 묶을 때 소속감, 독특함, 지위가 어떤 역할을 하는지 살펴볼 것이다. 이 목표 중 적어도 하나 이상을 만족시키는 집단은 그렇지 않은 집단보다 더 매력적일 것이다. 사회적 정체성이 이러한 동기를 충족할 때, 사람들은 집단과 집단의 일원임을 상징하는 물건이나 행동에 더 가치를 둔다.

이 장에서는 사회적 정체성이 협동에 강력한 동기를 제공하는 방식을 깊이 들여다볼 예정이다. 우리는 사람들이 자신의 집단과 동질감을 느끼면서 협동적인 사회규범을 충실히 지킬 때, 모두를 위해 협조하고 더 나은 결과를 낸다는 증거를 제시할 것이다. 이는 집단과 조직이 효과적으로 작동하도록 만드는 결정적인 비결이다.

예를 들어, 직원들이 임금과 보너스 같은 개인적 성취에만 관심이 있다면, 개인적인 이득을 위해 편법을 쓰고 제도적 허점을 이용할 것이다. 직원들의 공용 물품 횡령액은 매년 수백억 달러에 달하고, 이는 평균 기업 수익의 1.4퍼센트에 해당한다.[5] 여기에 잦은 결근으로 생기는 손실과 공유 재산을 훼손시키며 사익을 추구하다가 생기는 손실은 포함하지도 않았다. 만약 직원들이 조직과 동질감을 느끼지 못한다면, 회사의 이익과 관계없이 자신을 보호하거나 자기 이익만 취하는 선택을 할 것이다. 하지만 사람들이 조직과 동질감을 느끼면 조직은 훨씬 효과적으로 작동한다.

타인의 결과 평가하기

오하이오주립대학교에 도착했을 때, 대학 전체의 정체성이 '버카이스'라는 대학 미식축구팀을 중심으로 이루어져 있다는 것을 한눈에 알 수 있었다. 홈경기가 있을 때마다 캠퍼스는 학교를 상징하는 자주색과 회색을 입은 10만 명의 팬들로 들끓었다. 술집마다 사람들로 **빽빽**했고, 시내의 모든 레스토랑에는 TV가 있었다. TV에서는 미식축구 경기가 실시간으로 중계되었고, 그 후로도 무수한 리플레이와 분석이 이어졌다. 그것은 집단의 목적 달성을 축하하는 의식이었다.

우리가 캠퍼스에 처음 도착한 해에 버카이스는 첫 12번의 경기에 승리해 대학 미식축구 리그 결승에 진출했다. 버카이스는 집단 성공의 특별한 비결을 아는 것이 분명했다.

약 40년 전, 버카이스는 대학 스포츠에서 흥미로운 전통 중 하나를 시작했다. 전설에 따르면, 코치 중 한 명이 선수들에게 동기를 부여할 엄청난 아이디어를 생각했다고 한다.[6] 경기 후에 코치들이 최고의 선수 헬멧에 작은 스티커를 붙여 보상한 것이다.

논리는 간단했다. 개별적인 공로를 인정하는 방식이 사회적 자극이 되었고, 선수들은 눈에 띄기 위해 더 열심히 노력하기 시작했다. 스티커는 개인적 성취의 상징이었고, 시즌이 끝날 때쯤이면 스타 선수들은 버카이스의 상징으로 뒤덮인 헬멧을 착용하고 경기장을 거닐었다. 버카이스가 그해 대학 미식축구 리그에서 우승하자, 전국의 다른 팀도 뛰어난 경기력을 보인 선수에게 스티커로 보상하는 방법을 따라 하기 시작했다.

보상 스티커는 제도로 자리 잡았다. 하지만 2001년 무렵, 오랫동안 승승장구하던 버카이스는 평범한 실력으로 되돌아갔다. 결국 새로운 코치 짐 트레슬Jim Tressel은 전통에 개입하기로 했다. 그는 개인적 성과를 인정하는 방식에서 집단의 성공에 초점을 두는 방식으로 보상 시스템을 바꿨다. 이를테면 터치다운으로 득점한 선수 한 명에게 스티커를 주는 것이 아니라, 팀이 특정한 점수를 달성하면 공격수 전원에게 스티커를 주는 식이었다. 또한 코치들은 경기에 이길 때마다 팀의 모든 선수에게 스티커를 주었다.

팀워크에 보상하는 방식이 효과를 거두어, 버카이스는 다음 해 대학 리그에서 우승했다. 코치들은 선수들이 개인적 성취보다 집단의 성공을 더 가치 있게 여기도록 격려했고, 그 결과 협동의 효과를 볼 수 있었다. 그리고 우리가 캠퍼스에 방문했을 즈음, 버카이스는 미국에서 우승 경험이 많은 팀 중 하나로 굳건히 자리하고 있었다.[7]

이런 경험 덕분에 탈의실과 경기장에서 선수들의 동지애는 굳건해졌다. 그리고 공유된 정체성이 불러오는 이익은 미식축구 경기장에 국한되지 않고 훨씬 폭넓은 사람들에게 공동의 목적의식과 자부심을 만들어냈다. 이러한 사회적 정체성이 팬들

에게 미치는 영향을 알아차린 사회심리학자가 오하이오주립
대학교에서 우리가 처음은 아니었다. 우리가 캠퍼스에 오기 약
30년 전, 로버트 치알디니Robert Cialdini와 그의 공동 연구자들은 어
떻게 게임에 참여하지 않은 사람들이 승리 후에 오는 성공의 환
희를 함께 느끼는지를 연구했다.[8] 팬들은 정신적 지지 이외에는
팀의 성공에 이바지한 바가 없지만, 팀이 승리할 때 선수들의 영
광과 명예를 함께 누렸다.

대학 미식축구 경기는 토요일마다 열렸다. 그래서 연구원들
은 일곱 개 대학에서 월요일에 소속 대학팀을 응원하는 의상을
입고 강의실에 나타나는 학생들을 관찰했다. 학교 로고나 팀 별
명이 박힌 배지, 재킷, 티셔츠, 스웨터, 서류 가방을 세어본 결과,
그 학기 학생들의 8퍼센트가 강의에 올 때 대학교를 상징하는
의복을 입은 것을 확인했다.

홈팀이 경기에 우승한 다음 월요일에는 이 숫자가 치솟았다.
그런 날에는 학생들이 자부심을 표현하려 학교의 상징물을 입
는 경향이 더 컸으므로, 팀과 자기를 동일시한다는 뚜렷한 신호
가 급증한 것이다. 이어지는 연구에서는 경기 후에 학생들을 불
러 경기 결과를 설명해달라고 부탁했다. 승리 후에 학생들은 경
기를 설명할 때 "팀이 이겼다."가 아니라 "우리가 이겼다."라고
말하며 **우리**라는 집단 대명사를 더 많이 사용했다. 하지만 패배
한 후에는 **우리**라는 단어의 사용이 줄어들었다. 실제로 학생들

은 패배를 설명할 때(13.5퍼센트)보다 승리를 설명할 때(26퍼센트) **우리**라는 용어를 거의 두 배 많이 사용했다.

이러한 결과는 사람들이 패배할 때보다 승리할 때 자기 팀과 더 동질감을 느낀다는 사실을 시사한다. 그들은 승리를 자축하는 다른 이들과 어우러지려고 팀의 유니폼을 입었을까, 아니면 그 이상의 의미가 있었을까? 그들은 정말로 선수들의 영광을 자신의 영광으로 생각했을까?

정체성이 타인의 결과를 평가하는 방식에 어떤 영향을 미치는지 이해하기 위해, 우리는 기능성 신경 영상법을 사용해 내집단이 성공했을 때 뉴욕대 학생들의 뇌 변화를 살펴보았다. 리어 해컬Leor Hackel이 이끄는 그 실험에서 우리는 학생들을 뉴욕대학교 뇌영상센터로 데리고 갔다. 그들에게 같은 뉴욕대학교 학생(내집단 구성원)이나 컬럼비아대학교 학생(외집단 구성원) 중 한 명과 경제 게임을 하게 했다.[9] 이 게임에서 그들은 자신의 결정에 따라 실제로 돈을 벌 수 있었다.

전체 실험 중 절반에서 우리는 학생들에게 자신이 가질 수 있는 1달러와 다른 사람에게 줄 수 있는 2달러 중 하나를 선택하게 했다. 대부분 자신이 1달러를 갖는 쪽을 선호했지만, 가끔 다른 사람에게 더 많이 주는 쪽을 택하는 너그러운 학생들도 있었다. 하지만 여기서 중요한 점은 학생들이 이러한 결정에 직면할 때 누구와 게임을 하고 있는지였다.

학교와 깊은 동질감을 느끼는 뉴욕대 학생들은 같은 뉴욕대 학생들과 게임을 할 때면 컬럼비아대 학생들과 게임을 할 때보다 더 너그러웠다. 이러한 패턴은 뉴욕대와 깊은 동질감을 느끼지 않는 학생들의 경우 반대로 나타났다. 이 학생들은 오히려 외집단 구성원에게 약간 더 너그러웠다. 다시 말해, 학생들은 외집단 구성원보다 내집단 구성원을 도울 때 자기 돈을 선뜻 포기했지만, 이는 그들이 내집단과 동질감을 느끼고 있을 때만 해당되는 것이었다.

다음으로, 우리는 중립적 행동 패턴을 분석했다. 사람들이 어떻게 타인의 결과를 평가하는지 알아보기 위해, 이와 관련된 많은 실험을 연구에 포함시켰다. 그중 타인의 희생 없이 참가자들이 돈을 받는 실험이 있었다. 또한 타인의 희생 없이 파트너(내집단이나 외집단 구성원)가 돈을 받는 모습을 관찰하는 실험도 있었다. 이 실험으로 우측 꼬리핵right caudate이라고 불리는 뇌의 작은 부위가 참가자들이 보상을 받을 때 특히 활성화되는 것을 확인했다. 그런 다음 내집단 구성원인 뉴욕대 학생이 보상받을 때도 그 부위가 활성화되는지 확인했더니 정말로 그 부위가 활성화되었다! 개인적으로 돈을 받을 때 활성화되었던 부위가 내집단 구성원이 긍정적인 결과를 경험하는 모습을 보자 똑같이 반응한 것이다. 물론 외집단 구성원이 보상받는 모습을 봤을 때는 이런 현상이 일어나지 않았다.

우리는 신경과학적 접근을 통해 내집단에 좋은 일이 일어났을 때 사람들이 승리 후에 그저 주변 분위기에 맞추기 위해 팀의 셔츠를 입는 게 아니라, 정말로 그 영광을 자신의 것처럼 여긴다는 점을 알게 되었다. 한 연구 결과는 진정으로 영광을 누리는 것과 비슷한 일이 실제로 일어난다고 말한다. 내집단을 아끼는 사람들은 라이벌 외집단 구성원보다 내집단 구성원에게 더 많은 돈을 보냈다. 게다가 내집단 구성원이 행운을 얻을 때도 자기가 보상받을 때와 본질적으로 같은 느낌을 받았다.

이것은 정체성의 미덕을 분명히 보여준다. 이는 우리가 다른 집단의 결과에 신경을 쓰는 이유 중 하나다. 팀원이 성공할 때, 동료가 상을 받을 때, 올림픽에서 우리나라가 메달을 딸 때 느끼는 즐거운 감정은 모두 정체성에 기반을 둔 가치가 작동하고 있다는 증거다.

주변 환경에 녹아들기

인간에게는 집단에 속하고, 남과 어울리며 친해지려는 강력한 욕구가 있다. 타인과 어울리지 못하는 것은 심각한 결과를 초래할 수 있다. 타인과 중요한 사회적 교감을 나누지 못해서 생기는 외로움은 정신적·육체적 문제를 일으키는 원인 중 하나로 잘 알려져 있다. 실제로 사회심리학자인 로버트 퍼트넘Robert Putnam은 매일 담배 한 갑을 피우는 사람이 어느 집단에도 속해 있지 않다면, 개선책으로 담배를 끊어야 할지, 집단에 속해야 할지는 통계적으로 엇비슷한 답이 나온다고 말한 것으로 유명하다. 즉, 담배를 끊는 것과 집단에 가입하는 것은 그 사람의 건강에 똑같은 영향을 미친다는 것이다.[10]

집단에 가입하는 것은 건강에 이롭다. 핵심적인 인간의 욕구를 만족시킬 수 있기 때문이다. 코로나19 팬데믹 동안, 도미닉과 동료들은 지역사회에 깊이 새겨진 사회적 정체성이 스트레스와 우울증 같은 부정적인 정신 건강 상태와 어떤 관련이 있는지를 조사했다. 2020년 4월부터 10월까지 관찰한 결과, 우리는 지역사회에 유대감을 많이 느끼는 사람들의 스트레스와 우울증이 점차 줄어드는 것을 발견했다. 그들은 지역사회 구성원들이 코로나19라는 위기 상황에서 단합하여 서로 돕고 있다고 믿었다.

소속감을 주는 집단은 이러한 필수적 욕구를 만족시키기 때문에 매력적이다. 사람들은 만성적으로(남들보다 소속되려는 욕구를 더 강렬하게 느끼는 사람들이 있는 것 같다) 혹은 특정한 상황에서 소속되려는 강한 욕구를 경험할 때, 사회적 정체성의 중요성을 더 깊이 깨닫는 듯하다.

우리 연구 가운데 일부는 소속감의 결과 중 하나를 살펴보았다. 즉, 사람들의 소속 욕구가 활성화될 때 자기 집단 구성원들에게 더 많은 주의를 기울이고, 그들을 더 잘 기억하는 경향이 있었다. 사람들은 외집단 구성원보다 내집단 구성원의 얼굴을 더 잘 기억한다. 예를 들어, 자신과 같은 인종의 얼굴을 다른 인종의 얼굴보다 쉽게 알아보는 것이다. 이러한 이유로 사람들은 외집단 구성원이 비슷해 보인다고 말하곤 한다. 아마 어느 정도는 경험 차이 때문일 것이다. 사람들은 일반적으로, (특히 어린 시절에는) 자신과 같은 인종 집단에 둘러싸여 지내기 때문에 특정한 유형의 얼굴을 인식하는 능력이 발달할 수 있다.

하지만 이것이 전부는 아니다.[11] 연구에 따르면, 사람들은 일반적으로 내집단 구성원을 더 잘 알아차린다. 심지어 내집단 사람들이 다른 인종이거나 내집단과 외집단이 모두 같은 인종이라 구분이 쉽지 않을 때조차 내집단 구성원을 더 잘 알아보았다. 여러 실험에서 우리는 참가자들을 이전에 들어본 적 없는 완전히 새로운 팀(최소 집단)으로 배정했다.[12] 참가자들이 각자 집단에 합류한 후, 그들에게 내집단과 외집단 구성원들의 얼굴을 연속으로 보여준 다음 깜짝 기억력 테스트를 실시했다.

일반적으로 사람들은 외집단 구성원의 얼굴보다 내집단 구성원의 얼굴을 더 잘 기억한다. 아마 처음 만났을 때 그들에게 주의를 더 많이 기울였기 때문일 것이다. 나와 관련 있는 사람이 내집단 구성원인 경우가 많기 때문에 우리는 그들에게 더 많이 집중한다. 이러한 차이는 소속 욕구가 큰 사람들에게서 더 크게 나타났다. 사회적 유대감에 목마른 사람들은 동료 내집단 구성원들에게 그 어느 때보다 더 집중했다.

소속 욕구는 사람들이 정체성과 관련한 상징이나 제품을 평가하는 방식에도 영향을 준다. 네덜란드의 한 연구진은 사람들에게 소외감을 느끼게 하여 소속 욕구를 높인 후 여러 종류의 네덜란드 제품 중 하나를 선택하게 하는 실험을 진행했다.[13] 중요한 것은 일부 제품이 과거 네덜란드에서 인기를 끌었던 브랜드였으며, 향수를 불러일으키는 제품이었다는 점이다. 반면 다른 제품들은 현재에만 인기가 있는 제품들이었다. 연구 결과, 소외감을 느낀 사람들은 소외감을 느끼지 않은 사람들보다 과거에 인기 있었던 쿠키, 크래커, 수프, 사탕, 자동차 브랜드를 선택하며 향수에 더 젖어 들었다.

소속 욕구를 충족시키는 것은 쉽지 않은 일이다. 상대방의 태도에서 자기가 온전히 소속되어 있지 않다는 느낌을 받는 소수 집단이나 소외된 집단의 구성원들에게는 특히 어렵다. 그들은 오랜 기간 또는 여러 세대에 걸쳐 한 국가의 국민으로 살아왔음에도, 마치 자신의 정체성이 다른 곳에 있어야 하는 것처럼 "어디서 왔어요?" 또는 "배경이 뭐예요?"라는 질문을 자주 받곤 한다.

마야 겐델만Maya Guendelman과 동료들은 두 가지 실험을 통해 이러한 종류의 정체성 위협이 음식 선택에 어떤 영향을 미치는지 연구했다. 그들은 인종이나 문화적 배경 때문에 다르다고 지목

된 사람들이 미국인의 정체성을 보여주기 위해 더 열심히 노력
해야 한다는 압박감을 느낄 것으로 추측했다.[14] 다양한 아시아
국가의 문화유산을 지닌 아시아계 미국인들을 모집했는데, 특
히 미국에서 태어났음에도 미국인에 속하지 않는다는 말을 자
주 듣는 이들 위주로 모았다.

참가자들이 연구실에 도착했을 때, 백인 미국인 실험자가 그
들 절반에게 영어를 할 줄 아느냐고 물었다. 겉보기에는 악의 없
어 보이는 질문이지만, 소수 집단 구성원은 미국인으로서 자신
의 정체성이 의심받고 있다는 신호로 받아들였다.

선호하는 음식에 대한 질문을 받았을 때, 영어를 할 줄 아느냐
고 질문받았던 아시아계 미국인들은 같은 질문을 받지 않았던
아시아계 미국인보다 빅맥이나 피자와 같은 전형적인 미국 음
식을 꼽은 비율이 세 배 더 높았다. 영어를 할 줄 아느냐는 질문
은 백인 미국인 참가자들에게는 아무런 영향이 없었다. 소수 집
단 구성원과는 달리, 그들은 그 질문을 소속감의 위협으로 여기
지 않았기 때문이다.

이어진 실험에서 연구원들은 참가자들에게 음식 배달 웹사이
트에 접속해서 먹고 싶은 음식을 선택하게 했다. 영어를 할 줄
아느냐고 질문받았던 아시아계 미국인들은 초밥, 돼지고기 반
미, 비빔밥, 치킨 카레보다는 전형적인 미국 음식인 핫도그, 햄
버거, 프라이드치킨, 필라델피아 치즈 스테이크 샌드위치를 주

문했다. 그들은 영어 구사 능력을 질문받지 않은 아시아계 미국인들이 고른 음식보다 평균적으로 182칼로리 높고 지방이 12그램 더 많이 함유된 건강하지 않은 음식을 선택했다. 그럼에도 불구하고 소속감에 의문을 제기당한 아시아계 미국인들은 전형적으로 미국적인 음식을 선택하면서 국가에 더 강한 소속감을 느끼거나 그 소속감을 타인에게 드러내 보였다.

다르게 생각하라

워싱턴 D.C.의 풋볼팀*과 로스앤젤레스 레이더스가 맞붙은 1984년 슈퍼볼 경기를 시청한 사람은 7700만 명이 넘는다. 게임 자체는 몇몇 골수팬을 제외하고 모두에게 잊힌 지 오래지만, 많은 이가 휴식 시간에 상영된 인상적인 광고를 아직도 기억한다.

디스토피아의 미래에서 거대한 스크린 앞에 줄줄이 앉아 있는 사람들은 화면에 등장한 빅브라더**를 보고 얼어붙는다. "정

---

* 2020년까지 '워싱턴 레드스킨스'였으나 특정 인종에 대한 비하의 의미가 있어 2021년까지 '워싱턴 풋볼팀'으로 불리다가 2022년부터 '워싱턴 커맨더스'로 개명했다.

** 조지 오웰George Orwell의 소설 《1984》에 등장하는 '감시자'를 지칭하는 용어가 일반화된 것으로, 일반 정보를 독점함으로써 사회를 감시·통제하는 관리 권력 또는 사회체계를 일컫는다.

보 정화 명령 시행 후 맞이한 영광스러운 1주년"에 대한 음성이 흘러나온다. 그러다 어디선가 금발의 여자가 나타나 수동적으로 앉아 있는 관중들을 지나쳐 달려간다. 여자는 화면 앞에 당도한 후 커다란 망치를 던져 화면을 산산조각 낸다. 그리고 음성 메시지가 나온다. "1월 24일, 애플 컴퓨터는 매킨토시를 출시합니다. 당신은 1984년이 왜 소설 《1984》와 다른지를 보게 될 것입니다."*

경쟁이 심한 광고업계에서 1984 애플 광고는 미식축구 40년 역사상 최고의 슈퍼볼 광고로 불렸고, 〈TV 가이드〉는 그 광고를 역대 최고의 광고로 순위를 매겼다. 그것은 애플사가 눈에 띄고 싶은 반항아들을 위한 상징적인 컴퓨터 회사로 자리매김하게 한 혁신적인 광고 시리즈의 시작이었다. 그 주제를 바탕으로 10년 후에 애플은 알베르트 아인슈타인Albert Einstein, 마틴 루서 킹 주니어Martin Luther King Jr., 어밀리아 에어하트Amelia Earhart,** 파블로 피카소Pablo Picasso처럼 인습을 타파한 인물들이 등장하는 '다르게 생각하라Think different' 캠페인을 시작했다. 이 시리즈는 애플이 개성 강한 혁신가에게 어울리는 브랜드라는 인식을 굳혔다.

---

* 1984년까지 애플은 출시하는 기종마다 실패하며 호환성이 좋은 IBM PC에 시장을 잠식당하기 직전이었다. 광고에서 빅브라더는 IBM을 의미하고, 영상에 등장하는 금발 여자는 IBM에 지배당하는 사람들을 해방하는 애플의 매킨토시를 의미해 화제를 일으켰다.

** 최초로 대서양을 횡단한 여성 비행사.

애플이 전 세계적으로 가장 보편적이고 가치 있는 기업 중 하나인 지금, 이 광고는 아이러니하게 보일 수도 있다. 커피를 마시거나 장을 보러 갈 때마다 애플 제품을 사용하는 사람들로 둘러싸여 있으니 말이다. 반순응주의자나 반항아는커녕 애플 사용자야말로 그 유명한 광고에 등장하는 관중과 다르지 않다고 생각해도 무리는 아니다. 화면에 시선을 고정한 채, 주변 세상에 주의를 기울이지 않는 모습이 똑같기 때문이다.

실제로 당신은 캠퍼스를 산책하다가 다른 사람들과 마찬가지로 아이폰에 정신이 팔린 우리의 모습을 발견할 것이다. 하지만 우리에게는 자기 이미지를 관습에 반발하는 반항아로 유지하고 싶은 마음도 있다. 어떻게 애플은 사용자들을 역대 가장 큰 소비자이자 순응자 집단으로 바꾸면서 애플의 사용자는 '다르게 생각한다'는 느낌을 구축할 수 있었을까? 이는 바로 애플이 세계에서 가장 성공하고 가치 있는 브랜드 중 하나가 되어 광신도와 같은 추종자들을 이끌며 **최적으로 차별화된 정체성**을 만들었기 때문이다.

'최적의 차별화optimal distinctiveness'라는 개념은 우리의 멘토인 매릴린 브루어Marilynn Brewer가 발전시켰다.[15] 브루어는 가장 강렬한 집단이란 가장 기본적이면서도 상반되는 두 욕구(소속되려는 욕구와 눈에 띄고 싶은 욕구)를 충족하는 집단임을 이해했다. 사람들은 소속되길 원하지만, 사회적 정체성의 힘은 부분적으로는 배제하는 데서 나온다. 그래서 사람들은 자신이 누구고, 누구와 다른지를 분명히 한다.

브루어가 말한 대로, 우리는 타인과 같으면서 동시에 다르기를 원한다.

펑크족, 고스족,* 힙스터들로 이루어진 집단을 상상해보라. 아마 비슷한 옷을 입고 비슷한 장신구, 피어싱, 문신을 한 젊은이 몇 명이 같은 스타일의 헤드폰으로 같은 음악을 듣고 있는 모습을 떠올릴 것이다. 실제로 길거리에서 이런 무리와 마주치면 이렇게 묻고 싶은 충동이 들지도 모른다. **"당신들 모두 똑같아 보이는 걸 모르나요?"** 그러면 그들은 비난조의 답을 내놓을 것이다. **"그럴 리가요. 당신은 순응하는 사람이지만, 우리는 개성을 표현하고 있다고요!"** 이런 종류의 하위문화는 최적의 차별화를 행동으로 보여준다. 그 구성원들은 **사회의 나머지 사람들과 달리 독특하다**는 기분 좋은 느낌을 즐기면서, 동시에 **같은 집단에 속해 있다**는 깊은 소속감을 느낀다. 이러한 균형을 이룰 때, 특정 집단은 사람들에게 저항할 수 없는 매력으로 느껴진다.

제품에도 같은 심리가 적용된다. 특정 제품을 구매함으로써 사람들은 자신과 타인에게 자신이 어떤 사람인지를 드러낸다. 어떤 차를 운전하고, 어떤 옷을 입고, 어떤 음식을 먹고, 어떤 기술

＊   죽음, 공포, 어둠을 지향하는 사람들.

을 사용하는지로 다른 사람들에게 신호를 보낼 수 있다. 이러한 선택은 때때로 지위(예: 재산 수준)를 나타내는 신호일 수도 있지만, 보통은 우리가 소중히 여기는 가치와 정체성에 대해 더 많이 보여준다.

사람들이 애플과 같은 상품에 진심으로 동질감을 느낀다는 사실을 쉽사리 받아들이지 못할 수도 있다. 우리도 마찬가지였다. 그래서 우리는 이 문제에 대해 더 자세히 조사하기로 했다. 도미닉은 리하이대학교 학생들을 상대로 그들이 가장 소중하게 여기는 정체성에 관해 설문조사를 했다. 모두의 예상대로 성별, 인종, 연령, 정치에 관련된 정체성이 가장 흔했다. 그런데 놀랍게도, 실제로 상당수의 학생이 애플의 '맥Mac'이나 '윈도우 PC' 중 하나를 사용하는 것이 자랑스럽다고 답했다.

또 다른 연구에 따르면, '최적의 차별화'라는 매력은 자선 단체의 결정에도 영향을 미치는 것으로 나타났다. 예를 들어, 2만 8000개가 넘는 크라우드펀딩* 캠페인을 분석한 결과, 차별화가 성공의 핵심 요인이었음이 드러났다.[16] 전통적인 서사와 차별화된 캠페인은 매력적이라는 평가를 받으며 재정적 후원자를 끌어모아 많은 기금을 모았다. 사람들은 그 조직이 왜 특별한지를 규정하고 차별화하는 설명에 끌리는 경향이 있다.

---

* 자금이 필요한 수요자가 온라인 플랫폼을 통해 불특정 다수에게 자금을 모으는 방식.

약자의 매력

최적의 차별화가 심리에 부리는 마법을 알고 나면, 음악 애호가들이 자기가 좋아하는 유명 밴드나 음악가들이 '유명해지기 전부터' 좋아했다고 자랑하는 이유나, 사람들이 약자를 응원하기 좋아하는 이유를 이해할 수 있다. 당연히 약자는 질 확률이 높으니 동질감을 느끼기에 좋은 대상은 아니다. 하지만 차별화에 대한 욕구가 높은 사람들은 약자와 자신을 동일시할 확률이 높다는 사실을 발견했다.

함께 대학원에 다니던 시절, 우리는 마이크로소프트Microsoft가 실리콘밸리 라이벌들과의 경쟁에서 스스로 약자라고 주장하는 신문 기사를 우연히 접했다. 당시 마이크로소프트는 세계에서 가장 크고 영향력 있는 회사 중 하나였고, 미국 정부로부터 반독점 소송의 대상이 되기도 했다. 그렇게 크고 막강한 회사가 약자의 지위를 주장하는 것이 이상해 보였다. 직원들과 고객들이 자기 회사에 느끼는 동질감을 끌어올리려고 경영진이 일부러 의도한 행동이 아니었다면 말이다.

약자의 위치가 최적의 차별화에 대한 욕구를 충족시키는 데 도움이 되는지 알아보기 위해, 우리는 토론토경영대학원 교수인 제프 레오나르델리Geoff Leonardelli와 협력하여 연구를 고안했다. 큰 집단에서 일반적으로 그렇듯, 캐나다에서 가장 큰 대학교인 토론토대학교 학생들은 자기가 눈에 띄는 개인이 아닌 특색 없는 구성원으로 대우받는다며 불평하곤 했다. 우리는 학생 참가자 일부에게 이런 느낌을 부추겼다. 대학이 그들을 그저 수천 명중 하나로 여긴다고 말하면서 차별화된 정체성을 갖고 싶은 학생들의 욕구를 끌어올렸다. 다른 학생 참가자 일부에게는 그들이 단순한 숫자가 아닌 독특한 개인이라고 단언했다. 우리는 사람들이 독특해지고 싶은 욕구를 충족하면 굳이 약자와 자기를 동일시할 필요가 없을 것이라는 가설을 세웠다.

다음으로 참가자 모두에게 그 대학의 남자 수구팀에 관한 글을 읽게 했다(수구팀을 선택한 이유는 그에 대해 들어본 사람이 거의 없어서 팀 이미지를 만들기 쉬웠기 때문이다). 일부 참가자에게는 그 팀이 다가오는 챔피언십 경기에 약체로 참여한다고 말했고, 다른 사람들에게는 그 팀이 확실한 우승 후보라고 말했다.

이성적으로 생각하면, 학생들은 자신이 속한 대학 팀이 성공을 거두고 이길 확률이 높을 때 더욱 열심히 응원할 것이라고 예측할 수 있다. 하지만 우리가 발견한 바로는 그렇지 않았다. 오히려 자신이 특색 없는 톱니바퀴라고 느꼈던 학생들은 수구팀이 '약체'라는 말을 들었을 때 팀에 동질감을 더 많이 느꼈다.

우리는 두 NBA 팀인 '뉴욕 닉스'와 '마이애미 히트'가 플레이오프 경기에서 치른 접전을 보며 사람들이 각 팀에 동일시하는 정도를 측정한 후속 연구에서도 비슷한 패턴을 발견했다. 이번에도 차별화된 정체성을 갖고 싶은 욕구가 큰 사람들은 약체 팀에 더 끌렸다. 그리고 그 느낌은 약체 팀이 경기 막바지에 역전해서 승리를 맛볼 때 절정에 달하는 것 같았다.

그래서인지 약자에 대한 스포츠 이야기는 언제나 매력적이다. 사람들은 최적의 차별화를 이루고 싶을 때 약자와 자신을 동일시하면서 남들과 어우러지려는 마음과 눈에 띄고 싶은 마음 사이의 균형을 맞춘다. 그러면 승산 없는 팀에 대한 심리적 가치가 바뀐다. 그래서 할리우드는 약자를 주제로 한 영화를 끝없이 만드는 것 같다.

〈록키〉부터 〈후지어〉, 〈루디 이야기〉, 〈그들만의 리그〉, 〈마이티 덕〉*까지, 약자의 매력은 스포츠와 세대를 넘나든다. 일반적으로 사람들은 그저 약자를 응원하는 것을 넘어, 차별화된 정체성을 지니고 싶어 한다. 그리고 이러한 정체성을 세상에 알리고 싶어 한다.

---

* 차례대로 성인 복싱, 고등부 농구, 대학 풋볼, 여자 프로야구, 초등부 아이스하키에 관한 내용을 담은 영화.

정체성 알리기

애플은 고객들이 제품을 사는 데 그치지 않고, 자사 브랜드의 전도사가 되는 현상을 알아차렸다. 모든 애플 제품에 포함되지만 실용적인 기능은 전혀 없는 게 하나 있다. 떠오르는 게 있는가?

애플의 열혈 팬이라면, 모든 주요 애플 제품에는 한 입 베어 문 사과 로고가 그려진 작은 흰색 스티커가 붙어 있다는 사실을 알고 있을 것이다. 이 스티커는 아무런 기능이 없고, 심지어 제품 자체에 붙이도록 의도된 것도 아니다. 그 스티커는 전적으로 사회적인 기능만을 가지고 있다. 소비자는 자전거, 자동차 유리, 서류 가방 등에 애플 스티커를 붙여서 직장과 학교와 이동 중에 만나는 다른 이들에게 자신이 애플 사용자라는 것을 보여줄 수 있다.

애플은 타인에게 알리고자 하는 감성을 제품에도 불어넣었다. 예를 들어, 모든 노트북의 덮개에 있는 애플 로고는 덮개를 닫았을 때 소유자에게 거꾸로 보이게 되어 있다. 이는 실수 같지만 실수가 아니다. 일단 컴퓨터가 열리면, 맞은편에 앉은 **다른 사람들**에게는 로고가 똑바로 보인다. 이는 자기 자신이 아닌 타인에게 보내는 정체성의 신호다.

경제학자들은 사람들이 차별화된 정체성을 알리는 데 기꺼이 더 많은 돈을 낸다는 사실을 발견했다. 가장 흥미롭고 돈이 많이 드는 방법 중 하나는 자신이 운전하는 차를 통한 것이다.[17] 환경주의는 어느덧 일부 사람들의 정체성에서 중요한 부분이 되었으며, 이는 더 나은 주행거리를 제공하면서도 환경에 덜 해로운 전기 또는 하이브리드 자동차 시장을 창출했다. 한동안 가장 눈에 띄는 하이브리드 차는 토요타 프리우스였다. 전기차 시장에서 처음으로 널리 생산된 프리우스는 환경을 의식하는 사람들 눈에 쉽게 띄는 독특한 스타일로 디자인되었다.

경제학자들은 사람들이 비슷한 하이브리드 차인 혼다 시빅보다 더 비싼 프리우스를 구매하려고 선뜻 많은 돈을 지불한다는 사실을 발견했다. 둘 다 연비와 배기가스 면에서는 같은 환경적 이익이 있지만, 혼다 시빅은 이를 알아보기가 어려웠다. 시빅은 인기 자동차 모델이라서 혼다가 하이브리드 버전을 생산하기 수년 전부터 시중에 있었다. 하이브리드 모델과 비슷하게 생긴 혼다 시빅 수천 대가 이미 돌아다니고 있었기 때문에, 하이브리드 혼다 시빅의 운전자는 직장 동료나 이웃의 눈에 쉽게 띄지 못했다. 이와 달리, 시각적으로 특이한 프리우스는 운전자의 사회적 인맥에 있는 모두에게 그 사람이 환경을 대하는 신조를 분명히 알릴 수 있었다.

이러한 차별성은 가치를 더했다. 당시 사람들은 프리우스를 몰기 위해 4200달러를 기꺼이 더 지불했다. 순전히 실용적인 면에서 보면 이 결정은 비합리적이다. 환경주의자라면 자신이 친

환경 자동차를 탄다는 것을 알릴 수 있느냐 없느냐보다 자동차가 환경에 실제로 미치는 영향을 신경 써야 한다. 하지만 정체성은 이런 방식으로 작용하지 않는다. 사람들은 동시에 여러 가지를 하고 싶어 한다. 자신의 신념과 가치를 실천하면서 동시에 자신의 소속감과 차별성을 최대화하기를 원한다. 더 눈에 확 띄는 하이브리드 차를 운전하면서 그들은 욕구의 균형을 이룰 수 있었다. 비교적 비싼 하이브리드 차의 가격을 고려한다면, 사람들은 그 차를 타면서 지위를 향한 욕구라는 다른 심리적 욕구도 충족했을 것이다.

지위를 향한 욕구

2019년 3월 12일, 미국 여배우 로리 로우린Lori Loughlin과 펠리시티 허프먼Felicity Huffman이 거대한 대학 입시 비리 스캔들로 체포되었다는 뉴스가 터졌다.[18] 〈작전명 바시티 블루스: 부정 입학 스캔들〉*은 대학 지원자의 부모 33명이 부정하게 자녀의 시험 점수를 올리거나 대학 관리자에게 총 2500만 달러의 뇌물을 제공했다는 혐의를 제기했다. 이 부모들은 스탠퍼드대학교, 예일대학

＊　넷플릭스 다큐멘터리 https://www.netflix.com/title/81130691.

교, 노스웨스턴대학교, 캘리포니아대학교 버클리, 캘리포니아대학교 로스앤젤레스, 서던캘리포니아대학교와 같은 명문대학교에 자녀들이 입학하는 과정에서 법을 어긴 것으로 추정된다. 이 사건은 미국 법무부에 기소된 유사 사건 중 가장 큰 비리 스캔들이었다.

전국적으로 모든 언론이 이 사건을 취재했다. 유명인이 연루된 범죄인 데다, 고등교육 시스템 내부의 심각한 부정부패를 드러냈기 때문이다. 하지만 범죄의 핵심에는 대학 입시라는 지나치게 경쟁적인 시장에서 우위를 점하려는 불안하고 부유한 부모들이 있었다.

좋은 교육은 미래의 기회와 수입에 핵심적 요소인데, 미국은 특히 교육비가 비싸다. 하지만 (징역형에 처할 위험은 제쳐놓고라도) 자녀가 원래 실력으로 갔을 대학보다 조금 더 명망 있는 대학에서 교육받게 하려고 수십만 달러를 쓸 가치가 있을까?

이 질문에 대부분의 경제학자는 아니라고 대답할 것이다. 대학의 혜택은 대개 낮은 사회경제적 계층의 학생들에게 돌아가고, 더 유명한 서던캘리포니아대학교와 비교적 덜 유명한 캘리포니아대학교 어바인캠퍼스는 실제 교육의 질에서 거의 차이가 없다. 동기부여가 된 학생들이라면 좋은 주립대학에서도 고급 사립대학에서만큼 성공할 수 있다. 이 중요한 사항이 학교의 평판과 순위를 매기는 제도에서 자주 간과되고 있다. 교육기관의 목표는 사람들을 교육하고 그들의 삶을 개선하는 것이지만, 학교의 순위를 정하는 기준에는 입학하기가 얼마나 어려운지, 그 학교의 재력, 동창회의 기부 금액과 같은 요인이 포함되는 경우가 많다. 이러한 분석은 거센 비판을 받았고, 최근에는 순위를 정할 때 졸업률과 같은 학생의 성과나 대학이 사회적 약자를 위한 계층 이동에 얼마나 기여하는지를 평가하는 방향으로 변화하고 있다.

상대적인 지위가 중요하듯, 대학의 순위도 사람들에게 중요하다. 이러한 이유로 부모들은 자녀들을 더 명망 있는 대학에 보내기 위해 기꺼이 집 담보 대출을 받거나 법을 어긴다. 순위가 더 높은 대학은 학생과 부모 모두에게 사회적 정체성을 높여줄 강력한 촉진제다.

명문대 졸업장이 실제로 아무런 혜택을 주지 않는다고 말하는 것은 아니다. 이런 학교들은 뛰어난 학습 기회를 줄 뿐만 아니라, 유망한 직업과 연애 상대와 더 나아가 평생의 동반자를 결정하는 데 도움을 준다. 학생들은 평생 지속할 귀중한 사회적 인맥을 쌓을 수도 있다. 이 많은 혜택은 대학 교육에서 근본적인 기술과 지식을 습득한 덕이기도 하지만, 그 학교의 졸업생들이 지금 지닌 정체성 덕분이기도 하다.

고등교육 분야에서 아이비리그의 구성원들은 엘리트에 해당한다. 하지만 아이비리그 대학들 사이에서도 지위의 차이가 있다. 예를 들어, 한 설문조사에 따르면 하버드대학교가 아이비리 그에 속한다는 것을 알고 있는 응답자는 전체의 41퍼센트였지 만, 펜실베이니아대학교가 아이비리그에 속한다는 것을 아는 사람은 2퍼센트도 되지 않았다.[19]

외부인에게는 이 결과가 사소해 보일 수 있지만, 이 미묘한 지 위의 차이가 당사자에게는 심리적으로 매우 중요한 문제다. 실 제로 펜실베이니아대학교 학생들은 모교의 낮은 인지도로 인한 혼동을 피하기 위해 다른 사람들에게 자신의 신분을 더 잘 드러 내고 싶어 한다.* 펜실베이니아대학교와 하버드대학교 학생들 에게 자기 대학을 타인에게 설명하라고 요구했을 때, 펜실베이 니아대학교 학생들은 사적인 편지에서조차 자신이 아이비리그 대학에 다닌다고 말할 확률이 높았다. 반면 하버드대학교 학생 들은 굳이 아이비리그를 언급할 필요가 없었다. 이미 자신이 높 은 지위의 사회적 정체성을 지니고 있음을 알기 때문이다.

대학 웹사이트와 교수의 이메일에서도 동일한 정체성 심리가 작용한다. 결국 교수들도 학생들과 똑같은 심리적 욕구에서 벗 어나지 못했다. 한 분석에 따르면, 순위가 낮은 대학일수록 웹 사이트에 '대학교'라는 단어를 더 많이 언급하는 것으로 나타났 다.[20] 순위가 낮은 학부들도 교수진의 자격 증명을 목록에 더 많

---

* 아이비리그에 포함된 펜실베이니아대학교와 이름이 비슷한 펜실베이니아 주립 대학교가 있다.

이 올리는 경향이 있었다. 교수들도 마찬가지였다. 결과적으로 출판물이나 논문 인용 횟수가 많은 교수일수록 이메일 끝에 개인적인 성공을 드러내는 서명을 덜 사용하는 것으로 나타났다.

높은 지위의 사회적 정체성을 주장하고 알리려는 것은 '상징적 자기완성symbolic self-completion'이라고 알려진 심리적 현상의 일부다.[21] 대부분 자기가 바라던 정체성을 성취했다고 느끼기 위해서는 타인의 인정이 필요하다. 타인이 성공을 인정하고 확언할 때, 우리는 비로소 동료와 사회의 관점에서 그 정체성을 이루었다는 자신감을 느낀다. 학문적인 자격증은 물론이거니와 직업, 취미, 심지어 연인관계에서까지 남보다 뛰어나고 싶은 삶의 모든 면에서 이렇게 느낀다. '세계 최고의 할아버지'라고 쓰인 티셔츠와 '세계 최고의 엄마'라고 쓰인 머그잔이 달리 왜 있겠는가?

우리는 소셜미디어와 오프라인에서 사람들이 정체성을 알리는 행위를 줄이고 심지어 놀리기까지 하는 경향에 주목했다. 가끔 정체성을 표시하는 행위를 '미덕 과시'*라거나 '잘난 척하는' 행동으로 깎아내리는 이유는, 그것이 자기 홍보거나 솔직하지 못하기 때문이다. 물론 그럴 수도 있다. 하지만 정체성을 알리는 것은 사람들이 사회적 세계를 헤쳐나가는 방식에서 매우 중요한

---

* 실질적으로는 쓸모없는 행위를 하며 남들보다 도덕적으로 가치 있음을 과시하는 행위.

부분이다. 정체성을 알리면서 사람들은 지위를 확립하고, 자신이 가치 있게 여기는 집단에서 마음에 맞는 동료를 발견한다.

서로를 발견하기

인간은 협력할 때 놀라운 일들을 해낸다. 인간은 대성당을 짓고, 대학을 만들고, 다국적 기업을 경영하며 국가들끼리 긴밀히 협력한다. 화성 탐사 로봇을 만들고 달에 상륙한다. 우리는 부분의 합보다 위대해지고 있다. 물론 이러한 대규모 사업에는 정체성을 공유하는 것 이외에 더 많은 성공 요인이 있지만, 정체성은 사람들이 훨씬 쉽게 협력하여 장애물을 넘게 하고 성공적인 공동 작업에 이르게 한다.

사람들이 함께 일하기로 한다면, 그것은 신뢰의 행동이다. 이 책을 공동 집필하기로 하면서 우리는 각자가 책임을 다해 오랜 시간 글을 쓰고, 다시 쓰고, 또다시 쓰면서 집필에 똑같이 이바지하리라 믿었다. 에이전트와 계약할 때, 우리는 담당자가 책을 출판할 출판사를 최선을 다해 찾아줄 것이라 믿었다. 또한 출판사와 계약할 때도 그들이 책의 편집과 판매에 최선을 다해줄 것이라 믿었다. 마찬가지로 그들도 우리가 괜찮은 책을 마감에 맞춰서 완성할 것이라 믿었다. 당신이 이 책을 읽고 있다는 것은 이 모든 신뢰의 행동이 잘 작동했다는 의미다.

누구를 믿을지 결정하는 방법에는 여러 가지가 있다. 그중 하나는 서로를 알아갈 장기적인 관계를 만드는 것이다. 두 번째로는 법적 계약이 있고, 세 번째는 정체성을 공유하는 것이다. 우리는 사람들이 어떤 집단에 사회적 정체성을 갖게 되면, 그로 인해 동기가 바뀌어 개인의 이익을 넘어 공동의 이익에 관심을 둔다는 것을 살펴보았다(특히 1장의 내용을 기억하기를 바란다). 평소에는 자신의 성과에만 집중하던 이기적인 개인도 다른 사람의 결과에 더 관심을 갖는 친사회적인 사람만큼이나 공동의 재화에 기여하기 시작한다.

하지만 이러한 동기부여의 변화만으로는 신뢰를 형성하기에 충분하지 않다. 내집단 구성원을 신경 쓰고, 그들이 성공하는 모습을 보고 싶은 것만으로는 부족하다. 정말로 그들을 신뢰하고 그들도 우리의 성공에 관심이 있다고 믿기 위해서는, 그들이 나와 같은 집단 정체성에 영향을 받아 서로를 돕는다고 믿어야 한다. 다시 말해, 온 마음을 다해 협력하려면 서로 정체성이 **공유되어야만** 한다.

정체성이 공유되고 있음을 아는 것이 왜 중요한지를 분명히 이해하고 싶다면, '신뢰 게임'을 하고 있다고 상상해보라. 참가자는 게임의 모든 라운드에서 약간의 돈을 받는다. 예컨대 그 금액이 10달러라고 하면, 참가자는 그중 얼마를 파트너에게 투자할지를 결정해야 한다. 그가 투자하기로 한 금액이 파트너에게 가서 세 배로 불어난다고 가정하자. 그가 전액을 투자해서 10달러를 보내면, 파트너는 30달러를 받을 것이다. 이때 파트너는 그중 얼마를 참가자에게 돌려줄지를 결정한다. 만약 파트너가 매우 공정한 편이라 자기가 받은 돈의 절반을 돌려준다면, 참가자와 파트너는 각각 15달러를 받고 물러날 수 있다. 15달러는 원래 할당받은 돈의 1.5배고, 총합으로는 처음에 갖고 있던 돈의 세 배다. 이렇듯 충분한 신뢰가 있다면 둘 다 이익을 볼 것이다.

이제 어떤 라운드에서는 파트너가 내집단의 구성원이고, 다른 라운드에서는 외집단의 구성원이라고 상상해보자. 여러분이라면 각각의 파트너에게 얼마를 투자하겠는가? 당신이 대부분의 사람과 비슷하다면, 외집단 파트너보다는 내집단 파트너에게 더 많은 돈을 투자할 것이다. 이는 내집단 구성원을 더 믿기 때문이다. 다시 말해, 내집단 구성원에게서 돈을 더 많이 돌려받을 것이라 기대한다는 것이다.

이번에는 이렇게 상상해보자. **당신**은 내집단의 파트너가 자신과 같은 정체성을 공유하고 있다는 사실을 알지만, 그 **파트너**는 당신과 공통의 유대관계가 있다는 것을 모른다. 즉, 파트너는 당신이 누구인지 모르는 것이다! 자, 이제 당신은 어떻게 하겠는가?

정확히 이렇게 설계된 실험에서 사람들은 여전히 내집단 파트너를 긍정적으로 여겼지만, 자기 정체성이 사람들에게 보이지 않는 조건일 때는 외집단 구성원보다 내집단 구성원을 딱히 더 신뢰하지 않았다.[22] 즉, 내집단 구성원들이 서로 같은 집단에 속해 있다는 사실을 아는 것이 협력의 길을 여는 열쇠다.

공유된 정체성을 인식하는 것은 매우 중요하기 때문에, 사람들은 공들여 집단의 정체성을 남들에게 알리려 한다. 가톨릭 신자는 십자가상 목걸이를 건다. 진보주의자, 보수주의자, 환경운동가, 달리기 애호가, 수렵꾼 등 모든 종류의 활동가와 지지자는 차 범퍼에 스티커를 붙인다. 또한 사람들은 2018년에 유명 스포츠 의류에 대략 264억 7000만 달러를 썼다. 이러한 의류와 기타 많은 상징은 집단 자부심의 표시이며, 타인에게 자신의 브랜드 충성도와 정체성을 알리는 데 매우 중요한 역할을 한다.

캐나다에서 자란 우리는 해외여행을 할 때 배낭에 캐나다 국기를 재봉틀로 박아서 다니라는 말을 들었다. 10대 시절 유럽에서 자유를 만끽하던 중(제이는 이탈리아에서, 도미닉은 프랑스에서), 우리는 공유된 정체성의 상징을 알아본 캐나다 여성들을 만나게 되었고, 먼 타국 땅에서 동질감을 느낄 수 있는 이를 만나게 되어 매우 기뻤다. 우리는 새로운 것을 경험하고 다양한 사람들을 만나기 위해 다른 나라로 여행을 떠났지만, 눈에 띄게 국적을 나타내는 신호를 통해 낯선 사람들 속에서 우리와 같은 집단의 사람들을 찾아 잠시나마 그들과 함께하는 시간을 즐겼다.

이러한 이슈에 관해 연구를 시작한 사회심리학자 토시오 야

마기시山岸敏郎는 사회적 정체성을 "전반적인 상호 이익의 컨테이너"라고 묘사했다.[23] 사람들과 정체성을 공유하면, 그들에 관해 아는 바가 거의 없을지라도 그들을 믿게 된다는 의미다. 우리는 내집단 구성원들도 우리와 같은 동기 변화를 겪었기 때문에 집단의 이익을 향해 나아가고 있다고 믿는다.

이것이 바로 사회적 정체성이 서로를 직접 알거나 법률적 계약 관계로 맺어진 사람들보다 훨씬 더 넓은 범위의 사람들과 신뢰를 쌓을 수 있게 해주는 방법이다. 사회적 정체성은 우리가 유대관계를 맺고 협력할 가능성을 확장시킨다. 하지만 안타깝게도 우리가 내집단에 두는 가치에는 부정적인 면도 있다. 다음 장에서는 집단역학이 편견과 차별의 원인으로 작동하는 방식과 우리가 그에 관해 무엇을 할 수 있는지를 철저히 조사할 것이다.

6장

편견 극복하기

"911입니다. 무슨 일이시죠?" 전화 교환원이 물었다. "카페에 온 남자 둘이 뭘 사지도 않고 나가지도 않아요." 홀리 힐턴Holly Hylton 이 대답했다.

필라델피아 센터시티에 있는 스타벅스에서 매니저로 근무 중 이던 힐턴은 2018년 4월 12일 오후 911에 전화를 걸었다. 이 통화는 국제적으로 신문 헤드라인을 장식했고, 미국 내에서 격분을 일으켜 스타벅스 불매 운동까지 이어졌다. 스타벅스 경영진은 미국 전역에서 약 8000개 매장의 문을 일시적으로 닫았다.[1]

문제의 두 젊은 흑인 남자는 사건이 있기 몇 분 전에 카페에 들어가서 조용히 친구를 기다리고 있었다. 아직 아무것도 주문하지 않았던 그들은 화장실을 사용해도 되느냐는 질문에 안 된다는 대답을 들었다.

주문하지 않는 고객의 화장실 사용을 금지하는 것은 많은 사업체에서 그리 드문 일이 아니지만, 사람들이 화장실을 사용하도록 허락하는 것으로 알려진 스타벅스의 규범에는 어긋나는 일이었다. 한번은 한 기자가 전 뉴욕 시장 마이클 블룸버그Michael

Bloomberg에게 왜 공중화장실을 더 설치하지 않느냐고 질문하자, 그는 "화장실은 스타벅스 매장으로 충분하니까요."라고 재치 있게 받아쳤다.[2]

그러나 이 친절이 모두에게 적용되는 것 같지는 않았다.

경찰관들은 스타벅스에 도착해 두 명의 무단침입자를 체포했다. 경찰은 그들이 아무 짓도 하지 않았다고 주장하는 손님들의 항의를 무시했다. 이 사건은 영상으로 촬영되어 급속도로 퍼져나갔다.[3] 한 백인 손님이 경찰에게 상황을 설명하며 탄원했지만, 경찰관 여섯 명이 두 남자에게 수갑을 채워 데리고 나가는 장면을 전 세계 사람들이 목격했다.

이후 두 남자는 무혐의로 풀려났지만, 엄청난 대중의 분노 앞에 시 당국은 물론이고 필라델피아 경찰까지 사과해야 했다.

스타벅스는 재빨리 피해 대책 마련에 돌입했다. 힐턴은 해고되었고, 몇 주 후 스타벅스는 미국과 다른 나라의 매장 수천 곳을 임시로 닫겠다고 발표했다. "직원들의 암묵적 편견을 줄이고 의식적으로 포용력을 고취해, 스타벅스 매장에 있는 모두가 안전하고 환영받는 느낌이 들도록" 교육하기 위해서였다.[4]

그 시점에 내린 스타벅스의 대처는 점점 더 뜨거워지고 있는 주제에 불을 붙였다. 이는 암묵적 편견에 관한 세계 최대 규모의 교육이자 세간의 이목을 끄는 일이었다. 스타벅스의 조치 이후, 갑자기 모두가 암묵적 편견에 관해 이야기하기 시작했다. 암묵적 편견이란 정확히 무엇일까? 그리고 편견을 줄이려면 어떤 전략이 효과적일까?

편견의 뿌리

새로운 대통령이 내각으로 지명한 사람들을 미국 의회가 승인하기 전, 양당의 상원의원들은 질문 공세를 퍼부었다. 조 바이든Joe Biden 대통령이 법무부 장관 후보로 뽑은 메릭 갈런드Merrick Garland의 인사청문회에서, 루이지애나주 공화당 의원인 존 케네디John Kennedy는 당혹스러운 질문을 던졌다. "암묵적 편견이라는 개념에 대해 묻고 싶습니다. 암묵적 편견이 있다는 말은 자신이 무엇을 하든 어떤 생각을 하든 간에 인종차별주의자라는 뜻인가요? 자기가 인종차별주의자인데 그걸 모르고 있다, 이 말입니까?"

아마 케네디는 갈런드를 당황스럽게 하거나 실수를 유도하기 위해 의도적으로 이렇게 물었을 것이다. 그러나 그 질문은 편견이 있다는 것이 무엇인지, 다양한 형태의 편견들 사이의 차이는 무엇인지에 관해 사람들이 품고 있는 의문을 보여준다.

지난 몇십 년간 과학자들은 사람들이 온전히 인식하지는 못할지라도 다른 집단보다 특정 집단을 향해 선호도를 갖고 있음을 포착했기에, 암묵적 또는 무의식적 편견을 측정하는 다양한 테스트를 개발해왔다.[5] 이 테스트는 다른 집단 구성원들을 우연히 마주칠 때, 자신도 모르게 순간적으로 어떤 느낌이 들고 무엇이 연상되는지를 측정하기 위한 테스트였다. 사실 이 테스트는 사회 집단만이 아니라 음식 유형, 중독성 물질, 동물 등 모든 것에 대한 즉각적인 반응을 평가하는 데 사용된다.

빙산은 인간의 정신을 비유할 때 종종 사용된다. 의식적 경험은 정신을 지배하는 듯 보이지만, 사실은 대부분 표면 아래 숨겨진 훨씬 큰 조직의 일부에 불과하다. 정신의 다양한 기능은 자동으로 또는 무의식에서 작동하므로, 우리가 무엇인가를 의식적으로 인식할 때쯤이면 상당히 많은 정보가 이미 처리되어 있다.

어떤 경우에 이런 작동은 분명하다. 의식적으로 생각하지 않더라도 우리의 뇌는 호흡과 소화를 조절한다. 가끔 사람들을 놀라게 하는 것은 우리가 타인을 이해할 때도 무의식적이고 통제되지 않은 정보들이 매우 빨리 처리된다는 점이다.

명시적 편견은 사람들이 말로 표현하는 편견이다. 예컨대 누군가가 설문조사에서 밀레니얼 세대나 캐나다인을 싫어한다고 말한다면, 그는 분명한 편견을 부끄럼 없이 표현하고 있는 것이다. 이러한 표현은 주변 환경의 사회적 규범을 보여주는 경향이 있다. 사람들은 보통 사회적으로 용인된다고 여기는 생각만 기꺼이 말하기 때문이다. 따라서 암묵적 편견을 측정하려면 조금 더 공교한 테스트가 필요하다.

테스트 참가자들은 다른 집단에 속한 사람들이 빠르게 지나가는 이미지를 본다. 이미지는 남자와 여자, 기독교인과 이슬람교도, 흑인과 백인의 얼굴이다. 참가자들은 그 이미지에 반응하도록 요구받는데, 이때 연구원들은 참가자들이 얼마나 빨리 반응하는지, 어떤 종류의 실수를 했는지를 바탕으로 다양한 집단에 관한 참가자의 무의식적인 취향(선호도)을 추정할 수 있다. 예를 들어, 우리가 많이 사용하는 과제('평가적 점화'라고 알려짐)를 하는 동안, 참가자는 0.01초도 안 되는 짧은 시간에 남성 또는 여성의 얼굴을 보게 된다. 이어 대부분의 사람이 긍정적으로 여기는 이미지(예: 귀여운 강아지)나 부정적으로 여기는 이미지(예: 털 달린 거미)를 본다. 참가자는 눈앞에 보이는 이미지가 마음에 들면 컴퓨터의 특정 버튼을 누르고, 마음에 들지 않으면 다른 버튼을 누른다. 결과적으로 강아지나 거미를 보기 전에 본 얼굴에 따라, 강아지나 거미를 긍정적 또는 부정적으로 구분하는 속도가 달라지는 것으로 드러났다. 예컨대 여성 얼굴보다 남성 얼굴에 더 부정적인 암묵적 편견을 가진 경우, 남성 얼굴을 본 후 거미가 싫다고 반응하는 속도가 여성 얼굴을 본 후보다 약간 더 빨랐다. 또한, 남성의 얼굴을 본 후에는 강아지가 좋다고 반응하는 속도가 더 느렸다.

만약 다른 방식으로 암묵적 편견을 평가하고 싶다면, 하버드대학교에서 만든 웹사이트 〈프로젝트 임플리시트〉에서 IATImplicit Association Test(내재적 연관 검사)를 직접 테스트할 수 있다. 테스트를 수백만 번 시행하는 과정에서 과학자들은 모든 사람이 어느 정도 암묵적 편견을 보인다는 것을 발견했다. 사람들은 자신의 인종, 국가, 정치, 종교 집단을 각각의 외집단보다 선호했다. 물론 모두가 같은 정도나 유형의 편견을 보이지는 않는다. 대부분은 타인을 평등하게 대하는 것이 가치 있다고 여기기 때문에, 자신에게 인종이나 성별 등에 관한 편견이 있다는 것을 알면 괴로워한다.

심지어 매우 어린 아이들도 이런 종류의 변형된 테스트를 시행했을 때, 자기 인종 구성원들을 선호했다. 그래서 〈뉴스위크〉는 '당신의 아기는 인종차별주의자인가?'라는 도발적인 제목으로 기사를 실었다.[6] IAT를 개발한 과학자 마자린 바나지Mahzarin Banaji와 앤서니 그린월드Anthony Greenwald는 착한 사람들이 지닌 미묘한 편견을 '맹점blind spot'이라고 불렀다.

이게 도대체 무슨 뜻일까? 인간은 인종차별주의자로 타고났다는 뜻일까? 그렇지 않다면 이런 편견은 어디에서 오고, 왜 스스로 편견이 없고 평등주의자라고 생각하는 사람들에게서조차 편견이 사라지지 않을까?

만약 인간이 정말로 인종차별주의자로 타고났다면, 다른 인종을 구분 짓고 차별하는 환경에 적응하며 진화했을 것으로 예상할 수 있다. 그러나 우리가 아는 한 인간은 그렇게 진화하지 않았다.

진화심리학자 레다 코스미데스Leda Cosmides와 동료들은 "인종을 부호화*하는 뇌 기제가 차별을 목적으로 진화했다는 가설"을 처음부터 제외했다고 말한다.[7] 이는 뇌가 인종을 기준으로 사람들을 판단할 수 있고 실제로 그렇게 판단하지만, 단지 이 목적으로만 특별한 신경 기능을 발달시키지는 않았다는 뜻이다. 코스미데스와 그녀의 팀은 자연선택**에서 인간이 아마도 무의식적으로 성별과 나이를 인식하는 뇌 시스템을 선호했을 것이라고 말한다. 조상들이 살았던 사회에서는 다른 사람의 성별과 나이를 알아야 그에 관해 유용한 판단을 다양하게 내릴 수 있었기 때문이다. 이를테면 누가 자신의 짝이 될지, 누가 어리거나 늙어서 도움이 더 필요할지 등의 판단 말이다.

하지만 코스미데스와 동료들은 여기에 인종은 해당하지 않는다고 주장한다.

첫째, 그들은 "유전학자들이 인류가 뚜렷한 인종 유형으로 구분되지 않는다는 사실을 입증했다."라는 데 주목한다. 둘째, 그들은 왜 인종차별주의가 인간에게 내재해 있지 않은지 상식적

＊　하나 이상의 감각에서 오는 자극을 수용하거나 단시간 등록하는 기억의 최초 단계.

＊＊　가장 적합한 것만이 살아남는 진화 과정.

인 이유를 제시한다. 우리 조상들은 소규모 집단을 이루어 살며 주로 걸어서 이동하는 수렵 채집인이었다. 이는 보통의 인간이라면 다른 인종에 속할 만큼 유전적으로 거리가 먼 집단의 사람과 절대 마주칠 일이 없다는 뜻이다. 만약 그들이 다른 피부색이나 이목구비를 가진 사람들을 절대 또는 거의 만날 수 없었다면, 인종차별주의를 받아들여 얻을 진화론적 이득이 있을 리 없다.

그렇다면 왜 인종차별주의는 현대인의 삶에 매우 흔한 특징이 되었을까? 그들의 주장에 따르면, 인종에 자세히 주목해 그것을 바탕으로 세계를 구분 짓는 것은 내집단을 식별하고 연합하는 자연선택 과정이 남긴 신경 기제의 부작용이다. 조상들은 무리 지어 살면서 종종 다른 지역 무리와도 접촉했다. 자연선택 과정에서 내집단 구성원들과 협력하고 외집단을 방어하려는 욕구 덕분에 '우리 대 그들'의 구분을 능숙하게 잘하는 사람들, (우리와 매우 비슷하게 생겼지만) 우리에게 적대적인 외부인에게서 내집단을 방어하는 사람들이 살아남았을 것이다.

사람들은 무리 내에서 연합을 만들기도 했다. 정치권력을 얻거나 희귀한 음식과 기타 자원에 접근하기 위해서는 협력해야 했다. 이익에 따라 동맹을 찾고, 동맹을 바꾸어가며 자신과 동일시하는 능력은 지구상의 모든 문화에 존재한다.[8] 이것은 깊이 뿌리박힌 인간의 특징이다. 예를 들어, 1장에서 논의했던 최소집단 실험에서도 우리는 동맹을 찾는 인간의 특징을 보았다. 자의적인 범주에 배정되는 것만으로도, 사람들은 즉시 사회적 정체성을 형성해 자기 집단에 이익이 되도록 차별적으로 행동했다. 연합하는 행동 패턴은 다른 영장류(우리와 가까운 유전적 사촌)에서도 관찰된다. 하지만 내집단 구성원이 누구인지 모르더라도 선뜻 나서서 돕는 행동은 인간만이 하는 유일한 행동이다. 고로 인간은 매우 사회적인 종이다.

인간의 진화적 유산에는 특정 사람과 집단을 상위에 놓고 자신과 다른 사람과 집단을 하위에 놓는 계급 체계를 형성하고 보호하려는 성향도 함께 존재한다. 이런 이유로 인간에게는 세상을 인종, 종교, 국적과 같은 범주로 나눈 후 억압하는 시스템을 만들고, 그 시스템을 옹호하는 혐오스러운 성향이 있다.

정치심리학자 짐 시대니어스Jim Sidanius는 집단 계급을 옹호하려는 욕구가 사회를 지배하려는 성향이라고 묘사했다.[9] 이러한 성향은 전 세계에 존재하는 수많은 인종차별주의자의 심리적 기초다. 이러한 관점에서 인종차별주의는 유전적인 인종 차이에 근거하고 있지 않다. 오히려 인종차별주의는 세상을 집단으로 나누고 불공평한 제도와 권력을 옹호하려는 정신적 성향을 기반으로 한다.

오랜 역사

인종차별주의 및 다른 억압적인 사회제도는 오랜 역사를 가지고 있다. 아프리카 대륙에서 노예로 끌려온 사람들을 태운 배가 버지니아 식민지에 도착한 1619년 이후부터 현재까지, 인종차별주의는 미국을 괴롭혀왔다. 미국은 1776년에 영국으로부터 독립을 선언했지만, 당시 이미 노예제는 깊이 뿌리박혀 있었다. 그리고 사실 미국이 일찍부터 부를 이룬 것은 상당 부분 노예제 덕분이었다.

이러한 어두운 역사의 잔재는 오늘날에도 여전히 남아 있다.

2014년 여름, 미주리주 퍼거슨에서 마이클 브라운이라는 젊은 흑인 남자가 경찰관의 총에 맞아 사망한 사건이 벌어졌다. 이 사건에는 노예제의 흔적이 명백히 존재했다. 같은 해 뉴욕에서 경찰관이 중년의 흑인 남자 에릭 가너Eric Garner를 법으로 금지된 '목 조르기'로 살해했을 때도 마찬가지였다. 또한 2020년 봄, 브리오나 테일러Breonna Taylor가 루이빌에 있는 자신의 아파트에서 자다가 경찰관의 총에 맞았을 때도, 얼마 후 미니애폴리스 경찰관이 9분 29초간 조지 플로이드George Floyd의 목을 무릎으로 눌러서 살해했을 때도 마찬가지였다.

경찰이 흑인이나 다른 유색 인종을 죽인 사건은 미국에서 충격적일 정도로 흔하다. 사회학자 군나르 뮈르달Gunnar Myrdal이

1940년대 초 "사법제도에서의 인종차별"이라고 묘사한 표현을 오늘날에도 그대로 사용할 수 있다. 그는 이렇게 썼다. "경찰들은 종종 자신의 의무가 범인 체포를 넘어, 형의 선고와 처벌까지라고 생각한다."[10] 이러한 죽음이 반복되는 이유는 관련 경찰관이 처벌받지 않는 데 있다. 마이클 브라운, 에릭 가너, 브리오나 테일러의 사건에서 검사들은 경찰을 대배심에 기소했으나, 배심원단은 경찰의 기소를 거부했다. 이는 경찰들이 무죄라고 선고하는 결정이 아니라, 재판 자체를 열지 않겠다는 결정이었다.

현재 사람들이 서로를 평가하고 서로에게 반응하는 방식은 과거 다른 시간대에 작용했던 수많은 영향력의 결과다. 그것은 여러 주파수의 조합으로 이루어진 복합음이나 음파와 같다. 주파수의 일부는 매일, 매분, 매초 빠르게 진동한다. 어떤 주파수는 한 사람이 사회화하고 발달하면서, 그리고 삶의 경험을 얻으면서 수년 또는 수십 년에 걸쳐 느리게 작동한다. 또 어떤 주파수는 이보다 훨씬 더 느리게 작동해서, 여러 세대에 걸쳐 먼 과거에서 현재로 숨겨진 의미를 전달한다.

최근 몇 년간 사회과학자들은 노예제가 현재에 미치는 영향을 연구하기 시작했다. 경제학자들은 1800년대 당시 주민 대부분이 노예였던 미국 지역들이 오늘날 더 심한 경제 불평등을 보이며 경제적으로 발전하지 못한 것을 발견했다.[11] 우리와 다른 연구원들도 비슷한 현상을 발견했는데, 미국 특정 지역에서 노예제의 역사가 현재의 편견과 관련되어 있다는 것이다.[12] 〈프로젝트 임플리시트〉에서 2001년부터 2013년까지 흑인 및 백인의 IAT를 수행한 백인 참가자는 180만 명에 달했다. 그들의 데이터를 바탕으로 우리는 특정 지역에서 보이는 현재의 편견 수준과 과거에 그 장소에서 일어났던 일 사이의 관계를 살펴보았다. 그 결과, 우리는 과거에 노예제가 있던 주에서 현재 암묵적 편견이 더 심한 경향을 발견했다.

더 깊이 들여다보니, 1860년에 비교적 더 많은 흑인 노예가 살고 있었던 남부 자치구에 오늘날에도 더 높은 수준의 암묵적 편견이 있다는 사실이 발견되었다. 다시 말해, 1860년에 특정 지역에서 살았던 백인 인구 대비 흑인 노예 비율이 높을수록 오늘날 그 지역의 암묵적 인종 편견이 더 심할 것이라 예측할 수 있었다. 게다가 명시적 편견의 정도도 더 심한 것으로 확인되었다.

인종차별주의의 정체성과 태도를 유지할 수 있는 것은, 부분적으로는 사회적 환경의 안정성 때문이다.[13] 사람들이 인식하든 못하든, 남부연합기의 상징주의*부터 특정 인종 집단을 다른 동네와 학교로 분리하는 조치까지 환경의 상징적·구조적 특징은 낡은 패턴을 영구히 지속시킨다. 우리가 구조적·제도적 차별이라는 낡은 유산을 완벽히 철폐하지 못한 세상에 살기 때문에, 편

---

* 상징적인 방법에 의하여 어떤 정조나 감정 따위를 암시적으로 표현하려는 태도나 경향.

견은 대부분 지속된다.

많은 사람이 인종차별주의의 조직적 특징을 더 많이 인식하고 있다. 우리가 이 책을 쓰는 동안, 전 세계 시위자들은 억압적 역사의 상징물을 해체했다. 미국에서는 2020년에 100개에 달하는 남부연합 기념물*이 제거되었다. 버지니아주 리치먼드에서는 크리스토퍼 콜럼버스Christopher Columbus**의 조각상을 호수에 던졌다.[14] 벨기에 앤트워프에서는 레오폴트 2세King Leopold Ⅱ***의 조각상을 불태웠다.

이러한 사건들에서 환경을 재구성해 다른 태도와 규범을 만드는 사람들의 노력을 엿볼 수 있다. 사람들은 과거 억압의 영향을 인식하고 그 상징물을 해체하면서, 미래 세대를 위해 더 포용력 있는 정체성을 만들기를 희망한다. 미래를 위해 새로운 진로를 개척하기 위해서는 과거 문제의 해결책을 고심해야 한다. 이를 효과적으로 수행하는 방법은 항상 간단하지 않다.

현재의 태도와 역사적 환경을 관련짓는 연구들은 인종차별주의와 기타 편견을 해결할 대안이 없다고 주장한다. 그러나 편

---

* 노예제 유지를 위해 남부연합이 일으킨 미국 남북전쟁의 군인들과 지도자들을 기리기 위해 세워진 동상, 기념비, 명판 등을 가리킨다.

** 1492년 아메리카 대륙에 도달한 이탈리아 탐험가. 원주민들을 노예로 삼고 가혹하게 대우했으며, 그의 탐험은 유럽의 식민주의와 제국주의를 촉발시켰다.

*** 벨기에 왕국의 두 번째 왕. 식민지 콩고의 주민을 노예화하여 잔혹 행위를 일삼고 1000명 이상을 학살해 '콩고의 학살자'라고 불린다.

견의 심리적 뿌리를 이해하면, 편견을 완화할 문제 해결의 실마리를 얻을 수 있다. 예컨대 사회적 정체성이라는 심리는 분열을 만드는 요인이 아니라 분열을 이어주는 다리로 쓰일 수도 있다. 새로운 집단에 대해 정체성을 형성하는 인간의 능력을 고려해보면, 사회적 세계를 다양한 방식으로 나누는 것은 긍정적인 효과를 가져올 수도 있다. 실제로 새로운 정체성을 만들면 무의식적 사고를 다시 형성할 수 있다.

사회적 정체성을 위해 준비된 뇌

연구실을 공유하던 대학원 시절, 우리는 정체성이 어떻게 암묵적 편견에 영향을 미치는지에 대해 관심을 갖게 되었다. 그 무렵 연구원들 사이에서는 암묵적 인종 편견이 불가피하다는 인식이 퍼져 있었다. 사람들이 수년간 사회의 고정관념과 편견에 노출된 후에는 소외 집단에 관한 부정적인 연상이 머릿속에 깊이 박힌다고 추정했다. 학자들은 실험실에서 암묵적 편견을 줄이는 것이 어렵고, 암묵적 편견의 정도가 사람들이 설문조사나 공공장소에서 표현하는 명시적 태도 및 가치관과 상당히 동떨어진 경우가 많다는 사실을 발견했다.

하지만 우리는 암묵적 인종 편견이 얼마나 뿌리 깊은지가 궁

금했다. 새롭고 더 포용력 있는 정체성을 채택하도록 사람들을
유도하면 이런 편견을 없앨 수 있을까?

이를 알아보기 위해 토론토 연구실에서 250여 킬로미터 떨어
진 온타리오주 킹스턴으로 갔다. 퀸스대학교가 새로운 신경과
학센터를 연 지 얼마 되지 않아, 우리는 장기간 그 시설 전체를
예약할 수 있었다. 우리의 멘토인 윌 커닝햄Will Cunningham 교수님
은 차를 빌려야만 했다. 교수님의 1995년식 초록색 포드 자동차
에는 모두가 탈 수 없었기 때문이다(그 당시 차를 살 만한 여유가
있는 학생은 단 한 명도 없었다). 우리는 여름 내내 싸구려 호텔에
묵으면서 뇌센터 지하실에서 기능성 뇌 영상 스캐너로 참가자
들을 검사했다.

이전에 했던 뇌 이미징(뇌의 구조나 활동을 측정하여 영상으로 보
여주는 기법) 연구에서는 백인 참가자들이 다른 인종 사람들을
볼 때 신경 반응에서 인종적 편견의 패턴이 꾸준히 드러난다는
사실을 발견할 수 있었다. IAT에서 **백인**과 **착하다**뿐만 아니라 **흑
인**과 **나쁘다** 사이에 더 강한 내재적 연관을 보인 사람들은 편도
체에서 더 많은 혈류량을 보였다.[15] 암묵적 편견과 뇌 활동 사
이의 관계는 참가자가 눈 깜짝하는 사이보다 짧은 0.001초 동
안 사람들의 얼굴을 봤을 때 특히 강했다. 이는 인종적 편견의
패턴이 뇌에서 아주 빨리, 스스로 인식하지 못하는 동안 발생
하고 있음을 암시한다.[16]

당시에는 편도체가 부정적 감정을 처리하는 데 핵심적인 역할을 한다고 널리 여겨졌다. 그러나 몇몇 다른 연구실과 더불어 우리 연구실도 이 뇌 부위가 에로틱한 이미지부터 유명 인사까지, 자신과 깊은 관련이 있거나 중요한 자극에 반응하는 것으로 이해해야 한다는 증거를 축적하기 시작했다. 그것은 마치 **'이것에 집중해!'**라고 신호를 보내는 것처럼 보였다. 종종 이런 신호는 외집단처럼 부정적이거나 익숙지 않은 자극을 알려주는 역할을 했다. 하지만 긍정적인 자극도 정체성과 연결될 때는 특히 중요할 수 있다.

그해 여름, 우리가 한 질문은 참가자들이 다른 인종의 사람들과 공유된 정체성을 느끼면 편도체에 어떤 변화가 일어날지에 관한 것이었다. 이런 일은 학교에서, 직장에서, 스포츠 경기에서 항상 발생한다. 특히 다양한 배경과 민족성을 지닌 사람들과 같은 집단에서 목표를 공유하면 정체성도 공유된다. 우리는 정체성을 공유하기만 해도 전형적인 인종 편견의 패턴을 바꿀 수 있을지 궁금했다. 이것이 사실인지 알아보기 위해 전부 백인이었던 참가자들을 혼합 인종 팀으로 배정했다. 그리고 최소 집단 연구에서처럼 동전 던지기로 팀을 구성했다.[17]

참가자들은 한 번에 한 명씩 연구실로 들어와 참여했고, 우리는 각 참가자의 사진을 찍어서 컴퓨터에 업로드했다. 첫 번째 단계에서, 참가자들은 표범 팀과 호랑이 팀 중 하나에 합류할 것이라는 말을 들었다. 그 후 몇 분 동안 그들은 내집단 구성원 12명의 사진과 외집단 구성원 12명의 사진을 암기했다. 이때 자신의 사진도 무리에 섞여 있는 것을 보게 하여 팀에게 동질감을 느끼도록 했다. 여기서 중요한 점은 각 팀은 절반은 백인, 절반은 흑인으로 구성되어 인종이 다양했다는 점이다.

참가자들은 혼합 인종 팀의 일부가 되었다. 비록 그들이 서로 만나거나 알아갈 기회는 없었지만 말이다. 그들은 팀 구성원들의 얼굴을 그저 보기만 했을 뿐이다. 이것만으로 그들의 뇌가 내집단과 외집단을 부호화하는 방식을 바꿀 수 있을까? 아니면 사회에 만연한 인종 편견의 패턴을 여전히 보여줄까?

일단 뇌 스캐너에 들어가면(성인이 겨우 들어갈 만한 작은 주방 크기의 기계를 상상해보라), 피실험자들은 눈에서 약 10센티미터 떨어져 있는 거울에 투사된 이미지를 보고 반응했다. 그들은 등을 대고 누워서 한 번에 2초씩 내집단이나 외집단 구성원의 얼굴이 무작위로 연속되는 장면을 보았다. 그리고 얼굴을 볼 때, 손에 든 버튼 상자를 사용해 간단한 반응을 보였다. 그들은 어떤 얼굴이 내집단 구성원인지, 외집단 구성원인지, 백인인지, 흑인인지 묻는 말에 대답해야 했다.

이러한 유형의 연구는 시간도 오래 걸리고 돈도 많이 든다. 우리는 킹스턴을 여러 차례 다녔고, 뇌영상센터에서 필요한 자료를 모두 모을 때까지 오랜 시간이 걸렸다. 일단 연구가 끝나자,

커닝햄 교수님은 어떤 예비 결과가 나오더라도 너무 흥분하지 말라고 경고하셨다. 보통 교수님은 아이디어가 넘치고 새로운 자료를 보면 흥분하는 열정적인 분이었지만, 그때만큼은 결과를 확인하고 제대로 해석하는 데 몇 주는 더 필요하다고 엄격하게 말씀하셨다. 하지만 토론토 연구실에서 교수님의 컴퓨터에 몸을 기울여 결과를 힐긋 보았을 때, 참가자들이 혼합된 인종팀에 합류한 직후 뇌에 급격한 변화가 일어났음을 알 수 있었다.

각 피실험자의 뇌 반응은 표범 팀과 호랑이 팀이라는 새로운 정체성을 나타냈다. 이전 연구와는 달리, 참가자들이 인종이 아니라 팀이라는 새로운 집단 정체성에 반응했음을 알 수 있었다. 좀 더 구체적으로 말하자면, 참가자들의 편도체는 외집단 구성원을 볼 때보다 내집단 구성원을 볼 때 더 크게 반응했다. 중요한 것은 팀 구성원의 인종과 상관없이 이러한 현상이 나타났다는 점이다. 이제 다른 정체성이 상황의 중심이 되었기 때문에, 인종은 뇌가 얼굴에 반응하는 방식에 거의 영향을 미치지 못했다.

참가자들이 내집단 구성원의 얼굴을 봤을 때 편도체에서 더 활발한 활동이 관찰된 것은 편도체가 사람들에게 매우 중요한 정보에 반응한다는 우리의 연구 결과와도 일치했다. 그들의 뇌는 그 순간 그들에게 가장 중요한 내집단을 향한 새로운 친밀감을 보여주었다. 따라서 우리의 뇌는 인종차별주의를 추구하도록 준비되었다기보다는 사회적 정체성을 추구하도록 준비된 것이다.

그런 다음, 연구하는 동안 모은 자료를 사용해 편견의 다른 척도를 조사했다. 우리는 사람들에게 자신이 본 각각의 얼굴을 얼마나 좋아하거나 싫어하는지 말해달라고 부탁했다. 뇌 활동을 반영하듯, 그들은 외집단 구성원보다 내집단 구성원을 상당히 좋아한다고 답했다. 다시 한번 말하지만, 이는 인종과 무관했다. 사람들은 자기 팀의 백인과 흑인 구성원을 똑같이 좋아했고, 외집단을 향해서는 중립적인 감정을 느꼈다.

지난 15년간 다른 대학과 나라에서 더 큰 표본으로 수행한 연구를 통해, 우리는 반복적으로 비슷한 결과를 발견했다.[18] 예를 들어, 발달 신경과학자 조아오 모레이라João Moreira와 에바 텔저Eva Telzer가 함께한 연구에서 여덟 살 난 어린아이의 뇌 반응과 행동에서도 내집단을 향한 비슷한 편견을 목격했다.[19] 그 효과는 나이가 들수록 더 커졌다. 청소년기 중반쯤에는 내집단 구성원을 본 후 편도체가 활발하게 움직일수록 내집단을 편애하는 경향을 보여, 둘 사이에 강한 상관관계가 있음을 알 수 있었다.

암묵적 척도에서도 사람들은 외집단 구성원보다 막 만들어진 내집단 구성원을 일관되게 선호했다. 그리고 이렇게 사소해 보이는 새로운 정체성은 반복적으로 나타나는 전형적인 인종 편견을 덮어버렸다. 다른 연구실에서도 비슷한 결과가 나타났다.[20] 과학자들이 표범 팀과 호랑이 팀처럼 새로운 팀을 연구하든, 라이벌 대학이나 양당으로 표현되는 정치적 정체성을 연구하든, 이런 부류의 충성심은 모두 암묵적 인종 편견을 무력화했다. 이것이 바로 정체성의 힘이다.

1만 7000명이 넘는 참가자가 참여한 큰 연구에서, 캘빈 라이 Calvin Lai와 그의 동료들은 암묵적 인종 편견을 줄이는 17가지 전략을 시험했다.[21] 그들은 우리가 실험한 대로 집단의 경계를 바꾸어 새로운 정체성을 형성하는 방식이 가장 효과적이라는 것을 알아냈다. 한 집단에 속했다는 소속감만으로도 그 사람의 정체성과 선호도를 바꾸기에 충분했다. 이 방법은 새로운 정체성을 만드는 동시에 인종과 같은 오래된 분열을 메울 수 있다. 이러한 방식으로 볼 때, 정체성에는 장단점이 공존한다. 정체성 덕분에 낯선 이와 더 가까워지기도 하고 반대로 이웃과 멀어지기도 한다.

우리가 실험실에서 만들어낸 새롭고 인위적인 정체성이 영원히 인종 편견을 덮을 수 있다거나, 참가자들이 뇌영상센터를 떠난 후에도 편견을 극복한 사람처럼 행동할 것이라고 기대하지는 않는다. 인종적 편견과 기타 편견들이 불공평한 사회제도에 계속 뿌리내려 확고히 굳어진 것을 보았기 때문이다.

라이와 동료들은 편견을 줄이는 전략을 연구하면서 편견을 없애는 데 성공했더라도 그 효과가 지속되지 않는 경향을 발견했다. 새로운 정체성을 부여한 실험에서도 암묵적이고 무의식적인 인종차별주의 반응을 무력화했던 새로운 팀의 힘은 24시

간 이내에 소멸하는 듯 보였다. 일단 사람들이 일상 세계의 구조
와 패턴으로 돌아가면 인종에 기반을 둔 분열이 다시 효력을 발
휘했다. 하지만 그럼에도 이러한 실험실 연구들은 정체성을 만
들면 편견을 해결할 수 있다는 것을 보여주는 강력한 증거다.
단, 그 정체성을 유지할 수만 있다면 말이다.

다음 질문은 우리가 이런 종류의 실험 결과를 실험실 밖에서,
정말로 중요한 진짜 세계에 적용할 수 있느냐는 것이다. 더 탄탄
한 현실 세계의 정체성을 만들면, 집단 간 조화를 계속 유지할
수 있을까? 다행히도 다른 학자들이 이 문제를 조사했다.

축구 치유

2014년, 이슬람교 수니파의 근본주의를 따르는 지하드* 단체인
ISIS는 이라크 북부에서 종교 소수자들에게 집단학살을 자행했
고, 희생자들을 참수하는 처형 영상으로 전 세계에 알려지면서
공포의 대상이 되었다. 6월이 되자 그들은 전 세계에 자신들이
칼리프국**이라 선포하고, 스스로를 이슬람국가Islamic State라고

---

*　이슬람교도의 종교적 의무를 뜻하며, '투쟁'이나 '저항'을 의미한다.

**　이슬람 지도자 칼리프가 통치하는 독립국가.

부르기 시작했다.

ISIS의 군사 작전이 펼쳐지면서 많은 사람이 고국을 떠나 난민 캠프에서 살아야 했다. 2016년 모술 전투로 도시가 해방되고 나서야 난민들은 집으로 돌아갈 수 있었지만, 그들이 마주한 것은 처참하게 파괴된 자신들의 동네였다. ISIS와 전투원들이 후퇴하면서 약탈하지 못한 것들을 모조리 불태웠기 때문이다. 그들은 지나가는 모든 길을 파괴하며 황폐한 상흔을 남겼다.

이 사건은 지역의 사회적 화합을 심하게 훼손했고, 특히 이슬람교와 기독교의 관계를 크게 손상시켰다. 기독교인 476명을 대상으로 한 설문조사에 따르면, 46퍼센트는 집을 약탈당했다고 답했으며 36퍼센트는 집이 파괴된 채로 돌아왔다고 답했다. 또한 4퍼센트는 가족이 실종되거나 살해당했다고 답했다.

기독교인들은 ISIS의 협력자로 알려진 수니파에 깊은 배신감을 느꼈다. 게다가 이슬람교도 대부분이 기독교 지역을 불편하게 느꼈다. 엄청난 긴장감이 흐르던 시기였다.

당시 스탠퍼드대학교 박사과정을 밟던 살마 무사_{Salma Mousa}는 이런 비극과 혼란을 마주하자, 집단 구성원끼리 의미 있는 접촉을 하면 포용력이 다시 생길지 연구하고 싶었다.[22] 두 종교 집단은 현저히 다르지만, 축구에 대한 열정이라는 공통점이 있었다. 무사는 현지 파트너들과 협력하여 네 개의 축구 리그를 만들어, 폭력과 황폐화의 여파 속에서도 긍정적인 만남으로 사회적 단결의 기초를 닦을 수 있을지 알아보고자 했다.

축구와 같은 팀 스포츠는 효과적인 정체성 확립을 위해 필요한 많은 비결(협동, 공동의 목표, 구성원 사이의 동등한 힘)을 제공한다. 팀 스포츠의 사회적 힘과 축구의 보편적 인기에 힘입어 살마는 아마추어 기독교인으로 구성된 51개 팀을 모집하고 이라크 안카와, 카라코쉬 지역의 리그에 합류해달라고 부탁했다.

하지만 문제가 있었다.

이런 도시 생활의 많은 부분이 그렇듯, 아마추어 스포츠도 대개 종교별로 분리되어 있었다. 무사는 각 팀 선수단에 기독교인일 수도 있고, 아닐 수도 있는 신입 선수 서너 명을 받아들이게 했다. 대부분 눈살을 찌푸렸다. 어떤 코치들은 리그를 그만두고 떠나겠다고 협박하기도 했다.

처음에는 반발했지만 결국 모든 팀이 이 조건에 동의했다. 각 팀의 인원이 서너 명씩 늘어났다. 팀의 절반은 기독교인 선수들을 받았고, 다른 절반은 이슬람교도 선수들을 받았다.

선수들은 평균 24세, 미혼, 무직, 고등학교 졸업, 월 소득 약 500달러였다. 초기 설문조사에서 기독교인 선수들은 평균적으로 이슬람교 친구가 없었고, 이슬람이 저주받았다고 생각했으며, 이슬람교도에게는 땅을 팔지 않겠다고 말했다. 다행스럽게도 기독교인들은 이라크인이라면 서로를 이라크인으로 먼저 대해야 한다고 믿었다.

종교 리더들이 축복을 내리는 가운데, 무사와 그녀의 팀은 유니폼을 나누어주며 리그를 시작했다. 두 팀은 기온이 섭씨 46도까지 올라가는 이라크의 가마솥 같은 한여름을 피해 전후 두 달간 경기를 치렀다.

그 후 무슨 일이 일어났을까? 이 야심 찬 실험이 기독교인과 이슬람교도 사이의 과열된 열기를 식혀주었을까, 아니면 전통적인 여름 리그와 별반 다르지 않았을까? 아니면 사람들이 불신하는 외집단 구성원과 억지로 접촉해 상황이 더 나빠졌을까?

놀랍게도, 결과는 우리가 북아메리카의 실험실에서 확인했던 것과 일치했다. 시즌이 끝날 무렵, 혼합 종교 팀에 속한 기독교인 선수들은 앞으로도 이슬람교도들과 얼마든지 더 훈련하겠다고 말했다. 또한 스포츠맨십 상을 투표할 때 이슬람 선수에게 투표하고, 다음 시즌에도 혼합 종교 팀으로 신청하겠다고 말했다. 집단 정체성을 공유하고 함께 협력하여, 그들은 다시 이을 수 없어 보였던 분열에 다리를 놓을 수 있었다.

무사의 연구는 팀의 성공이 이런 효과를 증폭시킨다는 것 또한 발견했다. 우승한 팀에서 뛰어본 사람이라면 누구나 알 것이다. 성공을 거두면 정체성을 공유해 한마음이 되었다는 느낌을 매우 강하게 구축할 수 있고, 그 팀원들 간의 관계가 수년간 이어질 수 있다고 말이다. 성적이 좋은 혼합 종교 팀에 속했던 기독교인 선수들은 우승에서 오는 온기가 흘러넘쳐, 팀원이 아닌 이슬람교도를 대하는 태도도 바뀌었다. 석 달 후에 그들은 이슬람 도시에 있는 레스토랑을 더 자주 방문했고, 종교가 혼합된 다른 사교 행사에도 더 자주 참석했다.

이러한 긍정적 행동은 전원이 기독교인으로 구성된 팀원들에게는 흔치 않은 일이었다. 종교적 외집단의 구성원과 정체성을 공유하는 팀원으로서 협력하는 것은 그들과 경쟁하는 것보다 포용력을 기르는 데 훨씬 효과적이었다.

이 연구는 우리에게도 놀라웠다. 축구라는 정체성이 종교적 집단학살에서 오는 악영향을 극복하는 데 이바지한다는 생각은 선뜻 이해하기 어렵다. 하지만 여러 측면에서 팀 스포츠는 집단 간 갈등의 완벽한 해결책이다. 다양한 집단 구성원들이 협력하며 하나의 정체성을 채택할 때 동지애를 발전시킬 수 있다. 올바른 조건에서라면 그 동지애는 상대 집단을 바라보는 생각의 폭을 넓힐 수 있다.

공유된 정체성은 경기장 너머 스탠드에 앉아 있거나 집에서 시청하는 팬들에게까지 확장될 수 있다. 이슬람 축구 선수 모하메드 살라Mohamed Salah가 영국 리버풀 FC에 합류한 사건은 팬들에게 엄청난 영향을 미쳤다. 무사와 동료들은 증오 범죄 신고와 1500만 개가 넘는 축구 팬들의 트윗을 분석했다.[23] 그 결과 리버풀 지역에서 증오 범죄가 16퍼센트 감소했고, 다른 클럽 팬들과 비교하여 리버풀 팬들 사이에서 이슬람교에 반대하는 트윗이 거의 절반으로 줄어든 것을 확인했다.

　여기서 얻은 교훈은 희망적이다. 하나의 정체성을 공유하면 다른 인종적·종교적 배경 출신의 내집단 동료와 팀원들을 포용할 수 있다는 점에서 말이다. 그러나 사회 곳곳에는 이런 종류의 관계를 유지하지 못하게 하는 강력한 제도적·구조적 장벽이 존재한다.

제도적 편견

인종차별, 성차별, 동성애 혐오, 장애인 혐오 등의 편견이 개인의 머릿속에만 있는 것이 아니라는 인식이 점점 더 확산되고 있다. 편견은 마음이나 생각을 바꾸거나, 사회적 정체성을 바꿈으로써 해결할 수 있는 심리적 문제만이 아니다. 편견은 제도, 조직, 사회 구조에도 내재되어 있으며, 정치, 금융, 기업, 사법, 의료 및 기타 많은 시스템을 구성하는 요소이기도 하다.

　'제도적 편견'에 관해 이야기할 때는 편견이 제도와 조직 안에서 나타날 수 있는 두 가지 방식을 구분하는 것이 도움이 된다. 하나는 중요한 기관에 고용된 사람들이 일하는 과정에서 편향된 결정을 내릴 때 발생한다. 이는 그들이 명시적 편견을 가졌기 때문일 수도 있고, 앞서 언급한 암묵적 편견에 영향을 받았기 때문일 수도 있다.

예컨대 중요한 기관의 최전선에서 일하는 사람들(경찰관, 의사와 간호사, 판사, 대학의 입학 사정관과 교수진, 근저당 브로커와 부동산 중개인 등)은 자기 분야에서 상당한 권력을 지니고 있다. 그들은 매일 사람들의 삶에 영향을 주는 선택을 한다. 이러한 사람들이 소속 기관의 권력을 행사할 때 편향적인 태도를 보인다면 문제가 된다. 이전 장에서 백인 운전자보다 흑인과 히스패닉 운전자가 경찰에게 더 많이 검문받고 차량을 수색당한 연구에 대해 언급했었다.[24] 이러한 차이는 편견에 기인한 것이다. 밤보다는 경찰관들이 운전자의 인종을 더 쉽게 볼 수 있었던 낮에 차이가 더 컸기 때문이다. 게다가 흑인 운전자들은 백인 운전자보다 불법 물질을 소지할 확률이 낮았음에도 더 많이 수색당했고, 더 많이 체포되었다.

마찬가지로 판사는 흑인 용의자들에게 종종 더 가혹한 형벌을 내린다. 성차별주의자인 교수들은 여학생에게서 온 이메일 질문에 답장을 덜 하거나, 더 무례하게 답하는 경향이 있다. 또한 편견이 있는 의사들은 소수 인종 집단의 구성원에게 질 나쁜 의료 서비스를 제공할지 모른다. 이러한 결정은 때에 따라 삶과 죽음을 좌우하기도 한다.

제도적 편견의 두 번째 형태는 심리적 요인에 덜 좌우되면서 구조 안에 녹아 있다. 이러한 편견은 조직 운영의 지침이 되는 정책과 절차와 규칙 안에 함께 짜여 있다. 이 편견은 사물이 작동하는 방식에 내재해 있고, 개인이 편향되어 있든 아니든 영향을 받지 않는다. 제도적 편견이 유발하는 차별적 결과는 개인의 재량과 통제권 밖에 있어서 어쨌든 발생하고야 만다. 이와 같은 제도적 편견은 많은 조직, 기술, 사회 체계의 일부인 관성으로 인해 한 번도 바뀐 적 없는 과거의 유산인 경우가 많다. 어쩌면 한 번도 의문을 제기한 적이 없는지도 모른다.

〈컨슈머리포트〉의 매우 흥미로운 분석에 따르면, 안전 테스트에 내재된 편견 때문에 여성 운전자의 자동차 사고로 인한 부상과 사망이 남성보다 훨씬 많다고 한다.[25] 미국에서 여성 운전자와 조수석에 탄 여성은 자동차 사고를 당했을 때 사망률이 남성보다 약 17퍼센트 높았고, 여성이 중상을 입을 확률은 73퍼센트 더 높았다. 왜일까?

자동차의 안전장치는 시간이 흐르면서 발전했는데, 주로 충돌 테스트 결과를 바탕으로 만들어졌다. 이 테스트는 전형적인 미국 남자 체형인 키 175센티미터에 몸무게 78킬로그램 정도로 제작된 충돌용 더미로 수행된다. 남성과 여성의 체형은 매우 달라서 남성의 안전을 최대화하는 안전장치를 만드는 관행이 결국 도로에서 성별 간 사망률의 차이를 야기했다.

〈컨슈머리포트〉는 업계 전문가들과 이야기 나누면서 다양한 설명을 들을 수 있었다. "어떤 사람들은 새로운 더미와 테스트의 개발이 불필요하거나, 너무 돈이 많이 들거나, 시간이 오래 걸린다고 말합니다." 안전 테스트 관계자들이 모두 노골적인 성차별주의자는 아닐 것이다(일부는 그럴지도 모르지만 말이다). 다만 그들은 현재 상황을 바꾸는 것을 싫어한다. 그렇게 1970년대 공학자들이 만든 안전 테스트의 수행 방식은 오늘날 수백만 여성의 목숨을 위협하고 있다.

이것이 바로 기업에서 여성과 기타 소수 집단 구성원을 임원급에 포진시키는 것이 중요한 이유 중 하나다. 2019년 6월 기준, 미국의 자동차 회사 포드Ford는 대형 자동차 제조업체 중 가장 많은 여성 임원을 보유하고 있으며, 부사장급 이상 직책의 약 27퍼센트를 여성이 차지하고 있다. 주요 자동차 제조사 최고 관리직에 여성이 더 많다면, 이러한 유형의 안전 이슈가 더 큰 관심을 받을 수 있을 것이라고 생각한다. 경영진에 성별이 더 고르게 분포된 기업은 문제를 더 빨리 알아차려서 무수한 생명을 구할 수 있었을지도 모른다.

제도적 또는 구조적 차별의 가장 악명 높은 사례 중 하나는 미국에서 코카인의 양형 기준이 다르다는 점이다. 1980년대에 크랙*이 급속히 확산되자('집단 히스테리'라고 불릴 정도였다), 입법자들은 크랙 코카인 소지에 대한 연방의 형벌을 같은 양의 가루

＊　값싼 농축 코카인.

코카인 소지에 대한 형벌보다 100배 더 가혹하게 처벌하기로 했다. 따라서 크랙 코카인 5그램을 소지한 죄로 유죄 판결을 받은 사람은 가루 코카인 500그램을 소지해 유죄 판결을 받은 사람과 똑같은 최소 5년의 형량을 선고받게 되었다.

코카인의 두 가지 형태는 본질적으로 같은 화학성분이고, 사실상 똑같은 생리적·중독적 속성을 지니고 있다. 하지만 가루 코카인은 전형적으로 부유한 화이트칼라가 선택하는 유형이고, 크랙 코카인은 가난한 흑인 사회와 관련이 있다.

미국시민자유연맹이 발표한 2006년 보고서의 결론을 살펴보자. "크랙 코카인 범죄를 가루 코카인 범죄보다 더 가혹하게 처벌하는 형량 차이로 인해 마약 밀매로 기소된 백인 피고에 비해 흑인 피고가 더 부당하고 불공정하게 처벌받고 있다. 이 문제를 악화하는 요인은 애초에 백인이 마약 범죄로 기소될 확률이 흑인과 비교되지 않을 만큼 낮다는 사실이다."[26] 2010년, 미국 의회는 양형 기준을 '100 대 1'의 차이에서 '18 대 1'의 차이로 개정했다. 이는 개선의 진전을 보이는 조치였지만, 코카인 형량 정책은 제도적 편견의 한 형태로 남아 있고 오늘날에도 여전히 논란거리다.

이처럼 막대한 결과를 초래하는 제도적 편견은 이 문제를 다루는 자동차 회사 임원이나 판사들의 마음속에 심리적 편견이 존재하지 않더라도 발생할 수 있다. 제도적 편견은 법과 입법 행위, 규칙, 정책, 절차 등 조직과 제도가 작동하는 방식에 내재되어 있다.

　명문대에는 동문과 기부자의 자녀를 특별대우하는 '레거시' 입학 정책이 있다. 평균적으로 백인이 고등교육을 받을 기회가 많고 기부할 재산이 더 많으므로, 이 제도는 백인 학생들에게 유리하게 작용한다.

　치안의 경우, 시 당국과 정치인들은 경찰관의 순찰 지역에 영향을 미치는 정책과 우선순위를 설정한다. 이러한 정책으로 인해 주로 백인과 부유층이 거주하는 지역보다 빈곤층과 소수 민족이 거주하는 지역에 더 많은 경찰관이 배치된다면, 숫자만 놓고 봐도 빈곤층과 소수 민족의 차량 검문 및 체포가 더 많아질 것이다.

　이러한 문제는 기술 때문에 더 악화될 수 있다. 만약 알고리즘이 과거의 대학 입학 결정이나 동네별 범죄율 자료를 근거로 설계된다면, 역사적으로 권리가 박탈된 지역사회의 구성원들에게는 계속 불리한 결정이 이어질 수 있다.[27] 어떤 경우에는 설계 기능과 기계 학습 알고리즘이 편견으로부터 자유롭게 객관적인 의사결정을 하는 것처럼 보일 수 있기 때문에, 이러한 편견이 기술에 의해 더 악화되기도 한다.

　이러한 현상이 발생하는 곳 중 하나가 P2P* 플랫폼이다. 매년

＊　온라인에서 개인과 개인이 직접 연결되어 파일을 공유하는 방식.

전 세계 사람들은 에어비앤비Airbnb에서 7억 건이 넘게 숙소를 빌리고, 우버Uber 택시를 이용해 100억 건이 넘게 이동한다. 하지만 이러한 플랫폼에서도 차별의 증거가 늘어나고 있다. 예컨대 흑인이 사용할 법한 이름을 가진 에어비앤비 사용자들은 손님으로 받아들여질 확률이 낮다. 또한 주인이 흑인인 아파트는 백인이 소유한 비슷한 아파트보다 숙박비가 10퍼센트 낮다. 방대한 에어비앤비 사용자의 암묵적 또는 명시적 편견을 뿌리 뽑기란 불가능할지도 모른다. 하지만 플랫폼에서 주요 정보를 표시하는 방식을 바꾸는 것만으로도 차별적인 결과를 줄일 수 있다는 사실을 발견했다.

우리는 노르웨이경제대학교 카트리네 뇌트베트Katrine Nødtvedt와 할게이르 쇼스타Hallgeir Sjåstad가 주도한 일련의 실험을 통해 공유경제에서 인종 편견을 줄일 해결책을 알아보았다.[28] 노르웨이 고객들에게 에어비앤비 아파트와 일반 호텔 중 하나를 선택하라고 하자, 숙소의 주인이 인종적으로 같은 집단의 구성원일 경우 다른 인종 집단의 구성원일 때보다 에어비앤비 아파트를 선택할 확률이 25퍼센트 더 높았다. 그러나 다른 고객들에게 받은 별 다섯 개짜리 평점과 같은 신뢰할 만한 간단한 단서를 제공하면 이 편견은 완전히 사라졌다. 평점이 눈에 잘 보이지 않거나 보통일 때는 차별이 계속해서 이어졌다.

이 실험의 교훈은 우리가 잠재 고객의 머릿속에서 편견을 뿌리 뽑았다는 것이 아니다. 그 대신 우리는 중요한 정보를 보여 주는 플랫폼의 노출 방식을 바꿨다. 집주인의 인종은 인종적 고정관념과 관련되어 소비자에게 영향을 줄 수 있다. 하지만 크라우드소싱* 방식으로 집주인의 실제 신뢰도에 관한 사실적인 정보를 제공하면, 손님들은 다른 인종 배경을 지닌 사람의 집에 기꺼이 머물 것이다. 만약 P2P 경제에 있는 회사들이 인종 편견을 줄이고 싶다면, 집주인의 정체성보다는 이런 평판에 관한 정보를 특징으로 하는 웹사이트와 앱을 디자인해야 한다.

집단 차별대우를 줄이기 위해 제도를 정비하고 기술을 개선하는 것은 도덕적으로 반드시 해야 할 일이다. 더 공정하고 효과적인 규칙, 정책, 절차를 만들면 긍정적인 결과가 제도 자체를 넘어 연쇄적으로 긍정적인 결과를 가져올 수 있다. 투명하고 공정하며 효과적인 제도가 존재한다면, 자신이 속한 집단과 사회적 정체성에 유리하도록 차별하는 경향이 줄어들 것이다.

앞서 선조들이 환경을 헤쳐나가는 과정에서 발달한 연합 심리에 관해 설명했다. 사람들은 항상 협력자에게 주의를 기울이고, 잠재적 적은 경계한다. 공유된 사회적 정체성을 바탕으로 한 동맹관계는 자신을 보호하는 방법이자, 우리가 교류하는 사람들의 신뢰를 얻고 우리에게 친절할 확률을 높이는 방법이다. 믿

＊　온라인에서 사람들에게 아이디어나 도움을 얻는 관행.

을 만한 친구들을 곁에 두는 것은 혼란스러운 세상에서 실패의 위험을 줄이는 하나의 방법이다.

우리 사회가 발달시킨 제도도 이와 같은 기능을 한다. 예를 들어 운 좋게도 상당히 효과적이고 공정하게 작동하는 법률 체계를 갖춘 사회에 산다면, 다양한 사람들과의 관계에서 안정감을 느낄 수 있다. 일반적으로 남의 물건을 훔치거나 사기를 치는 사람이 잡혀 처벌받는 것이 당연하다고 생각한다면, 그런 짓을 하는 사람이 누구든 간에 그를 저지하는 법률 체계가 작동할 것이라고 기대할 수 있다. 만약 계약에 강제성이 있다는 것을 알면, 거래에서 사기를 당했을 때 법적으로 상환 청구권이 있다고 예상할 수 있다.[29]

효과적인 제도가 없다면 사람들은 개인적인 관계나 공유된 사회적 정체성을 통해 이미 관계를 맺고 있는 사람들로 신뢰의 범위를 제한할 수도 있다. 자신과 비슷한 사람들만 선별적으로 고용하거나 비즈니스를 하거나 제휴하는 것이 더 안전한 선택이라고 생각하기 때문이다. 하지만 사회 전반에 효과적인 제도가 있다면, 신뢰의 범주는 안전하게 개방되어 개인이나 집단 간 관련이 없는 사람들까지 그 범주에 포함할 수 있다. 이러한 이유 때문인지 정부, 법률 체제, 경찰 등 중요한 사회제도를 더 많이 신뢰할수록 다른 인종 집단 구성원들과 더 편안하게 교류하는 것으로 나타났다.

또한 제도와 같은 구조가 암묵적 편견을 줄일 수 있다는 증거도 발견했다. 두 가지 실험에서 우리는 백인 학생들을 실험실에 들어오게 한 후 다른 학생들과 일련의 게임을 할 것이라고 말했다.[30] 실험 참가자들은 사진을 통해 다른 학생들 중 일부는 백인이고, 일부는 흑인이라는 사실을 알았다. 이 게임은 다른 학생들이 속임수를 쓸 가능성이 항상 있기 때문에 어느 정도 신뢰가 필요했다. 우리는 참가자 절반에게 관찰자가 모두를 감시하면서 나쁜 행동을 하는 사람에게 벌을 줄 것이라고 알렸다. 다시 말해, 사심 없는 집행자 역할을 하는 사람을 정해 파트너가 속일 확률을 줄인 것이다.

학생들에게 이 설정에 대해 설명한 후 실제로 게임을 플레이하기 전에 암묵적 인종 편견을 측정하는 설문지를 작성하게 했다. 백인 참가자들은 누군가가 행동을 감시하는 곳에서 게임을 한다고 생각했을 때, 백인 얼굴에 암묵적 선호를 보이지 않았다. 그러나 신뢰를 높여주는 장치 없이 게임을 한다고 생각했을 때는 백인을 선호하는 암묵적 편견의 전형적인 패턴을 보였다.

실험 결과, 표범 팀과 호랑이 팀처럼 혼합 인종 팀으로 사람들을 배정할 때와 비슷하게 암묵적 인종 편견이 제거되었다. 그러나 여기서는 팀이 없었다. 사람들 간의 신뢰를 증진하는 제도적 구조를 갖추자, 정체성을 공유하지 않아도 편견이 줄어들었다. 따라서 사람들 사이의 신뢰를 증진시키는 것, 즉 공정성을 강화하는 방식은 처음부터 팀의 필요성을 줄일 수 있다.

행동하기

편견의 본질, 특히 암묵적 편견의 본질에 대해 깊이 살펴보았으니 이제 상원의원 케네디가 갈런드에게 제기했던 질문으로 돌아가보자. "**암묵적 편견**이 있다는 말은 자신이 무엇을 하든 어떤 생각을 하든 간에 인종차별주의자라는 뜻인가요?"

이 질문에 갈런드는 지적인 답변을 내놓았다. "**인종차별주의자**라는 수식어는 그렇게 적용할 수 있는 단어가 아닙니다. 암묵적 편견은 모든 인간이 편견을 가지고 있다는 의미일 뿐입니다. 암묵적 편견을 살펴보는 것은 우리의 의식적인 마음을 무의식적인 마음까지 끌어올려, 우리가 언제 고정관념에 따라 행동하고 있는지 알기 위한 것입니다."

노골적이고 명백하게 인종차별주의라는 신념을 드러내는 사람들도 있다. 그들은 공공연하게 그 신념을 표현하고 지지하며, 심지어 열정적으로 촉진한다. 또 어떤 집단은 다른 사람들을 지배하는 것이 옳다고 믿는다. 암묵적 편견은 그런 의미에서 인종차별이 아니다. 실제로 많은 사람이 편견 테스트를 통해 여성보다는 남성의 얼굴을, 흑인보다는 백인을, 나이 든 얼굴보다 젊은 얼굴을 선호하는 것을 깨달을 때 경악한다. 이 편견은 세상이 어떻게 작동해야 하는지에 관한 자기 신념과 충돌하기 때문이다. 그들은 평등주의를 중요시하기 때문에, 자신의 마음 한구석에 매우 다른 정서가 숨어 있다는 사실을 알면 경악을 금치 못한다.

'암묵적 편견이 있는 사람은 모두 인종차별주의자(또는 성차별주의자, 연령차별주의자 등 특정 그룹에 대해 편견을 가진 사람)인가?'라는 질문은 편견의 유무로는 답할 수 없다. 그보다는 일단 자신에게 암묵적 편견이 있는지를 알고 난 후 어떻게 하는지에 달려 있다. 우리가 공정하고 평등한 사회를 추구한다면, 암묵적 편견 테스트에서 몇 점을 받느냐보다 차이와 차별을 다루기 위해 무엇을 하느냐가 더 중요하다. 앞서 논의한 대로, 정체성과 신뢰의 단서를 바꾸면 당신의 암묵적 편견 점수는 바뀔 수 있다. 따라서 그 점수는 당신의 태도를 보여주는 믿을 만한 지표가 아니다. 반대로 정치인이 인종차별주의자가 아니더라도 그들이 내리는 결정이 인종차별을 지속하게 한다면, 그들이 인종차별주의자인지 아닌지는 그다지 중요하지 않다.

암묵적 편견은 온전히 의식하지 못하는 상태에서 다른 집단에 나오는 반응이기 때문에, 차별적인 방식으로 행동해도 책임이 없다고 생각할 수 있다. 이는 암묵적 편견을 '감옥 탈출 카드'*처

---

* 모노폴리 보드게임에서 사용하는 카드로, 감옥에 갇혔을 때 사용할 수 있는 탈출권.

럼 빠져나갈 핑곗거리로 여기는 태도다.

이를 반박하고자 우리는 갈런드의 의회 증언보다 한발 더 나아갔다. 암묵적이든 아니든, 편견을 살펴보는 핵심은 무의식적 사고방식 때문에 신념이나 가치와 일치하지 않는 행동과 결과가 나올 수 있음을 이해하는 데 있다. 그리고 이를 인식함으로써 우리는 통제력을 발휘하여 자신과 다른 사람들이 더 나은 세상을 만드는 데 도전하도록 힘을 쏟을 수 있다.

물론 우리 사회에 뿌리 깊게 박힌 불평등을 바꾸려면 단순한 실험실의 조작이나 축구 경기장에서의 대대적인 개입보다 훨씬 더 많은 노력이 필요하다. 또한 단기간의 편견 방지 교육만으로는 충분하지 않을 것이다. 이것은 중요한 첫걸음이 될 수 있다. 하지만 진지하고 지속적인 변화를 위해서는 먼저 불균등한 기회와 결과를 낳는 구조를 파악하고, 이를 근절하기 위한 조직적이고 집단적인 행동이 필요하다(이는 다음 장에서 논의할 예정이다). 그리고 이를 위해서는 연대가 필요하다.

7장

연대를 찾아서

플로리다주립대학교 사회복지학과 부교수인 실비아 제이컵슨 Sylvia Jacobson은 1970년 9월, 예루살렘에서 미국으로 돌아오는 길 이었다.[1] 제이컵슨이 탄 비행기 TWA 741편은 프랑크푸르트를 이륙한 직후에 팔레스타인해방인민전선(이하 PFLP)의 회원들 에게 납치당했다. 148명의 승객, 승무원과 함께 그녀는 요르단 의 사막 한가운데에 놓인 외딴 활주로로 옮겨졌다.

조마조마한 착륙이 끝난 후, 비행기에 PFLP 회원들이 올라탔 다. 손전등을 조명 삼아 얼굴을 드러낸 여성 리더는 감옥에 간 동지들의 석방을 포함한 납치범들의 요구가 충족되기 전에는 아무도 사막을 떠나지 못할 것이라고 말했다. 제이컵슨은 이 순 간을 이렇게 서술했다. "그때 처음으로 우리가 인질이라는 사실 을 깨달았다. 협박과 스트레스를 받는 낯선 환경에서 우리는 하 나의 공동체가 되었다."[2]

하루하루 시간이 흐르며 비행기 안 상태는 점점 나빠졌다. 냉 방 시스템은 망가졌고, 화장실에는 오물이 흘러넘쳤으며, 사람 들은 병이 났다. 설상가상으로 납치범들은 특정 승객들을 내보

내기 시작했다. 처음에는 비非유대인 여성들과 아이들을 버스에
태워 수도 암만에 있는 호텔로 보냈다. 다음에는 불규칙한 시차
를 두고 남자들 무리를 어디론가 데려갔고, 그들의 운명은 아무
도 알 수 없었다. 남자들이 모두 끌려 나가자 남아 있던 여자들
은 미치기 직전이었다.

승객들은 처음엔 사막에서 일체감을 느꼈지만, 몇 가지 분열
의 근원이 나타나기 시작했다. 14명의 대학생으로 구성된 한 집
단은 그 경험을 시련이라기보다는 모험으로 여기며 다른 승객
들을 짜증 나게 했다. 자녀가 있는 부모는 자신을 양육의 책임이
없는 사람들과 다르다고 생각했다. 납치범들이 제공한 유대교
율법을 따르지 않은 음식을 자녀에게 먹인 유대교 부모들과 먹
이지 않은 부모들 사이에 극명한 분열이 나타났다.

납치범들이 유대교인이자 미국인인 승객들을 공격적으로 대
하며 나머지 승객들과 차별하자 더 위협적인 분열이 발생했다.
이는 여권이 두 개 있는 승객들과 하나만 있는 승객들을 분열시
켰다. 이중 국적 소유자들은 특정 사회적 정체성을 감출 수 있었
다. 하지만 비행기 수색이 반복되면서 이러한 문서들이 발견되
자 납치범들은 분노했고, 여권을 숨기는 행위 때문에 모두가 위
험에 빠진 듯 보였다.

승객들은 간헐적으로 조직을 이루어 리더십을 발휘하려 했지
만, 처음에는 성공하지 못했다. 예를 들어, 화장실을 관리하거

나 음식을 배분하려는 사람들에게는 그들의 정당성을 묻는 신랄한 질문이 날아들었다. "누가 **당신에게** 그런 특별한 권리를 준 거죠?"

열기와 스트레스가 고조되고 혼란과 불화에 휩싸인 가운데, 항공기 741편에 탑승한 승객들이 공유된 정체성을 되찾았던 단합의 순간도 있었다. 이러한 현상은 납치범들이 승객들을 하나의 집단으로 대할 때 일어났다. 납치범들과 군인들이 비행기 안을 무리 지어 다닐 때, 승객들은 그들의 공동 운명을 강렬하게 인식했다. 그 순간을 제이컵슨은 이렇게 썼다. "분열은 가라앉았다. 국적, 종교, 인종, 슬픔, 책임, 가치관, 분노, 두려움의 차이에도 불구하고, 호기심 있게 노려보는 눈길을 오만하게 무시하면서 무관심과 경멸을 보일 때는 모두가 단합했다."

결국 인질들은 상황이 만들어낸 공동운명체라는 느낌과 공통의 목표 때문에 조직을 정비할 수 있었다. 닷새가 지나갈 무렵, 승객들은 물과 음식이 더 엄격하게 배급될 것이라는 사실을 전달받았다. 그들은 화장실을 사용하고 제한된 물을 할당하는 데 이견을 조율하기 시작했다. 대학생들은 배타적인 태도를 버리고 어린아이들과 놀아주기 시작했다. 어느덧 연대의식이 강화되었다.

1970년 9월 11일, 기분과 동맹과 정체성이 바뀌던 감당하기 힘든 5일을 보낸 후, 제이컵슨과 승객 대부분이 안전하게 풀려났다. PFLP는 다음 날 비행기를 폭파시켰다. 위기는 9월 30일, 팔레스타인과 아랍인 죄수들을 마지막 인질들과 맞교환하면서 완전히 해결되었다.

제이컵슨은 다른 승객들과 마찬가지로 살아남아 그 사건에 대해 이야기했다. 하지만 사회과학자이자 인간 역학에 대한 뛰어난 관찰자였기에, 제이컵슨은 단순히 저녁 파티에서 자신의 경험담을 이야기하는 데 그치지 않았다. 그녀는 그 경험을 과학적인 논문으로 발표해 엄청난 협박을 받는 상황에서 집단이 기능하는 방식에 관해 통찰력 있는 교훈을 남겼다.

이 납치 사건은 흥미로운 집단 역학을 보여준다. 상황이 어떻게 새로운 정체성을 활성화시키는지, 어떻게 하위 집단이 형성되고 갈등을 조장하는지, 그리고 공유된 목표가 어떻게 연대감과 집단적 목적의식을 제공하여 사람들이 공동선을 위해 협력하고 희생하도록 이끄는지를 밝힌다.

이 장에서는 사람들이 연대를 이루어 하나가 될 때 어떤 일이 생기는지 살펴볼 것이다. 공유된 정체성은 사람들이 언제 서로를 돕고 지지하는지를 이해하는 열쇠다. 이는 일상생활에서 사람들이 공동의 목표를 달성하기 위해 협력할 때 발생하지만, 어려운 상황에서 관계를 형성할 때도 발생할 수 있다. 위에서 언급한 인질극 상황과 마찬가지로, 사람들은 스트레스를 받을 때 새로운 정체성을 형성하곤 한다. 비행기 납치나 테러 공격 같은 사건에서 생성된 사회적 정체성은 물론, 심각한 질병에 걸렸을 때처럼 스트레스가 많은 상황(혹은 칵테일파티에서 동료가 질식할 뻔한 상황 등)도 비극과 재난에 대한 결속력과 회복력을 제공할 수 있다.

사람들은 위험이나 위협이 닥칠 때 자신만을 생각한다고 흔히들 가정한다. 무수한 할리우드 영화들이 비상 상황에 일어나는 공포나 폭동을 묘사한다. 하지만 실제로 이런 일은 거의 일어나지 않는다. 반세기에 걸친 재난, 시위, 군중 행동에 관한 연구에 따르면, 끔찍한 상황은 서로 정체성을 공유하도록 고무하고, 그 정체성 덕분에 집단이 큰 어려움에 효과적으로 반응하며 대처할 수 있다고 한다. 중요한 것은 공유된 정체성이 소외되고 불이익을 받는 집단이 그들의 동맹과 함께 불의에 대항하고 사회 변화를 추진할 수 있게 해준다는 점이다.

개입할 기회

모든 심리학 학부생과 마찬가지로, 제이도 키티 제노비스Kitty Genovese의 비극적 사건을 들었다. 그 소식은 〈뉴욕타임스〉를 통해 숨 가쁘게 전해졌다. 제이는 1964년 3월 13일 밤에 일어난 일을 알고 있었다(적어도 안다고 생각했다).

퀸스에 거주하는 38명의 시민은 큐 가든스 지역에서 살인자가 어떤 여성을 스토킹하면서 세 번이나 칼로 공격하는 장면을 30분 넘게 지켜보았다. 주민들의 목소리와 불빛으로 범인은 두 번이나 범행을 멈추고 도망갔지만, 그는 돌아와 여성을 찾아내어 다시 찔렀다. 사건이 일어나는 동안 아무도 경찰에 신고하지 않았고, 결국 여성이 죽은 후에야 한 목격자가 신고했다.[3]

'총 38명의 목격자'라는 말이 어디에서 나왔는지는 명확히 밝혀지지 않았다. 하지만 다수의 시민 중 아무도 나서서 개입하지 않고 사람이 칼에 찔리고 살해당하는 모습을 냉담하게 지켜보았다는 사실이 전국적인 분노를 일으켰다. 사람들은 문명이 부패했고, 뉴욕시의 생활 수준이 떨어졌다고 개탄했다.[4]

연구자로서 뉴스를 읽다가 어떤 아이디어가 떠오르는 때가 있는데, 1964년 당시 뉴욕에서 일하던 심리학자 존 달리John Darley와 빕 라타네Bibb Latané도 바로 그런 일을 겪었다(그것도 우리와 동시에 말이다). 제노비스의 비극적 실화를 바탕으로, 그들은 '방관자 효과bystander effect'라고 불렀던 가설을 발전시켜 테스트했다.[5] 본질적으로 그들의 가설은 위급 상황에 방관자가 많을수록 누군가가 나서서 도와줄 확률이 낮아진다는 것이었다.

응급 상황에서 여럿이 있을 때 사람들은 왜 반응하지 않는 걸까? 그들은 이러한 현상에 적어도 두 가지 이유가 있다는 이론을 제시했다. 첫째, 무엇이 위급 상황이고 무엇이 아닌지가 늘 분명하지 않아서 사람들은 종종 상황을 판단하기 위해 타인의 반응을 살핀다. 만약 이때 타인이 반응하지 않으면, 위급 상황이 아니라는 것을 알기 때문이라고 추정하고 행동하지 않는다. 하지만 만약 그들이 우리의 반응이나 무반응을 보고 정확히 같은 결론에 도달했다면, 이는 큰 문제다. 이는 **다원적 무지**라고 알려진 현상으로, 상황이 어떻게 돌아가는지 아무도 모르지만 다른 모두는 알고 있다고 추정하는 경향을 말한다.

둘째, 사람들이 서로 상황을 모르는 상태를 어떻게든 극복해서 있는 그대로 위급 상황이라고 인지한다고 해도 **책임의 분산** 때문에 행동하지 않는다. 다른 누군가가 처리해야 하거나 이미 처리했다고 추정하는 것이다.

달리와 라타네는 자신들의 아이디어를 테스트하기 위해 기발한 실험을 고안했다. 한 실험에서는 어떤 사람이 발작을 일으킨 척했다. 다른 연구에서는 연기가 문 밑에서 피어오르기 시작했다. 그들은 참가자들이 혼자 있을 때와 어떤 대처도 하지 않는 타인과 함께 있을 때, 이러한 위기에 어떻게 반응하는지를 관찰했다. 역시나 사람들은 혼자 있을 때보다 주위에 다른 사람들이 있을 때 더 돕지 않는 경향을 보였다.

제이는 앨버타대학교의 학부생으로 있을 때 다원적 무지와 책임의 분산을 배웠다. 비슷한 시기에 한 무리의 젊은이들이 캐

나다 에드먼턴의 지하철에서 무고한 남자를 공격했는데, 아무
도 그들을 저지하지 않았다. 대중은 또다시 부패한 문명과 대도
시의 타락에 목소리를 높였다. 이에 대해 제이는 현지 신문에 편
지를 보내 다른 사람들이 공격을 막지 않은 것은 부분적으로 방
관자 효과 때문일 수 있다고 지적했다. 또한 이러한 상황에서 인
간 심리를 더 많이 알면 사람들이 이런 종류의 문제를 극복해서
행동을 취하는 데 도움이 된다고 주장했다.

그는 머지않아 이 이론을 직접 시험할 기회가 생길 것이라고
는 상상도 못 했을 것이다.

제이는 사회심리학 박사과정을 마치기 위해 앨버타대학교에
서 토론토대학교로 거처를 옮겼다. 크리스마스 쇼핑을 마친 어
느 날 오후, 지하철에서 내려 역을 떠나려고 할 때 반대쪽에서 달
려오는 젊은 남자가 보였다. 대략 20세 정도로 보이는 남자는 표
를 사지 않고 회전식 문을 훌쩍 넘어 계단으로 뛰어내렸다.

몇 초 후, 그 남자는 자기보다 몸집이 훨씬 작은 여자를 계단
위로 질질 끌고 돌아왔다. 그는 여자를 벽에 세게 밀치고 그녀
의 얼굴에 소리를 질렀다. 그가 여자의 어깨를 잡고 난폭하게 흔
들 때 여자는 울고 있었다. 수십 명의 통근자가 그 소동을 보고
무슨 일인지 궁금해 목을 길게 뺐다. 하지만 무슨 일이 벌어지고
있는지 본 사람들은 대부분 시선을 돌린 채 열차를 타기 위해 서
둘러 지나갔다.

제이는 토론토 지하철 직원에게 달려가 상황을 신고했다. 지하철 직원이 보안 요원을 부르고 난 후, 제이는 자신이 최선을 다했는지 되돌아보았다. 남자를 가늠해보니 자신보다 덩치가 커 보였고 분노에 찬 기색이 역력했다. 하지만 방관자 효과에 대해 알고 있던 제이는 다원적 무지와 책임의 분산이 다른 사람들의 개입을 막고 있을지도 모른다는 생각이 들었다. 심장이 빠르게 뛰고 생리적 투쟁-도피 반응이 완전히 발동한 그 순간, 제이는 두려움을 삼키고 개입하기로 결심했다.

제이가 그들에게 다가가자 걱정스러운 표정을 한 다른 남자도 제이에게 힘을 보탰다. 제이와 남자는 짧게 눈을 마주치면서 이해한다는 의미로 고개를 끄덕인 후, 난폭한 남자에게 맞서 여자를 내버려두라고 말했다.

분노한 남자가 몸을 돌려 소리쳤다. "남의 일에 신경 꺼!" 그러고는 그가 주머니에 손을 넣자, 제이는 순간 심장이 철렁 내려앉았다. '칼을 꺼내려는 걸까? 아니면 더 위험한 무기일까?' 다행히도 그가 꺼낸 것은 25센트짜리 동전 하나였다. 남자는 동전을 던지면서 말했다. "경찰 부르든가!"

두 목격자가 떠나지 않을 것을 알아차린 남자는 협박을 몇 마디 내뱉더니 급히 자리를 떴다. 제이와 다른 남자는 젊은 여자를 부축해 계단 아래 지하철 승강장까지 데리고 갔고, 여자에게 보안 요원이 올 때까지 기다려주길 원하느냐고 물었다. 여자는 거절하며 그냥 집에 가고 싶다고 말했다. 폭력을 행사한 남자가 떠났으니 혼자 있어도 안전하다고 느낀 것이다.

잠시 후, 열차가 오는 소리가 들렸다. 제이와 다른 목격자는 여자를 떠나 계단 쪽으로 돌아가서 범인이 열차에 몰래 숨어들어 여자의 집까지 쫓아가지는 않을지 확인했다. 열차가 역으로 들어오고 수백 명의 통근자가 선로로 몰려들자, 우려했던 대로 그 젊은 남자가 계단에서 뛰어내려 여자를 향해 질주했다.

그 남자는 여자에게 열차에 타지 말라고 소리쳤지만, 여자는 기차에 올랐다. 문이 막 닫히려는 찰나, 남자도 내달렸다. 제이와 다른 목격자는 생각할 겨를도 없이 남자를 와락 붙잡았고, 땅바닥에 눕히며 몸싸움을 벌였다. 주먹에 맞지 않으면서 남자를 붙잡기 위해 안간힘을 쓰던 두 사람은 소란을 본 차장이 열차를 멈췄다는 사실을 깨달았다. 고개를 들자 수백 명의 통근자가 그들을 빤히 바라보고 있었다. 열차는 멈춰 있었고 승강장은 텅 비어 있었지만, 아무도 나서지 않았다.

제이는 다시 속으로 생각했다. '이게 방관자 효과구나!' 그리고 그는 상황을 군중에게 설명하고 도움을 요청해야 한다는 것을 깨달았다. 그는 이 사람들을 붙들고 있는 다원적 무지와 책임의 분산을 깨뜨려야 했다. 제이가 상황을 설명하자 두 명의 사람이 돕겠다며 기차에서 내렸다. 그들은 힘을 합쳐 폭력적인 남자를 땅에 내리누르고 있다가, 두 명의 건장한 보안 요원이 도착한 후 남자를 인계했다.

제이처럼 방관자 효과를 알면 위급 상황에서 선뜻 돕지 못하는 심리적 장벽을 쉽게 극복할 수 있다. 하지만 이제 우리는 제노비스 사건도, 방관자 효과도 생각만큼 간단하지 않다는 것을 알게 되었다.[6] 제노비스가 죽던 날 밤, 도움을 요청하는 소리를 들었던 이웃 몇 명은 어떤 식으로든 개입했다. 무슨 일이 벌어지고 있는지 확실히 알지 못했지만, 몇몇은 창밖으로 소리쳐서 일시적으로 용의자를 쫓아버리기도 했다. 훗날 자라서 뉴욕시 경찰관이 된 소년을 포함한 이웃 몇 명은 공격이 벌어지는 동안 경찰에 신고했다. 경찰이 응답하지 않았던 이유는 그로부터 4년 후인 1968년까지 미국에 중앙화된 911시스템이 없었기 때문일 것이다(그전에는 경찰서, 소방서, 병원이 각각 고유한 번호를 사용했고, 시민들에게 온 전화를 받거나 응대하는 표준화된 시스템이 없었다).

방관자 효과는 위급 상황에서 도움을 주는 일이 매우 드물다는 잘못된 인상을 줄 수 있다. 연구에 따르면, 사람들에게는 위급 상황에 실제로 나서서 개입하는 경향이 있다. 예컨대 최근 한 연구에서는 네덜란드, 남아프리카공화국, 영국의 도시에서 발생한 폭력 사건의 감시 카메라 영상을 조사했다.[7] 연구원들은 두 명 이상이 관련된 219건의 물리적 충돌 중 199건에서 적어도 한 명 이상의 목격자가 개입한 사실을 발견했다. 다시 말해,

91퍼센트의 확률로 사람들은 갈등에 개입한 것이다.

주위에 사람이 많으면 많을수록, 즉 단순히 숫자가 많으면 **누군가가** 나서서 도울 확률이 높아지리라 예상할 것이다. 하지만 그렇다고 해서 **당신이** 개입할 확률이 높아진다는 의미는 아니다. 이 차이를 이해하는 것이 중요하다. 주위에 사람이 많을수록 군중 속 누군가가 무언가 잘못되었음을 알아차리고 행동할 가능성이 높아진다. 하지만 이 상황에서 특정 사람이 어떠한 계기로 도와야 한다는 자극을 받지 않는 한, 이를 행동으로 옮길 가능성은 여전히 매우 낮다.

다원적 무지와 책임의 분산을 이해하는 것은 사람들이 언제 기꺼이 도우려 나서고 언제 그렇지 않은지를 이해하는 데 여전히 유용하다. 자기가 보고 있는 것이 긴급 상황인지 확신하지 못해 개입하지 않는다면, 이는 다소 역설적이게도 더 위험한 상황에서는 방관자 효과에 덜 영향을 받을 것이라는 예측으로 이어진다. 아마 상황이 정말 위험할 때는 응급 상황이 실제라는 것이 더 명확해지고, 도움이 필요하다는 사실도 분명해질 것이다. 이러한 예측과 일치하는 100개 이상의 방관자 연구에 대한 메타분석* 결과, 더 위험한 응급 상황에서는 다른 사람의 존재가 사람들의 도움을 막는 데 영향을 덜 미치는 것으로 나타났다.[8]

---

   *   특정 주제에 관한 여러 연구 결과를 수집하여 통계적으로 재분석하는 방법.

제이의 경우 방관자 효과에 대한 이해와 사회심리학자로서의 정체성 때문에 다른 사람들이 개입하지 않았음에도 개입하게 된 것일 수 있다. 하지만 사회심리학자가 아니어도 개입할 수 있으니, 남을 도와주기 위해 사회심리학자가 될 필요는 없다! 남을 돕는 일에 관해서라면 다른 정체성도 중요하다. 실제로 누군가와 사회적 정체성을 공유하고 있다는 것을 인식하는 것만으로도 큰 도움이 될 수 있다.

도덕적 범주 확장하기

우리가 타인을 얼마나 많이 도울지는 우리의 정체성 일부가 타인과 같은지 여부에 달려 있다. 철학자 피터 싱어Peter Singer는 이 개념을 '도덕적 범주moral circle'라고 부르는데, 이는 누가 우리의 관심을 받을 만하고 누가 그렇지 않은지를 결정하는 경계를 말한다.[9] 지금은 기본적 인권으로 여겨지는 권리(언론의 자유, 억압에서 벗어날 권리, 투표권 등)는 몇몇 지배계급 엘리트들이 소유한 특권에서 시작해 시간이 흐르면서 더 큰 집단으로 확장되었다. 여성과 민족적·인종적·종교적 소수 집단과 성 소수자 집단 등으로 권리가 확장되는 현상은 도덕적 범주가 넓어진 것으로 이해된다.

정체성의 경계는 고정되어 있지 않으며, 무엇이 가장 중요한지를 바탕으로 시간과 상황에 따라 달라진다. "도덕적 세계의 호는 길지만, 정의를 향해 구부러져 있다."라는 마틴 루서 킹의 말이 당시에는 옳았을지도 모르지만, 특정한 순간에 우리가 돕고 보살펴야 할 책임을 느끼는 사람들은 그때그때 달라질 수 있다.

영국의 축구 팬들은 평판이 그다지 좋지 못하지만, 기꺼이 서로를 돕는다. 마크 러빈Mark Levine과 그의 동료들은 맨체스터 유나이티드 팬들을 랭커스터대학교에 있는 그들의 심리학 연구실로 초대했다.[10] 그들은 맨체스터 유나이티드를 얼마나 사랑하는지 느끼게 하고, 팀의 팬이라는 정체성을 상기하도록 설계된 일련의 과제를 수행했다. 그다음 다른 건물로 이동해 연구를 완수하라는 요청을 받았다.

그들이 이동하던 중 위급 상황이 발생했다. 앞에서 길을 가로질러 뛰어가던 젊은 남자가 발을 헛디뎌 넘어진 후 발목을 움켜쥔 채 고통스럽게 신음했다. 과연 그들은 도움이 필요한 이 남자를 도왔을까?

실험을 거듭할 때마다 매번 넘어지는 이 어설픈 행인은 미리 실험자들과 공모한 동일 인물이었다. 하지만 그의 정체성은 항상 같지 않았다. 팬으로 이루어진 첫 번째 집단은 평범한 티셔츠를 입은 젊은이와 마주쳤다. 두 번째 집단은 맨체스터 유나이티드 유니폼을 입은 남자를 보았다. 세 번째 집단은 리버풀(맨체스터 유나이티드의 최대 라이벌) 유니폼을 입은 남자를 마주쳤다.

옷이라는 단순한 차이가 결정적인 역할을 했다. 다친 낯선 사람이 맨체스터 유나이티드의 팬이었을 때는 참가자의 92퍼센트가 나서서 도왔지만, 그가 리버풀의 팬이었을 때에는 30퍼센트만이 멈춰서 도왔다. 중요한 점은 이렇게 돕지 않는 태도가 라이벌 클럽의 팬을 돕는 것이 싫어서라기보다는 그들 사이에 공유된 정체성이 없기 때문이라는 것이다. 평범한 티셔츠를 입은 낯선 행인을 도운 사람도 33퍼센트에 그쳤으니 말이다!

당신은 이렇게 생각할지 모른다. '그래, 좋아. 맨체스터 유나이티드 팬들은 자기 집단이 아닌 사람들을 돕지 않는 편협한 사람들이로군.' 하지만 잠깐만 기다려주길 바란다.

두 번째 연구에서 러빈과 동료들은 같은 실험을 반복하되, 맨체스터 유나이티드 팬들이 실험실에 도착했을 때 그들에게 상기시킨 내용을 바꿨다. 이번에는 '아름다운 경기'를 얼마나 사랑하는지 느끼게 하고, **축구 팬**으로서의 정체성을 상기하도록 고안된 과제를 수행하게 했다. 이를 통해 특정 구단보다 더 크고 포괄적인 정체성을 활성화했다.

실험의 다른 모든 조건은 이전과 동일했지만, 결과는 꽤 극적으로 바뀌었다. 이제 맨체스터 유나이티드 팬들은 다친 리버풀 팬을 맨체스터 유나이티드 팬과 똑같이 도왔다. 하지만 그들은 낯선 사람의 티셔츠에 아무런 로고가 없을 때는 돕지 않는 경향을 보였다. 다시 말해, 이 팬들에게 활성화된 사회적 정체성의 범위가 이전보다 넓어진 것이다. 비록 축구를 사랑하는 사람들에 국한되기는 했지만, 그들은 도덕적 범주가 넓어져서 더 넓은 범위의 인류에게 도움의 손길을 내밀었다.

어떤 면에서 이러한 현상은 요르단 사막에서 납치된 비행기 승객들의 경험을 거울처럼 잘 보여준다. 공유된 정체성을 느꼈을 때 그들은 선뜻 협력했다. 하지만 그들이 음식, 육아, 여권을 놓고 나눌 때는 서로를 덜 돕는 경향을 보였다. 어떤 상황에서는 무심하게 행동하던 사람이 다른 상황에서는 관대하고 지원적인 태도를 보일 수 있으며, 정체성의 변화는 그 이유를 설명할 수 있다.

응급 처치 훈련 프로그램은 어떻게 응급 상황을 인지하고 대응하는지에 초점을 둔다. 하지만 돕는다는 것은 무엇을 해야 할지 아는 것만이 아니다. 이 연구가 보여주듯, 특히 위험하고 두려운 상황에서 선뜻 돕고 싶을 만큼 동질감을 느끼는 사람이 누구인지 인식하는 것부터 돕는 행위는 시작한다.

잠재적 집단

앞서 보았듯이, 인간은 상황에 따라 자기가 지닌 다양한 정체성을 활성화한다. 따라서 우리가 생각하고 느끼고 행동하는 방식은 상황에 크게 좌우된다. 축구 경기장에서 다른 팬들과 함께 축구 경기를 보고 있을 때는 직업적, 가족적, 종교적 정체성보다 팀 정체성이 가장 먼저 떠오를 것이다. 우리는 여러 정체성을 가지고 있지만, 상황에 따라 그 정체성이 부각되기도 하고 사라지기도 한다. 그러나 가끔은 우리가 처한 상황에 따라 완전히 새로운 정체성이 생겨나기도 한다.

1장에서 말했듯이, 사람들의 **집합체**(우연히 같은 시기에 같은 장소에 있게 된 개인들의 모임)와 **심리적 집단** 사이에는 중요한 차이가 있다. 집합체는 단지 공동의 공간에 공존할 뿐이지만, 심리적 집단은 정체성이라는 느낌을 공유한다. 그들은 함께 모여야만 개인보다 더 크고 의미 있는 존재가 된다는 사실을 알고 있다.

사람들의 집합체는 사건이 닥치면 심리적 집단이 될 잠재력을 가지고 있다. 비행기에 탄 승객들, 레스토랑에 있는 손님들, 교외에 사는 이웃들은 사건이 발생해 공유된 사회적 정체성이 만들어지면 심리적 집단이 될 수 있다. 이러한 상황은 누군가가 단합할 동네 모임을 만들거나 지역 공동체를 조직할 때처럼 계획적이고 의도적으로 이루어질 수도, 비행기가 납치되거나 재난이 발생했을 때처럼 전혀 계획되지 않거나 심지어 원치 않던 상황에 이루어질 수도 있다.

그러한 재앙은 2005년 7월 7일, 런던의 아침 출근길에 일어났다. 테러리스트들이 런던의 거대한 교통망을 공격한 것이다. 자살 폭탄 테러범이 지하철에서 세 개의 폭탄을 터트렸고, 이층 버스에서 네 번째 폭탄을 터트렸다. 이로 인해 테러리스트를 포함해 52명이 사망했고 700명 이상이 부상을 입었다.

폭탄이 폭발한 후 수천 명의 승객 중 대다수가 다쳤다. 그들은 연기와 어둠과 잔해에 둘러싸여 망연자실했다. 이렇게 끔찍한 상황이라면 누구나 대규모 공황 상태를 예상할 것이다. 지상으로 빠져나가려고 서로를 밀고 밀치면서 탈출하려는 광란의 질주 속에 사상자들을 버려두는 아수라장과 대혼란의 그림이 떠오른다.

하지만 실제로는 그렇지 않았다. 영국 심리학자 존 드루리John Drury는 런던 폭탄 테러를 비롯한 위급 상황에서 군중이 어떻게 반응하는지 집중적으로 조사했다. 그는 재난이 닥칠 때 벌어지는 일에 네 가지 주요 교훈이 있다고 주장했다.[11]

첫째, 공황과 과민반응은 드물다. 제이컵슨도 비행기 납치사건을 설명할 때 공황 상태가 없었다는 점에 비슷하게 주목했다. 승객들은 충격, 공포, 우울증, 충격적인 상황에 대한 불신 등을 보였지만, 어느 순간에도 이성을 잃지 않았다. 둘째, 일반적으로 생존자들은 서로를 돕고 지지한다. 셋째, 이러한 도움과 지지는 생존자들이 그 순간에 공유된 정체성을 느끼는 데서 나온다. 넷째, 응급 구조대와 당국이 군중을 대하는 방식은 군중의 반응에 큰 영향을 미치며, 이는 그들의 공유된 정체성에 영향을 준다.

런던 폭탄 테러 후, 드루리와 그의 동료들은 생존자들을 면담하고 실제 사건에 관해 사람들이 공공연하게 말한 기사들을 샅샅이 뒤졌다.[12] 사람들이 **공황**이라는 단어를 사용하는 것은 드문 일이 아니었지만, 이 용어는 주로 무질서한 광란의 행동보다는 자연스러운 감정 상태인 두려움과 충격을 묘사하는 데 가장 많이 사용되었다. 주위의 혼란에도 사람들의 처신이 차분하고, 질서정연하게 통제되었다는 묘사가 많았다. 한 인터뷰 대상자는 이렇게 말했다.

대피는 상당히 침착하고 고르게 이루어졌으며, 비명을 지르면서 달려가는 사람은 단 한 명도 없었습니다. 물론 우는 사람들도 있었지만, 다들 침착하게 평정심을 유지했죠. 저는 그 점이 정말 놀라웠어요.

게다가 그들은 다른 사람들과 하나가 된 느낌이 들었다고 말했다.

우리가 한배를 탔다는 느낌이 들었어요. 스트레스가 높은 상황이었지만, 모두 함께 있었기 때문에 그곳을 빠져나가는 최고의 방법은 서로 돕는 것이었죠. 그래서인지 주위에 있는 사람들이 꽤 가깝게 느껴졌어요.

공유된 정체성 및 도움에 관한 연구와 일관되게 서로 돕는 태도는 흔하게 나타났다. 신문 기사에 따르면, 남을 도왔다고 말한 사람이 57명이었고, 남에게 도움을 받았다고 말한 사람이 17명이었으며, 추가로 140명이 돕는 행동을 목격했다고 한다. 이기적인 행동을 목격했다는 보도는 단 세 건뿐이었다.

위급 상황과 재난은 극단적인 사건이지만, 그 사건들로 미루어 더 정상적이고 덜 무서운 환경에서는 정체성 역학이 어떻게 작동하는지를 배울 수 있다. 공동운명체라는 인식은 공유된 정체성, 즉 우리가 한 집단의 일원이라는 인식을 만들어낸다. 이러한 공유된 정체성은 연대와 협업 능력을 만들어내며, 사람들이 조율하고 협력할 수 있는 토대가 된다.

같은 뇌파로 한마음이 되어

이 책 전반에 걸쳐, 우리는 공유된 정체성의 근본적인 이점 중 하나가 사람들이 혼자서 해낼 수 없던 일을 집단으로서 함께 해낼 수 있다는 점이라고 주장해왔다. 어떤 경우에는 협력하면 놀라운 일을 성취할 수 있다는 것이 분명하다. 사람들이 조화를 이룰 수 없다면 대성당을 짓거나, 교향곡을 연주하거나, 전 인구에게 백신접종을 할 수 없을 것이다. 하지만 협력이 최고의 방법이라고 단정할 수 없는 경우도 있다. 어떤 일은 혼자 할 때 효율이 더 높고, 적어도 개인적인 이익이 있을 때 동기가 부여되는 것은 틀림없는 사실이다.

이 의문을 시험하기 위해, 우리는 사람들이 연대를 이루어 협력할 때 그들의 뇌에서 어떤 일이 일어나는지를 개인으로 일할 때와 비교하여 조사했다. 우리는 **심리적 집단**이 같은 신경 파장을 이용해 어떻게 한마음이 되는지, 우연히 같은 시간에 같은 장소에 있게 된 개인의 조합인 단순한 **집합체**보다 더 나은 결과를 내는지 알고 싶었다.

박사과정 학생인 디에고 리네로Diego Reinero가 주도한 한 연구에서, 우리는 174명을 실험실로 초대해 꽤 어려운 과제를 수행해 달라고 요청했다.[13] 예컨대 그들에게 물품 목록을 준 후 한겨울에 비행기 사고를 당했을 때 생존에 중요한 순서대로 물품 순위를 매기도록 한 것이다. 생존 전문가가 아닌 일반인의 눈에 쉽게 이해되지 않는 물품도 있었기에 올바른 결정을 하려면 신중한 추론이 필요했다.

조별로 네 명의 참가자가 동시에 실험실에 들어왔다. 그들을 문제 해결 과제로 투입하기 전에, 네 명이 한 팀으로 과제를 완수하는 조건과 개인으로 최선을 다하는 조건 중 하나에 참가자를 무작위로 배정했다.

팀으로 구성된 사람들에게 연대감을 조성하기 위해, 그들에게 문제 해결 과제를 놓고 다른 팀들과 시합할 것이라고 말했다. 게다가 돈도 걸었다. 상위 5퍼센트 안에 드는 팀에게는 200달러의 보너스를 각각 50달러씩 공평하게 나누어 주겠다고 말했다. 그런 다음 팀 이름을 짓게 하고, 서로 마주 본 채 펑키 음악에 맞춰서 함께 손발로 박자를 맞추게 했다. 음악에 맞춰 몸을 움직이는 것은 집단의 목적의식을 고취하는 오래된 방식이다.

이와 반대로, 개인으로 일하도록 배정받은 참가자들에게는 혼자서 일하면서 다른 개인들과 경쟁하며, 상위 5퍼센트 안에 드는 사람은 50달러의 보너스를 받게 될 것이라고 말했다. 그런 다음 개인별 암호명을 만들게 했고, 헤드폰으로 조용히 같은 음악을 들으면서 서로 등을 돌린 채 손발로 박자를 맞추게 했다. 이는 그들이 인정사정없는 개별 경쟁의 세계에 있다고 느끼도록 고안된 조건이었다.

아마 당신은 자신이 속한 조직이나 직장이 이 조건과 불편하리만큼 비슷하다는 것을 알아차렸을 수도 있다. 많은 회사, 학교, 가정에서는 우리 실험의 개인주의적 조건과 매우 비슷한 장려책을 만들어놓는다. 사람들은 상을 받기 위해 경쟁하면서 개인의 정체성을 구축한다. 칸막이 없이 개방된 사무실에서는 많은 직장인이 남의 말을 듣지 않기 위해 헤드폰을 낀 채 자신만의 정신적 세계를 만든다.

흔히 사람들은 자신의 성과를 최대화할 수 있을 때 가장 좋은 성과를 낸다고 생각한다. 하지만 정체성의 역학을 오래 연구한 우리는 사람들이 혼자서 경쟁하는 것보다 연대를 이루어 협력할 때 더 좋은 성과를 낼 수 있다고 생각했다.

참가자들이 과제를 준비하는 동안, 연구팀은 각 참가자의 두뇌 활동을 기록하기 위해 작은 헤드셋을 착용시켰다. 이 장치는 상당히 작아서 작은 왕관처럼 머리에 딱 맞았다. 일단 연구가 진행되자 참가자들은 자신이 헤드폰을 쓰고 있는지조차 의식하지 못하는 것 같았다.

참가자들이 과제를 수행하는 동안 우리는 그들이 같은 집단의 구성원들과 '같은 파장에 있는지' 확인하고자 뇌 활동 패턴을 측정했다. 신경 동기화 수준을 평가하기 위해 연구 전반에 걸쳐 측정한 참가자들의 패턴과 다른 사람들이 동시에 작업을 완료했을 때 보이는 패턴을 비교한 것이다. 그들의 뇌는 동시에 얼마나 유사한 방식으로 활성화되었을까?

데이터를 분석했을 때 처음으로 알아차린 것은 팀으로 함께 일하는 집단이 거의 모든 과제에서 개인을 능가했다는 사실이다. 그들은 스도쿠, 사진 기억, 브레인스토밍, 암호 해독뿐만 아니라 생존 과제에서도 평균적으로 개인이 혼자 하는 것보다 더 나은 해결책을 찾아냈다. 팀을 이루는 것은 한결같이 혼자 일하는 것보다 더 나은 결과를 냈다.

또한 사람들은 개인이 모인 집합의 일부일 때보다 의미 있는 심리적 집단에 속할 때 더 많이 협력했다. 우리는 실험 참가자 모두에게 그들이 받은 상금 중 10달러까지 자신의 집단에 기부할 수 있다고 말했다. 그리고 모든 상금을 한데 모아 두 배로 늘린 다음, 네 명 모두에게 똑같이 나누어주기로 했다. 따라서 만약 네 명 모두 10달러 전액을 기부하면, 각자 20달러를 손에 쥐고 돌아갈 수 있었다. 실험 결과, 팀으로 일했던 참가자의 74퍼센트가 자기 집단에 10달러 전액을 기부했지만, 개인으로 일했던 참가자는 51퍼센트만이 10달러 전액을 기부했다.

다시 말해, 팀은 집단적 의사결정의 거의 모든 요소에서 개인의 능력을 능가했다. 팀의 성과가 개인의 성과보다 낮은 유일한 과제는 단순한 타이핑 과제였다. 이 과제를 할 때는 함께 일하고 반응을 조율하느라 속도가 느렸다. 팀워크가 항상 해결책은 아니지만, 대부분 효과가 좋은 것은 틀림없었다.

뇌 활동을 살펴본 결과, 우리는 비슷한 패턴을 발견했다. 처음에는 집단으로 협력하는 사람들의 신경 동기화 정도가 개인으로 일하는 사람들과 별반 차이가 없었다. 하지만 연구를 진행할수록 협력하여 일하는 사람들의 뇌가 서로 비슷해지기 시작했다. 그리고 연구가 끝날 무렵에는 신경 동기화 정도가 팀 대 개인에서 분명한 차이를 보였다.

여기서 더 중요한 점은 신경 동기화가 성과와 관련 있다는 것이다! 뇌파가 서로 비슷하게 움직였던 팀, 즉 더 동기화된 팀이 과제에서 가장 좋은 성과를 냈으며, 집단적 의사결정을 더 잘 내렸다. 그들은 인지하지 못했지만, 같은 신경 파장에 있다는 것은 성공과 관련이 있었다.

비슷한 역학이 교실에서도 작용한다. 교실은 사람들이 자신을 개인의 집합체로 볼 수도 있고 집단의 일원으로 볼 수도 있는 또 다른 장소다. 공동 연구자인 수잰 디커Suzanne Dikker가 주도한 연구에서, 우리는 한 고등학교와 협력해 한 학기 내내 생물 수업 시간 동안 학생들의 뇌 활동을 측정했다.[14] 약 3개월간 디커는 매주 12명으로 구성된 집단에 헤드셋을 착용시켰고, 우리는 학생들이 신경과학을 배우는 동안 그들의 뇌 활동을 기록했다.

교사의 가장 큰 과제 중 하나는 복잡한 자료를 보며 수업하는 동안 학생들의 참여를 유지하는 것이다. 이 연구에서 교사는 다양한 접근 방식을 취했다. 크게 읽기, 영상 보여주기, 강의하기, 토론 이끌기 등을 활용해 적절한 면학 분위기를 조성했다. 그리고 학생들이 배우는 동안 우리는 그들이 같은 뇌파에 있는지 조사했다.

결과를 보니 영상 보여주기와 토론 참여가 수업에서 가장 즐거운 요소였고, 동시에 학생들이 가장 비슷한 뇌파 패턴을 보인 수업 방식이기도 했다. 집단 전체에 신경 동기화 정도가 증가하면서 학생들은 더 많이 참여했고 수업을 더 긍정적으로 평가했다. 흥미롭게도 한 학생이 수업 전에 다른 학생과 짧은 사교적 교류를 했을 때 둘의 뇌파가 수업 시간에 더 비슷해졌고, 그날 서로를 더 가깝게 느낀 사실도 발견했다. 그 짧은 순간의 교감이 사람들을 같은 뇌파로 올려놓는 것 같았다.

이 연구들 전반에서 사람들을 같은 뇌파로 한마음이 되게 하는 것이 의사결정, 학습, 협동을 이끄는 비결이었다. 이 연구들은 일상의 다양한 상황에서 공유된 정체성을 지니고 사회적으로 연대한다면 더 이로운 결과를 낼 수 있다는 것을 말해준다.

공유된 정체성은 특히 전 세계적으로 사회가 변화하고, 더 큰 정의를 추구할 때 사회 전체에 폭넓게 이바지하기도 한다. 마틴 루서 킹이 말한 "정의를 향해 구부러진 긴 호"는 인류의 계몽이 불러온 결과가 아니라, 힘든 투쟁의 산물이었다(공정한 정의를 누리지 못한 사람들은 인권과 기타 공공재를 확장하기 위해 힘겹게 싸웠다). 변화는 사람들이 서로 연대하고, 이를 위해 싸울 때 일어난다.

변화를 위한 싸움

공유된 정체성은 소외된 집단과 그들의 동맹이 변화를 위해 조직을 만들고 집결하도록 돕는다. 앞서 살펴보았듯, 사람들은 어떤 대상에게든 사회적 정체성을 형성할 수 있다. 그러나 오랜 역사 동안 억압에 시달려온 농노, 노예, 낙인찍힌 집단과 계급의 구성원들은 공동의 이익을 놓고 결집할 기회가 많지 않았다. 이는 매우 중요한 질문을 제기한다. 소외되고 권리가 박탈된 사회 계층의 사람들은 언제 공동의 이익을 중심으로 한데 모여 사회적 동질감을 느끼면서 변화를 요구하는가?

인간의 가장 중요한 사회적 정체성은 전통, 의식, 역사, 신화, 이야기, 성취의 기억, 즐거움을 공유하면서 만들어지고 육성된다. 하지만 사회적 정체성은 인간이 겪는 역경, 고난, 타인에게 대접받거나 타인을 학대하는 방식에 영향을 받아 만들어지기도 한다. 자신의 의도와는 상관없이 특정 집단에 속해 있다는 이유로 기회와 결과가 제한된다는 것을 깨달을 때, 그 제한이 불합리할 때, 공동운명체라는 느낌과 공유된 정체성이 생겨나는 경향이 있다.

이러한 현상은 작가이자 교육자인 잭슨 카츠Jackson Karz가 보여준 사례에서 강렬하게 나타난다.[15] 카츠는 방 안에 있는 남성들에게 질문한다. "성폭행을 당하지 않기 위해 매일 사용하는 자신만의 예방책이 있나요?" 그의 질문에 어색한 침묵이 이어진다. 대부분의 남성은 할 말이 없다. 그다음 여성들에게 같은 질문을 한다. 질문을 듣자마자 여기저기서 손을 들어 올리고, 자신들이 매일 취하는 안전 예방책을 공유한다. 자기방어로 사용할 수 있도록 열쇠 꼭 쥐고 있기, 차에 타기 전에 자동차 뒷좌석 확인하

기, 항상 휴대전화 들고 다니기, 밤에 혼자 나가지 않기, 후추 스
프레이 소지하기, 조명이 밝은 곳에 주차하기 등의 예방책을 나
열한다.

이러한 행동은 여성들이 직면한 (그리고 많은 남성이 의식조차
하지 못하는) 매우 심각한 위험을 드러낼 뿐만 아니라, 얼마나 많
은 여성이 자신의 성性 정체성을 경험하고 있는지를 보여준다.
남성들은 남자라는 이유로 위험에 처한 적이 없기에 자신의 성
을 매일 생각하지는 않을 것이다. 하지만 여성들이 매일 취하는
어마어마한 예방책 목록은 많은 여성이 주로 남자들이 만든 위
험 때문에 자신의 성을 늘 인지하고 있음을 보여준다.

사회적 약자나 억압받는 집단 구성원들이 자신이 처한 **사회
체계가 부조리하고 이로부터 빠져나갈 수 없다**고 인식할 때, 사회적
정체성이 강화되고 사람들을 결집시키는 계기가 될 확률이 높
다.[16] 어떤 사회 체계로부터 **빠져나갈 수 없다**고 생각할 때 사람
들은 사회에서 자신의 위치와 경험이 집단에 구속되어 있다고
인식하고, 더 유리한 집단 구성원들만큼 온전히 성공할 수 없다
고 생각한다. 그리고 이러한 상황을 근본적으로 부당하다고 여
길 때, 그 체제가 부조리하다고 말한다. 성폭력의 경우 여성은
남성보다 훨씬 큰 위험에 맞닥뜨리는데, 이는 그들이 여성이라
는 집단에 속해 있어서 겪는 일들이다. 미투 운동#MeToo을 계기
로 남성과 여성이 겪는 다른 현실이 점점 표면화되었고, 이는 매

우 끔찍하고 부당한 일로 여겨지고 있다.

여성들이 회사원으로서 임원의 지위까지 올라가지 못하게 막는, 이른바 **유리천장**은 부당하면서도 빠져나갈 수 없는 악명 높은 체제 중 하나다. 그러나 '유리천장'이라는 용어가 암시하는 바처럼 집단을 기반에 둔 장애물이 항상 분명히 눈에 띄는 것은 아니다. 장애물을 보이지 않게 유지하는 숨은 힘이 있다. 사회에서 결과를 오로지 개인의 능력으로 돌리는 강한 경향이 그러한 예 중 하나다. 또한 세상과 세상에서 일어나는 일들이 근본적으로 공정하다고 여기면서 우리가 사는 체계를 합리화하는 성향도 있는데, 이것이 바로 '체제 정당화'라고 알려진 과정이다.[17]

체제 정당화에서는 많은 사람이 자신의 업보를 암묵적으로 믿는 것처럼 보인다. 예컨대 나쁜 일이 일어났을 때, 어떤 면에서는 그런 일을 당해 마땅하다고 생각하는 사람들이 있다. 이러한 생각은 피해자를 비난하는 경향을 만든다. 통제할 수 없는 상황과 결과에 책임을 추궁당하고, 심지어 수치심을 느끼거나 벌을 받기도 한다.[18] 이런 일은 보통 성폭행 사건에서 흔하게 일어나는데, 대중은 (그리고 가끔은 사법체제까지도) 가해자보다 피해자인 여성을 더 많이 비난하곤 한다. 더 일반적으로는 결과를 개인화하는 경향 때문에 사람들은 임금, 건강, 사법체제 내에서의 차별에 관해 들으면서도 그것을 개인의 선택이나 실패로 여긴다.

"그 여자가 술집에서 성희롱당했다고? **그러니까 여자가 옷을 그렇게 입으면 안 되지. 그 늦은 시간에 왜 밖에 있었던 거야?**"

"그 여자가 그 남자보다 연봉이 낮다고? **그 여자가 임금 협상을 치열하게 하지 않았겠지.**"

"그 남자가 또 경찰에게 검문당하고 차량 수색까지 당했다고? **호화스러운 차를 타서 그래. 아마 그런 차를 타지 않았다면 관심도 끌지 않았을걸?**"

상황에서 원인을 찾지 않고 개인에게 원인을 돌리면, 특정 집단 구성원들에게 부정적으로 작용하는 체계적·구조적 요인을 알아차리기 어렵다.

개인들이 속한 사회적 범주를 바탕으로 부조리한 대우가 발생하고 있지만, 그것이 눈에 띄지 않는 다른 이유로는 토크니즘 tokenism *이라 알려진 현상이 있다.[19] 가장 잔인하게 억압하는 정권을 제외한 사회 대부분에서 사회적 약자 집단의 몇몇 구성원은 자신의 앞에 놓인 장애물을 극복해 성공을 거두기도 한다. 이러한 개인이 증거가 될 때, 즉 체제가 공정하고 계층 이동이 가능한 사회라는 증거로 내세워질 때 토크니즘이 발생한다. 따라서 그 사회가 지닌 문제라면 그것이 무엇이든 과거의 일로 여겨진다. '봐라, 우리는 여성 CEO, 게이 시장, 흑인 대통령이 있지

---

*   사회적 소수 집단의 일부를 대표로 뽑아 문제 해결의 구색을 갖추는 형식적인 정책이나 관행.

않은가.'

오바마가 2008년 대통령에 당선되었을 때, 어떤 사람들은 그 것을 미국이 인종 문제를 극복한 신호로 보았다. 워싱턴대학교 셰릴 카이저Cheryl Kaiser 교수와 동료들이 수행한 연구에 따르면, 오바마 당선 이후 사람들이 미국에서 동시대의 인종차별이 덜 심각한 문젯거리라고 말하는 경향을 보였다고 한다.[20] 미국인 들은 인종 간 불평등을 줄이는 정책을 대선 전보다 덜 지지했다. 오바마 대통령의 성공을 그 체제가 공명정대하다는 증거로 여 기는 것 같았다.

사람들은 이런저런 방법들로 자신과 타인에 대한 불평등을 합리화하면서 체제 정당화에 참여한다. 우리는 연구를 통해 체 제 정당화 성향이 사람들로 하여금 소수 인종을 더 가혹하게 재 단하고, 성 소수자 집단에 동등한 권리를 주는 것에 저항하게 만 든다는 사실을 발견했다.[21] 사람들은 억압적 체제에 동질감을 느낄 때, 종종 그 체제를 유지하려는 동기를 부여받는다.

이러한 종류의 체제를 정당화하는 힘을 극복하기 위해, 권리 를 박탈당한 집단 구성원과 그들의 동맹은 느리고 고된 의식화 과정에 참여한다. **'맞아, 이건 진짜 큰 문제야. 정말 잘못된 일이라고. 사회 전체에 퍼져 있잖아. 이건 한 번의 사건으로 끝나지 않아. 그러니 힘을 합해야만 그 문제에 관해 뭔가 할 수 있어.'**

미투 운동과 **BLM 운동**은 여전히 진행 중인 성공한 의식화의 사례다. 두 운동의 활동가들은 온라인에서 유기적으로 활동하고, 커다란 조직을 이루어 거리 시위에 나서기도 한다. 어떤 이들은 온라인 사회 운동을 단순한 해시태그 시위나 슬랙티비즘 slacktivism *이라고 비난하지만, 휴대전화 영상과 병행하는 소셜미디어는 이러한 시민권 문제에서 게임 체인저였다.

특히 흑인과 소수 인종 민간인을 대하는 경찰의 잔혹성을 폭로하는 영상은 이런 사건이 얼마나 자주 일어나는지 보여주며 전 세계 사람들을 눈뜨게 했다. 뉴욕시 경찰관들이 에릭 가너를 사망케 한 2014년부터 2020년까지, 경찰이 다른 인종에 비해 흑인에게 과도한 무력을 사용한다고 생각하는 미국인의 비율이 33퍼센트에서 57퍼센트로 증가했다.[22] 이와 마찬가지로 미투 운동을 통해 여성들은 전 세계 사회에 성희롱과 성폭행이 얼마나 만연한지를 기록하고 입증했다.

중요한 점은 BLM과 미투 운동에서 성취한 의식화가 사회적 약자나 권리를 박탈당한 집단 구성원들의 정체성과 충성에만 영향을 미치지 않았다는 것이다. 남성도 여성이 겪는 성희롱과 불공평한 대우를 알게 되자 충격받고 경악했다. 백인들 또한 사회 체제가 흑인과 다른 소수 인종 집단보다는 그들에게 이롭도록(또는 그들에게 무죄 추정의 원칙을 적용하도록) 구조화되어 있다

---

*   소셜미디어를 이용해 최소한의 노력만 하는 소심하고 게으른 저항 방식.

는 것을 이해했다. 그들은 이러한 차이가 근본적으로 부조리하다고 인식했고, 사회 변화를 지지하는 방향으로 변화했다.

물론 남성, 백인, 그 외 구조화의 혜택을 받는 모든 사람이 이처럼 생각하는 것은 아니다. 차이를 아는 것만으로는 집단을 넘어선 동맹을 만들긴 어렵다. 하지만 이러한 인식의 변화가 정체성의 변화를 일으킬 때, 2020년 BLM 행진처럼 변화를 촉진하는 운동에 성공할 수 있다(당시 인종, 나이, 성별, 종교, 문화적 배경과 관계없이 많은 이가 연대를 이루어 목소리를 높였다).[23]

거리 시위에 나서다

이 책을 집필 중이던 2020년, BLM 운동을 지지하는 시위가 미국 전역과 전 세계에 퍼졌다. 시위는 참여자들이 조지 플로이드를 살해한 경찰관들을 체포하라고 요구하면서 미니애폴리스에서부터 시작되었다. BLM 시위는 흑인이 또다시 부당하게 사망했다는 비통함과 분노로 촉발되었지만, 더 일반적으로는 경찰의 폭력성에 저항하는 집회였다. 그해 여름 시위는 점점 확산되었고, 전문가들에 따르면 이는 미국 역사상 가장 큰 시위였다고 한다. 시위 참여자들은 런던, 토론토, 암스테르담, 시드니, 리우데자네이루에서도 행진했다.

시위는 대체로 평화롭게 진행되었지만, 전부 그런 것은 아니었다. 시위대와 경찰 사이에 폭력적인 대치뿐 아니라 소란을 틈타 약탈하는 사례도 있었다. 시위 지지자들이 늘어남에 따라 반발도 늘어났다. 사람들이 이 시위를 자기 정체성의 렌즈로 보는 것이 분명했다. 어떤 사람들은 평화로운 군중이 자신의 권리를 행사하는 시위로 보는 반면, 또 어떤 이들은 제멋대로 구는 폭도로 보았다. 어떤 사람들은 지나치게 공격적인 경찰로 보는 반면, 또 어떤 이들은 자기 의무를 다하는 경찰관으로 보았다. 다시 한번 정체성은 인식을 형성해 뚜렷이 다른 그들만의 현실을 만들었다.

다른 현실을 만드는 것은 인식만이 아니다. 시위하는 동안에 실제로 무슨 일이 일어나는지와 시위대가 평화를 유지하거나 폭력적으로 변할 확률은 정체성 역학과 많은 관련이 있다. 특히 시위자들의 반응은 당국이 그들을 어떻게 대하느냐에 영향을 받곤 한다. 이 집단 간의 관계는 적절한 행동 노선에 관한 규범뿐 아니라, 공유된 정체성이라는 느낌을 형성한다. 이런 면에서 2020년 BLM 시위 동안 일어난 사건들은 이전의 많은 시위에서 목격되어 온 패턴을 잘 보여주었다.[24]

예를 들어, 2011년 영국 경찰은 토트넘에서 혼혈인 마크 더건 Mark Duggan에게 총을 쏴 살해했다. 토트넘에서 그의 사망 사건에 관한 시위가 폭동으로 번졌고, 다른 교외 지역과 영국 전역의 도시로 퍼졌다. 약탈과 방화가 이어져 다섯 명이 사망했다. 또한 경찰과 분노의 대치 상황을 벌이던 수천 명이 체포되었다.

불안이 온 동네와 도시에 퍼졌지만, 모든 곳으로 확산하지는 않았다. 왜일까? '런던 폭동'이라고 알려진 이 사건에 관한 보도에 따르면, 폭동이 발생한 지역은 빈곤율이 높았다고 한다(이는 주민들의 낮은 소득, 열악한 건강 상태, 교육 문제의 지표로 알 수 있었다). 빈곤 지역에서는 폭동이 길게 이어지고, 체포된 사람이 많은 경향이 있다.[25] 폭동이 일어난 지역에서는 주민들이 이전 2년 6개월간 경찰에게 검문당하거나 차량을 수색받은 비율도 높았다.

더건이 사망했을 당시, 많은 지역에서 빈곤과 잦은 경찰 검문이 중요한 배경을 이루고 있었다. 이곳에 있는 사람들은 경찰을 불신했고, 자기들이 당국과 반대 위치에 있다고 생각했다. 이러한 조건은 더건이 총에 맞았을 때 하나의 사회적 정체성이 등장하는 기초로 작용했다. 그 정체성을 지닌 지역사회 시민들은 자신들을 경찰에 맞서 싸우는 동맹으로 여겼다. 또한 런던과 영국 전역의 다른 도시에서도 사람들이 자신을 당국의 태도에 반발해 똘똘 뭉친 공동운명체로 간주했을 때 불안이 퍼져나갔다.

경찰의 대처는 이러한 정체성을 부추기고 구체화했다.

토트넘에서의 첫 폭동은 더건이 죽은 지 이틀이 지나서야 시작되었다. 더건의 가족과 친구들은 토트넘 경찰서 밖에서 시위를 이끌었다. 시위는 평화로웠으나 곧 경찰이 군중 속에 있던 한 젊은 여자를 폭행한 것으로 보였다. 이 결정적 순간에 경찰에 대항한 폭력이 처음으로 규범화되어 확산되기 시작했다.

물론 다수의 시위가 경찰에 대항하는 시위는 아니다. 그리고 적어도 시위자들은 그런 식으로 집회를 시작하지 않는다. 사람들은 송유관이나 쓰레기 처리장에 반대하려고 결집한다. 그들은 납득하기 어려운 세금 문제나 정치 스캔들에 대항해 거리 시위에 나선다. 경찰은 질서를 유지하고 나라의 권위를 보여주기 위해 소환된다. 시위 등의 집단행동에 참여하는 사람들은 대부분 자신들이 중요하다고 생각하는 변화 지향적 목표를 추구하기 위해서 참여한다. 약탈과 폭동을 일으키거나 경찰과 폭력적인 대치를 벌이려고 그곳에 있는 것이 아니다.

하지만 가끔 화를 자초하는 사람들도 있다. 언론 보도는 보통 창문을 부수거나 상점을 약탈하는 사람들에 초점을 맞춘다. 그 장면이 뉴스거리이기 때문이다. 하지만 개입하지 않고 내버려두면 시위자들이 직접 이런 사람들을 막거나 몰아내는 일이 흔하다는 증거가 있다. 군중은 적절한 행동을 위한 규범을 조율해 그것을 집행한다. 그들은 스스로 규제할 수 있고, 실제로 적극적으로 규제한다. 하지만 이러한 역학은 경찰의 공격적인 행동에 직면할 때 빠르게 무너지고 만다.[26]

2020년 BLM 시위 동안 전 세계 경찰이 옳은 일을 하는 것을 보았다. 하지만 동시에 잘못된 일을 하는 것도 보았다. 적어도 평화로운 시위를 장려하는 것이 목적이었다면 말이다. 평범한 제복을 입은 경찰관들이 시위대와 함께 행진하고, 저항의 표시로 한쪽 무릎을 꿇고, 우는 사람들을 위로하며, 멈춰 서서 부상자들을 돕는 모습을 보았다. 이런 상황에서는 갈등이 단계적으로 줄어든다. 엄청난 혼란 속에서도 경찰서장들이 지역 리더들에게 연단을 마련해주는 모습을 보았다. 그들은 지역사회의 분노를 비폭력적 행동으로 돌리기 위해 애쓰고 있었다. 이 모든 것은 '우리'와 '그들'의 구분을 허물고, 군중 안에서 스스로 관리하는 힘을 제공한다.

하지만 진압 장비를 입고 군대식 차량을 몰아 평화로운 군중에게 다가가는 경찰관들도 보았다. 경찰관들이 겉보기에 아무런 도발도 하지 않던 민간인들에게 돌격하는 모습을 보았다. 어떤 규칙도 어기지 않고 아무런 위협도 제기하지 않은 시위자들과 언론 기자들에게 경찰관들이 최루가스와 고무탄을 발사하는 장면을 보았다. 이러한 행동들은 '우리'와 '그들'의 구분을 단단하게 하고, 시위자 집단 내 규범을 '평화로운 시위'에서 '폭력적인 행동'으로 바꿀 수 있다. 그리고 이러한 행동이 찍힌 영상이 빠르게 확산된다면 마치 휘발유에 성냥을 던지는 상황이 일어날 수 있다.

경찰이 군중을 폭력적으로 대하면, 군중은 당국에 대항하여 똘똘 뭉친 정체성을 만들어 공동운명체라는 느낌을 강하게 인식한다. 사전에 폭력을 사용해 제압하려는 경찰의 대응은 많은 이의 눈에 불합리해 보이므로, 사람들은 시위자들의 폭력적인 맞대응을 정당화할지도 모른다. 그러면 군중에서 밀려났던 말썽꾼들이 신뢰를 얻고 군중에게 영향력을 행사할 수 있다. 더 평화로운 시위를 지향하던 사람들이 밀려나고, 새롭고 더 폭력적인 규범이 채택될 수도 있다.

다시 말해, 지나치게 공격적인 경찰의 대응은 폭력을 불필요하게 증가시켜 군중을 폭도로, 시위를 폭동으로 바꾼다. 경찰은 폭력을 위협적으로 사용하는 방식이 억제력을 발휘해 시위자들을 흩어 놔 그들이 돌아오지 않기를 바랐을 것이다. 하지만 이는 사회적 정체성의 힘을 무시한 발상이다. 당국의 대처가 널리 불합리하게 여겨질 때, 사람들은 연합해 당국에 대항한다.

우리는 누구의 편인가?

결국 행동과 주장의 타당성이 사회 변화를 위한 운동의 성패를 좌우한다. 사회 운동은 그 일을 실현할 사람들이 충분히 합류할 때 변화를 선동한다. 다른 맥락으로 보면, 사회 운동을 실현할 사람들은 유권자, 언론 매체의 구성원, 정치인, 심지어 보안 요원과 경찰일 수 있다. 당연히 이해관계가 없는 제삼자인 이들은 현재의 체제를 지지하는 경향이 있거나, 그게 아니라면 적어도 현 체제에 반대할 동기가 없다. 그러나 그들의 충성심이 바뀔 때, 변화는 더 빨리 일어난다.

시위자들과 저항 운동가들이 사용하는 전략은 변화를 선동할 때 매우 중요한 것으로 보인다. 정치과학자 에리카 체노웨스Erica Chenoweth와 마리아 스티븐Maria Stephan은 1900년부터 2006년 사이에 전 세계에서 발생한 사회 운동의 효과를 조사했다.[27] 그들은 폭력 캠페인과 비폭력 캠페인의 성공 비율을 비교했다. 오로지 무력만이 심오한 변화를 일으킨다는 직관과는 반대로, 그들은 이 오랜 역사에서 비폭력 캠페인이 폭력 캠페인보다 더 많은 성공을 거두었다는 사실을 발견했다. 같은 기간에 폭력 캠페인은 26퍼센트의 성공을 거두었지만, 비폭력 캠페인은 약 53퍼센트의 성공을 거두었다! 즉, 비폭력이 변화를 이루는 데 두 배는 더 효과적이었다.

비폭력은 최소 두 가지 이유로 효과가 있다. 첫째, 비폭력 덕분에 잠재적 지지자들이 사회 운동을 더 매력적으로 받아들여 포용력 있는 사회적 정체성을 쌓는다. 비폭력 전략은 더 합리적으로 인식되므로, 더 많은 사람이 사회 운동에 가담하며 외부인들까지 지지한다. 둘째, 당국이 비폭력 운동에 대항하여 폭력을 사용하면 역효과를 내는 경향이 있어서, 시위자들과 활동가들에게 공감과 지지가 더 늘어난다. 따라서 경찰과 동질감을 느끼는 사람들의 숫자가 줄어들고, 시위자와 동질감을 느끼는 사람들의 숫자가 늘어난다.

그러면 충성심이 바뀌기 시작한다. 사회 운동의 목표가 (리더를 바꾸고, 독재자를 실각시키려는) 정권 교체인 곳에서는 국가 보안을 담당하는 자들의 충성 자체가 중추적 역할을 하곤 한다. 경찰과 군인들이 평화롭게 시위하는 민간인과 시민들에게 더 폭력적으로 대응하는 것을 주저할 때, 그들의 충성심이 바뀔 확률이 높다. 그들이 무력 진압이라는 임무 수행을 거부할 때, 정권은 몰락한다.

비폭력 저항은 소극적인 저항이 아니다. 이 사실에 주목하는 것이 중요하다. 변화를 요구하는 집단은 자신들의 대의명분에 관심을 끌어야 한다. 그들은 헤드라인이 필요하고, 대중의 의식을 고취해야 한다. 이것은 때로 소란을 피우며 법을 어기는 시민 불복종을 의미하기도 한다. 그들은 사람들이 좋아하지 않는 짓을 저지르기도 한다. 스프레이로 그라피티를 그리고, 도로와 철도를 막고, 공원과 사무실 건물을 점령하기도 한다. 권력자들에게 도전하려는 의도와 함께 대중의 관심을 끌어 궁극적으로 대중의 여론을 바꾸기 위해 이런 행동을 한다.

이는 매슈 파인버그Matthew Feinberg와 동료들이 "활동가의 딜레마"라고 부르는 상황으로 이어진다.[28] 고속도로를 막고 공공기

물을 파손하는 시위 행위는 제도에 압력을 가하고 의식을 고취하는 데 효과적일 수 있지만, 사회 운동을 향한 대중의 지지 기반을 약화시킬 수도 있다. 효과적인 사회 변화를 위해서는 적절한 균형을 찾는 것이 매우 중요하다.

언론도 중요하다. 사람들은 대부분 시위 등의 집단행동을 직접 목격하지 않고 언론 기관을 통해 그 소식을 듣는다. 따라서 언론이 시위와 저항을 표현하는 (누가 '착한 사람'이고 누가 '나쁜 사람'인지 정의하는) 방식은 여론을 형성하는 데 핵심 역할을 한다. 게다가 언론도 시위 전략에 민감하게 반응한다.

정치학 교수인 오마르 와소Omar Wasow는 미국 시민권 운동 중에 발생한 다양한 유형의 시위와 주요 신문에 등장한 헤드라인을 살펴보았다.[29] 그는 비폭력 시위가 시민권에 관한 헤드라인으로 더 많이 등장한 것을 발견했다. 또한 이어진 여론 조사에서도 시민권이 중요한 이슈라는 데 더 많은 동의를 끌어냈다. 반면 폭력 시위는 폭동에 관한 헤드라인으로 더 많이 등장했고, 사회적 통제가 필요하다는 대중의 지지를 더 강력하게 끌어냈다.

와소의 분석에 따르면, 미국 자치구에서 발생한 비폭력 시위의 영향으로 민주당에 투표한 사람(민주당 지지자들은 대체로 시민권을 확대하는 데 찬성한다)이 약 1.6퍼센트 증가했다. 하지만 폭력 시위가 발생한 곳은 지역을 막론하고 민주당에 투표한 사람의 수가 2.2퍼센트에서 5.4퍼센트까지 줄어들었다.

사회적 불평등이 드러난 대부분의 시기와 사건에서 사람들은 어느 쪽으로든 기울어질 수 있는 제삼자에 속했다. 그들은 어떤 전투에서는 변화를 요구하는 활동가지만, 또 어떤 전투에서는 관찰자다. 그리고 관찰자로서 각자는 자신에게 다음과 같은 근본적인 질문을 해야 한다. **'나는 누구의 편에 서 있나? 누구의 대의명분이 더 타당한가? 누가 정의와 도덕의 편에 서 있는가? 나는 누구와 동질감을 느끼는가?'**

8장

반대를 표명하는
분위기 조성하기

1968년 4월 하순경, 헬기 사수인 론 라이덴아워Ron Ridenhour는 암울하고 피비린내 나는 소문을 처음 들었다. 베트남에 있는 미군 본부에 자주 드나들던 라이덴아워는 비행 훈련에서 알게 된 동기와 우연히 마주쳤다. 그는 동기에게 충격적인 이야기를 들었다. 약 한 달 전, 찰리 중대 소속 부대는 베트콩 요새로 추정되는 곳에서 평소와 다름없을 것이라 예상한 공격 작전을 수행했다. 그러나 그들이 헬기를 타고 미라이 마을로 들어갔을 때, 그 예측은 완전히 빗나갔고 무언가 끔찍한 일이 벌어졌다.[1]

　놀랍게도 군인들이 발견한 것은 나무와 헛간과 가축이 있는 작은 마을이었다. 마을에는 적의 전투원 외에도 여자들, 아이들, 너무 늙어 싸울 수 없는 노인들이 있었다. 그러나 미군 부대는 무방비 상태의 마을 주민들을 학살했다. 베트남 민간인들은 무자비하게 기관총으로 살육당하거나, 권총으로 처형당하거나, 집으로 떨어진 수류탄에 폭파당했다. 추산에 따르면, 미라이에서 사망한 사람은 500명이 넘는다고 한다. 이 작은 마을은 완전히 잿더미가 되었다.

충격을 받은 라이덴아워는 자기가 들은 소문을 믿을 수 없었다. 그는 다음 해에 걸쳐 찰리 중대에 직접 소속되어 있었거나 찰리 중대원을 아는 병사들로부터 전해 들은 이야기를 조금씩 모아나갔다. 그가 들은 세부적인 이야기는 무시무시했고, 소름 끼치게 일관성이 있었다. 라이덴아워는 최대한 정보를 모은 후, 복무 기간이 끝나 미국으로 돌아오자마자 모든 사실을 편지에 적었다. 그리고 그 편지를 국회의원, 대통령, 미 국방성 장관 등을 포함한 30명에게 보냈다.

1968년 3월, **미라이**라는 마을에서 정확히 무슨 일이 있었는지 저는 확실히 알지 못합니다. 하지만 매우 암울한 이야기라는 점은 확신합니다. 여러분과 제가 이 나라를 세운 근간인 정의의 원칙과 모든 인간이 법 앞에 평등하다는 원칙을 믿는다면, 이 문제에 모든 노력을 기울여 광범위한 공개수사를 진행해야 한다고 확신합니다.[2]

라이덴아워의 편지는 군 내사를 촉발했고, 그 결과 몇 건의 기소가 이루어졌다. 하지만 결국 미라이에서 저지른 범죄로 유죄 판결을 받은 사람은 윌리엄 캘리William Calley 중위, 단 한 명뿐이었다. 대학살과 그 증거가 은폐되었다는 사실을 국민이 알게 되자 미국은 분열되었다. 베트남 전쟁에 대한 대중의 지지가 한층 무너졌다. 동시에 많은 사람이 라이덴아워와 내부 고발자들에게 분노를 표시하며, 그들의 고발을 두고 군대를 약화시키는 비애국적인 행위라고 비난했다. 1974년, 미라이 학살이 벌어진 지 6년 만에 그 사건의 유일한 책임자인 캘리는 리처드 닉슨Richard Nixon 대통령에게 사면받았다.

이후 라이덴아워는 존경받는 탐사 보도 기자가 되었다. 미라이에서 군인들의 잔혹 행위를 폭로한 경험을 되돌아보며 그는 이렇게 서술했다. "내가 가장 많이 받은 질문은 그들이 왜 그랬는지가 아니라, 내가 왜 그랬는지였다."[3]

이 장에서는 사회적 정체성이 어떻게 사람들에게 반대를 표명하도록 동기를 부여하는지 설명한다. 대부분의 사람은 좋은 집단 구성원이라면 사회규범에 순응하고, 자신의 집단을 향한 비난을 억눌러야 한다고 생각한다. 하지만 내집단의 가치와 목표를 지키기 위해 필요시 반대를 표명하는 행동이야말로 집단을 향한 가장 깊은 충성심이라는 것을 우리 연구는 보여준다.

권리이자 의무

미국은 시민불복종의 가치를 아는 나라다. 그래서 라이덴아워 같은 대학살 반대자들과 내부 고발자들을 향한 부정적 반응은 더욱더 놀랍다. 보스턴 차 사건*부터 시민권 운동까지, 시위는 미국인 DNA의 일부다. 1776년 미국 독립선언문이 발표되면서 미국인들은 저항을 권리이자 의무로 여기며 불꽃 튀는 반대 행위로 미국을 건국했다.

우리는 다음의 진리를 자명하다고 생각한다. 모든 인간은 평등하게 창조되었고, 신에게서 빼앗을 수 없는 권리를 부여받았으며, 그 중에는 살 권리, 자유로울 권리, 행복을 추구할 권리가 있다. … 절대 전제정치 아래서 이러한 권리를 축소하려는 의도를 드러낸다면, 그러한 정부를 몰아내고 미래의 안보를 위해 새로운 수호자를 세우는 것은 우리의 권리이자 의무다.

원래의 13개 식민지 의회는 조지 3세를 염두에 두었겠지만, 그들의 선언문은 부조리한 통치자와 식민지 개척자들을 타도하려는 20세기 세계적인 독립 운동에까지 영향을 미쳤다.

미국에서는 이 선언문이 여러 세대를 거치며 시민들이 현 상황에 의문을 품고 당국에 이의를 제기하는 데 영감을 주고 있다. 킹 목사는 자신의 가장 영향력 있는 연설에서 독립선언문을 광

---

* 1773년 영국의 식민지였던 북아메리카 주민들이 보스턴항의 영국 선박을 습격해 차 상자들을 바다에 던진 사건으로, 미국 독립전쟁의 결정적인 도화선이 되었다.

범위하게 인용하며 다음과 같이 선언했다.

저에게는 아직 꿈이 있습니다. 그 꿈은 아메리칸드림에 깊이 뿌리
를 두고 있습니다. 언젠가 이 나라가 일어나 신조의 진정한 의미,
즉 모든 인간은 평등하게 창조되었다는 진리를 자명하게 받아들
이고 실천하며 살 것이라는 꿈입니다.

라이덴아워가 자신의 항의를 국가의 근간과 연결 지은 것처
럼, 킹 목사도 흑인 미국인의 권리를 위한 정치 시위의 근거를 국
가의 건국 이념에 두었다. 킹 목사와 라이덴아워는 미국 독립선
언서에 포함된 가치를 발전시키기 위해 '반대'라는 대가가 필요
하다는 사실을 이해했다. 또한 두 사람 모두 국가의 신념을 실현
하기 위해 (혐오에서 암살에 이르는) 큰 대가를 기꺼이 치렀다.

도덕적 저항자 처벌하기

어떤 진실은 자명하지만, 반대를 표명하는 행위의 가치는 자명
하지 않다. 비판의 장점과 반역의 정당성은 보는 이의 관점에 달
려 있다. 우리가 그 상황 밖에 있거나 역사라는 유리한 고지에
서서 과거를 돌아볼 때는 반대자들과 내부 고발자들을 존경하

고 영웅으로 여기기 쉽다. 하지만 현재 상황에서 그들을 마주하면 완전히 다르게 보일지도 모른다. 그들은 집단에서 흔히 문제를 일으키는 말썽꾼이자, 일탈자이자, 괴짜이자, 골칫거리인 경우가 많기 때문이다.

미국인들은 킹 목사를 기리는 국경일을 지정했고, 그날에는 정치인, 정치인, 기업, 유명 인사들이 그의 연설과 유산에 경의를 표한다. 2011년까지 킹 목사는 거의 세계적인 영웅으로 인정받았고, 당시 그의 호감도는 94퍼센트에 달했다. 하지만 시민권 운동이 한창이던 시기에는 킹 목사에 대한 의견이 극명하게 갈렸다. 그가 '나에게는 꿈이 있습니다I have a dream' 연설을 한 지 3년 후인 1966년에는 그를 긍정적으로 본 미국인이 33퍼센트에 불과했다.[4]

사실 사람들은 큰 장애물에도 불구하고 자신의 가치를 지키며 사는 도덕적 저항자들에게 종종 불편함을 느낀다.

브누아 모닌Benoît Monin과 동료들은 사람들이 옳은 일을 하는 개인에게 보이는 엇갈린 반응을 연구했다.[5] 예를 들어, 한 실험에서 참가자들은 이전 참가자가 자신의 신념과 반대되는 의견을 공개적으로 표현하는 연설을 쓰고 녹음하는 과제를 받았다는 사실을 알게 되었다. 그 후 참가자들은 이전 참가자가 녹음한 내용을 들을 기회를 가졌다. 한 무리의 참가자들은 실험자의 지시에 순종하여 자신의 신념과 다른 의견을 표현하는 사람의 녹음을 들었고, 다른 무리의 참가자들은 자신의 신념과 다른 말을 하지 않겠다고 거부하는 사람의 녹음을 들었다.

한쪽은 선뜻 동의하는 복종의 행동이고, 다른 한쪽은 지조 있는 불복종의 행동이다. 만약 당신이 실험 참가자라면 이들 중 누구를 더 존경하겠는가? 우리와 비슷하다면, 아마 당신도 지조 있는 저항자들을 더 선호할 것이다.

하지만 당신은 정말 그럴까? 그리고 우리는 정말 그럴까?

우리가 말하지 않은 사실이 하나 있다. 각 조건의 참가자 중 절반은 다른 참가자에 관해 듣기 전에 자기 생각을 표현한 연설을 쓰고 녹음한 뒤, 자기가 동의하지 않는 의견을 표현해달라는 실험자의 요구에 응했다. 반면 다른 절반은 그러한 요청을 받지 않았기 때문에 복종이나 불복종에 관여하지 않은 관찰자로 남았다.

관련 없는 관찰자들은 순종적인 사람보다 저항하는 사람을 더 좋아하고 존경했다. 그들은 자신의 신념을 기꺼이 옹호하는 사람에게 감명을 받았다. 만약 당신도 같은 결론에 도달했다면, 그건 당신이 관련 없는 사람이기 때문이다.

하지만 순종했던 참가자들의 경우, 그 패턴은 완전히 반대였다. 그들은 반항적인 저항자보다 순종적인 연설자를 더 좋아하고 존경했다.

이어지는 실험에서 참가자들은 인종차별적이라는 이유로 과제 수행을 거부한 사람의 이야기를 들었다. 여기서 중요한 것은 참가자들이 인종차별적인 과제를 수행하거나 수행하지 않은 후에 그 반항자에 대해 들었다는 점이다. 연구원들이 저항하는 동료 참가자의 특징을 말해달라고 요구하자, 과제와 관련 없는 관찰자들은 인종차별적 과제 수행을 거부했던 도덕적 저항자를 '의지가 강하고', '독립적이고', '결단력 있으며', '공정하다'라고 묘사했다. 하지만 인종차별적 과제를 수행했던 참가자들은 그 저항을 '독선적이고', '방어적이고', '쉽게 화를 내며', '혼란스러워 보인다'라고 묘사했다. 왜 이렇게 다른 걸까?

멀리서 볼 때, 우리는 도덕적 저항자를 존경한다. 하지만 하지만 도덕적 저항자들이 우리가 선천적으로 착하고 도덕적인 사람이라는 믿음을 흔들면 관점이 바뀐다. 이런 경우 도덕적 저항자 때문에 자기 자신과 타인에게 나쁘게 보일까 봐, 도덕적인 저항자가 우리를 부정적으로 판단할까 봐 두려워한다.

주위의 압박을 받아 비윤리적이거나 부도덕하게 행동하는 사람들을 본 적 없는 사람이 과연 있을까? 이를테면 상사의 명령으로 고객을 속이거나 모두가 즐거워한다는 이유로 직장 동료를 괴롭히는 등의 행동 말이다. 우리는 그런 상황을 보며 '난 절대 저렇게 행동하지 않을 거야!'라고 생각한다. 하지만 실제로 많은 이가 종종 자신이 동의하지 않는 일을 따르게 된다. 저항자는 남들이 복종할 때 불복종함으로써, 대다수가 도덕적 딜레마에 직면할 때 옳은 일을 하지 않는다는 사실을 돋보이게 한다. 사람들은 더 용기 있는 누군가가 자신의 도덕적 연약함을 알려주기 전까지는 자신의 한계를 인정하지 않거나 심지어 깨닫지도 못한다. 그리고 용기 있는 저항자를 보며 '독선적인 멍청이!'라고 생각한다.

사람들은 선행을 베푸는 사람이 객관적으로 집단을 위해 좋은 일을 하는 경우에도 반드시 고마워하지는 않는 것으로 나타났다. 일반적으로 거저먹는 사람들(예컨대 어려운 단체 프로젝트에 조금도 기여하지 않으면서 그 프로젝트가 성공하면 많은 공을 차지하는 사람이나, 탈세하면서 정부 서비스에 크게 의존하는 사람)에 대해 사람들이 부정적인 반응을 보이는 것은 놀라운 일이 아니다. 하지만 더 놀라운 사실은 사람들이 매우 관대한 집단 구성원에게도 똑같이 부정적으로 대할 수 있다는 것이다.

연구원 크레이그 파크스Craig Parks와 아사코 스톤Asako Stone은 집단 자원 축적에 기여했지만 자신을 위해 대가를 거의 가져가지 않는 개인을 사람들이 어떻게 대하는지 살펴보았다.[6] 연구 결과, 사람들이 일부 집단 구성원을 제거할 기회가 생겼을 때 이기적인 사람들뿐 아니라 관대한 사람들까지 쫓아내고 싶어 한다는 사실을 발견했다!

연구원들이 사람들에게 왜 그렇게 반응했는지 묻자, 몇몇은 관대한 집단 구성원들과 비교했을 때 자기들이 나빠 보이기 때문이라고 대답했다. 또 다른 사람들은 관대한 사람들이 집단 규범을 깨고 있다는 느낌 때문이라고 설명했다. 참가자들은 "계속 주기만 하고 받는 게 적은 사람은 이상해요. 많이 주면 많이 받아야 하죠."라거나, "다른 사람의 선택을 보지 않았다면 그가 그렇게 다르다는 것을 몰랐을 테니 괜찮았을 거예요. 하지만 그는 우리와 너무 다릅니다."라고 말했다.

반대자, 저항자, 비판자에 대한 사람들의 반응을 다룬 과학 문헌에 따르면, 부정적인 반응을 유발하는 다양한 요인이 있는 것으로 나타났다. 그들의 공통된 특징은 사람들의 정체성을 위협한다는 것이다. 위에서 살펴본 경우처럼 저항자들은 집단 구성원의 자아 인식에 위협이 되기도 하지만, 구성원의 사회적 정체성과 그들이 생각하는 집단의 이익과 규범에 위협이 되는 경우도 많다.

사람들이 집단 규범을 지키는 이유는 규범이 자신을 정의하고 행동을 조정하는 데 도움이 되며 모든 사람이 같은 생각을 갖도록 하기 때문이다. 이러한 이유로 저항자들은 규범에 더 큰 피해를 주거나 합의를 희석시킬 수 있는 소규모 집단에서 더 강하게 거부되는 경향이 있다.[7]

규범 위반자들은 그들의 행동이 집단 간 경계를 흐리게 하여, 구성원들이 원하는 '우리'와 '그들' 사이의 구분을 모호하게 만들 때 가혹한 평가를 받는다. 또한 집단은 마감의 압박을 받을 때나 외집단과 경쟁에 휘말릴 때 일탈이나 반대를 달가워하지 않는 경향이 있다.[8] 약간의 의견 차이는 건강한 요소지만, 이때는 해당하지 않는다! 집단이 전쟁 중일 때는 입을 다물고 깃발 주위로 모여야 한다. 동지거나 적이거나 둘 중 하나여야 한다!

　하지만 반대를 억압하는 집단은 위험한 게임을 하고 있는 셈이다. 시간이 지나면서 집단이 새로운 도전과 역경을 맞아 번성하기 위해서는 다양한 의견을 포용하고 비판을 듣는 과정이 필요하다. 3장에서 논의했던 것처럼, 광신도 수준의 순응을 요구하는 집단과 조직은 조만간 실패를 맞이할 것이다.

우리에게 반대가 필요한 이유

반대와 비판과 저항의 장점을 제대로 이해하려면, 당면한 상황에서 사람들의 의견을 무조건 신뢰해서는 안 된다. 다행히 반대의 장점과 단점을 모두 다룬 과학적 문헌이 상당하다.

　《반대의 놀라운 힘》의 저자 샬런 네메스Charlan Nemeth는 반대의 효과를 조사하는 데 오랜 시간을 쏟았다. 네메스는 반대자들이 옹호하는 아이디어나 제안보다 그들이 나머지 사람들의 생각을 바꾼 방식에서 진정한 이익이 나온다고 주장한다.[9]

　사람들은 대중적으로 통용되는 생각을 접하면, 다수의 견해가 옳은지 아닌지에만 집중하여 게으르고 편협한 사고를 하는 경향이 있다. 하지만 드문 관점을 지닌 소수의 의견을 들으면 사고방식이 확장된다. 그들은 타인이 왜 그 생각을 지지하는지 깊이 생각하기 시작한다. 사실 사람들은 흔히 소수의 의견에 반대하는 주장을 펴면서도, 사고의 폭을 넓혀 자기 추정을 숙고하고, 심지어 의문을 제기하기도 한다.

반대는 혁신, 창의력, 집단의 의사결정을 개선할 수 있기 때문에 매우 중요하다. 또한 반대는 타인이 생각하는 방식을 바꾸기 때문에 효과적이다. 즉, 반대 의견이 실제로 옳아야만 그룹에 도움이 되는 것은 아니며, 그저 다른 사람들이 생각하게 할 만큼만 소리 높여서 이야기하면 된다는 뜻이다. 반대자들의 존재만으로 다양한 생각을 촉발하고, 남들이 다른 견해를 표현할 공간을 열어줄 수 있다.

반대의 영향력을 측정하기 위해, 미시간대학교의 연구원들은 한 학기 동안 함께 공부하는 학생들의 팀 안에서 반대자들의 존재 유무를 조작했다.[10] 28개의 팀이 10주 동안 문제 해결 과제에 참여했고, 자신들의 해결책이 얼마나 독창적인지를 평가받았다. 이 과제는 최종 성적의 40퍼센트를 차지했기 때문에 학생들에게 매우 중요했다.

전체의 절반인 14개 팀에는 팀원 다섯 명 중 한 명을 집단의 의견에 반대하는 반대자로 뽑아두었다. 물론 나머지 팀원들은 이 사실을 알지 못했다. 이를 통해 연구원들은 팀에 한 명의 반대자를 포함하는 것이 성과를 개선할지, 아니면 갈등을 일으키고 팀의 성장 속도를 늦추기만 할지 밝힐 수 있었다.

연구원들은 이 반대자들을 무작위로 선정하지 않았다. 의견 차이를 자연스럽게 유도하고, 반대 의견을 수월하게 표현할 수 있는 사람이 필요했다. 14명의 반대자는 미리 실시한 설문조사에서 '나는 집단에서 내 생각을 표현할 때 위험을 감수한다.'와 '나는 인간 행동의 참신함을 가치 있게 여긴다.'와 같은 문장을 지지했던 사람들이었다. 연구원들은 이 학생들을 훈련해 반대 의견을 제시할 때 일관되고 끈질기지만 융통성 없어 보이지 않도록 지도했다. 또한 그들에게 정말로 반대할 때만 반대 의견을 표현하라고 요청했다.

학기가 끝날 무렵, 결과가 나왔다.

소규모 집단에 반대자 한 명을 두는 이 실험은 몇 가지 면에서 성공을 거두었다. 반대자를 무작위로 포함해 배정한 팀은 반대자가 없는 팀보다 성과가 좋았다. 그들의 해결책은 객관적인 외부 전문가들에게 더 독창적이라고 평가받았다. 심지어 반대자들과 함께 과제를 수행한 학생들도 차이를 느꼈다. 그들은 자기 집단의 사고 패턴을 고려했을 때, 반대자가 없는 집단의 학생들보다 의견이 더 다양했다고 평가했다.

이와 비슷한 과정이 회사와 조직에서도 펼쳐진다. 〈포춘〉이 선정한 500개 기업 중 일곱 개 기업에 관한 연구에서, 조직 연구원들은 세부적인 사례 연구를 사용해 '최상위 리더십 팀'*들이 두 가지 시점에서 어떻게 기능했는지를 조사했다. 두 가지 시점이란 최상위 리더십 팀들이 성공한 시기와 핵심 주주들을 만족시키는 데 실패했다고 널리 인식된 시기였다.[11] 성공과 실패 시기에 리더십 팀의 역학은 극적으로 달랐다.

공유된 정체성은 성공 시기와 분명히 연관되어 있었다. 이 기간에 리더십 팀들은 '공동운명체'를 강하게 느끼는 것 같았고, 집단 문제 해결에 전념했다. 또한 연대 의식을 더 많이 보였으며, 공동의 목적에 집중했다.

결정적으로 이 조직들은 성공했을 때 개별 회의에서 다양한 의견을 내도록 격려받았고, 구성원들은 열린 마음으로 서로에게 솔직했다. 이는 공유된 정체성과 연대 의식을 강하게 느끼면서도 활발한 반대가 이루어질 수 있다는 것을 보여준다. 실제로 이러한 요소들은 실험실과 현실 세계 모두에서 집단 성공을 이끄는 중요한 비결인 것으로 보인다.

연구에 따르면, 반대는 지속적이고 일관성 있게 제기될 때 가장 효과적일 가능성이 높다. 미국 배우 헨리 폰다Henry Fonda가 출

---

* 조직의 고위 임원으로 구성된 팀. CEO(최고경영자), 부사장, CFO(최고재무책임자), COO(최고운영책임자), CIO(최고정보책임자), CTO(최고기술책임자)와 같은 직함을 가진 사람들이 포함된다.

연한 고전영화 〈12명의 성난 사람들〉에서 한 배심원은 아버지를 살해한 혐의로 기소된 18세 남자가 유죄인지 무죄인지를 심사숙고한다. 증거가 명확했기에 첫 무기명 투표에서는 12명의 배심원 중 11명이 유죄에 표를 던지려 한다. 배심원 중 한 명은 예매한 야구 경기 티켓이 있어서 재판을 빨리 마무리 짓고 싶어 한다.

딱 한 명(8번 배심원)만이 기소된 남자가 무죄일지도 모르며, 증거가 보이는 것만큼 신뢰성이 있지 않다고 생각한다. 몇 시간 동안 그의 관찰과 의심이 다른 배심원들의 마음을 천천히 움직이고, 배심원들은 증거를 의심하기 시작한다. 타협을 거부하는 이도 있었지만, 결국 유죄라고 주장하는 마지막 배심원까지 굴복한다. 배심원들은 만장일치로 그 젊은이가 무죄라고 선언한다.

이 영화는 반대의 의무를 각성시키고, 단 한 명의 일관된 의심이 어떻게 타인의 마음을 변화시켜 정의의 방향을 바꾸는지를 생각하게 한다. 일반적으로 반대 의견에 맞서 자신의 입장을 고수하려는 반대자들의 의지는 다른 사람들을 더 신중하게 생각하게 만든다. 우리는 생각한다. '이 사람은 자신이 하는 말을 정말로 믿는 게 틀림없어. 이유가 뭘까?'

그러나 인간과 관련된 모든 것이 그러하듯, 전체적인 시각에서 살펴보면 반대 역시 그리 단순하지 않다. 반대가 집단에 항상 긍정적인 결과를 가져오는 것은 아니며, 연구 결과도 일관되지 않다. 최근 메타분석에서 꾸두 삼바Codou Samba와 동료들은 최고 경영자 집단에서의 **전략적 반대**가 질 낮은 결정이나 낮은 성과와 관련 있음을 발견했다.[12] 이는 반대가 팀원 간의 관계를 악화시키고, 실제로 정보를 신중하게 고려하는 것을 줄였기 때문으로 보인다.

하지만 중요한 점은, 이 연구원들이 '전략적 반대'라고 부르는 것이 단순히 집단이나 조직이 목표를 달성하는 방법에 대한 의견 차이뿐만 아니라 그 목표 자체가 무엇이어야 하는지에 대한 의견 차이를 반영한다는 것이다. 리더십 팀의 사례에서, 이 갈등은 조직 내 최고위층에서 그들이 성취하려는 목표와 잠재적인 그들의 지위 사이에 균열이 있음을 보여준다. 삼바와 동료들은 이렇게 말했다. "전략적 반대로는 다양한 정보와 의견을 효과적으로 통합할 통찰력을 얻을 수 없습니다. 오히려 상충하는 목표와 구성원들이 지키려고 하는 기득권을 보여줍니다. 따라서 전략적 반대는 정보를 공들여 선별하는 과정을 방해합니다. 경영자들이 열린 마음으로 정보를 찾고 분석하기보다 자신의 지위를 지키는 데서 동기 부여되기 때문입니다."[13]

앞서 언급한 〈포춘〉 선정 500개 기업 중 일곱 개 기업은 성공 기간 동안 반대가 심했지만, 뚜렷한 연대 의식을 보였고 공동의 목표에 집중했다. 모두 함께 뚜렷한 동질감을 느낀다는 맥락에서 반대는 유익하다. 그러나 공유된 정체성이 부족하거나 정체성에 심각한 의문이 제기되는 팀의 경우, 반대를 표현하기란 더 어렵고 힘들며 항상 더 나은 의사결정이나 성과로 이어지지 않을 수도 있다.

의견 불일치가 중요하지 않다고 말하는 것은 아니다. 때로는 경영 체계의 최상위에 있든 사회 전반의 집단이든 간에, 토론하고 목표를 재검토하여 자신들이 누구이며 무엇을 위해 존재하는지 근본적으로 재구성하는 것이 중요하다. 하지만 이 과정이 쉽지는 않을 것이다.

반대의 잠재적 이점을 이용하려면 집단은 두 가지 장애물을 극복해야 한다. 서로 다른 의견을 기꺼이 표현할 수 있는 구성원이 있어야 하고, 다른 구성원들은 방어하기보다 호기심을 갖고 기꺼이 들어줄 수 있어야 한다. 이 두 가지 반응은 강력하고 확실한 정체성의 기초가 된다.

인간은 양 떼처럼 순종하는가?

반대, 일탈, 비판, 군중 선동도 분명 중요하지만, 과학자들은 그 반대편인 순응, 규칙 준수, 순종을 이해하는 데 훨씬 더 많은 시간과 에너지를 쏟아부었다. 순응에 대한 심리학자들의 '순응주의적' 초점은 심리학 역사의 두 가지 중요한 사건에서 찾을 수 있다.

하나는 솔로몬 애쉬의 순응 실험이다. 이 실험에서 사람들은 눈앞에 증거가 있음에도 다른 사람들의 잘못된 판단을 따랐다.[14] 2장에서 설명했던 대로, 이 실험의 참가자들은 매우 쉬운 시각적 과제를 받았다. 몇 개의 선 중 어느 것이 길이가 같은지를 식별하는 과제였다. 과제를 잘 수행하던 참가자들은 자기보다 앞서 대답한 사람들이 잘못된 답을 말하기 시작할 때부터 달라졌다. 그들은 갑자기 순응해야 한다는 압박감에 시달렸고, 결국 3분의 1 정도가 군중을 따라 잘못된 답을 선택했다.

두 번째 주요 사건은 몇 년 후 예일대학교 심리학자 스탠리 밀그램Stanley Milgram이 수행한 일련의 연구다.[15] 밀그램은 애쉬의 순응 실험 결과를 확장하여 보상이 기대했던 수준보다 훨씬 높을 때 강력한 영향력을 지닌 한 사람이 어떻게 타인의 행동에 영향을 주는지를 조사했다.

밀그램은 미국 코네티컷주 뉴헤이븐에 사는 주민들을 모아 체벌이 학습에 어떤 영향을 주는지를 실험했다. 참가자들은 예일대학교에 짝을 이루어 도착한 후, 실험실 가운을 입은 실험자를 만났다. 밀그램은 애쉬와 마찬가지로 각 쌍의 한 명만 진짜 실험자고, 다른 한 명은 연구팀이 은밀히 심어놓은 조력자인 상황을 준비했다. 진짜 참가자들은 실험실에서 모두 '교사' 역할을 배정받았고, '학습자'로 배정된 짝의 기억력을 테스트할 것이라는 설명을 들었다.

교사가 학습자에게 단어의 쌍으로 이루어진 목록을 읽어주면, 학습자는 그 단어들을 암기해야 했다. 문제는 학습자가 실수를 할 때마다 교사가 실수에 대한 벌로 점점 더 강한 전기 충격을 가해야 한다는 것이었다. 전기 충격은 15볼트에서 시작했지만, 실수할 때마다 15볼트씩 올라갔다. 연구가 진행되고 학습자가 실수를 점점 많이 하면서, 체벌에 필요한 전압에는 험악한 경고성 이름이 붙었다. '강한 충격', '위험: 심각한 충격', 그리고 마지막으로 450볼트에는 단지 'XXX'라고만 표시되어 있었다.

이 전기 충격이 교사에 의해 전달될 때 학습자는 점점 더 격렬하게 불평하며 고통을 호소하다가, 마지막에는 불길한 느낌이 들도록 불평을 멈추고 입을 다물라고 지시받았다. 교사가 더는 전기 충격을 주지 않겠다고 항의하면 실험자는 단호히 대답했다. "계속 진행해주세요.", "실험을 끝내려면 계속해야만 합니다.", "계속 진행하는 것이 매우 중요합니다."라고 말하다가 결국 "당신에게는 계속하는 것 말고 선택의 여지가 없습니다."라고 말했다. 물론 실제로 전기 충격 따위는 없었고, 모든 과정은 공들여 짠 시나리오였다.

만약 당신이라면 난생처음 본 사람이 고통스럽게 비명을 지르거나 심장에 문제가 있다고 호소하는데도 그에게 전기 충격을 주겠는가? 대부분의 사람은 그러지 않을 것이라고 말한다.

실험을 수행하기 전, 밀그램은 정신과 의사들에게 물었다. 사람들이 동료 참가자에게 위험한 것이 분명한 전기 충격을 주라고 지시받을 때, 어떻게 반응할 것이라고 예상하는지를 말이다. 임상의들은 1000명 중 한 명만이 순순히 순응할 것이라며 공통된 의견을 내놓았다.

하지만 전문가들의 예상은 완전히 빗나갔다. 표준 버전의 실험에서 참가자의 약 3분의 2가 실험자들의 지시를 온전히 따랐다. 단지 실험실 가운을 입은 어떤 사람에게 지시받았다는 이유만으로, 꽤 많은 사람이 의식이 없는 것처럼 보이는 학습자에게 가장 높은 전압의 충격을 가했다.

애쉬와 밀그램의 연구에서 참가자들은 자신이 처한 상황을 달가워하지 않았다. 애쉬의 실험 참가자들은 대체 무슨 일이 벌어지고 있는지 이해하려고 애쓰면서 혼란스러워했다. **'어떻게 다른 모두가 착각할 수 있지? 내 눈이 잘못됐나?'** 밀그램의 참가자 중 많은 사람이 실험자에게 물었다. **"진심입니까? 저 사람을 확인해야 하지 않나요?"** 그 말에 실험자는 완강히 대답했다. "계속해주세요. 실험은 계속되어야 합니다." 그리고 그들 중 다수는 실험을 끝까지 진행했고, 옆방에 있는 무력해 보이는 사람에게 계속해서 전기 충격을 주었다.

처음에 이 연구 결과는 사람들을 매우 놀라게 했고, 도발적으로 여겨졌다. 그 결과는 예상치 못했던 인간 행동의 일면을 명확히 보여주었다. 많은 사람이 밀그램의 실험과 홀로코스트*의 잔혹성 사이의 유사점을 발견했다. 이러한 발견은 적어도 사회과학자들 사이에서는 충격적인 폭로에서 일반적인 통념으로 빠르게 바뀌었다. 애쉬와 밀그램에게서 배운 교훈은 분명했다. 사람들은 매우 순응적이다. 동료에게서 가벼운 압력만 받아도 양 떼처럼 순종한다. 또한 권위에 맹목적으로 순종하며, 이러한 무분별한 순응이 그들을 매우 사악한 행동에 가담하게 만들 수도 있다.

교과서와 대중 심리학 책에서는 여전히 이러한 연구에서 얻은 교훈을 강조하곤 한다. 하지만 이 문제에 관한 전문가들의 이해는 계속해서 진화해왔고, 오늘날 사회과학자들은 이를 다르게 해석한다. 고전적 연구의 교훈은 미묘하고 복잡하며, 이 연구를 오래전에 배웠던 사람들을 깜짝 놀라게 할지도 모른다. 두 연구는 이전에 알려졌던 것보다 더 많이 사회적 정체성과 관련이 있다.

우리는 결코 양 떼가 아니다

토론토대학교 대학원생 시절, 우리는 캠퍼스와 인접한 동네에 있는 헌책방에서 행복한 시간을 보내곤 했다. 논문 작업을 미루

＊ 제2차 세계대전 중 나치가 벌인 유대인 대학살.

면서 서점마다 심리학 코너를 부지런히 확인하며, 우리가 생산적인 일을 하고 있다고 확신했다. 어느 날, 도미닉은 멍하니 책장을 바라보다가 밀그램이 복종에 관한 자신의 연구를 포괄적으로 설명한 책 《권위에 대한 복종》 한 권을 발견했다. 그리고 6.99달러라는 저렴한 가격에, 그는 즉시 그 책을 집어 들었다.

유명한 연구일수록 사람들이 실제로 그 원문을 읽을 가능성은 더 적다. 매년 100만 명 이상이 심리학 입문 수업을 듣고, 그중 대부분은 밀그램의 연구가 실린 교과서를 활용한다. 연구는 여러 번 전해지면서 신화처럼 바뀐다. 주요 연구 결과는 상세히 설명되지만, 결정적인 세부 사항과 상황은 서서히 사라져 미래 세대에게 잊힌다.

학생들은 밀그램의 연구에서 실험자들이 참가자들을 속여 나쁜 행동을 하게 했으므로 윤리적으로 옳지 않다는 사실을 깨닫는다. 또한 그와 비슷한 모든 실험을 오늘날 금지한다는 것도 알게 된다. 그렇다면 원본 자료를 다시 읽을 필요가 있을까? 읽어야 할 책이 수없이 많은데, 그럴 시간이 있나?

그러나 도미닉은 논문을 여전히 미루면서도 시간을 내어 원본 책을 다시 읽었고, 대단히 흥미로운 점을 새롭게 발견했다.[16] 밀그램은 복종을 다양하게 연구했다. 각 연구에서 그는 상황의 여러 특징을 조정해서 어떤 요인이 복종률에 영향을 주었는지 알아냈다. 그는 교사 역할을 한 참가자가 전기 충격을 받는 사람과 물리적으로 가까울수록 복종률이 낮아지는 것과 여성도 남성과 똑같이 반응한다는 사실을 발견했다. 또한 실험자가 전화로 지시를 내리자 복종의 비율이 줄어들었다. 어떤 참가자들은 실험자가 자리를 비운 동안 학습자에게 계속 전기 충격을 주었다고 거짓말하기도 했다.

밀그램의 책은 연구의 저변을 보여주며 가공되지 않은 자료를 제공했다. 어느 표에는 15볼트에서 450볼트까지, 15볼트씩 전압을 올릴 때마다 실험을 그만둔 사람들의 숫자가 표기되어 있었다. 도미닉은 실험의 변수를 하나하나 읽으면서 이러한 자료, 특히 불복종한 참가자들에게 점점 더 눈을 돌리게 되었다. 그는 최종 450볼트까지 이르기 전에 실험을 그만둔 사람들에게 매료되었다. 그들은 잔인한 권위자의 바로 앞에서 반대했던 사람들이었다. 이 도덕적 저항자들은 누구였을까?

놀랍게도 도미닉은 이러한 불복종에 패턴이 있음을 발견했다. 밀그램의 책은 이 패턴에 대해 어떤 언급도 하지 않았고, 도미닉도 이 패턴에 관해 말하는 사람을 본 적이 없었다. 그가 뭔가 잘못 보고 있었던 걸까? 도미닉이 밀그램의 몇몇 연구에서 얻은 자료를 스프레드시트에 옮겨서 그래프 위에 표시하기까지는 몇 분밖에 걸리지 않았다. 그는 연구실 바로 뒤에 앉은 제이에게 몸을 돌려 "내가 이거 제대로 보고 있는 거지?"라고 물었다.

첫 단계인 15볼트부터 끝에서 두 번째로 높은 전압인 435볼트까지, 각 실험에는 교사인 참가자가 실험자에게 불복종할 수 있는 시점이 29번 있었다. 그러나 도미닉이 자료를 면밀히 살펴본 결과, 참가자들이 실제로 불복종했던 시점은 이 29번에 고르게 또는 무작위로 자리 잡고 있지 않았다. 오히려 불복종은 어느 한 시점에 특히 집중된 듯 보였다. 진실을 보여주는 중요한 순간은 150볼트의 전기 충격을 가한 시점이었다.

150볼트가 특별한 이유는 무엇일까? 왜 이 시점이 135볼트나 165볼트와 달랐을까? 도미닉은 그것을 알아내기 위해 급히 원래의 연구 방법을 찾았다.

앞서 언급했듯, 밀그램 연구의 학습자는 짜인 각본에 따라 전기 충격의 강도가 올라갈수록 불평과 애원과 고통의 표현을 더 격렬하게 쏟아냈다. 학습자는 점점 강도를 높여 고통을 호소하다가 의식을 잃은 듯 조용해졌다.

하지만 150볼트 지점은 질적으로 달랐다. 이 지점은 학습자가 실험에서 자신을 풀어달라고 처음 구체적으로 요청한 순간이었다(하지만 마지막은 아니었다). 학습자는 "선생님, 여기서 나가게 해주세요! 이제 실험 그만할래요! 계속하기 싫다고요!"라고 소리쳤다.

첫 번째 요청이 전환점이었다. 참가자들은 매우 중요한 선택에 직면했다. 학습자의 말을 듣고 그의 요구대로 그만둘 것인지,

아니면 실험자의 지시에 따를 것인지 정해야 했다. 후자를 선택한다면 아마 끝까지 실험을 계속해야 할 것이다.

실험이 진행되면서 학습자는 계속 비슷한 요청을 했지만, 처음과 같은 효과를 내지는 못했다. 정말 중요한 것은 첫 번째 요청이었다. 또한 전기 충격의 전압이 증가할수록 학습자도 고통의 호소를 높였지만, 불복종률은 영향을 받지 않았다. 이는 같은 인간으로서 동료에게 가하던 전기 충격을 멈출지 말지를 결정하는 요인이 타인의 고통에 대한 공감이 아니라는 것을 암시한다. 다른 무엇인가가 작동하고 있었다.

그렇다면 무엇이 그들의 결정을 좌우했을까? 스티븐 라이커, 알렉스 해슬램Alex Haslam, 조앤 스미스Joanne Smith의 최신 연구에 따르면, 참가자들이 실험자 또는 학습자와의 공유된 정체성을 느낀 것이 그들의 선택에 중요한 역할을 한 것으로 보인다.[17] 그리고 참가자들이 실험자의 편에 설지 학습자의 편에 설지를 선택해야 했던 시점이 바로 150볼트 지점이었다.

밀그램의 연구를 재현할 수 없어서 조사에 어려움이 있었지만, 세 명의 연구원은 영리한 차선책을 생각해냈다. 원래 연구로부터 반세기가 지난 후, 그들은 전문 심리학자 집단과 학부생 집단을 포함한 참가자들에게 밀그램의 실험을 다양한 버전으로 수행하겠다고 설명했다. 그들은 변형된 실험마다 참가자들에게 과학자와 과학계, 그리고 일반 대중의 한 사람인 학습자와 얼마나 동질감을 느끼는지 평가해달라고 요구했다.

사람들은 학습자가 물리적으로 멀리 떨어져 있을 때와 같은 밀그램 연구의 일부 변형에서는 실험자에게 동질감을 더 느끼고 학습자에게는 동질감을 덜 느낀다고 생각했다. 반대로, 다른 버전에서 실험자가 전화로 지시를 내릴 때는 실험자보다 학습자에게 더 동질감을 느꼈다.

실험 결과를 받아본 연구자들은 정체성을 바탕으로 과거 1960년대 실험 참가자들의 행동을 예측할 수 있을지 시험했다. 그 결과, 그들의 예상은 들어맞았다. 실험자에게 깊은 동질감을 느꼈다는 현재의 참가자들은 50년 전에 실시된 원래 밀그램 실험에서 참가자들이 더 많이 복종했을 것이라고 예측했다. 대조적으로 학습자에게 동질감을 느꼈다는 현재의 참가자들은 원래 실험 참가자들이 덜 복종했을 것이라고 예측했다.

그렇다면 복종과 불복종은 모두 정체성의 문제인 듯 보인다. 당신은 누구 편에 서 있는가? 지식, 진보, 전문성을 상징하는, 실험실 가운을 입은 과학자의 편인가? 아니면 대중의 구성원과 동료 시민이 지닌 모든 권리의 편인가? 일단 어느 쪽인지를 결정하면, 그 정체성이 당신을 도덕적 저항자로 거듭나게 할지 아니면 잔인한 실험을 계속 진행하게 할지를 좌우한다.

이성적 순응과 비이성적 대항

도미닉은 밀그램의 복종에 관한 자료를 분석해 발표한 직후 버트 허지스Bert Hodges를 만났다. 당시 허지스와 그의 동료들은 애쉬의 유명한 '직선 인지 실험'의 결론을 막 뒤집은 참이었다.[18] 1950년대의 원래 연구에서는 참가자들이 시각적 과제에서 정답을 분명히 봤지만, 다른 사람들이 틀린 답을 내는 것을 들었고, 결국 그들의 답을 따라 했다. 이 새로운 버전의 연구는 참가자들이 다른 사람들의 답은 들을 수 있지만, 과제 자체는 명확하게 볼 수 없도록 설계되었다. 참가자들은 방 앞쪽에 놓인 화면에 투사되는 단어들을 식별해야 했지만, 단어들은 정답을 알아보기 어려운 자리에 배치되었다. 애쉬의 연구와 마찬가지로, 단어를 분명히 볼 수 있는 다른 참가자들이 먼저 대답했다.

당신이 참가자 입장이라고 상상해보자. 당신의 잘못이 아니지만, 단어가 보이지 않아 과제를 제대로 완수할 수 없다. 다행히 다른 이들은 잘 볼 수 있고, 그들이 당신보다 먼저 대답한다. 당신이라면 어떻게 하겠는가? 애쉬의 원래 연구에서는 명백히 틀린 답에 순응하는 것이 불편했지만, 여기서는 정답으로 추정되는 다른 이들의 답에 순응하는 것이 전적으로 타당하다. 양심의 가책을 느끼긴 하겠지만, 뒤로 물러나 긴장을 풀고 군중의 의견에 묻어갈 수 있다.

참가자들은 실험의 약 3분의 2 동안 그렇게 행동했다. 하지만 나머지의 경우에는 직관에 반대되는 행동을 했다. 그들은 짐작으로 틀린 답을 찍었다. 참가자들은 약 3분의 1의 경우 자기보다 많이 아는 타인에게서 받은 정보를 활용하지 않았다. 놀랍게도 이러한 '비이성적 비순응' 행동의 비율은 애쉬의 원래 연구에서 '비이성적 순응' 행동의 비율과 거의 같았으며, 이 역시 약 3분의 1의 비율로 나타났다.

하지만 애쉬의 원래 연구와 반전된 순응 연구에서 보인 사람들의 행동은 '정확성 추구'라는 단 한 가지 목표로 동기를 부여받는다고 추정할 때만 비이성적이라 할 수 있다. 물론 사람들은 그렇지 않다. 애쉬의 원래 연구 참가자들도 남들과 자연스럽게 어울리면서 남들에게 사랑받고 인정받고 싶다는 목표에 의해 동기를 부여받았다. 하지만 이 목표 역시 사람들을 항상 순응하게 할 만큼 온 마음을 사로잡지는 못했다.

사람들은 수많은 목표를 가지고 있다. 사람들은 한 번에 여러 가지 일을 해내려고 하며, 그들이 선택한 행동은 종종 그 사이의 균형을 맞추려는 시도를 반영한다. 다른 사람들과 있을 때, 우리는 좋은 사회적 동료가 되려 한다. 한 집단에 속해 있을 때는 집단에 기여하는 믿음직스러운 구성원이 되고자 한다. 이를 위한 방법에는 여러 가지가 있다. 정확하고 올바른 정보를 제공하는 것은 중요하다. 하지만 다정하고 신뢰할 만한 관계를 확립하는 것, 자신의 생각을 진실하게 말하는 것도 중요하다. 이 목표는 더 넓은 면에서 객관적으로 옳은 답을 내놓는 것보다 중요할 수 있다.

아마 누구나 이런 상황에 처한 적이 있을 것이다. 당신이 친구나 직장 동료나 가족들과 앉아 있는데, 다들 터무니없는 생각에 동의한다. "〈캣츠〉는 굉장한 영화야!" "에그노그*는 맛있어서 조금도 질리지 않아!" "캐봇Cabbot은 고양이가 토끼랑 짝짓기해서 생긴 동물이야, 실제로 존재한다고!" 동료의 말을 바로잡고 싶다는 충동이 끓어오르지만, 겨우 충동을 억누른다. '평화를 깨지 말자.'라고 생각하면서 말이다. 지금 좋은 시간을 보내고 있으니, 잘못된 인식은 나중에 바로잡으면 된다. 당신의 더 넓은 진실은 '나는 여기 있고, 당신들 중 하나이며, 당신들 모두와 함께 이 일을 해내고 싶다.'라는 것이다.

목표 사이의 균형. 이것이 애쉬의 원래 실험에서 참가자들이 했던 행동이다. 그들은 타인과 불화를 일으킬 수 있는 정답을 내놓는 것과 집단에서 좋은 평판을 유지하겠다는 의도로 순응 반응을 보이는 것 사이에서 줄타기하고 있었다. 반대로 설계된 실험에서는 다른 줄타기 행동이 발생했다. 이 경우 사람들은 다른 사람의 반응을 반영하는 정확성과 집단에 고유한 기여를 하는

---

* 달걀에 설탕과 우유 등을 넣은 음료로, 술에 섞기도 한다.

것 사이에서 균형을 맞추려고 노력했다. 집단에서 눈에 띄는 것이 불편한 것처럼, 우리는 아무 생각 없이 항상 타인을 따라 하고 있다는 느낌도 좋아하지 않는다. 참가자들은 가끔 다른 의견을 내놓으면서 어느 정도의 독립성을 유지했다. 또한 시야가 흐릿할 때, 다른 이들의 의견을 좋은 정보이자 유용한 참고 자료로 믿지 못하겠다는 생각을 타인에게 알렸다.

이러한 연구들은 인간 본성에 관한 몇 가지 중요한 교훈을 보여준다. 첫째, 사람들은 권위에 맹목적으로 복종하지 않는다. 저항과 반대는 순응만큼이나 인간 본성의 일부다. 대신, 중요한 점은 우리가 누구와 동질감을 느끼느냐다. 권위 있는 사람들에게 동조해야 하는가, 아니면 더 평범한 사람들의 바람과 권리에 귀 기울여야 하는가?

둘째, 사람들은 동료들에게 압박을 느낄 때 반드시 양 떼처럼 순종하지만은 않는다. 우리가 타인의 행동을 따르는 경우가 많은 것은 사실이고, 그럴 만한 이유도 있다. 하지만 순응하지 않을 타당한 이유도 종종 있다. 우리가 일탈을 선택할 때는 대개 타인의 생각을 신경 쓰지 않거나 까다롭게 굴고 싶어서가 아니다. 우리는 주로 집단에 유용한 사람이 되고 싶어서 일탈한다.

집단은 구성원들이 다양한 견해를 표현할 수 있을 때 더 나은 결정을 내릴 수 있다. 약간의 반대 의견은 중요한 새로운 정보를 제공하고, 사람들의 사고를 확장시키며, 다른 사람들이 자신의 생각을 더 편하게 표현하도록 만든다. 때로는 반대 의견으로 인해 생각을 한 번 더 재검토하여, 우리가 올바른 방향으로 가고 있다는 확신을 갖게 되기도 한다.

우리가 직면한 선택

그렇다면 사람들은 언제 중요한 선택을 할까? 그리고 지역 연합, 직장 단체, 국가와 같은 집단은 건전한 반대를 어떻게 이끌어낼 수 있을까?

몇 가지 시나리오를 상상해보자. 국경 경비대원인 당신은 동료들이 특정 부류의 여행객들에게 공격적으로 질문하는 경향을 발견했다. 혹은 당신이 소기업에서 일하는데, 팀원들이 근무 시간에 두어 시간 정도 소셜미디어를 하면서 시간을 보내는 것이 흔한 관행이라고 가정해보자. 또는 소규모 스타트업에서 일하는데, 사장부터 말단 직원까지 서로 경쟁하듯 너무나 열심히 일한다고 가정해보자. 아주 늦게까지 일하고, 주말에도 출근하며, 서로 얼마나 바쁜지를 자랑한다. 혹은 자원봉사 단체의 구성원이라고 가정해보자. 그 단체의 사람들은 정치적으로 의견이 일치하지 않는 사람들을 거리낌 없이 무시한다. 의견이 다른 사람 중에는 묵묵히 열심히 일하는 사람이 있다는 것을 알면서도 말이다.

　이런 상황에서 어떻게 행동해야 할지를 알아보기 위해서는 몇 가지 질문을 차례로 던져보면 된다. 첫 번째 질문은 꽤 단순하다. **'당신은 규범에 반대하는가, 아니면 만족하는가?'** 아마 당신은 전에 이러한 관점으로 문제를 생각하거나 자문해본 적이 없을 것이다. 예를 들어, 근무 시간에 소셜미디어나 훑어보라고 사람들에게 월급을 주는 것이 회사의 자원을 잘 활용하는 길인지 자문해본 경험이 없을 수도 있다. 아니면 이러한 규범에 대해 생각해본 적은 있지만, 아무런 불만이 없었을 수도 있다. 또, 어떤 유형의 사람들은 국경에서 타인보다 더 집중적으로 의심받는 것이 마땅하다고 생각할지도 모른다. 또는 스타트업에서 사람들이 장시간 근무하기를 원한다면, 그건 그들의 문제일 수도 있다. 만약 당신이 그 규범에 반대하지 않는다면, 굳이 그 문제에 이의를 제기하지 않을 것이다. 하지만 동의하지 않는다면, 이의를 제기할 것이다.

　그렇다면 여기서 두 번째 질문을 던져야겠다. **'당신은 그 집단에 얼마나 깊은 동질감을 느끼는가?'**[19] 정체성이 중요한 이유는 당신이 누구의 이익을 추구할 것인지에 영향을 미치기 때문이다. 아무리 시기가 적절하다 해도 반대 의견을 내는 것은 어려운 일이다. 사람들이 도덕적 저항에 어떻게 반응하는지를 떠올려보라. 집단, 동료 구성원, 공동의 미래를 소중히 여기지 않는다면, 그런 곤란을 감수하면서까지 반대 의견을 낼 가치가 없을 것이다.

당신이 그 집단에 느끼는 동질감이 약하다고 가정해보자. 다시 말해, 당신은 특별히 좋아하지 않는 집단의 어떤 규범에 반대하고 있다. 이러한 상황에 직면한다면, 굳이 시간과 에너지를 들여 반대 의견을 내겠는가? 반대에 거의 필연적으로 따라오는 사회적 비난을 감당하겠는가? 아마 그렇지 않을 것이다. 이 경우에는 집단에서 더 멀어질 가능성이 높다. 집단 밖에 있는 친구에게 자신의 의견을 표현할 수는 있지만, 이는 누군가의 마음을 바꾸거나 그 집단을 더 나은 곳으로 만들려는 의도는 아닐 것이다. 규범과의 갈등 정도에 따라 당신은 '잘 있어라, 바보들아!'라고 생각하며 직장을 그만둘 수도 있다.

하지만 당신이 그 집단을 매우 소중히 여긴다면 어떨까? 이 경우에는 비난을 감수하며 반대를 할 가치가 있을 수도 있다. 당신은 그 집단에 공들여왔고, 집단이 성공하기를 원한다. 그 집단이 존경받고, 윤리적이며, 도덕적인 집단이기를 원한다. 이 경우에는 집단을 더 나은 방향으로 바꾸기 위해 도전하고 싶은 동기가 생길 수 있다.

당신은 특정 부류의 여행객들을 다르게 대하는 것이 국경 요원을 향한 대중의 신뢰를 훼손하고, 효율성을 악화시키며, 사기를 꺾을 수 있다고 걱정한다. 당신은 팀원들이 일에 더 집중하고, 인스타그램에 셀카를 게시하거나, 링크드인에 올린 이력서를 다듬는 데 덜 집중하면 팀 성과에 관한 최근의 걱정이 해결될 것이라고 생각한다. 당신은 재직 중인 스타트업의 '누가누가 가장 열심히 일하는가?'와 같은 경쟁 문화가 유능한 사람들을 지치게 하고, 결국 특정 유형의 사람들(특히 워킹 맘)이 퇴사하게 될 것을 알아차린다. 이러한 경쟁적 문화는 장기적으로 지속될 수 없으므로, 최고의 인재를 유지할 수 없을까 봐 걱정한다. 그리고 당신은 매우 헌신했던 자원봉사 단체 내부에서, 다른 생각을 가진 사람들도 원칙적으로 존중받아야 한다고 생각한다.

당신이 어떤 문제를 발견했고 그 집단을 소중히 여길 때, 실제로 반대할지 아닐지는 세 번째 질문의 답에 달려 있다. **'반대의 결과가 어떨 것이라 예상하는가?'** 이 질문에 나올 수 있는 잠재적 결과는 두 가지다. 하나는 개인에게 영향을 미치는 결과고, 다른하나는 집단 전체에 영향을 미치는 결과다.

개인에게 영향을 미치는 결과는 중요하다. 일탈은 부정적 반응을 맞닥뜨릴 때가 많은데, 그 반응이 사랑하는 집단 내의 친한 동료에게서 나올 때는 더욱 아플 수 있다. 집단에 헌신하겠다는 마음으로 기꺼이 다른 사람들의 호의와 용인을 단념할 수도 있다. 하지만 개인으로서 받는 제재의 강도가 늘어남에 따라, 공개적으로 의견을 표현하기가 불편해지고, 선뜻 내키지 않는 마음도 커질 것이다. 이제 집단에 영향을 미치는 결과가 정말 중요해지기 시작한다. 부정적인 반응을 얻더라도 당신의 반대가 집단을 바꾸고 실제로 상황을 나아지게 할 가능성이 크다면 당신은 단호히 계속 나아가야 한다. 하지만 변화를 성취할 확률이 낮거나 불가능하다고 느끼면, 굳이 반대할 가치가 없어 보일 수 있다. 이것이 바로 반대의 비용편익분석*이다.

우리는 연속적인 갈림길에서 적당한 결정을 따라가며 경로를 만들 수 있다. 첫 번째 갈림길은 '당신은 규범에 반대하는가?'이다. 두 번째 갈림길은 '당신은 그 집단에 깊은 동질감을 느끼는가?'이다. 세 번째 갈림길은 '반대의 잠재적 이익이 잠재적 비용을 능가하는가?'이다. 이 모든 질문의 답이 '그렇다'라면, 당신은 반대 의견을 표출할 가능성이 꽤 높다.

반대자 격려하기

반대자들과 비판자들을 추상적으로 보거나 멀리서 보면 그들이 영웅으로 보일 수도 있다. 또한 잘못된 일을 알아차리거나 목표를 성취할 더 나은 방법이 있다고 생각할 때, 우리는 자기 자신을 용감하게 나서서 말하는 부류의 사람이라고 생각하고 싶

＊ 어떤 방안을 실현하는 데 필요한 비용과 그로 인해 얻어지는 편익을 대비해서 채택 여부를 결정하는 방법.

어 한다. 하지만 연구에 따르면, 반대 의견을 내는 '도덕적 저항
자'와 마주했을 때, 사람들은 당황하면서 그들을 무시하거나 거
부한다. 그리고 집단과 자신의 의견이 다르다는 것을 알게 되면,
상황을 개선하려 용기를 내기보다는 조용히 침묵을 지키거나
집단과 거리를 둔다.

만약 집단 구성원들이나 리더가 이 상황에 뭔가 대처하고 싶
고, 문제가 생겼을 때 의견을 표현하는 문화를 만들고 싶다면 어
떻게 해야 할까? 사람들이 자유롭게 자기 관점을 표현하고 다양
한 견해를 통해 배우는 집단을 육성하고 싶다면 어떻게 시작해
야 할까?

일부 연구에서는 첫 번째 갈림길에 초점을 맞췄다. 우리는 사
람들에게 규범이 자기 집단에 해를 끼치는 경우를 생각해달라
고 요청했다.[20] 일단 이 문제를 생각하게 하자, 집단에 동질감을
깊게 느끼는 구성원들은 더 적극적으로 반대 견해를 드러냈다.
사실 집단에 느끼는 동질감이 강하든 약하든 간에, 규범이 집단
에 해롭다고 생각한 구성원들은 개인적으로 자신에게 해롭다고
생각하는 구성원들보다 더 선뜻 나서서 반대 의견을 냈다.

이렇듯 반대의 핵심 가치는 그들이 소중히 여기는 집단에 미
칠 해를 파악했다는 데 있다.

우리는 자기 집단이 하는 일을 비판적으로 생각하게 할 미묘
한 방법을 시험했다.[21] 특히 사람들을 추상적으로 생각하게 하

면, 집단행동에 관한 다양한 사고에 마음을 여는 듯 보였다. 사
람들을 추상적으로 생각하게 하는 방법은 다양하지만, 그중 가
장 흔한 방법은 단기적 사고가 아닌 장기적 사고를 장려하는 것
이다. 단기적으로 생각하면 당면한 욕구와 목표에만 초점을 둔
다. 그 과정에서 '이걸 끝내야만 해.'라고 생각하며 조급하게 행
동하기 마련이고, 그러다 보면 지금은 의문이나 의심을 제기할
때가 아니라는 느낌을 받는다.

　하지만 장기적으로 생각하면 변화와 개선의 가능성에 더 주
의를 기울이게 된다. 5년에서 10년 후를 생각해보면 '그때도 여
전히 이걸 하고 싶을까?'와 같은 질문으로 이어진다. 비정상적
인 근무 시간으로 사람들의 에너지를 계속 고갈시키면 스타트
업에서 이윤이 나는 회사로 바뀔 수 있을까? 오늘날의 국가 안
보 문제가 미래에도 똑같을까? 그렇지 않다면, 지금 우리가 차
별 대우로 훼손하고 있는 공동체와의 관계를 어떻게 바로잡을
수 있을까? 만약 직원들이 온라인에 쓰는 시간을 줄이고 회사
업무를 처리하는 데 시간을 더 쓰게 만들지 못한다면, 5년 후에
도 우리가 존재할 수 있을까? 자원봉사 단체 내부의 정치적 편
견 때문에 헌신적인 기여자들을 몰아내고 있는 것은 아닐까? 그
리고 이로 인해 우리 단체의 신뢰성이 떨어지지는 않을까?

　반대 의견에 시간이 미치는 영향을 조사하기 위해, 우리는 공
화당 지지자들이 당내 주된 견해에 이의를 제기할 의향이 있는

지를 조사했다.[22] 예를 들어, 일명 '오바마케어'*라고 알려진 건
강보험개혁법에 반대하는 공화당의 입장에 공개적으로 우려를
표현할 의향이 있는지를 물었다.

그들이 기꺼이 소리 높여 말하기 위해서는 세 가지가 중요했
다. 첫째, 그들은 당의 주된 입장에 반대해야 했다(실제로 일부는
그렇게 했다). 둘째, 그들은 공화당에 깊은 동질감을 느껴야만 했
다. 셋째, 그들은 공화당에 **앞으로** 어떤 결과가 닥칠 것인지 걱정
해야 했다. 이 경우, 그들은 정부가 지원하는 건강보험에 반대하
는 것이 향후 있을 선거에서 당의 입지에 지장을 줄 수도 있다는
점을 우려해야 했다. 그리고 이 세 가지가 충족되었을 때, 반대
의견을 표명할 의지가 더 커지는 것을 확인할 수 있었다.

여기서 우리는 장차 변화의 주도자가 될 만한 사람들에게 두
가지를 제안하고자 한다.

첫째, 집단에 느끼는 동질감의 정도가 미미해도 괜찮다. 당신
이 속한 모든 집단이 반드시 동질감을 느낄 만한 가치가 있는 것
은 아니다. 예컨대 앞서 이야기했던 밀그램의 실험에서, 우리는
참가자들이 실험자에게 동질감을 느끼지 않았던 것이 잘한 일
이었다고 생각한다. 권위자에게 공감하지 않으면서 학습자에게
공감했기에 사람들은 옳은 일을 했고, 남에게 해를 끼치는 지시

---

*   오바마 전 대통령이 2010년 시행한 의료 개혁법으로, 저소득층까지 의료보장
     제도를 확대하는 법안. 공화당은 이 법안에 반대하는 입장이었다.

에 불복했다.

둘째, 반대를 표현하려면 자신이 속한 집단이 하는 일을 비판적으로 바라볼 줄 알아야 한다. 다시 말해, 일종의 의견 충돌을 겪어야만 한다. 간단하다고 생각할 수 있겠지만, 전혀 그렇지 않다. 만약 모두가 직장에서 소셜미디어를 하며 시간을 보낸다면, 그것이 기본 조건이나 습관이 된다. 그냥 일이 그렇게 처리될 뿐이라고 생각하면, 그 문제를 다시 생각하지 않을 것이다. 만약 모두가 비정상적으로 오래 일한다면, 과도한 근무 시간이 비정상으로 보이지 않을 것이다. 그저 우리가 일하는 방식이 그럴 뿐이다. 이러한 규범이 문제가 될 때쯤이면 집단 내 많은 사람이 이를 합리화하고 내면화하면서, 오래 일하지 않으면 회사가 파산하거나 팀이 실패할 것이라고 생각하게 된다.

때때로 나쁜 패턴이 발달하여, 밀그램의 참가자들이 학습자에게 450볼트의 전기 충격을 주었던 (또는 그렇게 믿었던) 때와 똑같은 논리가 전개되며 상황이 악화되기도 한다. 사람들은 '15볼트는 생각보다 괜찮아 보이네?'라고 합리화하면서 마음 편히 30볼트로 올리고, 다음엔 45볼트, 이런 식으로 계속 전압을 올린다. 각각의 작은 단계가 다음 단계를 더 수월하게 만든다. 일단 그들이 150볼트 지점을 통과하면 450볼트까지 계속 올릴 가능성이 높다. 그러면 과거에는 상상도 해본 적 없던 일들이 일상이 된다.

그러나 집단 규범이 문제의 소지가 있다고 지적받으면, 여러 사람이 그 문제를 즉시 인식할 수 있다. 비록 자발적으로 문제를 알아차리지 못했을지라도 말이다. 그렇게 하려면 당면한 현재의 상황이나 업무에서 미래나 더 의미 있는 일로 초점을 넓혀야 한다. 이러한 이유로 다섯 가지 성격 특성 중 경험에 대한 개방성 점수가 높은 사람들이 반대 의견을 더 많이 드러내는 것인지도 모른다.[23] 개방적인 사람들은 상황을 창의적이고 추상적인 방식으로 생각하고, 전혀 다른 사고에서 연관성을 찾는다. 또한 그들은 독특한 경험을 추구하는 성향이 있어 다양한 관점을 접하게 된다.

만약 당신이 동질감을 약하게 느끼는 집단에 속해 있다면, 불편해하면서도 자기도 모르게 집단에 순응할 때가 언제인지 주의를 기울일 필요가 있다. 보통은 주말에 일해야 한다는 압박을 느끼지 않지만, 지역 담당 매니저가 동네에 와 있다면 그래야 한다고 느낀다. 보통은 정치적으로 생각이 다른 사람들을 조롱하지 않지만, 어찌 된 영문인지 회사에서 동료들과 있을 때는 그런 행동을 하고 있는 자신을 발견한다. 이러한 행동의 변화는 당신이 그 규범에 무심하지 않다는 신호다. 사실 당신은 그 규범에 문제가 있다고 느끼며 불만을 가지고 있을 수도 있다. 당신이 평소에 하던 행동을 바꿔야 한다는 압박감을 느낀다면 무언가 잘못되었다는 신호일 수 있다.

다행히 당신은 자기가 소중히 여기고 동질감을 느끼는 집단에서 대부분 시간을 보낸다. 여기에서는 집단에 가장 이익이 되는 일에 동기를 부여받고, 집단이 옳다고 여기는 일을 하고 싶어 한다. 하지만 집단에 가장 이익이 되는 일이란 무엇일까? 그리고 집단이 옳다고 여기는 일을 한다는 것은 무엇을 의미할까? 이것이 핵심 질문이다.

만약 리더로서 사람들이 문제를 발견했을 때 더 자주 반대 의견을 제기하고 집단사고 문화를 피하도록 장려하고 싶다면, 당신은 '의사결정'이라는 갈림길에 서 있는 것이다. 집단 구성원들은 의견 충돌을 일으킬 만큼 비판적으로 생각해야 한다. 또한 집단에 깊은 동질감을 느끼고 목소리를 높일 만큼 그 집단을 아껴야 한다. 물론 반대의 결과를 감당할 수 있을지도 생각해야 한다. 만약 예상하는 대가가 너무 크거나 예상 이익이 너무 적다면, 반대 의견은 나타나기 어렵다.

구성원들에게 내집단이 하려는 일을 더 장기적인 관점으로 생각하게 하라. 만약 조직에서 상사가 단기적 결과에만 관심이 있거나 경영진이 당면한 위기를 막기에 급급하다면, 직원들도 똑같은 관점을 취할 것이다. 그들은 그래야만 한다고 생각한다. 그러나 리더들이 가끔 멈춰서 직원들에게 장기적인 관점의 결과나 10년 후에 어디에 있고 싶은지를 묻는다면, 그들도 리더와 같은 방식으로 생각하게 될 것이다. 분기별 수익에 대한 집착은 집단사고를 촉진하고 반대 의사를 약화하는 가장 강력한 원인 중 하나다. 그리고 이와 유사한 역학은 끊임없이 계속되는 선거 주기에 갇힌 정치인들에게도 영향을 줄 수 있다.

리더들은 반대의 대가에 대한 신호에 특히 주의를 기울여야 한다. 사람들이 동료들과 다른 견해를 밝히기를 꺼리는 것과 마찬가지로, 위계가 뚜렷한 상황이나 상사가 옆에 있을 때는 입을 다물어야 한다는 압박도 커진다. 사람들은 집단과 조직 안에서 서로 다른 다양한 생각과 의견을 내놓는 것이 위험하지 않다고 느낄 때, 특히 그것이 분명히 가치 있다고 여길 때 흔쾌히 소리 높여 자신의 의견을 표명한다. 모든 계층의 리더는 이러한 '심리적 안전감psychological safety'을 만드는 데 주요한 역할을 한다.[24]

조직심리학자 에이미 에드먼슨Amy Edmonson은 심장 수술팀이 새로운 심장 수술법을 배울 때, 리더들이 어떻게 심리적 안전감을 촉진하는지 연구했다.[25] 새로운 수술 기법을 시행할 때는 여러 명의 외과 의사, 마취과 의사, 간호사, 임상 기술자로 구성된 팀이 완벽하게 조화를 이루어 협업해야 했다. 그들은 훈련 과정과 학문적 배경이 크게 달랐고, 지위의 차이도 있었다. 게다가 위험이 매우 커서, 그들의 의사소통 능력은 말 그대로 환자의 생사를 좌우했다.

에드먼슨은 구성원들이 목소리를 내고 편하게 의견을 표현하는 수술팀이 생명을 살리는 새로운 기술을 더 성공적으로 받아들이는 것을 확인했다. 팀의 리더인 외과 의사 중 일부는 이러한 유형의 심리적 안전감을 다른 리더보다 잘 만들었다. 성과가 뛰어난 팀의 리더들은 새로운 기술을 배우는 임무의 중요성을 알리는 데 더 많은 에너지를 쏟았다. 그들은 팀 내부에서 권력의 차이를 줄이려고 노력했고, 가능한 한 모두가 동등한 지위에 있도록 주의를 기울였다. 또한 팀원들이 할 말이 있을 때 그들의 말을 잘 들어주고 즉각적인 행동을 취했다. 그들은 모두의 역할이 중요하다는 점을 강조했고, 자신의 한계를 언급하며 겸손함을 보였다. 또한 실수에 과민하게 반응하지 않았으며, 팀원들이 실수했을 때 그 사람을 비난하기보다는 상황에 맞게 적응하고 나아가는 것을 택했다.

비슷한 패턴이 구글Google에서도 관찰되었다. 그들은 가장 효과적인 팀을 만드는 요인을 파악하기 위해 연구를 시작했다.[26] 회사 전체 총 180개 팀을 들여다보며 집단 성공을 설명할 수 있는 기술이나 특정한 성격 유형이 있는지 확인했다. 하지만 집단 성공을 설명할 어떤 패턴도 발견하지 못했다(구글은 데이터를 분석해 패턴을 찾아내는 것으로 유명하다). 그 연구의 명칭인 '아리스토텔레스 프로젝트Project Aristotle'의 리더 중 한 명인 어비어 더비Abeer Dubey는 이렇게 말했다. "데이터는 많았지만, 특정 성격 유형이나 기술, 배경의 조합이 성과를 달라지게 한다는 어떠한 증거도 찾지 못했습니다. 성공 방정식에서 '누구'라는 부분은 중요치 않아 보였죠."

하지만 팀의 성공을 예측할 수 있는 한 가지가 있었다. 구글 연구팀은 집단역학이 실제로 팀 성공을 좌우하는 비결이라고 결론 내렸다. 특히 **심리적 안전감**이 팀을 효과적으로 만드는 데 결정적이라는 것을 강조했다. 최고의 팀은 부정적인 결과에 대한 두려움 없이 다른 관점을 표현할 수 있는 포용적인 환경과 분위기를 조성했다.

사람들은 심리적 안전감이 절대 비판하면 안 된다는 뜻이라고 흔히 생각하지만, 사실은 정반대다. 심리적으로 안전한 환경이란, 토론이 환영받고 반대 의견도 포용되기 때문에 서로 다른 다양한 관점을 표현하는 데 안전하다고 느끼는 환경이다. 이러한 집단은 사람들이 서로 다른 의견을 정중하게 표현하고, 다음 날 감정이 상하지 않은 채 가벼운 마음으로 다시 모일 수 있는 곳이다. 모든 구성원이 같은 목표를 향해 일하고 있다고 느끼기에, 생각과 관행에 이의를 제기할 수 있다.

현명한 리더와 조직은 구성원들이 심리적으로 안전하게 느끼는 환경을 구축하는 데 집중하고, 그 반대 상황을 만들지 않는 데 집중한다. 일부 조직은 한 걸음 더 나아가 건설적인 반대 의견에 보상하는 방식을 찾았다. 미국외교관협회AFSA는 이러한 정신을 잘 보여준다. 이 기관은 매년 외무부 국장과 공동으로 후원하여 적극적으로 봉사한 직원 네 명에게 '건설적 반대 의견 상Constructive

Dissent Awards'을 수여한다. 웹사이트에는 이렇게 나와 있다.

이 상은 조직 내부에서 이의를 제기하는 지적인 용기를 보여준 사
람을 공개적으로 인정하는 상이다. 그들은 문제의 심각성이나 자
신의 행동에 따라오는 결과와 관계없이, 현 상태에 의문을 제기하
고 반대 견해를 밝힌 용감한 사람들이다.[27]

미국외교관협회는 기관의 발전, 나아가 국가 전체에 있어서
반대의 가치를 명확히 인식시키기 위해 공식적인 인정 이외에
도 4000달러의 상금을 수여해 동기를 부여하고 있다.

물론 우리 대부분은 건설적 반대를 격려하려고 상을 만들어
낼 만한 지위에 있지 않다. 하지만 우리는 여전히 평범한 집단의
구성원으로서 그 문제의 중요한 부분을 차지하고 있다. 우리가
다양한 관점에 어떻게 반응하는지, 기꺼이 반대 의견을 들어줄
것인지, 독특한 의견을 표명하는 사람을 어떻게 대할 것인지는
반대자가 반대를 표현하는 태도에 영향을 미친다. 또한 주변에
서 일어나는 일에 주의를 기울이는 사람들의 미래 행동에도 영
향을 줄 것이다. 우리는 규범에 반대하는 행동과 반대 행위자에
게 저항하는 타고난 성향을 가지고 있지만, 이러한 반대가 집단
에 유익하고 실제로 집단을 아끼는 사람들로부터 나온다는 사

실을 알고 있다.

그러니 반대하는 자에게 발칙한 목적이 있다고 성급하게 결론 내리지 말고, 깊이 심호흡한 후 반대자와 비평가와 저항자에게 기회를 주어야 한다. 미국외교관협회가 인정한 것처럼, 그들이 건설적인 의도로 반대할 가능성이 꽤 크니 말이다.

하지만 궁극적으로 그들의 목적이 뭐 그리 중요하겠는가? 일탈과 반대 효과에 관한 연구가 보여주듯, 반대의 주요 이점 중 하나는 사람들을 생각하게 만든다는 것이다. 또 반대 의견이 반드시 옳을 필요는 없다. 우리의 생각을 활성화하고 더 혁신적인 결정을 내리게 되는 것은 옳고 그름과 상관없다. 팀에 선의의 비판자를 두는 것만으로도 모두에게 이로운 결과를 가져올 수 있다.

반대가 집단에 이롭다는 것을 이해하면, 반대를 더 잘 받아들일 수 있다. 하지만 그 정도로는 충분치 않다. 이 장의 시작에서 언급했던 '도덕적 저항자'에 관한 연구를 다시 생각해보자. 사람들은 일탈자들의 행동과 자기 행동이 다를 때, 원칙적인 문제를 놓고 일탈했던 이들에게 거부감을 느꼈다. 일탈자들의 행동이 자신의 지혜와 진실성에 의문을 제기한다고 느꼈다. 이렇듯 자아 이미지가 위협받는 느낌을 피하기 위해, 연구 참가자들은 저항자들을 얕보고 무시하면서 그들을 '독선적'이고 '혼란스러운' 사람들로 치부했다.

다행히도 모닌과 그의 동료들은 전혀 영양가 없는 이러한 반응에 대한 잠재적인 해결책을 발견했다. 그들은 참가자들에게 자신이 소중하게 여기는 가치를 실천한 최근의 경험을 상기시켰다. 그러자 도덕적 저항자들에게 받는 위협감이 줄어든다는 사실을 발견했다.[28] 이 긍정 연습은 자신이 현명하고 착하다는 사실을 상기시켰고, 타인의 지혜와 선함을 발견하게 했다. 심지어 그들이 특정 순간에 최선을 다해 행동하지 않았을 때조차 말이다.

모닌과 동료들이 참가자들에게 긍정을 심어준 방식은 다음과 같다.

최근 당신이 매우 중요하게 여기는 자질이나 가치관을 몸소 보여주어 스스로 뿌듯했던 경험을 써주세요. 경험의 예로는 '예술적 기술, 유머 감각, 사교적 기술, 자유 의지, 체육 능력, 음악적 재능, 신체적 매력, 창의력, 사업의 기술, 연애의 가치관' 등이 있습니다(단, 여기서 제시한 예시에 국한되지 않아도 됩니다).

원한다면 지금 써봐도 좋고, 다음에 말썽꾼이나 대중 선동가가 하는 말이 듣고 싶지 않거든 그때 시도해도 좋다. 운이 좋다면 당신이 자랑스럽게 쓸 목록에 타인의 반대 의사를 기꺼이 표현하도록 장려한 경험이나, 도덕적으로 옳은 저항에 조금이나마 참여한 경험이 포함될 것이다.

9장

효과적으로 리드하기

행동하는 리더들을 생각하면 머릿속에 떠오르는 몇몇 우상의 이미지가 있다.

먼저 뉴질랜드의 총리 저신다 아던이 텔레비전 생방송 인터뷰 도중 지진에 대응했던 방식이 떠오른다. 코로나19 팬데믹에도 매우 효과적으로 대처한 아던은 발밑의 땅이 덜컹거리며 흔들리는데도 차분함과 냉정함을 유지했다. 그녀는 "여기 지진이 난 것 같아요, 라이언."이라고 기자에게 차분하게 말한 후, 계속 진행해도 괜찮다며 그를 안심시켰다.[1]

독일이 맹렬한 폭격을 퍼붓던 밤이 지나고, 돌무더기를 들어 올리는 런던 주민들에게 인사를 건네며 파괴된 건물 잔해 사이를 걷던 윈스턴 처칠Winston Churchill이 떠오른다.

인종차별 정책이 있던 앨라배마주 몽고메리에서 버스 뒷자리로 옮기라는 요구를 조용하지만 단호히 거부한 재봉사 로자 파크스Rosa Parks를 떠올릴 수도 있다.

또한 마하트마 간디Mahatma Gandhi가 수천 명의 인도 시위자들을 이끌고 바다까지 수백 킬로미터를 행진하는 모습이 떠오르

기도 한다. 해안까지 다다른 그는 몸을 굽혀 소금 알갱이를 집었
다. 그것은 인도인들이 소금을 거두거나 파는 것을 금지한 세법
을 위반한 행위로, 영국 제국주의의 상징에 대항하는 효과적이
면서도 비폭력인 시위였다.

오바마 대통령이 첫 번째 임기 초반에 찍었던 유명한 사진이
떠오르는 사람도 있을 것이다. 오바마는 대통령 집무실에서 허
리를 숙여 어린 흑인 소년이 그의 머리를 만지게 허락했다. 직원
의 다섯 살 된 아들 제이컵 필라델피아Jacob Philadelphia는 "제 머리
카락이 대통령 아저씨 머리카락이랑 똑같은지 알고 싶어요."라
고 속삭였고, 오바마는 "네가 직접 만져보고 확인하는 게 어때?
만져봐, 꼬마 친구."라고 말하며 고개를 숙였다.[2]

리더십은 매우 복잡한 현상이다. 연구원들은 리더십에 관해 수
천 년간 고민했지만, 가장 기본적인 질문에도 온전히 답하지 못하
고 있다. 왜 다른 리더들이 실패할 때 어떤 이들은 성공하는가? 무
엇이 사람들을 통솔하도록 자극하는가? 왜 어떤 사람들은 순순히
이끌리는가? 리더십 능력은 어떻게 발달하는가? 리더십에는 능
력이 필요한가? 리더들은 언제 선을 행하는 힘이 되고, 언제 악을
행하는 힘이 되는가? 사악한 리더들을 저지할 수 있는가?

심리학자 하워드 가드너Howard Gardener는 자신의 저서 《통찰과
포용》에서 저명한 20세기 리더들의 사례별 연구를 제공한다.[3]
그는 책에서 11명의 삶과 전략, 성공과 실패를 다채롭게 살펴본

다. 마거릿 미드Margaret Mead와 로버트 오펜하이머Robert Oppenheimer
와 같은 학술·과학 분야 리더부터 군대, 종교, 기업의 리더를 거
쳐 마틴 루서 킹, 마거릿 대처Margaret Thatcher, 간디와 같은 사회·정
치계 리더까지 다양했다. 연구 대상이 현저히 다른데도, 가드너
는 그들의 중요한 공통점을 찾았다. 그들의 영역이 무엇이든, 근
본적으로 위대한 리더들이 한 일은 정체성에 관해 이야기하는
것이었다고 그는 주장한다.

> 11명의 리더와 그들을 대체할 만한 이번 세기 리더들의 공통점은
> 그들이 자신에게, 궁극적으로는 타인에게도 효과적인 이야기를
> 찾았다는 사실이다. 그들은 자신과 자신의 집단에 대해, 그들이 어
> 디서 왔고 어디로 가야 하는지, 무엇을 두려워하고 무엇과 맞서 싸
> 우는지, 무엇을 꿈꿔야 하는지를 이야기한다.

> 또한, 가드너는 그저 이야기하는 것만으로는 충분하지 않다
> 고 분명히 말한다. 리더들은 이야기를 구체적으로 표현할 수 있
> 어야 한다.

> 리더들은 자신이 영위하는 다양한 삶의 이야기를 전달하고, 예를
> 들어가며 추종자들에게 영감을 주려 노력한다. 그들이 영향을 주
> 려는 사람들은 자신들의 리더가 삶을 살아가는 방식을 분명히 인

지할 수 있어야 한다.

윗글에 묘사된 것처럼 리더십을 상징적으로 보여주는 순간이 바로 구체화의 사례들이다. 그 순간의 일화는 본질을 포착하므로 매우 설득력이 있다. 하지만 그 본질은 리더 자신의 본질(특정한 패기, 탁월함, 카리스마)인 동시에, 집단으로서 **우리**의 본질이기도 하다. 그런 순간에는 리더의 행동이 전형적인 예가 되어, 우리가 누구고 어떤 사람이 되고 싶은지를 보여준다.

아던은 지진에 전혀 동요하지 않은 채 침착하고 차분하게 인터뷰를 진행했다. 뉴질랜드는 그녀의 공동체 지향성에 기반해 2019년 크라이스트처치에서 발생한 끔찍한 테러 공격에 맞섰고, 코로나19 팬데믹에 대처했다.

돌무더기 사이를 거니는 처칠은 영국인의 용기와 회복력을 보여주었다. 당시 영국만이 유일하게 히틀러가 이끄는 독일에 맞섰다.

파크스는 백인에게 자리 양보를 거부했다는 이유로 체포되었고, 앨라배마주의 인종차별법을 위반했다고 기소되었다. 그러나 파크스의 위엄 있고 겸손한 행동은 멈출 수 없는 운동의 계기이자, 인종차별에 대한 비폭력 저항의 강력한 상징이 되었다. 몽고메리에서는 최초로 조직적인 버스 탑승 거부 운동이 이어졌고, 며칠 후에 열린 집회에서 26세의 마틴 루서 킹은 이렇게 말했다. "아무도 로자 파크스의 끝없는 고결함과 깊은 인품을 의심할 수 없습니다. ··· 단지 일어나기를 거부했다는 이유로 그녀는 체포되었습니다. 친구들이여, 당신은 억압에 짓밟히는 데 넌덜머리가 날 때가 오고 있다는 것을 알고 있습니다."[4] 이것은 킹 목사의 첫 번째 정치 연설이자 미국과 시민권 운동을 위한 투쟁의 전환점이었다.

백악관 집무실에서 허리를 숙여 5세 소년에게 자신의 머리를 만지게 해준 오바마는 그 투쟁이 계속되고 있음을 구체적으로 보여주었다. 그때까지 미국의 흑인 아이들은 자신과 닮은 누군가가 그렇게 높은 자리에 있는 것을 본 적이 없었다. 시민권 운동의 성취 덕분에 미국 역사에서 그 일이 가능해진 순간이었고, 흑인 대통령이 있다는 것만으로 더 공정하고 평등한 사회를 향해 계속 발전하고 있다는 희망을 느낀 순간이었다. 오바마는 "만져봐, 꼬마 친구."라고 말하며 격의 없는 미국인의 특징을 구체화하기도 했다.

이 모든 리더 중에서 이야기의 구체화에 가장 많은 신경을 쓴 사람은 아마 간디일 것이다. 그는 인도의 독립과 비폭력 투쟁에 대한 자신의 이야기를 눈에 띄게 구체화하기 위해 노력했다. 그는 물레로 만든 간단한 천으로 샅바를 지어 입기 시작하며, 가난한 이들과의 연대를 극적으로 보여주었다. 동시에 인도인들이 직접 물레로 옷을 만들게 격려하면서 영국이 통제했던 직물 산업의 불매 운동을 시작했다. 물레는 독립 운동의 상징이 되었고, 소금도 마찬가지였다.

이러한 짤막한 묘사는 정체성을 구체화하는 리더를 보여주기 때문에 주의를 환기시킨다. 리더가 집단의 정체성에 관해 전하는 이야기는 진정성 있게 행동하는 순간에 포착된다.

물론 우리는 이러한 예시 중 많은 경우에서 그다음 무슨 일이 일어났는지 알고 있다. 우리는 오늘 정체성을 중심으로 집단을 통합하는 리더가 내일은 그렇게 하지 못할 수 있다는 것을 안다. 또한 어떤 리더의 이야기도 한 집단 전체를 아우르는 진실을 말할 수 없고, 어떤 이야기도 반대가 있다는 것을 안다. 우리가 어디서 왔고 어디로 가고 있는지, 무엇을 두려워해야 하고 무엇에 맞서야 하는지, 무엇을 꿈꿔야 하는지에 관해서 늘 의견이 대립한다. 이러한 이유로 리더십은 여러 가지 면에서 '이야기의 전투'로 이해될 수 있다.

리더십이란 무엇인가?

경영 전문가이자 교수인 헨리 민츠버그Henry Mintzberg는 실제로 한 집단을 운영하는 일에는 다양한 업무가 포함된다고 말한다.[5] 때로는 팀의 대변인이 되어 팀을 알리는 역할을 한다. 때로는 감시자가 되어 우리 집단에 기회와 위협이 있는지 환경을 살펴보는 역할을 하기도 한다. 때로는 기업가가 되어 이러한 기회와 위협에 대응하는 전략을 개발하기도 한다. 때로는 (어쩌면 너무 자주) 방해물 처리자가 되어 조직 내외부의 위협에 대응하면서 인적·물적 자원을 담당하기도 한다. 때로는 자원 할당자이자 협상가가 되어 누가 무엇을 가져갈지를 결정하거나 서로 받아들일 수 있는 결과를 얻으려고 시도하기도 한다.

그렇다면 리더십은 무엇인가? 리더십의 정의는 관련 글을 쓴 사람들의 수만큼이나 다양하다. 하지만 대부분의 학자는 가드너의 정의에 만족한다. 가드너는 리더십을 "한 사람(또는 집단)이 다른 사람들에게 영향을 미치는 능력"이라고 정의했다. 미국의 33대 대통령 해리 트루먼Harry Truman은 가드너와 거의 같은 생각을 조금 더 냉소적으로 표현했다. 그는 리더란 "사람들이 하고 싶지 않은 일을 하도록 설득하고 그 일을 좋아하게 만드는 사람"이라고 말했다.[6]

이러한 폭넓은 정의는 리더가 기업의 이사회나 정치 사무실뿐만 아니라 지역 축구장에서도 발견될 수 있음을 강조한다. 리더는 공식적인 직책이나 높은 지위에 있지 않아도 된다. 실제로 비즈니스에서 가장 큰 영향력을 발휘하는 사람은 최고 경영진이 아니라 노조 간부나 평범한 중간 관리자일 수 있다. 축구 경기장에서는 감독보다 미드필더가 더 큰 영향력을 발휘할 수 있다.

　지난 몇십 년간 수많은 연구가 '변혁적 리더십transformational leadership'*을 조사했다. 변혁적 리더십은 바람직한 특징을 보인다.[7] 변혁적 리더십을 갖춘 리더는 윤리적이고 자기 조직의 안녕에 헌신하며 진실성 측면에서 롤 모델 역할을 한다. 그들은 야심 찬 목표를 세우고 최선을 다할 수 있도록 사람들을 격려한다. 또한 사람들이 비판적으로 사고하고 스스로 생각할 수 있다고 믿으며, 실질적인 면뿐만 아니라 정서적인 면으로도 사람들을 지원한다. 당연히 사람들은 변혁적인 리더를 좋아하게 되며, 이러한 리더십은 직원, 팀, 조직에서 거둔 좋은 성과와도 관련이 있다.

　변혁적 리더십이 좋다는 것은 아무도 의심하지 않는다. 하지만 연구원 프랭크 왕Frank Wang과 제인 하월Jane Howell이 직장 내 변혁적 리더십에 관한 연구를 살펴본 결과, 두 가지 유형의 행동을 혼동하는 경향이 있음을 발견했다.[8] 변혁적 리더십은 리더가 추종자를 개인으로 대하는 방식에 초점을 둔다. 예를 들어, 그들은 추종자들의 직업적 능력 발달과 경력 신장에 관심을 보인다. 이러한 태도는 좋은 상사의 자질로, 이 사람이 당신을 알고, 당신의 성과를 인정하며, 당신의 포부를 중요하게 생각한다는 느낌을 준다. 한편, 변혁적 리더십은 집단 지향적인 활동에 초점을

＊　구성원들에게 신뢰를 주는 카리스마는 물론이고, 조직 변화의 필요성을 감지하고 변화를 끌어내도록 새로운 비전을 제시하는 리더십.

맞추는 경향이 있다. 예를 들어, 한 팀으로 비전을 공유하면서 공통된 목적의식을 가지고 결속을 다지는 일에 집중한다.

연구진은 이렇게 서로 다른 유형의 행동이 두 가지 종류의 정체성을 형성할 수 있다고 추론했다. **개인 지향적 리더십**은 개인이 리더와 개인적인 유대감을 느끼는 관계적 정체성을 형성할 수 있다. 즉, 리더가 자신을 돌봐주고, 자신도 리더를 신경 쓰는 느낌을 받는 것이다. 반면 **집단 지향적 리더십**은 집단 전체에 대한 연대감과 공통된 목표 의식을 갖는 강한 사회적 정체성을 형성할 수 있다.

캐나다의 한 대기업을 연구한 왕과 하월은, 높은 기대를 전달하고 직원들의 기술을 개발해주는 개인 지향적 리더를 둔 직원들이 리더와 더 개인적으로 유대감을 느낀다는 것을 발견했다. 리더와 동질감을 느낀 직원들은 직장에서 더 나은 성과를 보였고, 자율권이 있다는 느낌을 받았다.

하지만 비전을 제시하고 팀의 단합을 위해 시간을 보내는 집단 지향적 리더를 둔 직원들은 자신의 팀과 더 강한 동질감을 느꼈다. 이러한 팀도 집단으로서 더 높은 성과를 보였고, 효율이 더 높아졌다고 느꼈다. 중요한 것은 팀 기반의 사회적 정체성이 강할수록 팀원 개개인의 성과도 더 좋았다는 점이다.

유능한 리더는 개인적·집단적 형태의 변혁적 리더십을 전부 발휘한다. 이는 코치와 멘토는 물론이고 관리자와 감독관에게 사람들이 기대하는 자질이다. 리더십에 관한 수많은 책과 기사는 끈끈한 인간관계를 맺는 법, 효과적인 피드백을 제공하는 법, 전략을 개발하고 자원을 할당하는 법, 인사 문제를 다루는 법 등에 중점을 둔다. 하지만 우리의 접근방식은 다르다. 우리는 리더가 직원들의 사회적 정체성을 관리하여 그들에게 영향을 주는 방법에 초점을 맞출 생각이다.

리더들은 종종 추종자들의 정체성에 대한 감정과 사회적 정체성의 내용, 즉 '우리는 누구인가'에 대한 개념에 영향을 미치려 한다. 그러나 궁극적으로 리더가 말하는 정체성의 이야기가 받아들여질지 아닐지는 추종자들에게 달려 있다.

리더들의 이야기

메리 로빈슨Mary Robinson은 1990년에 아일랜드 최초의 여성 대통령으로 선출되었다. 여성 대통령의 당선은 아일랜드에 생긴 갑작스럽고 놀라운 변화였으며, 당선의 부분적인 원인은 상대 당의 자멸에 있었다. 로빈슨이 수장이 되었을 당시, 피임은 아일랜드에서 여전히 불법이었고, 결혼한 여성은 특정 공직에서 배제되었으며, 성별 임금의 차이는 남성이 여성의 두 배였다.

1990년부터 1997년까지 대통령으로 재임했던 로빈슨은 아일랜드의 자유화에 중요한 역할을 했다. 또한 아일랜드 대통령으로는 최초로 영국의 군주인 엘리자베스 2세 여왕을 만나 영국과의 관계를 근본적으로 변화시켰다. 대통령 재임 기간 내내, 그리고 퇴임 후에도 UN 인권위원장으로 일하며 아일랜드에서 엄청난 인기를 얻었다. 2019년 로빈슨의 75번째 생일을 맞아, 〈아이리시센트럴〉은 그녀를 "20세기 가장 중요한 아일랜드 여성"이라고 칭송했다.[9]

로빈슨이 대통령으로 취임한 1990년 12월 3일, 그녀는 아일랜드에 관한 이야기를 담은 연설을 했다.[10] 아일랜드가 어디에서 왔고, 어디로 향하고 있는지에 관한 이야기였다. 제한적이고 배타적인 과거에서 관대하고 활기찬 미래로 가는 아일랜드인의 여정을 구체화한 이 연설로 그녀는 자신의 리더십을 더욱 굳건히 했다.

제가 대표할 아일랜드는 개방적이고 관대하며 포용력 있는, 새로운 아일랜드입니다. 저를 지지해주신 많은 분이 제 모든 의견에 찬성하지 않음에도 제게 표를 주셨습니다. 저는 이것이 변화의 중요한 신호이며, 비록 미미하지만 우리가 새로운 다원주의 아일랜드의 문턱을 이미 넘어섰다는 신호라고 생각합니다.

모든 리더가 그렇듯 로빈슨도 경계를 설정하여 자신의 집단을 정의했다. 하지만 그녀는 근본적으로 포용하는 방식을 통해 이를 수행했으며, 국가보다 훨씬 더 넓은 그물을 던져 전 세계 어디에 있든 '아일랜드 이민자들의 거대한 공동체'라는 인식을 정체성에 포섭했다.

나아가 로빈슨은 아일랜드가 세계 무대에서 수행할 역할에 대한 야심 찬 비전을 포함하여 자국의 이야기를 더 확장했다. 베를린 장벽이 바로 1년 전에 무너졌기 때문에, 그녀는 "유럽 역사의 중대한 순간에 직무를 수행하게 되었다."라고 언급했다. 로빈슨의 리더십 아래 인권, 관용, 포용성을 중시하는 아일랜드가 유럽의 재편에 중요한 역할을 하지 않겠는가?

제가 아일랜드를 통치하는 이 시기가 새로운 유럽으로 진입하는 흥미로운 변화의 시기가 되기를 바랍니다. 오래된 상처가 치유되는 새로운 유럽으로 거듭나고, 셰이머스 히니Seamus Heaney[*]가 말한 대로 "희망과 역사가 운율이 맞는" 변화의 시기가 되기를 바랍니다. 제가 대통령으로 재임하는 기간에는 윌리엄 버틀러 예이츠 William Butler Yeat[**]가 소환한 14세기 아일랜드 시의 즐거운 후렴구를

---

[*]   아일랜드의 시인이자 작가. 1995년에 노벨 문학상, 2006년에 T.S. 엘리엇 상을 받았다.

[**] 아일랜드의 시인이자 극작가. 20세기 영문학과 아일랜드 문학에 있어서 가장 영향력 있는 인물 중 한 명으로, 1923년 노벨 문학상을 받았다.

아일랜드 국민 여러분께 부를 수 있었으면 좋겠습니다. "나는 아
일랜드 사람이라네. … 아일랜드에서 나와 함께 춤을 추세."

로빈슨은 리더들이 사용하는 언어(말, 글, 트윗 등)가 공유된
정체성을 만드는 데 매우 중요한 도구라는 것을 이해했다.

강렬한 연설을 듣거나 읽을 때, 우리는 우아하게 표현된 어구,
적절한 비유, 아름답고 시적인 리듬에 집중한다. 이러한 특징은
훌륭한 연설을 가르는 기준이다. 하지만 더 미묘한 언어적 단서,
특히 연대감을 나타내는 단어의 사용도 중요하다.

연구원 비비안 세이레이니언Viviane Seyranian과 미셸 블라이Michelle
Bligh는 시어도어 루스벨트Theodore Roosevelt부터 조지 부시까지, 모
든 20세기 미국 대통령의 연설을 분석하여 포용력 있는 표현을
사용했는지 살펴보았다.[11] 그 결과, 그들은 지도자와 추종자 사
이의 유사점은 물론이고 집단적 정체성을 언급한 단어와 어구
까지 찾아냈다.

먼저, 그들은 17명의 대통령 중 누가 '카리스마 있는 리더'였
는지 결정하기 위해 10명의 정치과학자에게 이를 의뢰했다. 연
구원들이 설명한 바에 따르면, 카리스마 있는 리더는 "강력한
비전을 제시하여 사람들에게 영감을 주고 동기를 부여함으로
써, 사회 변화를 이끌고 현재 상황을 근본적으로 변화시키는 인
물"이다. 이러한 기준에 따라 딱 다섯 명만이 카리스마 있는 리

더로 평가되었는데, 바로 시어도어 루스벨트, 프랭클린 루스벨트, 존 F. 케네디, 로널드 레이건, 빌 클린턴이다.

연구원들이 이 대통령들의 연설을 조사한 결과, 이 다섯 명은 포용력을 의미하는 단어를 다른 12명보다 훨씬 더 많이 사용했다. 이러한 경향은 그들의 임기 동안 계속해서 나타났다. 하지만 이들조차 임기 초반에는 추종자들과의 유사성을 부각하는 언어를 빈번히 사용하곤 했는데, 임기 초반에는 자신을 그 집단의 상징으로 확립하는 것이 가장 중요했기 때문일 수 있다.

연구에 따르면, 정체성을 드러낸 언어는 당선 전략일 수도 있다고 한다. 2013년, 연구원들은 1901년 이후 호주의 총리 선거에 출마했던 모든 당선자와 패배자의 선거 연설을 분석했다. 분석 결과, 선거에서 승리한 후보자들은 집단 대명사('우리', '저희')를 주로 사용했지만, 패배한 후보자들은 개인 대명사('나', '저')를 주로 사용했다(당선자는 연설에서 평균 79단어당 한 번씩 '우리' 또는 '저희'를 사용한 반면, 낙선자는 136단어당 한 번꼴로 사용했다).[12] 즉, 당선된 정치인이 거의 두 배 더 많이 사용한 셈이다.

리더들은 공동의 목적의식을 확고히 다지는 언어를 사용한다. 또한 우리가 우상으로 여기는 리더들은 그들이 원하는 사회적 정체성을 보여주고, 추종자들에게서 그 정체성을 활성화할 순간을 민감하게 포착한다. 로빈슨이 아일랜드의 정체성에 대한 새로운 비전을 분명히 표현하던 때와 비슷한 시기에 다른 대륙에도 한 리더가 있었다. 그는 매우 다른 환경에서 정체성 리더십의 원리를 이용하여 자국을 어두운 역사의 시기에서 끌어냈다.

정체성의 상징

1990년대 초 아파르트헤이트* 정권이 붕괴되기 시작하면서, 남아프리카공화국은 고립되고 위기에 처했다. 다른 나라들이 그 정권의 잔인한 인종차별 정책에 항의하기 위해 가한 제재 때문에 경제도 심하게 훼손되었다. 소련에 대항하여 서구권 나라들과 체결했던 일시적인 편의 협정도 냉전의 종식과 함께 끝이 났다. 시위와 억압이라는 정치적 폭력이 국가를 위협해 내전으로 빠져들 가능성이 있었다.

조금만 잘못 움직여도 대규모 폭력으로 이어질 수 있는 이 불안한 환경에 넬슨 만델라Nelson Mandela가 등장했다. 만델라는 인종차별 정권에 반대했다는 이유로 26년간 악명 높은 로벤섬의 1.5평 남짓한 감방에 갇혀 있었다. 만델라는 많은 것을 잃었다. 자녀들이 자라는 모습을 보지 못했고, 어머니와 장남이 1년 간격으로 세상을 떠났을 때도 장례식에 참석하지 못했다.

＊   남아프리카공화국의 극단적인 인종차별 정책과 제도.

남아공의 흑인 국민과 흑인 중심 정당인 아프리카민족회의의 지지자들에게 만델라는 영웅이었다. 하지만 많은 백인 남아공 국민에게 그는 범죄자이자 테러리스트였다. 백인들은 1990년에 만델라가 감옥에서 풀려났을 때 불안함을 넘어 두려움까지 느꼈다. 게다가 1994년에 자유선거가 열려 만델라가 남아공 대통령으로 당선되자 더욱 두려워했다. 압승을 거두고 갑자기 권력을 손에 쥔 만델라와 아프리카민족회의는 무엇을 했을까?

다행히 만델라는 억압자에게 복수하는 성향이 아니었다. 그는 자국에서 수세대에 걸쳐 그랬던 것처럼 정체성의 상징이 사람들을 분열시키기도 하지만, 하나로 모으는 힘도 있다는 것을 이해하는 리더였다.

만델라가 당선된 다음 해, 남아공은 럭비 월드컵을 개최했다. 아파르트헤이트 시대에는 남아공에서 대회 참가가 금지되었기 때문에, 이 대회는 매우 상징적인 의미가 있는 행사였다. 하지만 만델라는 럭비 월드컵에 훨씬 더 중요한 의미가 있다는 것을 알아차렸다. 백인으로만 구성된 남아공 대표팀 스프링복스는 당시 남아공 백인들에게 큰 사랑을 받았다. 하지만 남아공 흑인들은 그들을 경멸했기에 상대 팀을 응원했다.

스프링복스는 럭비 월드컵에서 우승을 차지했고, 만델라는 그 순간을 놓치지 않았다. 그 나라의 대통령으로서만이 아니라 눈에 띄는 초록색 스프링복스 모자와 셔츠를 입은 팬의 모습으로 연단에 등장한 그의 모습은 영화 〈우리가 꿈꾸는 기적: 인빅터스〉에 기록되어 길이길이 전해졌다.

만델라의 행동은 흑인과 백인 남아공 국민 모두에게 단순하지만 심오한 울림을 주었다. 그것은 우리가 한 팀이고 한 나라라는 정신이었다. 그 순간, 만델라는 식민지 탄압의 상징을 이용해 국민 전체를 결속시켰다.

물론 모든 리더가 로빈슨과 만델라처럼 집단의 경계를 포용력 있게 그리는 것은 아니다. 어떤 리더들은 좁은 연합을 동원하려 한다. 그들은 배타적인 사회 정체성을 만들기 위해 '우리' 대 '그들'을 극명하게 구분한다. 또한 리더는 집단 간 경쟁과 외부 위협에 관심을 돌려 내부 응집력을 강화하려 애쓰기도 한다. 물론 이러한 역학은 양극화된 정치 체계와 독재주의 정권에서도 볼 수 있다(하지만 이는 새로운 이론이 아니므로, 이 장 끝에서 변질된 리더십에 관해 이야기할 때 그 위험성에 관해 논의할 것이다).

만델라와 로빈슨 같은 인물이 영감을 주는 것은 사실이지만, 이야기, 연설, 상징, 원대하고 과장된 제스처에 지나치게 초점을 맞추는 것은 위험할 수 있다. 가드너의 구체화 개념은 우리에게 리더의 행동이 그들의 말만큼이나 중요하다는 사실을 상기시킨다. 리더들이 전하는 정체성의 이야기, 즉 그들이 사용하는 표현, 언급하는 상징, 경계를 그리는 방식이 리더의 선택과 상반된다면, 추종자들은 그들의 대의에 결집하지 않을 것이다.

말에서 행동으로

비겁한 리더는 용기를 불어넣을 수 없다. 이기적인 리더는 관대함을 불어넣을 수 없다. 자원을 투자하지 않거나 공표한 계획을 구체적으로 행동에 옮기지 않는 리더들은 결국 실패한다.

일반적으로, 유능한 리더는 자신의 정체성 이야기를 실현하는 데 필요한 조건과 구조와 제도를 세울 때 매우 주의를 기울인다. 만델라는 초록색 스프링복스 셔츠를 입는 데서 그치지 않았다. 남아공 리더들은 자국을 치유하고 통합하는 길고 험난한 과정에 깊고 신중하게 접근했다. 과거 문제에 맞서서 해결하지 않으면 그 문제가 과거에만 머물지 않는다는 사실을 깨달은 그들은 진실화해위원회와 같은 기구를 설립했다. 그 기구를 통해 아파르트헤이트 정책의 끔찍한 역사를 극복하고, 희망찬 미래를 확보하는 데 도움을 주려 노력했다. 시민권 운동에서 파크스와 동료들은 더 많은 것을 준비하고 또 준비했다. 또한 처칠은 2차 세계대전 당시 총리 이외에 국방부 장관 직책도 맡으며, 해군의 전략과 무기 개발부터 식량 배급과 언론보도까지 전쟁과 관련된 거의 모든 업무를 감독했다(최근에는 아던과 그녀의 정부가 뉴질랜드에서 코로나19의 통제와 관련된 모든 요소를 관리했다).

집단의 정체성을 집단의 조건, 구조, 과정에 맞춰 조정하는 원칙은 조직과 회사에도 똑같이 적용된다. 많은 기업은 다양성을 늘리면서 포용력 있고 동등한 문화를 조성하고 싶어 한다. 하지만 워크숍을 주최하고 기업의 가치관을 온라인에 게시하는 방법만으로는 충분하지 않다. 중대한 발전을 이루어내려면 리더들은 경영 도구를 최대한 활용하고, 비전을 행동으로 뒷받침해 '우리가 어떤 사람이 되고 있는지'의 이야기를 구체화해야 한다. 또한 적절한 자원을 공정성 계획에 할당해야 한다. 이는 다양성, 형평성, 포용성을 담당할 사람을 고용하는 것뿐만 아니라 그 사람에게 상당한 예산과 의사결정 권한을 주어야 한다는 뜻이다.

감사를 시행해 편견을 유도할지도 모르는 과정을 바꿔라. 이러한 목표를 향해 나아갈 수 있는 환경과 목표를 막는 방해 요소를 추적 관찰하라. 누가 고용되고 있는지, 더 중요하게는 누가 계속 남아 있는지 규칙적인 업데이트를 요청하라. 조직에서 소외된 집단의 구성원이 성장하지 못하고 있다는 경고 신호를 주의 깊게 살펴보고, 이를 눈에 띄게 표시하라. 그리고 이러한 문제를 일으키는 근본적이고 체계적인 요인을 찾아서 뿌리 뽑아야 한다고 강력히 요구하라.

이 모든 방식으로 리더들은 매일 업무를 수행하며, 그들이 만들고자 애쓰는 정체성을 구현한다. 리더가 이러한 정체성을 모범적으로 보여주고 강화하는 또 다른 방법은, 집단의 공유된 현실감(어쩌면 그 정의 자체)이 위협받을 때 이에 대응하는 것이다.

위협에 대응하기

잘 알려지지는 않았지만, 사회심리학자들이 연구한 리더십의
가장 상징적인 순간 중 하나는 1954년 12월 21일 새벽, 도러시
마틴이 종말론 광신도들의 처진 영혼을 일으켜 세운 사건이다
(3장에서 그들의 이야기를 살펴보았다).[13] 이 광신도 집단은 자정이
되면 UFO가 나타나 지구에서 구조될 것이라 기대했다. 그 순간
이 다가왔지만 외계인이 보이지 않자 신도들은 엄청난 충격을
받았다.

하지만 얼마 지나지 않아 마틴은 밤새 앉아 있던 작은 신도들
무리가 너무나 밝게 빛나서 세계가 구원받았다는 외계의 메시
지를 받았다. 그들의 공유된 현실은 벼랑 끝에서 구조되었다.
**'우리는 미친 게 아니야. 현명하고 착한 사람들이지. 심지어 영웅이기
도 해.'**

집단에 대한 구성원들의 공유된 신념을 보호하고 북돋는 일
은 리더들이 정기적으로 해야 하는 일이다. 특히 훌륭한 리더들
은 내부 또는 외부 사건이 집단의 정체성을 위협할 때 창의적으
로 대응한다.[14]

그런 위협 중 하나가 1988년 미국 경영대학원을 뒤흔들었다.
당시 〈비즈니스위크〉는 미국 최초로 경영 프로그램의 순위를
매기기 시작했다.[15] 그 잡지는 두 가지 주요 지표로 등급을 매겼

다. 두 가지 주요 지표란, 최근 MBA 졸업생들의 프로그램 만족
도와 기업의 채용 담당자가 졸업생들에게 느끼는 만족도였다.
그러자 갑자기 스스로 생각하는 자기 학교의 이미지, 즉 자부심
을 포함한 복잡다단한 경영대학원의 정체성이 하나의 차원으로
로 축소되었다. 다시 말해, 그들의 가치관이 단 하나의 숫자로
줄어든 것이다.

이 일이 있기 전에는 모든 학교가 각자의 독특한 장점이라고
여기는 것들에 자부심을 느꼈다. 그들은 자신의 학교를 국가적
리더나 연구 집약적인 프로그램 또는 지역 유력 집단의 산실로
여겼을 것이다. 각 학교는 자신만의 강점을 차별화하고 강조함
으로써 스스로 최고라고 생각할 수 있었다. 이 순위를 만든 존
번John Byrne은 다음과 같이 말했다. "수년간 자기네가 상위 20위
안에 든다고 주장하는 경영대학원이 50개에 달했고, 상위 40위
안에 든다고 주장하는 학교는 수백 곳에 달했다. … 〈비즈니스
위크〉의 조사는 일부 학교가 상위 집단에 속한다고 주장할 수
없게 만들었다."[16]

새로운 순위는 경영대학원 리더들 사이에 실망감을 안겼다.
특히 자신의 학교에 대한 긍정적인 신념이 허망한 수치로 전락
하는 것을 본 사람들은 더욱 실망했다. 조직심리학자 킴 엘스바
흐Kim Elsbach와 로더릭 크레이머Roderick Kramer는 이 갑작스럽고 새로
운 정체성의 위협을 이용해 교육기관의 리더들이 어떻게 반응

했는지를 조사했다.

연구원들은 언론보도와 학생신문에 실린 기사와 같은 서류들을 분석했고, 학장과 홍보 전문가들을 인터뷰했다. 어떤 이는 "그 순위는 억지였습니다."라고 말했고, 또 어떤 이는 "학교의 전국적 위상이 떨어지고 있음을 인지하면서도 아무런 대응도 하지 않는다면, 저는 학교에서 학장 자리를 오래 지키지 못할 겁니다."라고 말했다.

경영대학원 리더들은 그 잡지가 학교의 구체적인 영역을 살펴보지 않은 채 그저 일률적으로 비교했다는 사실에 이의를 제기했다. 어떤 학장은 이렇게 말했다. "이건 포드, 쉐보레, 포르쉐를 한데 섞어놓고 비교하는 것과 마찬가지입니다. 정말 불공정한 평가죠. 이는 사과와 오렌지를 비교하는 것과 같습니다. 우리 학교는 다른 학교들과 같은 부류가 아닙니다." 나아가 순위가 꼭 필요하다면, 더 적절한 방법이 있다며 그것을 제안했다. 공교롭게도 이 방법들은 그들의 학교를 더 긍정적으로 보이게 했다.

그러나 더 중요한 것은 경영대학원 출신 리더들이 그 위협을 이용해 추종자들이 공유하는 자신에 대한 인식을 강화했다는 점이다. 리더들은 추종자들이 내적으로 공유한 현실을 완강히 밀어붙였다. 캘리포니아대학교 버클리의 행정처 직원은 이렇게 말했다. "우리는 **기업가 문화**를 매우 가치 있게 여깁니다. 기업가 문화는 우리가 우리 학교를 보는 관점에서 가장 중요합니다. 만약 첨단 기술과 기업가 정신을 바탕으로 한 하스경영대학원*의 중점이 변한다면, 우리 학교는 정체성과 경쟁 우위를 잃게 될 겁니다." 다시 말해, 요지는 이것이다. **타인들이 우리를 정의하게 내버려두지 않겠다. 우리는 일반적인 학교가 아니다. 우리는 어떤 학교와도 같지 않기 때문에, 우리만의 독특한 정체성을 유지해야 한다.**

지금까지 리더들이 사회적 정체성이라는 도구를 활용해 어떻게 연대를 쌓고 집단에 활기를 불어넣는지 살펴보았다. 하지만 그 방법이 과연 효과가 있을까? 모든 리더가 추종자들에게 똑같이 영감을 주지는 않기에, 궁극적으로 리더의 성공을 결정하는 것은 추종자들의 반응이다. 추종자들은 사회적 정체성이라는 렌즈로 리더를 평가하고, 그들을 믿을 때만 열정적으로 리더를 따른다.

리더십의 본질

앞서 살펴본 대로, 공유된 정체성이 중요한 이유 중 하나는 사람들이 서로를 신뢰하도록 격려한다는 점이다. 누군가를 마음 편히 믿을 수 있다는 느낌은 어떤 결과나 심지어 자신의 운명이 타

＊ 　캘리포니아대학교 버클리에 소속된 경영대학원.

인의 손에 달려 있을 때 특히 중요하다. 이러한 이유로 사람들은 자기 팀, 조직, 국가의 미래를 통제하는 리더의 신뢰성에 특히 관심을 두는 경향이 있다.[17]

리더에 대한 신뢰는 정체성을 공유한 사람들이 서로에 대해 갖는 신뢰 이상으로 중요하다. 사이먼프레이저대학교의 과학자 커트 덕스Kurt Dirks는 30명의 전미대학체육협회NCAA 농구팀의 수석 코치들을 설득해, 시즌이 시작되기 전 선수들을 대상으로 설문조사를 했다.[18] 330명의 선수가 코치를 얼마나 신뢰하는지 평가했다.

각 팀의 성과를 추적한 결과, '팀원 대부분이 코치를 신뢰하고 존경한다.'라는 문항과 '코치는 업무에 전문성이 있고 헌신적이다.'라는 문항에 동의한 팀의 성과가 더 좋았다. 실제로 시즌 초반에 코치에게 큰 신뢰를 보인 팀이 시즌 동안 승리한 비율이 높았으며, 심지어 분석에서 기타 변수를 통제했을 때도 마찬가지 결과를 보였다. 서로를 향한 선수들의 신뢰, 팀의 전반적인 수준, 코치들의 이전 실적, 그 팀이 과거에 어떤 성적을 보였는지 등과 관계없이 코치에 대한 신뢰와 승리 빈도는 비례했다.

한 선수의 말을 들으면 이해하기 쉬울 것이다. "코치를 신뢰하게 된 후로 어마어마한 발전이 일어났습니다. 더는 이것저것 질문하거나 걱정하지 않았기 때문이죠. 최선을 다하면 목표를 달성할 것이라고 확신하게 되었습니다."[19]

다시 말해, 리더를 신뢰하면 집단은 리더가 있어서 좋은 점을 최대한 활용할 수 있다. 방향을 설정하고 주요 결정을 내릴 사람이 있기에 나머지 팀원들은 집중하여 자기 일을 할 수 있다. 따라서 직장에서 리더를 향한 신뢰와 수많은 긍정적인 업무 결과가 비례한다는 연구 결과도 놀라운 일이 아니다. 리더를 신뢰할수록 더 좋은 실적, 더 많은 이타주의, 더 높은 만족감과 헌신, 낮은 이직률이라는 결과가 생긴다.

전미대학체육협회의 농구 경기 분석을 보면 과거 성적이 좋았던 팀이 설문 조사를 진행했던 시즌에도 더 많이 이긴 것으로 나타난다. 놀라운 것은 이러한 상관관계가 코치에 대한 신뢰와 관련이 있는 것으로 보인다는 점이다. 과거에 거둔 좋은 성적은 현재 리더를 향한 신뢰도를 높이기 때문에 부분적으로는 미래에 거둘 좋은 성적과도 연관이 있다. 위대한 리더십은 선순환을 만든다. 믿을 만한 리더는 성공을 촉진하고, 우리는 성공하도록 돕는 리더를 믿으며, 그 신뢰가 미래의 성공을 만든다.

리더가 우리를 위해 좋은 일을 하고 있다(예컨대 우리가 승리하도록 도와주는 것)고 믿는 것은 우리가 리더를 신뢰하는 주요 이유 중 하나다. 또한 연구에 따르면 리더가 얼마나 '원형적'인지, 즉 얼마나 많이 **우리 중 하나**처럼 보이는지도 우리가 그를 신뢰하는 이유 중 하나다.[20] 사람들은 어떤 집단에 동질감을 느낄 때 그 집단의 주요 특징을, 자신을 정의하는 요소로 인식한다. 만약

당신이 속한 집단의 정체성 중 핵심 요소가 성실성, 경쟁력, 호
기심과 관련된 것이라면, 당신은 자기 자신을 그런 식으로 보게
될 것이다. 게다가 집단 규범에 맞추기 위해 자신의 행동도 조절
할 것이다. 물론 어느 집단이든, 리더가 자신을 정의하는 핵심
특징과 규범을 얼마나 모범적으로 보여주는지에 따라 차이가
있을 수 있다.

결국 리더와 구성원들의 사회적 정체성이 얼마나 '맞는지'가
그 집단의 성패를 좌우한다. 심리학자들은 이러한 적합성을 **전
형성**typicality이라기보다는 **원형성**prototypicality이라고 부른다. 가장
신뢰받고 영향력 있는 리더는 집단 구성원의 가장 평균적 모습
이 아닐뿐더러 평균에 맞추려고 하지 않기 때문이다. 오히려 그
들은 집단 구성원이 생각하는 **본질**, 즉 어떤 사람이 되고 싶은지
를 가장 잘 포착한다. 실제로 리더들은 다른 구성원보다 '우리
중 하나'와 비슷한 모습으로 과장되게 집단의 전형을 보여준다.
집단의 사회적 정체성을 보여주는 살아 숨 쉬는 모형인 셈이다.

이를 얄팍하게 보여주는 현상이 선거 유세 기간에 발생한다.
정치인들이 떡볶이나 어묵 같은 일종의 서민 음식을 먹는 모습
을 사진으로 남기는 홍보 전략을 펼칠 때 말이다. 그러나 리더가
집단에 맞추려는 노력에 진정성이 있을 때는 성공을 거두기도
한다. 리더가 우리를 이해하고, 우리를 대변할 수 있으며, 우리
의 이익을 가장 잘 반영하겠다고 진심으로 느낄 때, 우리는 그를

따라도 좋겠다는 확신을 가진다.

하지만 안타깝게도 리더로서 신뢰할 수 있는 사람을 결정하기 위해 적합성을 사용하는 것은 큰 단점이 될 수도 있다. 특정 원형에 지나치게 초점을 맞추면, 다수 또는 집단의 전통적인 개념과 유사하지 않은 사람들에게 주어지는 리더십 기회가 제한되기 때문이다. 예컨대 역사적으로 백인 남성이 지배해온 산업에서는 여성이나 소수 인종 집단의 구성원들이 승진 자격이 부족하거나 리더로서 해야 할 역할을 잘 수행하지 못할 것으로 여겨질 수 있다.[21]

연구에 따르면, 사람들은 확신이 없을 때 원형적 리더들을 선호하는 경향이 있다고 한다. 그러나 집단이 위기를 맞아 다른 유형의 책임자가 필요하다고 생각할 때는 예외가 발생한다. 이러한 상황에서는 변화가 필요하다.[22] 예컨대 기업의 성과가 형편없다면 조직은 남성 CEO를 여성 리더로 바꾸려 할지도 모른다. 이러한 발상은 긍정적으로 들릴 수 있지만, 미셸 라이언Michelle Ryan과 동료들은 그 결정이 때때로 전혀 긍정적이지 않다는 사실을 발견했다.[23] 많은 경우, 이러한 비원형적인 리더들은 실패할 수밖에 없는 상황에 놓이기 때문이다.

그들의 연구는 '유리 절벽glass cliff' 효과를 보여준다. 이 효과에 따르면 여성과 기타 소수 집단 출신의 리더들은 실제로 성과가 저조하거나 조직이 위기에 처한 시기에 더 자주 승진하게 된다.

연구진은 "여성들이 상황을 개선할 것으로 기대해서가 아니다. 여성들이 훌륭한 인사 관리자로 보이고, 조직이 실패했을 때 그들에게 책임을 물을 수 있다고 여겨지기 때문이다."라고 설명했다. 결과적으로 여성 리더들은 자신이 초래하지도 않은 나쁜 상황에 대한 책임을 뒤집어쓰면서 상황을 해결하려 고군분투해야 하는 처지에 놓인다. 물론 그들이 실패할 경우, 남성이 여성보다 더 나은 리더라는 오래된 고정관념이 지속된다.

이를 극복하기 위해서는 '우리 중 하나'라는 개념이 더 넓어질 필요가 있다. 다행히도 무엇이 '우리에게 좋은지'를 인식하는 집단 개념은 고정되어 있지 않다. 우리는 다양한 경험, 배경, 지식을 리더십에 반영하는 것이 중요하다고 생각할 수 있다. 또한 자신의 집단이 성장하고 자신의 비전과 구성원들이 발전하기를 원할 수도 있다.

마지막으로, 우리는 우리를 위해 좋은 일을 하고 우리 중 하나처럼 보이는 리더들도 신뢰하지만, 공정한 리더들도 신뢰한다. 리더들은 종종 추종자들의 삶에 현실적인 결과를 불러오는 힘든 결정을 내려야만 한다. 예컨대 그들은 어떤 농구 선수가 벤치를 지킬지 결정한다. 그들은 누가 승진하고, 승진하지 못하는지 결정한다. 그들은 누군가를 해고해야 할 때도 있고, 심지어 전쟁을 일으킬지 말지까지 결정한다.

절차공정성procedural justice이라는 개념은 리더가 결정을 내리는 방식과 실제 내린 결정 사이에 차이가 있다는 것을 인정하며, 추종자들이 이 두 가지 모두에 관심이 많다는 점을 강조한다.[24] 절차적으로 공정하게 결정을 내리는 것은 신뢰를 확보하고 유지하는 비결이다. 사람들이 어떤 결정을 좋아하지 않을 때조차도, 그것이 공정하게 여겨지는 방식으로 결정된다면 더 호의적으로 받아들일 수 있다. 사람들은 승진을 하지 못하거나 취직을 하지 못하는 등 자신의 이익과 반대되는 결과가 나오더라도, 그 과정이 공정하다고 생각하면 기꺼이 받아들인다.

의사결정이 중립적으로 보일 때, 리더에게 숨은 의도가 없어 보일 때, 리더가 공손하고 정중하게 자신을 대할 때, 사람들은 그 결정이 공정하다고 여긴다. 의사결정을 내릴 때 리더가 사람들을 대하는 방식은 리더가 그들을 어떻게 여기는지, 집단에서 그들이 어떤 지위에 있는지를 보여준다. 당신이 무례한 대우를 받거나 편향되거나 독단적인 처우를 받는다면, 이는 당신이 중요하지 않다는 신호다. 반대로 신중하고 편파적이지 않은 절차로 정중한 대우를 받는다면, 당신을 가치 있게 여긴다는 의미다. 비록 원하는 결과가 나오지 않더라도 말이다. 당연한 말이지만, 집단에 느끼는 동질감이 강한 사람들, 즉 집단과 그 안에서 자신의 지위에 많은 노력을 쏟아부은 사람들은 공정하게 대우받는데 많은 신경을 쓰는 경향이 있다.

따라서 리더십의 많은 부분은 추종자들의 사회적 정체성과 관련이 있다. 리더는 추종자들이 생각하고 느끼고 행동하는 방식에 영향을 주기 위해 사회적 정체성을 이용한다. 하지만 리더역시 자신이 속한 집단의 사회적 정체성뿐만 아니라, 리더라는범주의 구성원으로서 자신을 이해하는 방식에도 많은 영향을받을 수 있다.

리더의 정체성

사회적 정체성은 사람들의 인식을 형성하고 사람들이 무엇에주의를 기울이는지를 결정한다. 정체성은 구성원들이 가지는집단에 대한 특정 인식을 보호하고, 그들이 서로 공유한 현실을유지하도록 동기를 부여한다. 사람들은 때때로 정체성을 확인하는 반향실에 갇혀 대안적인 관점을 보지 못한다. 집단에 진심으로 시간과 노력을 쏟아부은 리더도 이 모든 과정에 영향을 받는다.[25] 예를 들어, 집단이 공유한 현실 감각은 리더들이 어떻게주변 환경을 감시하는지에 영향을 줄 수 있다. 또한 그들이 어떤위협을 인지하는지와 더불어 어떤 기회를 보는지에도 영향을미친다.

1970년, 인텔Intel은 상업적으로 이용할 수 있는 DRAM(동적임의 접근 메모리)을 생산한 최초의 기업이 되었다. 이 새로운 기술은 이전 컴퓨터에 사용했던 자기 메모리 방식과 비교하면 엄청난 발전이었다. DRAM 기술 덕분에 인텔은 컴퓨터 산업의 선두 주자로 출발했고, 한동안 DRAM은 컴퓨터 산업의 핵심이었다. 하지만 1980년대 초에 이르러 인텔은 일본의 기술 회사들과 치열한 경쟁에 직면했고, 인텔의 시장 점유율은 계속해서 하락했다. 로버트 버겔먼Robert Burgelman과 전 인텔 CEO 앤드루 그로브Andrew Grove가 전략적 도전에 대한 조직의 대응을 분석한 결과, 경영진은 변화하는 경쟁 환경을 인식하고 반응하는 데 느리다는 것을 발견했다. 그들은 느린 대처가 상당 부분 사회적 정체성 때문이라고 여겼다.[26]

그들은 다음과 같이 기술했다. "최고 관리자들은 보통 직급이 올라 그 자리에 앉은 사람들이기에, 회사를 성공시킨 요인에 관한 인식에 매우 큰 영향을 받는다. 이를테면 인텔의 DRAM 사업 철수가 지체된 이유는 최고 관리자들이 여전히 인텔의 정체성을 메모리 회사로 붙들고 있기 때문이다." 인텔의 리더들이 메모리 회사가 아닌 마이크로프로세서로 변화한 자사의 정체성을 인식한 후에야, 인텔은 수익이 나지 않는 DRAM 제조 사업에서 손을 뗄 수 있었다.

리더는 자신이 이끄는 집단에 정체성을 느끼는 것 외에도, 리더로서 자기만의 사회적 정체성을 지닌다. 다시 말해, 그들은 '남에게 영향을 주는 사람' 범주에 속한다. 그들은 이 정체성의 범위를 CEO로서, 부회장으로서, 총리로서 좁게 느낄 수 있다. 아니면 더 넓게 보아 자신을 역대 리더의 집단에 속한다고 여길 수도 있다.

리더가 이러한 사회적 정체성을 이해하는 방식, 즉 리더가 되는 일이 어떤 의미인지를 이해하는 것은 심오한 영향을 미칠 수 있다. 가드너는 20세기 리더들에 대한 사례 연구를 통해 추가로 발견한 규칙성에 주목했다. 이들 중 상당수는 어렸을 때부터 자신이 이 범주에 속할 것이고, 속할 만한 자격이 있다고 여겼다. 실제로 가드너는 이러한 특징을 리더 정체성의 원형 중 일부로 파악했으며, 이를 '모범적인 리더exemplary leader', 즉 'E.L.'이라고 설명한다.

E.L.은 권위 있는 어떤 인물과 동질감을 느끼고, 자신을 그 인물의 동료로 여기는 점에서 두드러진다. … E.L.은 특정 지위와 관련된 문제를 심사숙고하고, 자신의 통찰이 현재 그 자리에 있는 사람의 통찰만큼 뛰어나며, 어쩌면 그보다 더 효과적일 것이라고 믿는다.

처칠은 16세에 고등학교 친구와 자신의 미래에 관해 얘기하다가 이렇게 말했다. "이 나라는 어떻게든 엄청난 침공을 당할 거야. 하지만 내가 런던 방어 사령관이 돼서 런던과 영국을 재앙으로부터 지킬 거야."**27**

"그럼 넌 장군이 될 거야?"라고 친구가 물었다. "모르겠어. 미래의 꿈은 흐릿하지만 목표는 분명해. 다시 말하면 런던이 위험해질 것은 분명하고, 그때 나는 높은 지위에 있어서 런던과 영국을 구하는 일이 나에게 맡겨질 거야."

처칠이 1891년에 했다는 이 말은 매우 건방지게 들리지만, 거의 50년 후에 일어날 일을 예견한 놀라운 선견지명을 보여주기도 한다. 리더로서의 정체성이나 심지어 운명까지 느끼는 사람들은 그것을 실현하는 과정에서 절대로 안주하지 않는다. 리더로서의 자아 인식을 받아들이는 사람들은 오히려 자신이 속하고자 하는 집단에서 핵심 위치에 자리 잡으려는 동기가 특히 강할 수 있다.

앤드루 로버츠Andrew Roberts는 2018년 출간한 처칠의 전기에서 처칠이 정치권력을 얻기 위해 10대 때부터 어떤 전략적 경로를 설계했는지, 그리고 이를 위해 어떤 노력을 했는지를 설명한다.**28** 한 예로 처칠은 인도에서 군 복무하는 동안 영국 하원의 최근 기록을 전부 다 읽었다. 그리고 앞으로 예상되는 정치 경력을 준비하면서 그는 당시에 하원에 있었다면 실행했을 연설을 자세히 기록했다. 실제로 그는 이 가상 연설문을 기록에 붙여 넣었다!

리더로서의 정체성은 커다란 야망과 성공에 영감을 줄 수 있다. 하지만 하나의 정체성에 고정되면 그 또한 한계로 작용해 실패의 잠재적 원인이 된다. 미국의 36대 대통령 린든 존슨Lyndon Johnson의 사례 연구에서, 심리학자 로더릭 크레이머Roderick Kramer는 위대한 대통령이 무엇인지에 관한 존슨의 생각 때문에 궁극적으로 그가 대통령으로 성공할 기반이 약해졌다고 주장한다.**29**

존슨은 의심의 여지 없이 '미국 역사상 가장 위대한 아버지'가 되고 싶었다. 그리고 20세기의 모든 미국 대통령 중에서 그는 아마도 위대함을 성취하기 위한 기술과 지식이 가장 잘 준비된 사람이었을 것이다. 존 F. 케네디가 암살된 후 그가 선서하고 취임했을 때, 그에게는 방대한 입법 경험과 정치 경력이 축적되어 있었다. 존슨은 대통령이 되면서 상원의 주요 리더와 부통령의 지위를 내려놓았다. 그러나 존슨은 베트남 전쟁에 크게 발이 걸려 넘어지고 말았다. 베트남 전쟁은 전임자에게 물려받은 업무로, 그도 원치 않는 일이었다. 하지만 전쟁 때문에 다른 우선순위를 소홀히 하느라 인기가 더 떨어졌음에도, 그는 전쟁이 확대되는 것을 막지 못했다.

크레이머는 주장한다. "존슨의 눈에는 위대한 대통령이 되기 위한 두 가지 토대가 있었다. 하나는 역사적인 국내 업적을 남기는 것이고, 다른 하나는 국가가 해를 입지 않도록 수호하는 대통령의 능력이다. 따라서 위대함을 성취하려면 성공적인 전쟁을 벌여야 했다." 대통령의 정체성 중 후자의 신념 때문에 존슨은 수렁인 줄 알면서도 전쟁에 열을 올렸다. 존슨은 이렇게 말한 적이 있다. "훌륭한 활동가인 대통령이 위기와 도전의 순간에 무엇을 해야 하는지를 빈틈없이 준비해온 사람으로서 '황급히 도망가겠다'는 생각은 있을 수 없는 일이었다."

좋은 리더, 추한 리더, 나쁜 리더

리더는 여러 이유로 어려움을 겪고 실패할 수 있다. 여기서는 리더의 단점을 포괄적으로 설명하지 않겠지만, 리더가 사회적 정체성을 이용할 때 잘못된 방향으로 갈 수 있는 몇 가지 방식을 살펴보겠다.

　가장 흔한 실패의 원인은 리더 위치에 있는 사람들이 사회적 정체성을 완전히 무시하는 것이다. 따라서 그 잠재력을 활용해 연대를 형성하지 못하고, 신뢰를 쌓으며 공통된 목적을 지닌 사람들을 동원하지 못한다. 경험상 좋은 리더로 칭송받는 사람들은 변혁적 리더십 중 집단을 향상하는 면보다 개인을 향상하는 면에 더 초점을 맞춘다. 이러한 리더들은 추종자들이 발달하게 돕고, 그들을 적절하게 인정한다. 그러나 그들은 집단에 설득력 있는 비전을 분명히 표현하지 못하거나, 집단 구성원들이 함께 일하도록 돕는 데는 실패한다. 이들은 구성원들과 강한 일대일

관계를 유지하면서 팀을 운영하는 경향이 있지만, 추종자들이 자신을 부분의 합보다 더 위대한 하나의 집단으로 인식하도록 돕는 데는 소홀하다.

이러한 리더들은 기회를 놓친다. 물론 그들은 사회적 정체성과 대인 관계를 적극적으로 파괴하는 리더보다는 훨씬 낫다. 이러한 유형의 리더십 중 하나가 '옹졸한 독재자'로 묘사된다.[30] 이런 사람들은 타인을 희생시켜 자신의 권력에 이용하기 때문에 **독재자**고, 그런 사례가 종종 불필요하고 사소하기 때문에 **옹졸**하다. 아마 대부분 최소 한 번쯤은 이런 사람을 만나본 경험이 있을 것이다.

비르기트 쉰스Birgit Schyns와 얀 실링Jan Schilling은 직장에서 파괴적 리더십이 미치는 영향을 메타분석한 결과, 직원들이 적대적이고 방해꾼 성향의 관리자에게 부정적 감정을 느끼고, 그들에게 저항할 가능성이 있음을 발견했다.[31] 또한 중요한 점은 파괴적으로 평가되는 리더의 직원들이 자기 조직을 부정적으로 느끼고, '비생산적인 근무 행태'를 보였다는 사실이다. 비생산적인 근무 행태란 근무 태만에서 노골적인 사기와 절도까지의 행동을 정중하게 표현한 용어다. 이 연구 결과는 나쁘게 행동하는 상사들이 추종자들과의 관계에 독이 될 뿐 아니라, 전체 집단으로서 느끼는 정체성에도 손상을 입혔음을 암시한다.

사회적 정체성을 진지하게 여기지 않는 선의의 리더들은 착한 사람일 수는 있지만 훌륭한 리더는 아니다. 독재적이며 파괴적인 리더들은 추한 리더로, 확실히 선의가 없고 어디를 가나 걸 핏하면 문제를 일으키는 경향이 있다. 하지만 훨씬 더 위험한 유형의 세 번째 리더가 있다. 사회적 정체성을 이용할 줄 알고 추종자들 사이에서 연대와 화합을 잘 이루지만, 부패하고 비윤리적이거나 부도덕한 목적을 가진 리더다. 앞서 살펴본 바와 같이, 사회적 정체성은 선을 위한 힘이 될 수도 있고 악을 위한 힘이 될 수도 있다. 그렇기에 잘못된 사람들의 손에 들어가면 집단을 잘못된 방향으로 이끌 수 있다.

독재와 저항

아홉 명의 젊은이가 한 명씩 체포되었다. 미국 캘리포니아주 팰로앨토의 경찰관들은 그들을 집에서 체포해 무장 강도 및 절도 혐의로 기소했다. 이 사건은 심리학 역사상 가장 유명한 또 다른 실험의 시작이었다.[32]

1971년 여름, 18명의 건장한 젊은 남자들이 '교도소 생활에 관한 심리 연구'에 참여할 자원자를 모집하는 광고에 응했다. 교도소에서 생활하고 일하는 경험을 설계한 모의실험으로, 8월 말부터 1~2주간 하루에 15달러의 수당을 지급했다. 남자들은 동전 던지기를 통해 무작위로 배정되어 죄수나 교도관 중 하나의 역할을 맡게 되었다.

카리스마 있는 젊은 심리학자 필립 짐바르도Philip Zimbardo와 그의 연구 조교들은 스탠퍼드대학교의 심리학부 지하실에 감방과 족쇄까지 갖추어진 진짜 같은 모의 교도소를 만들었다. 현실감을 더하기 위해 죄수들은 경찰에 의해 체포된 후 이 감옥으로 이송되었다. 그들은 그곳에서 교도관들을 만났다. 교도관들은 죄수들의 지문을 채취하고, 알몸을 수색했으며, 죄수 번호를 부르며 그들에게 새로운 정체성을 부여했다.

대부분의 교과서에 기록된 설명에 따르면, "교도관들은 어떻게 죄수들을 감시해야 할지 특정한 훈련을 받은 바가 없었다."라고 한다. 그들은 선글라스와 곤봉을 지급받고 실험을 주관한 사람들이 지켜보는 가운데 자유롭게 행동하도록 전권을 부여받았다. 그 후 며칠 동안 교도관들은 죄수들을 점점 더 무례하고 공격적으로 대하기 시작했다(이 실험 결과는 꽤 유명하다). 죄수들이 짧은 폭동을 일으켰고, 그 후로 교도관들은 더 잔인하고 단호하게 죄수들을 탄압했다. 난폭한 죄수들은 교도관들이 독방 감금의 목적으로 용도를 개조해 '구멍'이라고 불렀던 가로, 세로 약 60센티미터 크기의 옷장에 갇혔다. 다른 죄수들은 신체적 학대와 성희롱은 물론이고 모욕적인 처벌을 당하기도 했다. 교도관들은 점점 더 포악해졌고, 죄수들은 점점 더 순종적으로 변했다.

상황이 너무 위험해지자, 짐바르도는 6일 만에 실험을 중단했다.

이 사건을 보면 결론은 분명하다. 사람들은 무의식적으로 자신이 맡은 역할에 강력한 영향을 받는다는 것이다. 누군가에게 제복과 선글라스를 주면서 교도관이라고 부르면, 거의 필연적으로 죄수를 잔혹하게 대하는 반응이 나온다.

역할이 피할 수 없는 결과를 불러온다는 이 생각은 널리 퍼졌다.[33] 전 세계의 수백만 학생이 그 실험을 배웠다. 또한 법정에서 이 실험을 놓고 논쟁을 벌였고, 인기 있는 영화와 베스트셀러에서 이를 묘사했으며, 의회에서 발표되기도 했다. 사람들이 자신의 사회적 역할에 자연스럽게 순응하고, 이러한 태도가 불법 행위나 잔학 행위를 유발할 수 있다는 생각은 권위 있는 지위에 앉은 사람들이 잘못 행동할 때 자주 언급되곤 한다.

이제 당신은 역할이나 정체성이 행동에 필연적인 결과를 가져온다는 생각에 문제가 많다고 여길 것이다. 사람들이 하나의 정체성을 떠맡을 때 어떻게 행동하는지는 집단의 규범과 리더십에 영향을 받는다. 실제로 리더들은 근본적으로 특정 유형의 규범을 세우고, 촉진하고, 시행하는 데 몰두한다.

스탠퍼드 교도소 실험이 시행된 지 반세기가 지난 지금, 우리는 그 연구를 완전히 다른 관점으로 볼 수 있는 새로운 정보를 손에 넣었다.[34] 최근 제이는 스티븐 라이커, 알렉스 해슬램과 함께 한 연구에 참여했다. 그들이 스탠퍼드대학교 기록보관소가 새로 공개한 테이프와 문서를 분석한 결과, 그 실험의 참가자들이 아무런 지시 없이 마음대로 행동했다는 유명한 결과는 사실이 아닌 것으로 밝혀졌다. 오히려 그 반대였다. 우리의 분석은 정체성 리더십이 실험 결과에 미친 인상적인 역할을 밝혀냈다.

정체성 리더십은 죄수들이 도착한 직후부터 시작되었다. 짐바르도 박사가 교도소장 역할을 맡았고, 그의 연구 조교들이 교도관으로 임명되었다. 실험이 시작되자 교도소장은 교도관들에게 명확한 지시를 내렸다.

여러분은 죄수들에게 지루함과 어느 정도의 공포심을 유발해도 됩니다. 또한 여러분에게 그들의 삶을 완전히 통제할 수 있는 자유재량이 있다는 인상을 주어도 좋습니다. … 죄수들은 행동의 자유가 없고, 우리의 허락 없이는 아무것도 할 수 없으며, 말할 수조차 없습니다.

우리는 기록보관소에서 야퍼 교도소장이라는 실험자와 교도관 참가자 중 한 명의 대화가 녹음된 매우 흥미로운 오디오를 발견해 분석했다.[35] 교도관들이 자발적으로 죄수들을 잔혹하게 대했다고 알려졌지만, 실제로는 그렇지 않았다. 이 교도관은 자신에게 주어진 역할을 받아들여 연구원들이 원하는 만큼 공격적으로 대하는 것을 주저했다.

야퍼 교도소장은 교도관에게 책임을 묻는다. "당신이 적극적으로 실험에 참여했으면 좋겠습니다. 모든 교도관이 가혹한 교도관이 되어야 한다는 규칙을 명심하셔야 하는데 지금까지는…." 그러자 교도관이 대답한다. "저는 그렇게 가혹하지 못합니다." 그러자 교도소장이 말한다. "네, 하지만 당신 내면의 가혹한 면을 찾으려고 노력해야 합니다."

두 사람의 대화(이 대화는 짧은 부분만 발췌한 것이다)에서 교도소장은 교도관에게 자신이 실험자들과 같은 목표와 가치를 공유하고 있다고 인식하도록 격려했다. 이 전략에는 실험 목적이 훨씬 도덕적이고 가치 있다고 여기게끔 고무하는 방식도 포함되었다. 그는 이 실험이 현실 세계의 교정 시설 개선 정보를 제공하기 위해 만들어졌다고 설명했다. 그들의 연구는 교도소의 잔인함을 폭로함으로써 실제 교도소를 보다 인간적으로 만들기 위한 것이라고 그는 말했다. 즉, 실험 자체가 도덕적인 임무라는 것이다!

적어도 우리에게 가장 인상적인 면은 교도소장이 주저하는 교도관을 더 공격적으로 부추길 때 정체성 리더십이라는 도구를 이용했다는 사실이다. 교도소장은 집단 대명사를 총 57번(30단어마다 한 번씩) 사용해, 자신과 교도관이 이 실험을 함께하는 같은 팀이라는 인식을 심으려 했다. 앞서 보았다시피, 집단과 관련한 이러한 유형의 언어는 화합과 유대감을 전달한다.

이 자료의 발견은 이 유명한 연구에서 도출한 결론을 극적으로 바꿨다. 많은 교도관이 실제로 죄수들에게 잔인하게 행동했지만, 그들의 행동은 결코 필연적이거나 무의식적이지 않았다. 그들은 리더들에 의해 공격적인 행동을 하도록 구슬림당했다. 리더들은 그 연구를 '우리' 대 '그들'의 상황으로 여기며 추종자들이 저항할 때 적극적으로 개입해 정체성의 언어를 사용했고, 잔혹함을 규범으로 만들었다.

스탠퍼드 교도소 실험은 사회적 정체성이 추하게 변할 때의 과정을 보여주는 축소판이다. 해슬램과 라이커는 리더들이 그들의 집단을 사악한 쪽으로 몰고 가, 결국 폭력이나 집단 학살로 끝이 나는 진행 단계를 묘사했다.[36] 초기 단계는 흔하고 비교적 상냥하다. 리더들은 '우리'와 '그들'의 경계를 세워 화합하는 집단 정체성을 어느 정도 조성한다. 경계 자체는 본질적으로 문제가 되지 않는다. 결국 스포츠팀 간의 경쟁, 기업 간의 경쟁, 올림픽과 같은 행사에서 국가 간의 경쟁은 모두 경계를 매우 두드러지게 만든다.

리더들이 외부인을 위협으로 여기면서 추종자들에게 외부인의 존재 자체가 사랑하는 집단에 상당한 위험이 된다고 확신시킬 때, 경계는 아주 위험해질 수 있다. 그 위험은 리더들의 연설이 원래는 그 집단에 포함되었을 사람들을 배제할 때 특히 극심해진다. 역사적으로 이민자, 유대인, 성 소수자 등 모든 소수 집단은 이런 식으로 표적이 되었다. 폭력으로 가는 궤도에 오른 집단이 외부인이라 정의한 사람들을 배신자나 인간보다 못한 기생충, 쥐, 바퀴벌레로 부르기 시작하는 모습은 드물지 않게 볼 수 있다.

최종 단계는 빠르게 연속적으로 진행된다. 리더들은 자신의 집단을 독특하게 선한 집단으로 묘사한다. **"우리는 진정한 선의 근원이며, 우리가 하는 모든 일은 본질적으로 선할 수밖에 없다. 우리는 우리의 미덕을 지키고 어떤 대가를 치르든 악을 극복해야 한다."** 여기서부터 폭력과 잔인함을 미덕으로 찬양하기까지는 얼마 걸리지 않는다. **"우리는 정의의 유일한 근원이므로, 만약 외부인들이 우리의 선이나 존재 자체를 위협한다면, 그들은 억압과 탄압을 받거나 전멸되어야 마땅하다."** 이러한 왜곡된 렌즈를 통해 살인은 추종자들에게 도덕적 선으로, 심지어 필수적인 일로 여겨진다.

이것이 바로 역사적으로 리더들이 잔혹성과 공격성을 정당화한 방식이다. 리더의 행동과 언어는 엄청나게 중요하고, 대규모의 잔혹성은 절대 저절로 발생하지 않는다.

역사학자 로버트 팩스턴Robert Paxton은 자신의 저서 《파시즘의 해부The Anatomy of Fascism》에서 파시즘 운동을 만들고 유지하는 '열정을 동원하는 요인'에 대해 설명했다. 그가 나열한 요인들은 다음과 같다. "자신의 집단이 피해자라는 믿음, 적에 대항할 때는 내부적·외부적으로 법적이나 도덕적 한계 없이 어떤 행동도 정당화된다는 생각, 가능하면 동의를 얻거나 필요하면 배타적 폭력을 사용해 더 순수한 공동체로 통합하려는 욕구, 추상적이고 보편적인 이성보다 우위에 있는 리더의 본능이다."

집단은 정체성 리더십 없이는 여기까지 도달할 수 없다. 이 사실은 사회적 정체성이 선이나 악 모두를 위한 효과적인 도구가 될 수 있음을 떠올리게 한다. 그러나 어떤 리더의 이야기에도 반대가 있기 마련이고, 저항할 수 없을 정도로 강력한 이야기는 없다. 우리는 이 장의 대부분을 자기 집단에 포용적인 비전을 실현한 리더들의 삶과 이야기에 초점을 두었다. 하지만 그들 중 상당수는 다른 비전 혹은 배타적인 비전을 지닌 잠재적 리더의 반대에 부딪혔다.

앞서 말했듯, 리더십은 여러 가지 면에서 이야기의 전투로 이해될 수 있다. 추종자로서, 때로는 리더로서 이 전투의 어느 쪽에 설지 정하는 것은 우리에게 지워진 의무다. 우리는 어떤 정체성 이야기를 받아들일지, 우리가 어디에서 왔고 어디로 가는지, 무엇을 두려워하고 맞서 싸워야 하는지, 어떤 꿈을 꾸고 싶은지에 관한 이야기를 결정할 수 있다.

10장

정체성의 미래

1960년대 후반, 미국도시계획가협회는 50번째 창립기념일을 기념하여 저명한 학자들과 정책 입안자들에게 논문을 의뢰했다.[1] 협회는 그들에게 다음 50년간 우리에게 다가올 미래가 무엇인지 써달라고 요청했다. 반세기가 지난 지금, 이 위대한 사상가들이 일어날 것이라 예상했던 일을 다시 논의하는 것은 대단히 흥미로운 일이다. 그들의 논문은 대체로 미국 소설가 마크 트웨인Mark Twain이 남긴 유용한 경고를 생각나게 한다. "예측은 어렵다. 특히 미래와 관련된 경우에는 더더욱."

기술의 발전으로 향후 몇십 년간 발생할 수 있는 문제들을 다룬 한 논문이 있다.[2] 그중 일부는 냉전 시대의 산물로서, 핵기술과 일종의 '인류 종말의 기계' 개발에 대한 우려를 반영했다. 그밖의 다른 예측들(초음속 제트기에서 나오는 충격파, 100만 톤짜리 유조선이나 비행기의 위험성에 관한 우려 등)은 지금 다시 생각해보면 이상하고 기이하게 느껴지기도 한다.

그러나 사상가들은 현재 실질적인 문제가 될 수 있는 가능성에 주의를 기울였다. 그들은 점점 증가하는 전 세계적인 불평등과 민주주의에 대한 위협을 경고했다. 그들이 '전 지구 규모의 급격한 생태적 변화'라고 불렀던 세계 기후변화의 가능성은 '이상한 문제들'이라는 잡다한 범주로 밀려났다. 하지만 여기에서조차 그들은 우리가 직면할 거대한 기후 난제에 선견지명이 있었다. 그들은 이렇게 썼다. "장기적인 피해를 막으려면 잘못된 상황을 바꿀 수 있는 시간 안에 문제가 식별되어야 하지만, 대규모의 장기적인 문제에 사람들이 효과적으로 대응하는 것은 어려운 경우가 많다. 이는 그러한 문제들이 '모두의 문제'로 인식되어 관할권이 없어지고, 이로 인해 아무도 책임지지 않으려 하기 때문이다."

트웨인의 말처럼, 미래를 예측하는 것은 어렵다. 하지만 우리는 정체성의 미래에 관해 몇 가지 결론을 제시하고자 한다. 미래를 예측하려고 시도하는 것보다는, 사회적 정체성이 현재 인류가 직면하고 있는 가장 큰 문제들에서 어떤 역할을 할 것인지에 관해 이야기하겠다. 또한 경제적 불평등과 기후변화에 대해 논의하고, 민주주의에 대한 몇 가지 생각으로 결론을 내릴 것이다.

불평등 다루기

2016년, 미국의 상위 350개 기업 CEO들은 그 기업의 평직원이 받는 평균 임금보다 224배 많은 돈을 벌었다. 이 놀라운 차이는 전 세계적으로 소득 불균형과 부의 불균형이 커지고 있음을 상징적으로 보여준다. 지난 몇십 년간 전 세계의 절대 빈곤은 줄어들었지만, 많은 나라에서 경제 불평등의 수준이 심화되었다. 한 추정에 따르면, 2018년에 세계 인구의 절반이 소유한 재산은 전 세계 부의 1퍼센트도 되지 않지만, 가장 부유한 상위 10퍼센트가 전 세계 부의 85퍼센트를 지배한다고 한다.

최근 UN 보고서[3]는 전 세계인의 71퍼센트가 1990년 이후로 불평등이 증가하는 나라에서 산다고 추정했다. 이 목록의 상위에는 미국과 영국을 비롯한 세계에서 가장 부유한 나라들이 있다. 이들 국가에서는 엄청난 부유함이 아주 가까이에 있지만, 동시에 극심한 빈곤과 경제적 불안정도 함께 공존하고 있다.

경제 불평등은 개인과 사회 모두에 좋지 않다. 경제 불평등이 심한 나라는 폭력 범죄가 더 잦고, 유아 사망률이 더 높으며, 정신 질환자가 더 많고, 기대 수명은 더 낮다. 미국의 주들을 비교해보면 같은 상관관계를 확인할 수 있다. 예를 들어 부유하지만 경제적으로 불평등한 캘리포니아주가 상대적으로 빈곤하지만 경제적으로 평등한 아이오와주보다 폭력 범죄, 유아 사망률, 정신 질환자, 기대 수명 등의 계량 분석에서는 더 나쁜 결과를 받았다. 사실 이 비교가 핵심이다. 사회적으로 볼 때, 빈곤보다는 불평등이 부정적 결과와 더 깊은 관련이 있는 듯 보인다. 부자들의 소득과 재산이 빈곤층과는 확연히 다를 때, 그리고 점차 중산

층과도 달라질 때 사회는 병든다.[4]

엄청난 불평등은 정체성에도 영향을 미칠 수 있다. 결국 정체성은 경제 불평등을 줄이고 해결하는 능력에 영향을 준다. 예컨대 임금, 스톡옵션,* 보너스로 수백만 달러를 받는 CEO는 자신의 삶에 만족하겠지만, 리더로서는 걱정해야 한다. 앞서 살펴보았듯, 리더들은 '우리 중 하나'로 보여야 추종자들을 통합하고 동기를 부여할 수 있기 때문이다.

평범한 사람들보다 224배 많이 버는 사람이 과연 진정으로 '우리 중 하나'가 될 수 있을까?

최근 진행된 두 가지 연구는 이 질문에 아니라고 답해주었다. 첫 번째 실험에서 참가자들은 두 CEO 중 한 명의 정보를 받았다.[5] 둘 다 이름이 루빈 마틴이었는데, 둘은 연봉 수준이 나라에서 최고 수준인지 아닌지를 제외하고는 모든 면이 같았다. 두 번째 연구에서는 직원들이 자기가 일하는 회사 CEO의 연봉을 발표했다. 두 경우 모두 사람들은 더 높은 연봉을 받는 CEO에게 동질감을 덜 느꼈고, 그들이 좋은 리더라는 느낌도 덜 받았다. 고액 연봉을 받는 리더를 평가하는 사람들은 연봉을 덜 받는 리더를 평가하는 사람들보다 '기업의 옹호자로서 제 역할을 한다.'나 '화합하는 분위기를 만든다.'라는 항목에 덜 동의하는 경향을

---

*   기업에서 회사 임직원에게 자사의 주식을 낮은 가격에 매입했다가 나중에 팔 수 있는 권리를 주는 것.

보였다. 그 리더들이 다른 모든 면에서 같았음에도 그러했다. 이 경우 조직 내 불평등은 분열을 초래하고, 연대와 공동의 목적을 만들어내는 리더들의 능력을 저하시킬 수 있다.

사회적 차원에서, 우리는 불평등이 경제 계층의 밑바닥에 있는 사람들의 정체성에 어떤 영향을 미치는지 관심을 두어야 한다. 앞서 살펴보았듯, 인간은 지위를 추구하는 동물로서 긍정적으로 평가받고 존경받는 정체성을 지니려 한다. 사회경제적으로 낮은 계층에 속한다는 것은 사회 전체에서 더 낮은 지위를 암시하므로, 자신의 지위가 낮다고 인식하는 것은 행복에 부정적 결과를 초래할 수 있다. 실제로 호주 뉴캐슬대학교 심리학자들은 사회경제적으로 낮은 지위가 더 높은 불안감, 더 낮은 삶의 만족도와 관련이 있음을 발견했다.[6] 다만 이 패턴은 사회적 계층이 자기 정체성의 중요한 부분이고, 그에 대해 자주 생각한다고 말하는 사람들에게서만 관찰되었다.

더 넓게 말해서, 사회평론가들은 빈곤층의 '상대적 박탈감(남들보다 혜택을 덜 받고 있다는 느낌)'이 불만을 유발해 반사회적 태도와 행동을 일으키는 것이라고 오랫동안 추측해왔다. 예를 들어, 가난한 이들은 소수 집단과 이민자들을 향해 더 부정적 태도를 보인다고 추정된다. 또한 이들은 포퓰리즘이나 권위주의적 정치 운동의 주요 지지층이라 추정되며, 표면적으로는 경제적 좌절감에서 비롯된 충성심을 가지고 있는 것으로 보인다.

하지만 자세히 조사해보니 이러한 고정관념은 사실이 아닌 것으로 드러났다. 사회심리학자 프랭크 몰스Frank Mols와 욜란다 예튼은 함께 집필한 책《부의 역설The Wealth Paradox》에서 상대적 박탈감이 가끔 이민자에 반대하는 태도를 유발하거나 권위주의적 리더에 끌리게 하지만, '상대적 만족감'도 같은 역할을 할 수 있다고 결론지었다.[7] 연구에 따르면, 삶의 환경이 악화되거나 개선된 사람들 모두 정치권력을 확보하기 위한 수단으로 폭력적 전략을 더 많이 지지하는 것으로 나타났다. 몰스와 예튼은 부유한 이들의 이 놀라운 반응이 비교우위를 정당화하고 보호하려는 욕구에서 동기를 찾을 수 있다고 주장한다. 이러한 반응은 부유층이 소수 집단과 소외된 집단을 더 자격 없는 사람들로 깎아내리는 사례에서 볼 수 있다.

만약 불평등이 사회 불만족을 만연하게 하고, 경제 체계가 지속 불가능하다는 느낌을 만든다면, 부유층의 태도와 행동은 지위와 특권을 잃을 것이라는 두려움에 의해 좌우될 수 있다. 이는 실제로 경제 불안의 한 유형이지만, 빈곤이 아니라 특권이 불안정해져서 생기는 불안이다. 인종과 그 외 부문에서 더 큰 평등을 요구하는 BLM 등 기타 사회 운동에 대해 일부에서 반발적 반응을 보이는 이유는 지위 박탈에 대한 두려움에 기안한다고 볼 수밖에 없다.

사회 운동을 생각하다 보면, '경제적으로 혜택받지 못한 사람들은 최근 몇십 년간 증가하는 불평등을 바로잡고 역전시킬 변화를 언제 조직하는가' 하는 질문이 떠오른다.[8] 특히 7장에서 살펴보았듯, 사람들은 특정한 범주의 일원이 되는 것이 인생의 기회와 결과에 영향을 준다고 인식하면, 사회경제적 계층을 둘러싸고 집단 정체성을 형성하는 경향이 있다.

사회계층이 사회적 범주로서 얼마나 중요한지는 사회마다 다르다. 예를 들어 영국에는 오래된 사회계층이 있다. 이와 대조적으로 미국은 '계급 없는 사회'라는 근거 없는 믿음을 지니고 있다. 아메리칸드림은 출신이 비천한 아이라도 자라서 대통령, CEO, 유명 인사가 될 수 있고, 어느 분야에서든 성공할 수 있다는 믿음이다. 이러한 꿈은 강력한 능력주의의 서사로 강화된다. 그 이야기들은 삶에서 개인의 용기와 행운의 역할을 강조한다. 우리가 자신의 재정적 운명을 통제할 수 있다고 믿는다면, 비슷한 상황에 있는 사람들과 공통의 계급이나 경제적 정체성을 중심으로 집결하기보다 혼자서 더 잘해보려는 선택을 하게 된다.

물론 개인의 경제 상황을 개선하기 위해 사회계층 전체가 힘을 합칠 필요는 없다. 예를 들어 노조는 철강 노동자, 교사, 집배원과 같은 특정 산업에서 노동자들의 이익을 둘러싸고 조직된다. 하지만 지난 몇십 년간 불평등이 상승하면서 미국의 노조 가입 비율은 급락했다. 미래를 내다보면, 이른바 긱 이코노미*의

＊ 계약직이나 프리랜서 등 비정규직을 주로 채용하는 현상.

증가가 자신의 권리를 보호하고 변화를 추진하는 근로자들의 능력에 어떤 영향을 미칠지는 아직 미지수다. 적어도 부분적으로는 그들이 서로를 공동운명체라고 여기는지 여부에 따라 결과가 달라질 것으로 예상된다.

새로운 이름에도 불구하고, 이러한 유형의 계약직은 전혀 새롭지 않다. 현대 기술의 영향으로 계약직은 증가하고 있다. 식료품을 배달하거나 택시 서비스를 제공하는 등의 단기 일자리와 노동자들을 연결해주는 앱이 개발되어 긱 이코노미가 번성하고 있다. 계약직 직원들은 본래 독립 계약자기 때문에 보통 사회 보장 급여나 의료보험을 받지 못하고, 더 나은 합의를 위해 단체를 결성할 수 있을지도 불확실하다.[9] 전통적인 택시 운전사들은 함께 모여 노조를 결성했다. 하지만 라이드셰어ride-share* 운전사들은 자신의 집단적 이익을 위해 싸울 수 있는 충분한 연대를 찾을 수 있을까?

집단이 변화를 추진하려면 변화할 수 있다고 믿어야 한다. 미래를 내다보면 경제 변화가 가능하고, 매우 중요하며, 필연적이라는 인식으로 전환될 가능성이 엿보이는 두 가지 요인이 존재한다. 첫 번째 요인은 코로나19 팬데믹이다. 코로나19는 공중보건과 의료적 측면에서 재앙인 동시에 세계 경제를 위기에 빠트

---

* 스마트폰 애플리케이션을 통해 자가용에 승객을 태우고 목적지까지 운전해주는 승차 공유 서비스.

렸다. 팬데믹은 기존의 불평등을 심화해 그것의 부조리한 면을 드러냈다. 또한 코로나19는 미래가 과거와 같지 않을 것이라는 사실과 지금이 기회를 잡아야 할 순간이라는 가능성을 불러일으켰다. 인도 소설가 아룬다티 로이Arundhati Roy의 말처럼, 코로나19 팬데믹은 "하나의 세계에서 다음 세계로 가는 관문"이다.[10]

근본적인 경제 변화를 불가피하게 만드는 두 번째 요인은 바로 기후변화다. 대부분의 견해에 따르면, 기후변화의 결과는 팬데믹의 결과를 훨씬 능가할 것이다.

기후변화를 해결하기 위한 노력

겨울이 되면, 우리가 어디서 자랐는지 아는 사람들은 매번 같은 말을 한다. "이런 추위는 아무것도 아니겠네. 너희는 캐나다에서 왔으니까!" 냉소적인 성격의 사람이라면 "그렇지?"라는 말을 덧붙이기도 한다. 안타깝게도 미국에서 산 지 10년이 넘으면서 추위에 약해졌기 때문에, 뉴욕 사람들에게 추운 날이면 우리에게도 추운 날이다. 하지만 또 다른 문제는 캐나다의 겨울도 예전만큼 춥지 않다는 것이다. 가장 추운 날도 보통 그렇게까지 춥지 않고, 눈 더미도 어린 시절만큼 높이 쌓이지 않는다. 도미닉이 스키를 배웠던 언덕은 이제 모든 슬로프를 열거나 겨울 내내 개장할 만큼 충분한 눈이 오지 않는다.

지구는 열병을 앓고 있고, 상황은 점점 더 나빠지고 있다. 산업 혁명이 시작된 이래, 지구의 평균 기온은 섭씨 0.8도에서 1.2도까지 올랐다. 이제 과학자들은 온난화의 상당 부분이 인간의 활동 때문이라는 데 만장일치로 동의한다.[11] 그러나 인간이 기후변화를 유발했다는 증거가 광범위하게 많은데도, 기후변화의 존재나 중요성에 관해 회의적인 이들 또한 여전히 많다. 실제로 이번 세기 초 과학적 증거가 쌓이고 있는 동안에도, 기후변화의 심각성이 과장되었다고 생각하는 미국인은 1998년 31퍼센트에서 2010년 48퍼센트로 증가했다. 이후 그 추세가 역전되어 낮아지기는 했지만 말이다(2019년에는 35퍼센트가 기후변화의 심각성이 과장되었다고 말했다).[12]

어떤 연구는 기상이변을 경험한 사람들이 기후변화를 믿을 확률이 높다고 말하지만, 그 효과가 매우 강력하지는 않은 듯 보인다. 기후 회의론에 관해서 개인적 경험이 얼마나 중요한지는 명확하지 않다. 그런데 적어도 일부 지역에서 매우 중요해 보이는 하나의 요인은 정치적 정체성이다. 미국, 영국, 호주 등 기타 산업 국가의 보수주의자들은 인간이 유발한 기후변화가 진짜라고 믿는 확률이 진보주의자들보다 훨씬 낮았다.[13]

하지만 모든 곳에서 그런 것은 아니다. 호주 심리학자 매슈 혼지Matthew Hornsey와 그의 동료들은 25개국에서 기후에 관한 신념을 조사했는데, 참가자의 약 4분의 3에서는 정치적 정체성이 중요한 요인이 아니었음을 발견했다.[14] 정치적 정체성은 탄소 배출이 높은 나라들에서 더 중요한 경향을 보였다. 다시 말해, 보수주의자들 중 기후변화가 문제라고 믿는 비율이 낮은 국가는 국가 경제가 화석연료의 소비에 더 많이 의지한 국가들이었다. 결과적으로, 그 국가들에서는 탄소 발자국을 줄이려는 대책이 일상생활에 급격한 영향을 미칠 수 있었다.

물론, 이것이 순전히 심리적인 현상이라고 생각할 만큼 순진해서는 안 된다. 연구원들은 이 데이터를 다음과 같이 해석해야 한다고 말한다. "기득권의 규모가 클수록 '기후변화에 대한 과학적 증거가 없다'는 역정보를 퍼뜨리기 위해 만들어진 조직이 있고, 그들은 기득권층에게 자금 지원을 받을 확률이 높다."[15] 하지만 이런 역정보 조직은 정보를 선뜻 받아들이는 관중이 필요하며, 우리 연구는 많은 사람이 이러한 주장을 받아들이거나 거부할 수 있게 해주는 렌즈를 당파적 정체성이 제공한다고 시사한다.[16]

50년 후의 사건들을 예상하려 했던 1960년대 도시계획자들은 기후변화처럼 장기적이고 광범위한 문제에 인류가 대처하기가 엄청나게 어려울 것으로 정확히 예측했다. 궁극적으로 지구가 인간이 살 수 없는 행성으로 바뀌는 대재앙을 막으려면, 산업화 이후의 기온 상승을 섭씨 1.5도 이하로 유지해야 한다고 과학

자들은 말한다.[17]

이러한 목표를 달성하기 위해서는 국가 내부 및 국가 간의 대규모 정치적 협력이 필요하다. 하지만 사람들이 정치적 행동에 소환하는 정체성이 이런 난제를 효과적으로 다를 수 있을지는 불분명하다. 앞서 살펴본 바와 같이, 좌파와 우파의 당파적 정체성은 도움이 되지 않고 오히려 파괴적인 경우가 많다. 그러나 우리가 종종 세계 무대에서 마주하는 국가적 정체성 역시 세계 규모의 집단적 문제를 최적으로 다루기에는 너무 지역적이다.

장기적으로 보면, 대재앙 같은 기후 붕괴를 막는 일은 모든 나라에 이익이다. 그러나 모든 국가가 경제적·사회적·정치적 희생을 감수할 준비가 되어 있지 않다면, 이처럼 어려운 문제를 해결할 수 없다. 파리기후변화협약과 같은 국제적 합의는 이러한 종류의 딜레마를 해결하기 위해 만들어졌다. 하지만 2017년 세계 2위의 이산화탄소 배출국인 미국이 일시적으로 이 협약에서 탈퇴한 사건에서 알 수 있듯, 자발적인 협약은 전적으로 참여국의 호의와 각국 내부 정치의 예측 불가능한 변화에 좌우된다.

사람들은 자신이 정체성을 공유한다고 생각할 때 훨씬 더 쉽게 서로 협력하고 조율한다. 우리가 활성화하고 그에 따라 행동하는 정체성은 우리를 남과 차별화하는 요인이다. 이는 직업, 종교, 인종, 성별, 국가 중 어느 것의 경계를 기반으로 하든 상관없다. 사람들은 공동운명체라고 느낄 때, 자신들이 같은 환경에 놓여 있고 결국 같은 운명에 처했다고 인식한다. 현재 약 80억 명의 사람이 태양 주위를 도는 지구를 공유하고 있다. 기후변화의 결과가 모든 공동체에 똑같은 영향을 미치지는 않지만, 우리 모두는 지구를 구해야 한다는 공통의 관심사를 가지고 있다.

이 점을 활용할 수 있을까? 우리가 지역적 정체성 너머를 볼 수 있을까? 인류가 지구의 거주자로서 정체성을 공유하고 있다는 인식이 지구를 구하는 데 도움이 될 수 있을까?

아마 우주에서 지구를 바라본 우주비행사들보다 지구인이라는 동질감을 더 깊게 경험한 사람은 없을 것이다. 프랭크 보먼 Frank Borman, 제임스 러벌 James Lovell, 윌리엄 앤더스 William Anders는 아폴로 8호 우주선을 탄 채 1968년 크리스마스이브를 보냈다. 최초의 달 착륙이 있기 불과 몇 달 전으로, 그들은 달의 궤도를 시범 운행하는 임무를 수행 중이었다. 우주선이 달 주위를 돌 때, 그들은 울퉁불퉁하고 구멍이 숭숭 나 있는 달의 낯선 표면에 매료되었다. 그때 갑자기 보먼이 외쳤다. "세상에, 저기 저 그림 좀 봐! 지구가 우리에게 다가오고 있어. 와, 너무 예쁘다! 짐, 컬러 필름 있지? 필름 한 통만 줘봐, 빨리."

우주비행사들은 달의 수평선 위로 천천히 떠오르는 지구의 사진을 연속으로 찍었다. 그들은 지구가 떠오르는 모습을 본 최초의 인간이었으며, 지구로 다시 돌아올 때 '지금껏 가장 영향력 있는 환경 사진'이라 불리는 사진들을 가져왔다.

그로부터 반세기 동안, 38개국에서 수백 명의 사람이 우주에 다녀왔다. 나사는 우주에 다녀온 우주비행사들을 인터뷰했는데, 많은 이가 "경이로움과 경외심, 자연과의 통합, 신의 초월성과 보편적 인류애 등 진정으로 삶이 바뀌는 경험"을 했다고 말했다.[18] 경외심과 신의 초월성은 아주 잠시 지속되었지만, 연구원들은 우주비행사들의 정체성이 더 장기적으로 변화했음을 발견했다. 그들은 인류 전체와 더 깊은 유대감을 느꼈다. 우주에서 지구를 바라본 뒤 그들에게 국가 간 국경의 중요성은 약해졌고, 사람들을 분열시키는 갈등은 이전보다 덜 중요해 보였다. 한 우주비행사는 이렇게 말했다. "한 시간 반 동안 지구를 한 바퀴 돌면, 자신의 정체성이 지구 전체와 함께한다는 것을 깨닫기 시작한다."

모든 사람을 우주로 보낼 방법은 없다. 우리가 도덕적 범주를 훨씬 폭넓은 인류애로 확장할 수 있다면, 기후변화뿐만 아니라 전염병, 테러, 핵전쟁의 가능성 등 가장 긴급한 일부 문제가 더 쉽게 해결될지도 모르기 때문에 이는 매우 안타까운 일이다. 다행히 연구에 따르면, 우주비행사가 아니더라도 인류 공통의 정체성이나 글로벌 정체성을 경험할 수 있다. 또한 사람들이 이렇게 매우 포용력 있는 자아 인식을 지니기만 하면, 국제 협력과 환경 보호에 더 많은 지지를 보낸다고 한다.[19]

그러나 인류 전체와 느끼는 깊은 유대감은 너무 드물거나 너

무 순식간에 지나가서, 장기적이고 진정으로 어려운 변화를 지
속하기는 어려워 보인다. 이를 위해서는 전 세계 사람들이 지역
적이고 편협한 이해관계를 극복할 수 있도록, 세계적인 정체성
을 구축할 글로벌 리더십이 필요하다. 인간에게 이처럼 방대한
정체성을 경험할 심리적 능력이 있을까? 우리는 그렇다고 생각
한다. 하지만 그런 정체성을 제때 만들어낼 방법을 찾을 수 있는
지는 다른 이야기다.

민주주의에 한마디 하자면

2021년 1월 6일, 당시 미국 대통령에게 선동당한 폭도들이 대통
령 선거 결과를 뒤집기 위해 의회 합동회의를 공격했다. 결국 진
압되기는 했지만, 미국 국회의사당 침범은 민주주의의 근간을
뒤흔들었으며, 국민이 리더를 교체할 권리를 방해하려는 폭력
적인 시도였다.

　그날 미국의 민주주의는 죽지 않았지만, 2주 후 예정된 바이
든 대통령의 취임식을 위해 주 방위군 2만 명이 워싱턴 D.C.를
폐쇄하는 응급 처치가 이루어졌다. 이는 평화로운 권력 이양이
라고 부르기 어려웠고, 민주주의가 건강하게 번영하고 있다고
믿기도 어려웠다.

과거 50년은 사실상 민주주의의 황금기라고 할 수 있다. 1960년대 후반에는 약 40개국이 민주주의 국가였지만, 그 숫자가 계속 증가해 20세기 말에는 100개국이 족히 넘었다. 2011년 '아랍의 봄'이라고 알려진 시위의 물결은 중동에서 독재 정권을 뒤흔들며 새로운 민주화의 물결을 예고하는 것처럼 보였다. 하지만 시위가 대체로 실패하자, 몇몇 학자들은 지금이 세계적으로 민주주의가 퇴보하는 시기일지도 모른다고 우려하고 있다. 특히 터키, 브라질, 헝가리, 인도, 필리핀과 같은 일부 나라는 민주적인 참여와 책임이 약해지는 쪽으로 변화하고 있다.[20]

이 장에서 살펴본 불평등과 기후변화와 같은 큰 난제는 민주주의에 위험을 초래한다. 불평등에 흔히 내재된 불안정은 사람들을 권위주의적 리더십으로 끌리게 해, 이민자와 기타 소외된 공동체를 향한 태도를 굳어지게 한다. 한편, 기상이변에 대처하는 방법, 질병의 증가, 인구 이동 가능성 등 지구 온난화와 관련된 난제는 독재자들을 더 매력적으로 보이게 할지도 모른다.

이러한 추세는 기술의 영향으로 강화될 수 있다. 최근 연구에 따르면, 인터넷이 상용화되면서 정부를 향한 시민들의 믿음이 줄어드는 경향이 있다고 한다. 예컨대 유럽에서는 인터넷 접속의 확대가 반체제 포퓰리즘 정당에 대한 지지 증가와 관련이 있었다.[21]

미국도시계획자협회를 위해 미래를 예측했던 이들도 비슷한 걱정을 했다. "세상이 너무 복잡해지고, 너무 빠르고 위험하게 변하고 있어서 민주적 정치 과정을 희생하도록 유혹받거나 민주적 과정을 거칠 여유가 없을지도 모른다. 과거 폭군이나 독재자가 권력을 잡은 것은 확고한 리더십에 대한 대중의 강력한 열망 때문이었다는 사실을 기억하는 것이 중요하다."[22]

민주주의를 뒤집는 특정 방법은 예전보다 인기가 시들해진 듯 보인다.[23] 예를 들어, 군사 쿠데타의 발생 횟수는 시간이 지나면서 점점 감소했다. 하지만 집행 능력에 관한 견제를 약화시키거나 선거 과정을 조작해(투표를 제한하는 규칙이나 노골적인 위협으로 특정 집단이 투표하기 어렵게 만드는 등) 민주주의를 서서히 무너뜨리는 교묘한 방법이 증가할지도 모른다.

정치과학자 데이비드 월드너David Waldner와 엘런 러스트Ellen Lust는 "주요 정치 행위자들이 엄격하게 규칙을 지키는 것, 우아하게 지는 것, 다음 경기에서 다시 경쟁하는 것에 더는 만족하지 않을 때" 민주주의의 퇴보가 일어난다고 언급한다. 나아가 "그들이 제지당할 수 있을지, 또는 민주주의가 허울만 남을 때까지 그들이 방해받지 않고 권력을 유지할 수 있을지는 힘의 균형에 달려 있다."라고 경고한다.[24]

그들의 서술은 두 가지 중요한 질문을 강조한다. 일부 정치 행위자들은 무엇에 자극받아 민주주의의 규칙을 뒤집으려 하는가? 정치계의 다른 행위자들은 민주주의의 규칙을 뒤집으려는 그들의 노력을 얼마나 효과적으로 바로잡을 수 있는가? 우리는 정체성 역학이 그 질문에서 중요한 부분이라고 생각한다.

예를 들어, 정당과 그 지지자들이 경쟁자를 다른 정치 선호를 지닌 사람이 아니라 위험하고 정상이 아닌 사람들로 여기면 공정하고 투명한 선거 과정을 훼손하고 싶은 유혹에 빠지기 쉽다. 이는 양극화에 따라 증폭될 수 있는 문제다.[25] 그들은 국가의 이익과 자기 정당의 이익을 동일시하면서, 무슨 수를 써서라도 권력을 유지하는 것이 나라를 보호하는 최선의 방법이라 믿게 된다. 결국, 국가를 정당보다 우선시하려면 두 가지 이해관계가 항상 일치하지 않는다는 것을 이해해야 한다. 즉, 선거에서 한 두 번 패배하더라도 민주주의를 유지하는 것이 국가에 이익이라는 것을 이해해야 한다는 뜻이다.

물론 유권자들이 이러한 인식에 자발적으로 도달하는 것은 아니다. 정치인과 언론인 부류를 포함한 정치 엘리트들은 주기적으로 정체성 역학을 이용한다. 이는 배타적 정체성을 중심으로 추종자들을 결집하고, 역설적으로 사람들의 목소리를 줄이는 정책에 대중의 지지를 높이기 위해서다. 게다가 양극화가 심해지면 정치적 반대자에 대한 역정보, 음모론, 선전이 더 쉽게 퍼질 수 있다.

반대로, 민주주의가 퇴보하지 않도록 균형을 얼마나 잘 잡을지는 서로 다른 이해관계와 목표를 가진 다수의 사람을 공통된 목적 아래 얼마나 잘 결집시킬 수 있는지에 달려 있다. 그들이 민주적 자유라는 이름으로 공유된 정체성을 구축할 수 있을까? 그들이 공익을 촉진하고, 협력을 격려하며, 권위주의의 매력을 완화하는 제도를 만들 수 있을까?

우리는 어떤 사람이 되고 싶은가?

미래는 좋든 나쁘든 우리가 만들어나가는 것이다. 결국 불평등, 기후변화, 민주주의 및 기타 사회 문제를 어떻게 다룰지 결정하는 것은 당신에게 달려 있다. 사회적 정체성의 역학을 이해하는 것은 이러한 문제들을 이해하는 것뿐만 아니라, 해결책을 찾는 데도 필수다.

사회적 정체성은 우리가 역정보를 받아들이게 하고, 차별에 관여하게 하며, 자신의 집단만을 위해 자원을 비축하게 한다. 하지만 그와 동시에 우리가 자신을 희생하도록 동기를 부여하고, 다른 사람들과 연대를 맺게 하며, 집단행동을 위한 새로운 규범을 만들어내게도 한다. 물론 그러려면 이러한 역학을 이해하고 포용하면서 무수히 많은 난제를 해결할 수 있게 사람들을 동원하는 리더가 필요하다. 부디 당신이 사회적 정체성을 선한 방향으로 활용하기를 바란다.

　이 책에서 우리는 일련의 정체성 원칙을 제시했다. 집단은 우리가 누구인지를 규정하는 핵심 요소다. 따라서 우리 삶에서 가장 중요한 집단과 우리에게 가장 핵심적인 사회적 정체성은 꽤 고정적이다. 하지만 우리는 기꺼이 연대하려는 마음도 지니고 있다. 그렇기에 상황이 급변할 때 공통의 대의를 찾을 수 있다. 또한 다양한 정체성이 각기 다른 시기에 두드러지게 나타나며, 특정 사회적 정체성이 활성화되면 큰 영향을 미칠 수 있다. 우리는 그 정체성의 렌즈로 세상을 경험하고, 공유된 현실을 받아들이며, 그 상징과 전통에서 즐거움을 찾는다. 우리는 정체성의 이익을 보호하기 위해 희생하거나 싸우기도 한다. 인식, 신념, 감정, 행동의 변화는 우리를 집단의 규범에 맞도록 조정한다. 그리고 흔히 '우리가 누구인지'에 관한 공유된 감각을 인지할 때, 우리는 사람들을 이끌고 또 따른다.

　정체성은 우리의 생각과 행동을 형성하는 힘이 있지만, 동시에 우리의 힘이 놓인 곳이기도 하다. 우리 자신에 관한 특정 신념을 거부거나 수용함으로써, 우리의 집단이 더 나아지도록 이의를 제기함으로써, 세상을 변화시키려 연대함으로써, 우리는 우리가 어떤 사람이 되고 싶은지를 통제할 수 있다.

감사의 글

학계 구성원, 과학자, 교사, 시민, 인간으로서 우리의 정체성에 깊은 영향을 미친 학계의 훌륭한 분들께 깊은 감사의 말씀을 올립니다.

우선 학문적 멘토이신 윌리엄 커닝햄, 앨리슨 차스틴, 매릴린 브루어, 줄리언 세이어와 켄 디옹께 감사드립니다. 이분들은 인간 심리에 관한 모든 것을 알려주셨고, 우리가 더 많은 것을 밝혀낼 능력을 갖추도록 도와주셨습니다.

대학원생 시절에 우리를 좁은 지하 연구실에 같이 있도록 배정해주신 토론토대학교 심리학부에도 감사드립니다. 퀴퀴한 좁은 공간에서 공유했던 경험 덕분에 우리는 절대 깨지지 않는 우정을 쌓을 수 있었습니다.

특히 질문, 아이디어, 에너지로 끝없이 영감을 주는 학생들과 연구실 구성원들에게 감사드리고 싶습니다. 이 책에서 제시한 연구 대부분은 여러분이 없었다면 절대 세상에 나오지 못했을 것입니다! 도미닉은 너태샤 살라, 닉 웅송, 시양-이 린, 저스틴 아오키, 매슈 쿠글러님께 특히 고맙다는 말을 전합니다. 제이는 제니 샤오, 아나 갠트먼, 해나 남, 리어 해컬, 대니얼 유드킨, 줄리언 윌스, 빌리 브레이디, 디에고 리네로, 애니 스터니스코, 엘리자베스 해리스, 클레어 로버트슨, 페테르 멘데-시에들레츠키, 오리엘 펠드만홀, 안드레아 페레이라, 필립 파르나메츠, 김 도얼, 빅토리아 스프링께 특히 고마움을 전합니다.

뉴욕대학교와 리하이대학교의 안팎에 있는 멘토, 동료, 공동 연구원, 친구들에게 감사의 말을 전합니다. 지면에 채 담지 못한 많은 분 덕분에 우리의 연구가 이렇게 흥미로워질 수 있었습니다.

대학원 시절, 그리고 그 이후로도 많은 어려움에 직면할 때 우리를 굳건히 지켜준 마이클 볼, 크리스토퍼 마이너즈, 어맨드 키섹에게 감사드립니다.

뛰어난 에이전트 짐 러빈께도 감사드립니다. 인내심 있고 현명한 편집장인 머리사 비질란티의 도움과 통찰력 덕분에 이 책을 만들 수 있었습니다. 또한, 책을 집필하는 동안 일부를 읽고 조언해주신 모든 분에게 큰 고마움을 표하고 싶습니다. 칼릴 스미스, 애니 듀크, 조시 애런슨, 애덤 갤린스키, 세라 고트프레드 슨께 감사합니다.

무엇보다도 우리를 인내심 있게 지켜봐준 사랑하는 가족들에 게 무한한 감사의 말을 올립니다. 도미닉의 가족인 제니, 줄리 아, 토비, 찰스, 앨리슨과 제이의 가족인 테사, 잭, 애니, 매티, 브 렌다, 콜린 감사합니다.

1장 '우리'의 힘

1 Barbara Smit, *Pitch Invasion* (Harmondsworth, UK: Penguin, 2007).

2 Allan Hall, "Adidas and Puma Bury the Hatchet After 60 Years of Brothers' Feud After Football Match," *Telegraph*, September 22, 2009, https://www.telegraph.co.uk /news/worldnews/europe/germany/6216728

3 Henri Tajfel(1970), "Experiments in Intergroup Discrimination," *Scientific American* 223, no. 5 : 96-103.

4 Henri Tajfel, "Social Identity and Intergroup Behaviour," *Social Science Information* 13, no. 2 (April 1, 1974): 65-93, https://doi.org/10.1177/05 3901847401300204.

5 Amélie Mummendey and Sabine Otten, "Positive-Negative Asymmetry in Social Discrimination," *European Review of Social Psychology* 9, no. 1 (1998): 107-43.

6 Jay J. Van Bavel and William A. Cunningham, "Self-Categorization with a Novel Mixed-Race Group Moderates Automatic Social and Racial Biases," *Personality and Social Psychology Bulletin* 35, no. 3 (2009): 321-35.

7 David De Cremer and Mark Van Vugt, "Social Identification Effects in Social Dilemmas: A Transformation of Motives," *European Journal of Social Psychology* 29, no. 7 (1999): 871-93, https://doi.org/10.1002/(SICI)1099-0992(199911)29:7⟨871::AID-EJSP962⟩3.0.CO;2-I.

8 Marilynn B. Brewer and Sonia Roccas, "Individual Values, Social Identity, and Optimal Distinctiveness," in *Individual Self, Relational Self, Collective Self*, ed. Constantine Sedikides and Marilynn B. Brewer (New York: Psychology Press, 2001), 219-37.

9 Lucy Maud Montgomery, *The Annotated Anne of Green Gables* (New York: Oxford University Press, 1997).

10 Jolanda Jetten, Tom Postmes, and Brendan J. McAuliffe, " 'We're All Individuals': Group Norms of Individualism and Collectivism,

Levels of Identification and Identity Threat," *European Journal of Social Psychology* 32, no. 2 (2002): 189-207, https://doi.org/10.1002/ejsp.65.

11 Hazel Rose Markus and Alana Conner, *Clash!: How to Thrive in a Multicultural World* (New York: Penguin, 2013).

12 Jeffrey Jones, "U.S. Clergy, Bankers See New Lows in Honesty/Ethics Ratings," Gallup.com, December 9, 2009, https://news.gallup.com/poll/124628/Clergy-Bankers-New-Lows-Honesty-Ethics-Ratings.aspx.

13 Alain Cohn, Ernst Fehr, and Michel André Maréchal, "Business Culture and Dishonesty in the Banking Industry," *Nature* 516, no. 7529 (December 4, 2014): 86-89, https://doi.org/10.1038/nature13977.

14 Zoe Rahwan, Erez Yoeli, and Barbara Fasolo, "Heterogeneity in Banker Culture and Its Influence Dishonesty," *Nature* 575, no. 7782 (November 2019): 345-49, https://doi.org/1on0.1038/s41586-019-1741-y.

15 Alain Cohn, Ernst Fehr, and Michel André Maréchal, "Selective Participation May Undermine Replication Attempts," *Nature* 575, no. 7782 (November 2019): E1-E2, https://doi.org/10.1038/s41586-019-1729-7.

2장 정체성의 렌즈

1 Albert H. Hastorf and Hadley Cantril, "They Saw a Game; a Case Study," *Journal of Abnormal and Social Psychology* 49, no. 1 (1954): 129-34, https://doi.org/10.1037/h0057880.

2 Nima Mesgarani and Edward F. Chang, "Selective Cortical Representation of Attended Speaker in Multi-Talker Speech Perception," *Nature* 485, no. 7397 (May 2012): 233-36, https://doi.org/10.1038/nature11020.

3 Y. Jenny Xiao, Géraldine Coppin, and Jay J. Van Bavel, "Perceiving

the World Through Group-Colored Glasses: A Perceptual Model of Intergroup Relations," *Psychological Inquiry* 27, no. 4 (October 1, 2016): 255-74, https://doi.org/10.1080/1047840X.2016.1199221.

4 Joan Y. Chiao et al., "Priming Race in Biracial Observers Affects Visual Search for Black and White Faces," *Psychological Science* 17 (May 2006): 387-92, https://doi.org/10.1111/j.1467-9280.2006.01717.x.

5 Leor M. Hackel et al., "From Groups to Grits: Social Identity Shapes Evaluations of Food Pleasantness," *Journal of Experimental Social Psychology* 74 (January 1, 2018): 270-80, https://doi.org/10.1016/j.jesp.2017.09.007.

6 위의 글.

7 Kristin Shutts et al., "Social Information Guides Infants' Selection of Foods," *Journal of Cognition and Development* 10, nos. 1-2 (2009): 1-17.

8 G.raldine Coppin et al., "Swiss Identity Smells like Chocolate: Social Identity Shapes Olfactory Judgments," *Scientific Reports* 6, no. 1 (October 11, 2016): 34979, https://doi.org/10.1038/srep34979.

9 Stephen D. Reicher et al., "Core Disgust Is Attenuated by Ingroup Relations," *Proceedings of the National Academy of Sciences* 113, no. 10 (March 8, 2016): 2631-35, https://doi.org/10.1073/pnas.1517027113.

10 위의 글.

11 Y. Jenny Xiao and Jay J. Van Bavel, "See Your Friends Close and Your Enemies Closer: Social Identity and Identity Threat Shape the Representation of Physical Distance," *Personality and Social Psychology Bulletin* 38, no. 7 (July 1, 2012): 959-72, https://doi.org/10.1177/0146167212442228.

12 Y. Jenny Xiao, Michael J. A. Wohl, and Jay J. Van Bavel, "Proximity Under Threat: The Role of Physical Distance in Intergroup Relations," *PLOS ONE* 11, no. 7 (July 28, 2016): e0159792, https://doi.org/10.1371/journal.pone.0159792.

13 "Trump Leads 'Build That Wall' Chant in California," NBC News, May 25, 2016, https://www.nbcnews.com/video/trump-leads-build-that-

wall-chant-in-california-69280928 3877.

14 Xiao and Van Bavel, "See Your Friends Close and Your Enemies Closer."

15 Xiao, Wohl, and Van Bavel, "Proximity Under Threat."

16 Conor Friedersdorf, "The Killing of Kajieme Powell and How It Divides Americans," *Atlantic August* 21, 2014, https://www.theatlantic.com/national/archive/2014/08/the-killing-of-kajieme-powell/378899/.

17 David Yokum, Anita Ravishankar, and Alexander Coppock, "A Randomized Control Trial Evaluating the Effects of Police Body-Worn Cameras," *Proceedings of the National Academy of Sciences* 116, no. 21 (2019): 10329-32.

18 Timothy Williams et al., "Police Body Cameras: What Do You See?," *New York Times*, April 1, 2016, https://www.nytimes.com/interactive/2016/04/01/us/police-bodycam-video.html.

19 Yael Granot et al., "Justice Is Not Blind: Visual Attention Exaggerates Effects of Group Identification on Legal Punishment," *Journal of Experimental Psychology: General* 143, no. 6 (2014): 2196-208, https://doi.org/10.1037/a0037893.

20 Emma Pierson et al., "A Large-Scale Analysis of Racial Disparities in Police Stops Across the United States," *Nature Human Behaviour* 4, no. 7 (July 2020): 736-45, https://doi.org/10.1038/s41562-020-0858-1.

21 Bocar A. Ba et al., "The Role of Officer Race and Gender in Police-Civilian Interactions in Chicago," *Science* 371, no. 6530 (February 12, 2021): 696-702, https://doi.org/10.1126/science.abd8694.

22 Mahzarin R. Banaji and Anthony G. Greenwald, *Blindspot: Hidden Biases of Good People* (New York: Bantam, 2016).

3장 현실 공유하기

1   레온 페스팅거·헨리 W. 리켄·스탠리 샥터, 《예언이 끝났을 때》, 이후, 2020년.

2   Solomon E. Asch, "Studies of Independence and Conformity: I. A Minority of One Against Unanimous Majority," *Psychological Monographs: General and Applied* 70, no. 9 (1956): 1a-70; Solomon E. Asch, "Opinions and Social Pressure," *Scientific American* 193, no. 5 (1955): 31-35.

3   Robert S. Baron, Joseph A. Vandello, and Bethany Brunsman, "The Forgotten Variable in Conformity Research: Impact of Task Importance on Social Influence," *Journal of Personality and Social Psychology* 71, no. 5 (1996): 915-27, https://doi.org/10.1037/0022-3514.71.5.915.

4   Joachim I. Krueger and Adam L. Massey, "A Rational Reconstruction of Misbehavior," *Social Cognition* 27, no. 5 (2009): 786-812, https://doi.org/10.1521/soco.2009.27.5.786.

5   Sushil Bikhchandani, David Hirshleifer, and Ivo Welch, "A Theory of Fads, Fashion, Custom, and Cultural Change as Informational Cascades," *Journal of Political Economy* 100, no. 5 (1992): 992-1026.

6   Dominic Abrams et al., "Knowing What to Think by Knowing Who You Are: Self-Categorization and the Nature of Norm Formation, Conformity and Group Polarization," *British Journal of Social Psychology* 29, no. 2 (1990): 97-119; Dominic J. Packer, Nick D. Ungson, and Jessecae K. Marsh, "Conformity and Reactions to Deviance in the Time of COVID-19," *Group Processes and Intergroup Relations* 24, no. 2 (2021): 311-17.

7   Jonah Berger and Chip Heath, "Who Drives Divergence? Identity Signaling, Outgroup Dissimilarity, and the Abandonment of Cultural Tastes," *Journal of Personality and Social Psychology* 95, no. 3 (September 2008): 593-607, https://doi.org/10.1037/0022-3514.95.3.593.

8   Philip Fernbach and Steven Sloman, "Why We Believe Obvious Untruths," *New York Times*, March 3, 2017, https://www.nytimes.

com/2017/03/03/opinion/sunday/why-we-believe-obvious-
untruths.html.

9   Jamie L. Vernon, "On the Shoulders of Giants," *American Scientist*,
    June 19, 2017, https://www.americanscientist.org/article/on-the-
    shoulders-of-giants.

10 Kenneth Warren, *Bethlehem Steel: Builder and Arsenal of America*
    (Pittsburgh: University of Pittsburgh Press, 2010).

11 Carol J. Loomis, Patricia Neering, and Christopher Tkaczyk, "The
    Sinking of Bethlehem Steel," *Fortune*, April 5, 2004, https://money.
    cnn.com/magazines/fortune/fortune_archive/2004/04/05/366339/
    index.htm.

12 Bill Keller, "Enron for Dummies," *New York Times*, January 26, 2002,
    https://www.nytimes.com/2002/01/26/opinion/enron-for-dummies.
    html; "Understanding Enron," *New York Times*, January 14, 2002,
    https://www.nytimes.com/2002/01/14/business/understanding-
    enron.html.

13 Dennis Tourish and Naheed Vatcha, "Charismatic Leadership
    and Corporate Cultism at Enron: The Elimination of Dissent,
    the Promotion of Conformity and Organizational Collapse,"
    Leadership 1 (November 1, 2005): 455-80, https://doi.
    org/10.1177/1742715005057671.

14 위의 글.

15 Peter C. Fusaro and Ross M. Miller, *What Went Wrong at Enron:
    Everyone's Guide to the Largest Bankruptcy in U.S. History* (Hoboken, NJ:
    John Wiley and Sons, 2002).

16 Ned Augenblick et al., "The Economics of Faith: Using an Apocalyptic
    Prophecy to Elicit Religious Beliefs in the Field," *National Bureau
    of Economic Research*, December 21, 2012, https://doi.org/10.3386/
    w18641.

17 레온 페스팅거 외, 《예언이 끝났을 때》.

18 Anni Sternisko, Aleksandra Cichocka, and Jay J. Van Bavel, "The Dark

Side of Social Movements: Social Identity, Non-Conformity, and the Lure of Conspiracy Theories," *Current Opinion in Psychology* 35 (2020): 1-6.

19 Paul 't Hart, "Irving L. Janis' Victims of Groupthink," *Political Psychology* 12, no. 2 (1991): 247-78, https://doi.org/10.2307/3791464.

20 Keith E. Stanovich, Richard F. West, and Maggie E. Toplak, "Myside Bias, Rational Thinking, and Intelligence," *Current Directions in Psychological Science* 22, no. 4 (2013): 259-64.

21 Roderick M. Kramer, "Revisiting the Bay of Pigs and Vietnam Decisions 25 Years Later: How Well Has the Groupthink Hypothesis Stood the Test of Time?," *Organizational Behavior and Human Decision Processes* 73, nos. 2-3 (February 1998): 236-71, https://doi.org/10.1006/obhd.1998.2762.

22 Jonathan Haidt, "New Study Indicates Existence of Eight Conservative Social Psychologists," *Heterodox* (blog), January 7, 2016, https://heterodoxacademy.org/blog/new-study-indicates-existence-of-eight-conservative-social-psychologists/.

23 David Buss and William von Hippel, "Psychological Barriers to Evolutionary Psychology: Ideological Bias and Coalitional Adaptations," *Archives of Scientific Psychology* 6 (2018): 148-58, https://psycnet.apa.org/fulltext/2018-57934-001.html.

24 Jay J. Van Bavel et al., "Breaking Groupthink: Why Scientific Identity and Norms Mitigate Ideological Epistemology," *Psychological Inquiry* 31, no. 1 (January 2, 2020): 66-72, https://doi.org/10.1080/1047840X.2020.1722599.

25 Diego Reinero et al., "Is the Political Slant of Psychology Research Related to Scientific Replicability?" (2019), https://doi.org/10.31234/osf.io/6k3j5.

26 Eitan, Orly, Domenico Viganola, Yoel Inbar, Anna Dreber, Magnus Johannesson, Thomas Pfeiffer, Stefan Thau, and Eric Luis Uhlmann, "Is research in social psychology politically biased? Systematic

empirical tests and a forecasting survey to address the controversy," *Journal of Experimental Social Psychology* 79 (2018): 188-99.

27 Niklas K. Steffens et al., "Our Followers Are Lions, Theirs Are Sheep: How Social Identity Shapes Theories about Followership and Social Influence," *Political Psychology* 39, no. 1 (2018): 23-42.

28 Packer, Ungson, and Marsh, "Conformity and Reactions to Deviance."

29 Gordon Pennycook et al., "Fighting COVID-19 Misinformation on Social Media: Experimental Evidence for a Scalable Accuracy-Nudge Intervention," *Psychological Science* 31, no. 7 (July 1, 2020): 770-80, https://doi.org/10.1177/0956797620939054.

4장 반향실 효과 벗어나기

1 Dan M. Kahan et al., "Motivated Numeracy and Enlightened Self-Government," *Behavioural Public Policy* 1 (September 2013): 54-86, https://doi.org/10.2139/ssrn.2319992.

2 Eli J. Finkel et al., "Political Sectarianism in America," *Science* 370, no. 6516 (October 30, 2020): 533-36, https://doi.org/10.1126/science.abe1715.

3 Elizabeth Ann Harris et al., "The Psychology and Neuroscience of Partisanship," PsyArXiv, October 13, 2020, https://doi.org/10.31234/osf.io/hdn2w.

4 Nick Rogers and Jason Jones, "Using Twitter Bios to Measure Changes in Social Identity: Are Americans Defining Themselves More Politically Over Time?" (August 2019), https://doi.org/10.13140/RG.2.2.32584.67849.

5 M. Keith Chen and Ryne Rohla, "The Effect of Partisanship and Political Advertising on Close Family Ties," *Science* 360, no. 6392 (June 1, 2018): 1020-24, https://doi.org/10.1126/science.aaq1433.

6 Shanto Iyengar et al., "The Origins and Consequences of Affective

Polarization in the United States," *Annual Review of Political Science* 22, no. 1 (2019): 129–46, https://doi.org/10.1146/annurev-polisci-051117-073034.

7 Elaine Chen, "Group Think at the Inauguration?," *Only Human*, January 24, 2017, https://www.wnycstudios.org/podcasts/onlyhuman/articles/group-think-inauguration.

8 Finkel et al., "Political Sectarianism."

9 John R. Hibbing, Kevin B. Smith, and John R. Alford, *Predisposed: Liberals, Conservatives, and the Biology of Political Differences* (New York: Routledge, 2013).

10 Ryota Kanai et al., "Political Orientations Are Correlated with Brain Structure in Young Adults," *Current Biology* 21, no. 8 (April 26, 2011): 677–80, https://doi.org/10.1016/j.cub.2011.03.017.

11 H. Hannah Nam et al., "Amygdala Structure and the Tendency to Regard the Social System as Legitimate and Desirable," *Nature Human Behaviour* 2, no. 2 (February 2018): 133–38, https://doi.org/10.1038/s41562-017-0248-5.

12 H. Hannah Nam et al., "Toward a Neuropsychology of Political Orientation: Exploring Ideology in Patients with Frontal and Midbrain Lesions," *Philosophical Transactions of the Royal Society B: Biological Sciences* 376, no. 1822 (April 12, 2021): 20200137, https://doi.org/10.1098/rstb.2020.0137.

13 John T. Jost, Christopher M. Federico, and Jaime L. Napier, "Political Ideology: Its Structure, Functions, and Elective Affinities," *Annual Review of Psychology* 60, no. 1 (2009): 307–37, https://doi.org/10.1146/annurev.psych.60.110707.163600.

14 Dharshan Kumaran, Hans Ludwig Melo, and Emrah Duzel, "The Emergence and Representation of Knowledge About Social and Nonsocial Hierarchies," *Neuron* 76, no. 3 (November 8, 2012): 653–66, https://doi.org/10.1016/j.neuron.2012.09.035.

15 Nam et al., "Amygdala Structure."

16   M. J. Crockett, "Moral Outrage in the Digital Age," *Nature Human Behaviour* 1, no. 11 (November 2017): 769-71, https://doi.org/10.1038/s41562-017-0213-3.

17   위의 글.

18   "Average Person Scrolls 300 Feet of Social Media Content Daily," *NetNewsLedger* (blog), January 1, 2018, http://www.netnewsledger.com/2018/01/01/average-person-scrolls-300-feet-social-media-content-daily/.

19   William Brady, Ana Gantman, and Jay Van Bavel, "Attentional Capture Helps Explain Why Moral and Emotional Content Go Viral," *Journal of Experimental Psychology: General* 149 (September 5, 2019): 746-56, https://doi.org/10.1037/xge0000673.

20   Rich McCormick, "Donald Trump Says Facebook and Twitter 'Helped Him Win,'" *Verge*, November 13, 2016, https://www.theverge.com/2016/11/13/13619148/trump-facebook-twitter-helped-win.

21   William J. Brady et al., "An Ideological Asymmetry in the Diffusion of Moralized Content Among Political Elites," PsyArXiv, September 28, 2018, https://doi.org/10.31234/osf.io/43n5e.

22   Marlon Mooijman et al., "Moralization in Social Networks and the Emergence of Violence During Protests," *Nature Human Behaviour* 2, no. 6 (2018): 389-96.

23   William J. Brady and Jay J. Van Bavel, "Social Identity Shapes Antecedents and Functional Outcomes of Moral Emotion Expression in Online Networks," OSF Preprints, April 2, 2021, https://doi:10.31219/osf.io/dgt6u.

24   Andrew M. Guess, Brendan Nyhan, and Jason Reifler, "Exposure to Untrustworthy Websites in the 2016 US Election," *Nature Human Behaviour* 4, no. 5 (May 2020): 472- 80, https://doi.org/10.1038/s41562-020-0833-x.

25   Andrea Pereira, Jay J. Van Bavel, and Elizabeth Ann Harris, "Identity Concerns Drive Belief: The Impact of Partisan Identity on the Belief and Dissemination of True and False News," PsyArXiv, September 11, 2018, https://doi.org/10.31234/osf.io/7vc5d.

26 Mark Murray, "Sixty Percent Believe Worst Is Yet to Come for the U.S. in Coronavirus Pandemic," NBCNews.com, March 15, 2020, https://www.nbcnews.com/politics/meet-the-press/sixty-percent-believe-worst-yet-come-u-s-coronavirus-pandemic-n1159106.

27 Jay J. Van Bavel, "In a Pandemic, Political Polarization Could Kill People," *Washington Post*, March 23, 2020, https://www.washingtonpost.com/outlook/2020/03/23/coronavirus-polarization-political-exagger ation/.

28 "Donald Trump, Charleston, South Carolina, Rally Transcript," *Rev* (blog), February 28, 2020, https://www.rev.com/blog/transcripts/donald-trump-charleston-south-carolina-rally-transcript-february-28-2020.

29 Anton Gollwitzer et al., "Partisan Differences in Physical Distancing Predict Infections and Mortality During the Coronavirus Pandemic," PsyArXiv, May 24, 2020, https://doi.org/10.31234/osf.io/t3yxa.

30 Damien Cave, "Jacinda Ardern Sold a Drastic Lockdown with Straight Talk and Mom Jokes," *New York Times*, May 23, 2020, https://www.nytimes.com/2020/05/23/world/asia/jacinda-ardern-coronavirus-new-zealand.html.

31 David Levinsky, "Democrat Andy Kim Takes His Seat in Congress," *Burlington County Times*, January 3, 2019, https://www.burlingtoncountytimes.com/news/20190103/democrat-andy-kim-takes-his-seat-i n-congress.

32 Bryce J. Dietrich, "Using Motion Detection to Measure Social Polarization in the U.S. House of Representatives," *Political Analysis* (November 2020): 1-10, https://doi.org/10.1017/pan.2020.25.

33 Christopher A. Bail et al., "Exposure to Opposing Views on Social Media Can Increase Political Polarization," *Proceedings of the National Academy of Sciences* 115, no. 37 (September 11, 2018): 9216-21, https://doi.org/10.1073/pnas.1804840115.

34 Douglas Guilbeault, Joshua Becker, and Damon Centola, "Social
Learning and Partisan Bias in the Interpretation of Climate Trends,"
Proceedings of the National Academy of Sciences 115, no. 39 (September 25,
2018): 9714-19, https://doi.org/10.1073/pnas.1722664115.

35 Erin Rossiter, "The Consequences of Interparty Conversation on
Outparty Affect and Stereotypes," Washington University in St. Louis,
September 4, 2020, https://erossiter.com/files/conversations.pdf.

36 Hunt Allcott et al., "The Welfare Effects of Social Media," *American
Economic Review* 119 (March 2020): 629-76, https://doi.org/10.1257/
aer.20190658.

37 Abraham Rutchick, Joshua Smyth, and Sara Konrath, "Seeing Red
(and Blue): Effects of Electoral College Depictions on Political Group
Perception," *Analyses of Social Issues and Public Policy* 9 (December 1,
2009): 269-82, https://doi.org/10.1111/j.1530-2415.2009.01183.x.

5장 정체성의 가치

1 "What Is Truly Scandinavian?," Scandinavian Airlines, 2020, https://
www.youtube.com/watch?v=ShfsBPrNcTI&ab_channel=SAS-
ScandinavianAirlines.

2 "Nordic Airline SAS Criticised for Saying 'Absolutely Nothing' Is Truly Scan-
dinavian," *Sky News*, February 14, 2020, https://news.sky.com/story/
nordic-airline-sas-criticised-for-saying-absolutely-nothing-is-tr
uly-scandinavian-11933757. 이 광고에 대한 반응은 특히 우파에게 부정적
이었고, 그들에 의해 악화되었을지 모른다. 항공사는 "SAS는 여행객들을 스칸
디나비아 안팎으로, 그 반도 내에서 이동시켜 주는 북유럽 항공사로서 광고에
나오는 메시지를 지지한다. … 여행은 우리를 풍부하게 하고, 우리는 여행할 때
환경에 영향을 미치고 동시에 다른 이들에게 영향을 받는다."라고 응답했다.

3 "I Am Canadian—Best Commercial Ever!," CanadaWebDeveloper,
April 2014, https://www.youtube.com/watch?v=pASE_TgeVg8&ab_

channel=CanadaWebDeveloper

4   조지 애커로프·레이첼 크렌턴, 《아이덴티티 경제학: 정체성이 직업·소득·행복을 결정한다》, 랜덤하우스코리아, 2010.

5   "The Psychology of Stealing Office Supplies," BBC.com, May 24, 2018, https://www.bbc.com /worklife/article/20180524-the-psychology-of-stealing-office-supplies.

6   "Lukacs: Buckeyes Tradition 40 Years in the Making," ESPN.com, September 12, 2008, https://www.espn.com/college-football/news/story?id=3583496.

7   "College Football's Winningest Teams over the Past 10 Years: Ranked!," *For the Win* (blog), August 19, 2015, https://ftw.usatoday.com/2015/08/best-college-football-teams-past-10-years-best-record-boise-state-ohio-state-most-wins.

8   Robert Cialdini et al., "Basking in Reflected Glory: Three (Football) Field Studies," *Journal of Personality and Social Psychology* 34 (1976): 366-75, https://www.academia.edu/570635/Basking_in_reflected_glory_Three_football_field_studies.

9   Leor M. Hackel, Jamil Zaki, and Jay J. Van Bavel, "Social Identity Shapes Social Valuation: Evidence from Prosocial Behavior and Vicarious Reward," *Social Cognitive and Affective Neuroscience* 12, no. 8 (August 1, 2017): 1219-28, https://doi.org/10.1093/scan/nsx045.

10 로버트 D. 퍼트넘, 《나 홀로 볼링: 볼링 얼론-사회적 커뮤니티의 붕괴와 소생》 페이퍼로드, 2016.

11 Kurt Hugenberg et al., "The Categorization-Individuation Model: An Integrative Account of the Other-Race Recognition Deficit," *Psychological Review* 117, no. 4 (2010): 1168.

12 Jay J. Van Bavel et al., "Motivated Social Memory: Belonging Needs Moderate the Own-Group Bias in Face Recognition," *Journal of Experimental Social Psychology* 48, no. 3 (2012): 707-13.

13 Katherine E. Loveland, Dirk Smeesters, and Naomi Mandel, "Still Preoccupied with 1995: The Need to Belong and Preference for

Nostalgic Products," *Journal of Consumer Research* 37, no. 3 (2010): 393-408.

14 Maya D. Guendelman, Sapna Cheryan, and Beno.t Monin, "Fitting In but Getting Fat: Identity Threat and Dietary Choices Among U.S. Immigrant Groups," *Psychological Science* 22, no. 7 (July 1, 2011): 959-67, https://doi.org/10.1177/0956797611411585.

15 Marilynn B. Brewer, "The Social Self: On Being the Same and Different at the Same Time," *Personality and Social Psychology Bulletin* 17, no. 5 (October 1, 1991): 475-82, https://doi.org/10.1177/0146167291175001.

16 Karl Taeuscher, Ricarda B. Bouncken, and Robin Pesch, "Gaining Legitimacy by Being Different: Optimal Distinctiveness in Crowdfunding Platforms," *Academy of Management Journal* 64, no. 1 (2020): 149-79.

17 Steven E. Sexton and Alison L. Sexton, "Conspicuous Conservation: The Prius Halo and Willingness to Pay for Environmental Bona Fides," *Journal of Environmental Economics and Management* 67, no. 3 (2014): 303-17.

18 Rachel Greenspan, "Lori Loughlin and Felicity Huffman's College Admissions Scandal Remains Ongoing," *Time*, March 3, 2019, https://time.com/5549921/college-admissions-bribery-scandal/.

19 Paul Rozin et al., "Asymmetrical Social Mach Bands: Exaggeration of Social Identities on the More Esteemed Side of Group Borders," *Psychological Science* 25, no. 10 (2014): 1955-59.

20 Cindy Harmon-Jones, Brandon J. Schmeichel, and Eddie Harmon-Jones, "Symbolic Self-Completion in Academia: Evidence from Department Web Pages and Email Signature Files," *European Journal of Social Psychology* 39 (2009): 311-16.

21 Robert A. Wicklund and Peter M. Gollwitzer, "Symbolic Self-Completion, Attempted Influence, and Self-Deprecation," *Basic and Applied Social Psychology* 2, no.2 (June 1981): 89-114, https://doi.org/10.1207/s15324834basp0202_2.

22 Margaret Foddy, Michael J. Platow, and Toshio Yamagishi, "Group-Based Trust in Strangers: The Role of Stereotypes and Expectations," *Psychological Science* 20, no. 4 (April 1, 2009): 419-22, https://doi.org/10.1111/j.1467-9280.2009.02312.x.

23 Toshio Yamagishi and Toko Kiyonari, "The Group as the Container of Generalized Reciprocity," *Social Psychology Quarterly* 63, no. 2 (2000): 116-32, https://doi.org/10.2307/2695887.

6장 편견 극복하기

1 Chris Palmer and Stephanie Farr, "Philly Police Dispatcher After 911 Call: 'Group of Males' Was 'Causing a Disturbance' at Starbucks," *Philadelphia Inquirer*, April 17, 2018, https://www.inquirer.com/philly/news/crime/philly-police-release-audio-of-911-call-from-philadelphia-starbucks-20180417.html; "Starbucks to Close All U.S. Stores for Racial-Bias Education," Starbucks.com, April 17, 2018, https://stories.starbucks.com/press/2018/starbucks-to-close-stores-nationwide-for-racial-bias-education-may-29/; Samantha Melamed, "Starbucks Arrests in Philadelphia: CEO Kevin Johnson Promises Unconscious-Bias Training for Managers," *Philadelphia Inquirer*, April 16, 2018, https://www.inquirer./philly/news/ pennsylvania/philadelphia/starbucks-ceo-kevin-johncomson-philadelphia-arrests-black-men-20180416.html.

2 "Subverting Starbucks," *Newsweek*, October 27, 2002, https://www.newsweek.com/subverting-starbucks-146749.

3 Rob Tornoe, "What Happened at Starbucks in Philadelphia?," *Philadelphia Inquirer*, April 16, 2018, https://www.inquirer.com/philly/news/starbucksphiladelphia-arrests-black-men-video-viral-protests-background-20180416.html.

4 "Starbucks to Close All U.S. Stores." https://stories.starbucks.com/

press/2018/starbucks-to-close-stores-nationwide-for-racial-bias-education-may-29

5   Mahzarin R. Banaji and Anthony G. Greenwald, *Blindspot: Hidden Biases of Good People* (New York: Bantam, 2016); Bertram Gawronski and Jan De Houwer, "Implicit Measures in Social and Personality Psychology," in *Handbook of Research Methods in Social and Personality Psychology*, ed. Harry Reis and Charles Judd (New York: Cambridge University Press, 2014).

6   Po Bronson, "Is Your Baby Racist?," *Newsweek*, September 6, 2009, https://www.newsweek.com/nurtureshock-cover-story-newsweek-your-baby-racist-223434.

7   Leda Cosmides, John Tooby, and Robert Kurzban, "Perceptions of Race," *Trends in Cognitive Sciences* 7, no. 4 (2003): 173-79.

8   Donald E. Brown, "Human Universals, Human Nature and Human Culture," *Daedalus* 133, no. 4 (2004): 47-54.

9   Jim Sidanius and Felicia Pratto, *Social Dominance: An Intergroup Theory of Social Hierarchy and Oppression* (New York: Cambridge University Press, 2001).

10 Gunnar Myrdal, *An American Dilemma*, vol.2 (Rutgers, NJ: Transaction Publishers, 1996).

11 Nathan Nunn, "Slavery, Inequality, and Economic Development in the Americas," *Institutions and Economic Performance* 15 (2008): 148-80; Nathan Nunn, "The Historical Roots of Economic Development," *Science* 367, no. 6485 (2020).

12 Avidit Acharya, Matthew Blackwell, and Maya Sen, "The Political Legacy of American Slavery," *Journal of Politics* 78, no. 3 (2016): 621-41.

13 B. Keith Payne, Heidi A. Vuletich, and Kristjen B. Lundberg, "The Bias of Crowds: How Implicit Bias Bridges Personal and Systemic Prejudice," *Psychological Inquiry* 28, no. 4 (2017): 233-48.

14 Rachel Treisman, "Nearly 100 Confederate Monuments Removed in 2020, Report Says; More than 700 Remain," National Public Radio, February

23, 2021, https://www.npr.org/2021/02/23/970610428/nearly-100-confederate-monuments-removed-i n-2020-report-says-more-than-700-remai.

15 Elizabeth A. Phelps et al., "Performance on Indirect Measures of Race Evaluation Predicts Amygdala Activation," *Journal of Cognitive Neuroscience* 12, no. 5 (2000): 729- 38.

16 William A. Cunningham et al., "Separable Neural Components in the Processing of Black and White Faces," *Psychological Science* 15, no. 12 (2004): 806-13.

17 Jay J. Van Bavel, Dominic J. Packer, and William A. Cunningham, "The Neural Substrates of In-Group Bias: A Functional Magnetic Resonance Imaging Investigation," *Psychological Science* 19, no. 11 (2008): 1131-39.

18 위의 글; Jay J. Van Bavel and William A. Cunningham, "Self-Categorization with a Novel Mixed-Race Group Moderates Automatic Social and Racial Biases," *Personality and Social Psychology Bulletin* 35, no. 3 (2009): 321-35; Jay J. Van Bavel and William A. Cunningham, "A Social Identity Approach to Person Memory: Group Membership, Collective Identification, and Social Role Shape Attention and Memory," *Personality and Social Psychology Bulletin* 38, no. 12 (2012): 1566-78.

19 João F. Guassi Moreira, Jay J. Van Bavel, and Eva H. Telzer, "The Neural Development of 'Us and Them,'" *Social Cognitive and Affective Neuroscience* 12, no. 2 (2017): 184-96.

20 Anthony W. Scroggins et al., "Reducing Prejudice with Labels: Shared Group Memberships Attenuate Implicit Bias and Expand Implicit Group Boundaries," *Personality and Social Psychology Bulletin* 42, no. 2 (2016): 219-29.

21 Calvin K. Lai et al., "Reducing Implicit Racial Preferences: I. A Comparative Investigation of 17 Interventions," *Journal of Experimental Psychology: General* 143, no. 4 (2014): 1765.

22   Salma Mousa, "Building Social Cohesion Between Christians and Muslims Through Soccer in Post-ISIS Iraq," *Science* 369, no. 6505 (2020): 866-70.

23   Ala' Alrababa'h et al., "Can Exposure to Celebrities Reduce Prejudice? The Effect of Mohamed Salah on Islamophobic Behaviors and Attitudes," *American Political Science Review* (2021): 1-18.

24   Emma Pierson et al., "A Large-Scale Analysis of Racial Disparities in Police Stops Across the United States," *Nature Human Behaviour* 4, no. 7 (July 2020): 736-45, https://doi.org/10.1038/s41562-020-0858-1.

25   Keith Barry and Andy Bergmann, "The Crash Test Bias: How Male-Focused Testing Puts Female Drivers at Risk," *Consumer Reports*, October 23, 2019, https://www.consumerreports.org/car-safety/crash-test-bias-how-male-focused-testing-put s-female-drivers-at-risk/.

26   Deborah Vagins and Jesselyn McCurdy, "Cracks in the System: 20 Years of the Unjust Federal Crack Cocaine Law," American Civil Liberties Union, October 2006, https://www.aclu.org/other/cracks-system-20-years-unjust-federal-crack-cocaine-law.

27   Julia Stoyanovich, Jay J. Van Bavel, and Tessa V. West, "The Imperative of Interpretable Machines," *Nature Machine Intelligence* 2, no. 4 (2020): 197-99.

28   Katrine Berg NødTVedt et al., "Racial Bias in the Sharing Economy and the Role of Trust and Self-Congruence," *Journal of Experimental Psychology: General* (February 2021).

29   Lynne G. Zucker, "Production of Trust: Institutional Sources of Economic Structure, 1840-1920," *Research in Organizational Behavior* (1986): 53-111; Delia Baldassarri and Maria Abascal, "Diversity and Prosocial Behavior," *Science* 369, no. 6508 (2020): 1183-87.

30   Shiang-Yi Lin and Dominic J. Packer, "Dynamic Tuning of Evaluations: Implicit Racial Attitudes Are Sensitive to Incentives for Intergroup Cooperation," *Social Cognition* 35, no. 3 (2017): 245-72.

7장 연대를 찾아서

1 Sylvia R. Jacobson, "Individual and Group Responses to Confinement in a Skyjacked Plane," *American Journal of Orthopsychiatry* 43, no. 3 (1973): 459.

2 위의 글.

3 Martin Gansberg, "37 Who Saw Murder Didn't Call the Police," *New York Times*, March 27, 1964, https://www.nytimes.com/1964/03/27/archives/37-who-saw-murder-didnt-call-the-police-a pathy-at-stabbing-of.html.

4 Mark Levine, "Helping in Emergencies: Revisiting Latané and Darley's Bystander Studies," in *Social Psychology: Revisiting the Classic Studie*, ed. J. R. Smith and S. A. Haslam (Thousand Oaks, CA: Sage Publications, 2012), 192-208.

5 Bibb Latané and John M. Darley, "Group Inhibition of Bystander Intervention in Emergencies," *Journal of Personality and Social Psychology* 10, no. 3 (1968): 215.

6 Levine, "Helping in Emergencies."

7 Richard Philpot et al., "Would I Be Helped? Cross-National CCTV Footage Shows That Intervention Is the Norm in Public Conflicts," *American Psychologist* 75, no. 1 (2020): 66.

8 Peter Fischer et al., "The Bystander-Effect: A Meta-Analytic Review on Bystander Intervention in Dangerous and Non-Dangerous Emergencies," *Psychological Bulletin* 137, no. 4 (2011): 517.

9 피터 싱어, 《사회생물학과 윤리》, 연암서가, 2012.

10 Mark Levine et al., "Identity and Emergency Intervention: How Social Group Membership and Inclusiveness of Group Boundaries Shape Helping Behavior," *Personality and Social Psychology Bulletin* 31, no. 4 (2005): 443-53.

11 John Drury et al., "Facilitating Collective Psychosocial Resilience in the Public in Emergencies: Twelve Recommendations Based on the

Social Identity Approach," *Frontiers in Public Health* 7 (2019): 141; John Drury, "The Role of Social Identity Processes in Mass Emergency Behaviour: An Integrative Review," *European Review of Social Psychology* 29, no. 1 (2018): 38-81; John Drury, Chris Cocking, and Steve Reicher, "The Nature of Collective Resilience: Survivor Reactions to the 2005 London Bombings," *International Journal of Mass Emergencies and Disasters* 27, no. 1 (2009): 66-95.

12   Drury, Cocking, and Reicher, "The Nature of Collective Resilience."

13   Diego A. Reinero, Suzanne Dikker, and Jay J. Van Bavel, "Inter-Brain Synchrony in Teams Predicts Collective Performance," *Social Cognitive and Affective Neuroscience* 16, nos. 1-2 (2021): 43-57.

14   Suzanne Dikker et al., "Brain-to-Brain Synchrony Tracks Real-World Dynamic Group Interactions in the Classroom," *Current Biology* 27, no. 9 (2017): 1375-80.

15   잭슨 카츠, 《마초 패러독스: 여성폭력은 결국 남성의 문제다》, 갈마바람, 2017.

16   Henri Tajfel and John Turner, "An Integrative Theory of Intergroup Conflict," *Social Psychology of Intergroup Relations* 33 (1979); B. Bettencourt et al., "Status Differences and In-Group Bias: A Meta-Analytic Examination of the Effects of Status Stability, Status Legitimacy, and Group Permeability," *Psychological Bulletin* 127, no. 4 (2001): 520.

17   John T. Jost and Mahzarin R. Banaji, "The Role of Stereotyping in System-Justification and the Production of False Consciousness," *British Journal of Social Psychology* 33, no. 1 (1994): 1-27; Aaron C. Kay and Justin Friesen, "On Social Stability and Social Change: Understanding When System Justification Does and Does Not Occur," *Current Directions in Psychological Science* 20, no. 6 (2011): 360-64.

18   Kees Van den Bos and Marjolein Maas, "On the Psychology of the Belief in a Just World: Exploring Experiential and Rationalistic Paths to Victim Blaming," *Personality and Social Psychology Bulletin* 35, no. 12 (2009): 1567-78; Bernard Weiner, Danny Osborne, and Udo Rudolph, "An

Attributional Analysis of Reactions to Poverty: The Political Ideology of the Giver and the Perceived Morality of the Receiver," *Personality and Social Psychology Review* 15, no. 2 (2011): 199-213.

19 Kelly Danaher and Nyla R. Branscombe, "Maintaining the System with Tokenism: Bolstering Individual Mobility Beliefs and Identification with a Discriminatory Organization," *British Journal of Social Psychology* 49, no. 2 (2010): 343-62.

20 Cheryl R. Kaiser et al., "The Ironic Consequences of Obama's Election: Decreased Support for Social Justice," *Journal of Experimental Social Psychology* 45, no. 3 (2009): 556-59.

21 Amy R. Krosch et al., "On the Ideology of Hypodescent: Political Conservatism Predicts Categorization of Racially Ambiguous Faces as Black," *Journal of Experimental Social Psychology* 49, no. 6 (2013): 1196-1203; Jojanneke Van der Toorn et al., "In Defense of Tradition: Religiosity, Conservatism, and Opposition to Same-Sex Marriage in North America," *Personality and Social Psychology Bulletin* 43, no. 10 (2017): 1455-68.

22 "Protesters' Anger Justified Even if Actions May Not Be," Monmouth University Polling Institute, June 2, 2020, https://www.monmouth.edu/polling-institute/reports/monmouthpoll_us_060220/.

23 Emina Suba.i. et al., " 'We for She': Mobilising Men and Women to Act in Solidarity for Gender Equality," *Group Processes and Intergroup Relations* 21, no. 5 (2018): 707-24; Emina Suba.i., Katherine J. Reynolds, and John C. Turner, "The Political Solidarity Model of Social Change: Dynamics of Self-Categorization in Intergroup Power Relations," *Personality and Social Psychology Review* 12, no. 4 (2008): 330-52.

24 John Drury et al., "A Social Identity Model of Riot Diffusion: From Injustice to Empowerment in the 2011 London Riots," *European Journal of Social Psychology* 50, no. 3 (2020): 646-61; Cliff Stott and Steve Reicher, *Mad Mobs and Englishmen? Myths and Realities of the 2011 Riots* (London: Constable and Robinson, 2011).

25 John Drury et al., "Re-Reading the 2011 English Riots—ESRC 'Beyond Contagion' Interim Report," January 2019, https://sro.sussex.ac.uk/id/eprint/82292/ 1 /Re-reading% 20the%202011%20riots%20ESRC%20 Beyond%20Contagion%20interim%20report.pdf.

26 Stephen Reicher et al., "An Integrated Approach to Crowd Psychology and Public Order Policing," *Policing* 27 (December 2004): 558-72; Clifford Stott and Matthew Radburn, "Understanding Crowd Conflict: Social Context, Psychology and Policing," *Current Opinion in Psychology* 35 (March 2020): 76-80.

27 Maria J. Stephan and Erica Chenoweth, "Why Civil Resistance Works: The Strategic Logic of Nonviolent Conflict," *International Security* 33, no. 1 (2008): 7-44; 에리카 체노웨스·마리아 J. 스티븐, 《비폭력 시민운동은 왜 성공을 거두나?》, 두레, 2019.

28 Matthew Feinberg, Robb Willer, and Chloe Kovacheff, "The Activist's Dilemma: Extreme Protest Actions Reduce Popular Support for Social Movements," *Journal of Personality and Social Psychology* 119 (2020): 1086-111.

29 Omar Wasow, "Agenda Seeding: How 1960s Black Protests Moved Elites, Public Opinion and Voting," *American Political Science Review* 114, no. 3 (2020): 638-59.

8장 반대를 표명하는 분위기 조성하기

1 Lily Rothman, "Read the Letter That Changed the Way Americans Saw the Vietnam War," *Time*, March 16, 2015, https://time.com/3732062/ronald-ridenhour-vietnam-my-lai/; John H. Cushman Jr, "Ronald Ridenhour, 52, Veteran Who Reported My Lai Massacre," *New York Times*, May 11, 1998, https://www.nytimes.com /1998 /05 /11 /us /ronald -ridenhour -52 -veteran-who-reported-my-lai-massacre.html.

2 Ron Ridenhour, "Ridenhour Letter," http://www.digitalhistory.uh.edu/

active_learning/explorations/vietnam/ridenhour_letter.cfm.

3 Ronald L. Ridenhour, "One Man's Bitter Porridge," *New York Times*, November 10, 1973, https://www.nytimes.com/1973/11/10/archives/one-mans-bitter-porridge.html.

4 Jeffrey Jones, "Americans Divided on Whether King's Dream Has Been Realized," Gallup.com, August 26, 2011, https://news.gallup.com/poll/149201/Americans-Divided-Whether-King-Dream-Realized.asp x.

5 Beno.t Monin, Pamela J. Sawyer, and Matthew J. Marquez, "The Rejection of Moral Rebels: Resenting Those Who Do the Right Thing," *Journal of Personality and Social Psychology* 95, no. 1 (2008): 76; Kieran O'Connor and Beno.t Monin, "When Principled Deviance Becomes Moral Threat: Testing Alternative Mechanisms for the Rejection of Moral Rebels," *Group Processes and Intergroup Relations* 19, no. 5 (2016): 676–93.

6 Craig D. Parks and Asako B. Stone, "The Desire to Expel Unselfish Members from the Group," *Journal of Personality and Social Psychology* 99, no. 2 (2010): 303.

7 Jasmine Tata et al., "Proportionate Group Size and Rejection of the Deviate: A Meta-Analytic Integration," *Journal of Social Behavior and Personality* 11, no. 4 (1996): 739.

8 José Marques, Dominic Abrams, and Rui G. Serôdio, "Being Better by Being Right: Subjective Group Dynamics and Derogation of In-Group Deviants When Generic Norms Are Undermined," *Journal of Personality and Social Psychology* 81, no. 3 (2001): 436; Arie W. Kruglanski and Donna M. Webster, "Group Members' Reactions to Opinion Deviates and Conformists at Varying Degrees of Proximity to Decision Deadline and of Environmental Noise," *Journal of Personality and Social Psychology* 61, no. 2 (1991): 212; Matthew J. Hornsey, "Dissent and Deviance in Intergroup Contexts," *Current Opinion in Psychology* 11 (2016): 1–5.

9 Charlan J. Nemeth and Jack A. Goncalo, "Rogues and Heroes: Finding Value in Dissent," in *Rebels in Groups: Dissent, Deviance, Difference,*

and Defiance, ed. Jolanda Jetten and Matthew Hornsey (Chichester, UK: Wiley-Blackwell, 2011), 17-35; Charlan Jeanne Nemeth and Joel Wachtler, "Creative Problem Solving as a Result of Majority vs. Minority Influence," European Journal of Social Psychology 13, no. 1 (1983): 45-55.

10   Linn Van Dyne and Richard Saavedra, "A Naturalistic Minority Influence Experiment: Effects on Divergent Thinking, Conflict and Originality in Work-Groups," British Journal of Social Psychology 35, no. 1 (1996): 151-67.

11   Randall S. Peterson et al., "Group Dynamics in Top Management Teams: Groupthink, Vigilance, and Alternative Models of Organizational Failure and Success," Organizational Behavior and Human Decision Processes 73, nos. 2-3 (1998): 272-305.

12   Codou Samba, Daan Van Knippenberg, and C. Chet Miller, "The Impact of Strategic Dissent on Organizational Outcomes: A Meta-Analytic Integration," Strategic Management Journal 39, no. 2 (2018): 379-402.

13   위의 글.

14   Solomon E. Asch, "Opinions and Social Pressure," Scientific American 193, no. 5 (1955): 31-35; Solomon E. Asch, "Studies of Independence and Conformity: I. A Minority of One Against a Unanimous Majority," Psychological Monographs: General and Applied 70, no. 9(1956): 1-70.

15   Stanley Milgram, "Behavioral Study of Obedience," Journal of Abnormal and Social Psychology 67, no. 4 (1963): 371; Stanley Milgram, Obedience to Authority (New York: Harper and Row, 1974).

16   Dominic J. Packer, "Identifying Systematic Disobedience in Milgram's Obedience Experiments: A Meta-Analytic Review," Perspectives on Psychological Science 3, no. 4 (2008): 301-4; Jerry M. Burger, "Replicating Milgram: Would People Still Obey Today?," American Psychologist 64, no. 1 (2009): 1.

17   Stephen D. Reicher, S. Alexander Haslam, and Joanne R. Smith,

"Working Toward the Experimenter: Reconceptualizing Obedience Within the Milgram Paradigm as Identification-Based Followership," *Perspectives on Psychological Science* 7, no. 4 (2012): 315-24.

18 Bert H. Hodges et al., "Speaking from Ignorance: Not Agreeing with Others We Believe Are Correct," *Journal of Personality and Social Psychology* 106, no. 2 (2014): 218; Bert H. Hodges and Anne L. Geyer, "A Nonconformist Account of the Asch Experiments: Values, Pragmatics, and Moral Dilemmas," *Personality and Social Psychology Review* 10, no. 1 (2006): 2-19.

19 Dominic J. Packer, "On Being Both with Us and Against Us: A Normative Conflict Model of Dissent in Social Groups," *Personality and Social Psychology Review* 12, no. 1 (2008): 50-72; Dominic J. Packer and Christopher T. H. Miners, "Tough Love: The Normative Conflict Model and a Goal System Approach to Dissent Decisions," *Social and Personality Psychology Compass* 8, no. 7 (2014): 354-73.

20 Dominic J. Packer, Kentaro Fujita, and Alison L. Chasteen, "The Motivational Dynamics of Dissent Decisions: A Goal-Conflict Approach," *Social Psychological and Personality Science* 5, no. 1 (2014): 27-34.

21 위의 글.

22 Darcy R. Dupuis et al., "To Dissent and Protect: Stronger Collective Identification Increases Willingness to Dissent When Group Norms Evoke Collective Angst," *Group Processes and Intergroup Relations* 19, no. 5 (2016): 694-710.

23 Dominic J. Packer, "The Interactive Influence of Conscientiousness and Openness to Experience on Dissent," *Social Influence* 5, no. 3 (2010): 202-19.

24 Amy C. Edmondson, "Speaking Up in the Operating Room: How Team Leaders Promote Learning in Interdisciplinary Action Teams," *Journal of Management Studies* 40, no. 6 (2003): 1419-52.

25 Amy C. Edmondson and Zhike Lei, "Psychological Safety: The History,

Renaissance, and Future of an Interpersonal Construct," *Annual Review of Organizational Psychology and Organizational Behavior* 1, no. 1 (2014): 23–43.

26 Charles Duhigg, "What Google Learned from Its Quest to Build the Perfect Team," *Sunday New York Times Magazine*, February 25, 2016, https://www.nytimes.com/2016/02/28/magazine/what-google-learned-from-its-quest-to-buildthe-perfect-team.html.

27 American Foreign Service Association, "Constructive Dissent Awards," 2019, https://www.afsa.org/constructive-dissent-awards.

28 Monin, Sawyer, and Marquez, "The Rejection of Moral Rebels"; Alexander H. Jordan and Beno.t Monin, "From Sucker to Saint: Moralization in Response to Self-Threat," *Psychological Science* 19, no. 8 (2008): 809–15.

9장 효과적으로 리드하기

1 Sinéad Baker, "'We're Just Having a Bit of an Earthquake Here': New Zealand's Jacinda Ardern Was Unfazed When an Earthquake Hit during a Live Interview," *Business Insider*, May 25, 2020, https://www.businessinsider.com.au/earthquake-interrupts-jacinda-ardern-in-live-interview-new-zealand-2020-5.

2 Michelle Mark, "Iconic Photo of Boy Feeling Obama's Hair Was Taken 10 Years Ago," *Insider*, May 9, 2019, https://www.insider.com/photo-of-boy-feeling-obamas-hair-taken-10-years-ago-2019-5.

3 하워드 가드너, 《통찰과 포용》, 북스넛, 2006.

4 Taylor Branch, *Parting the Waters: America in the King Years 1954–63* (New York: Simon and Schuster, 2007).

5 Henry Mintzberg, *Mintzberg on Management: Inside Our Strange World of Organizations* (New York: Simon and Schuster, 1989).

6 "Truman Quotes," *Truman Library Institute* (blog), 2021, https://www.

trumanlibraryinstitute.org/truman/truman-quotes/.

7 Julian Barling, *The Science of Leadership: Lessons from Research for Organizational Leaders* (New York: Oxford University Press, 2014).

8 Xiao-Hua Frank Wang and Jane M. Howell, "Exploring the Dual-Level Effects of Transformational Leadership on Followers," *Journal of Applied Psychology* 95, no. 6 (2010): 1134; Xiao-Hua Frank Wang and Jane M. Howell, "A Multilevel Study of Transformational Leadership, Identification, and Follower Outcomes," *Leadership Quarterly* 23, no. 5 (2012): 775-90.

9 Niall O'Dowd, "Mary Robinson, the Woman Who Changed Ireland," *Irish Central*, March 8, 2021, https://www.irishcentral.com/opinion/niallodowd/mary-robinson-woman-changed-ireland.

10 "Address by the President, Mary Robinson, on the Occasion of Her Inauguration as President of Ireland," Office of the President of Ireland, December 3, 1990, https://president.ie/index.php/en/media-library/speeches/address-by-the-president-mary-robinson-on-the-occasion-of-her-inauguration.

11 Viviane Seyranian and Michelle C. Bligh, "Presidential Charismatic Leadership: Exploring the Rhetoric of Social Change," *Leadership Quarterly* 19, no. 1 (2008): 54-76.

12 Niklas K. Steffens and S. Alexander Haslam, "Power Through 'Us': Leaders' Use of We-Referencing Language Predicts Election Victory," *PLOS ONE* 8, no. 10 (2013): e77952; Martin P. Fladerer et al., "The Value of Speaking for 'Us': The Relationship Between CEOs' Use of I-and We-Referencing Language and Subsequent Organizational Performance," *Journal of Business and Psychology* 36, no. 2 (April 2021): 299-313, https://doi.org/10.1007/s10869-019-09677-0.

13 페스팅거 외, 《예언이 끝났을 때》.

14 Roderick M. Kramer, "Responsive Leaders: Cognitive and Behavioral Reactions to Identity Threats," in *Social Psychology and Organizations*, ed. David De Cremer, Rolf van Dick, and J. Keith Murnighan (New York:

Routledge, 2011).

15 Kimberly D. Elsbach and Roderick M. Kramer, "Members' Responses to Organizational Identity Threats: Encountering and Countering the Business Week Rankings," *Administrative Science Quarterly* 41 (1996): 442-76.

16 위의 글.

17 David De Cremer and Tom R. Tyler, "On Being the Leader and Acting Fairly: A Contingency Approach," in *Social Psychology and Organizations*, ed. David De Cremer, Rolf van Dick, and J. Keith Murnighan (New York: Routledge, 2011).

18 Kurt T. Dirks, "Trust in Leadership and Team Performance: Evidence from NCAA Basketball," *Journal of Applied Psychology* 85, no. 6 (2000): 1004.

19 위의 글.

20 S. Alexander Haslam, Stephen D. Reicher, and Michael J. Platow, *The New Psychology of Leadership: Identity, Influence and Power* (New York: Routledge, 2020); Michael A. Hogg, "A Social Identity Theory of Leadership," *Personality and Social Psychology Review* 5, no. 3 (2001): 184-200.

21 Ashleigh Shelby Rosette, Geoffrey J. Leonardelli, and Katherine W. Phillips, "The White Standard: Racial Bias in Leader Categorization," *Journal of Applied Psychology* 93, no. 4 (2008): 758.

22 David E. Rast III, "Leadership in Times of Uncertainty: Recent Findings, Debates, and Potential Future Research Directions," *Social and Personality Psychology Compass* 9, no. 3 (2015): 133-45.

23 Michelle K. Ryan and S. Alexander Haslam, "The Glass Cliff: Evidence That Women Are Over-Represented in Precarious Leadership Positions," *British Journal of Management* 16, no. 2 (2005): 81-90; Michelle K. Ryan et al., "Getting on Top of the Glass Cliff: Reviewing a Decade of Evidence, Explanations, and Impact," *Leadership Quarterly* 27, no. 3 (2016): 446-55; Alison Cook and Christy Glass, "Above

the Glass Ceiling: When Are Women and Racial/Ethnic Minorities Promoted to CEO?," *Strategic Management Journal* 35, no. 7 (2014): 1080-89.

24 Tom R. Tyler and E. Allan Lind, "A Relational Model of Authority in Groups," *Advances in Experimental Social Psychology* 25 (1992): 115-91.

25 Daan Van Knippenberg, "Leadership and Identity," in *The Nature of Leadership*, 2nd ed., ed. David Day and John Antonakis (London: Sage, 2012).

26 Robert A. Burgelman and Andrew S. Grove, "Strategic Dissonance," *California Management Review* 38, no. 2 (1996): 8-28.

27 Martin Gilbert, "I Shall Be the One to Save London," *Churchill Project* (blog), April 14, 2017, https://winstonchurchill.hillsdale.edu/shall-one-save-london/.

28 Andrew Roberts, *Churchill: Walking with Destiny* (New York: Penguin, 2018); 에릭 라슨, 《폭격기의 달이 뜨면: 1940 런던 공습, 전격하는 히틀러와 처칠의 도전》, 생각의힘, 2021.

29 Roderick M. Kramer, "The Imperatives of Identity: The Role of Identity in Leader Judgment and Decision Making," in *Leadership and Power: Identity Processes in Groups and Organizations*, ed. Daan Van Knippenberg and Michael A. Hogg (London: Sage, 2003), 184.

30 Blake Ashforth, "Petty Tyranny in Organizations," *Human Relations* 47, no. 7 (1994): 755-78.

31 Birgit Schyns and Jan Schilling, "How Bad Are the Effects of Bad Leaders? A Meta-Analysis of Destructive Leadership and Its Outcomes," *Leadership Quarterly* 24, no. 1 (2013): 138-58.

32 Craig Haney, W. Curtis Banks, and Philip G. Zimbardo, "A Study of Prisoners and Guards in a Simulated Prison," *Naval Research Reviews* 9, nos. 1-17 (1973); "The Mind Is a Formidable Jailer," *New York Times*, April 8, 1973, https://www.nytimes.com/1973/04/08/archives/a-pirandellian-prison-the-mind-is-a-formidable-jailer.html; "Stanford Prison Experiment," https://www.prisonexp.org.

33 필립 짐바르도, 《루시퍼 이펙트: 무엇이 선량한 사람을 악하게 만드는가》, 웅진지식하우스, 2007.

34 S. Alexander Haslam and Stephen D. Reicher, "When Prisoners Take over the Prison: A Social Psychology of Resistance," *Personality and Social Psychology Review* 16, no. 2 (2012): 154-79; Stephen Reicher and S. Alexander Haslam, "Rethinking the Psychology of Tyranny: The BBC Prison Study," *British Journal of Social Psychology* 45, no. 1 (2006): 1-40; S. Alexander Haslam, Stephen D. Reicher, and Jay J. Van Bavel, "Rethinking the Nature of Cruelty: The Role of Identity Leadership in the Stanford Prison Experiment," *American Psychologist* 74, no. 7 (2019): 809.

35 Haslam, Reicher, and Van Bavel, "Rethinking the Nature of Cruelty." Stanford University Libraries (2018). Interviews from the Stanford Prison Experiment (audio recording; Source ID: SC0750_s5_b2_21). http:// purl.stanford.edu/wn708sq0050.

36 Stephen Reicher, S. Alexander Haslam, and Rakshi Rath, "Making a Virtue of Evil: A Five-Step Social Identity Model of the Development of Collective Hate," *Social and Personality Psychology Compass* 2, no. 3 (2008): 1313-44.

10장 정체성의 미래

1 William Ewald, ed., *Environment and Change: The Next Fifty Years* (Bloomington: Indiana University Press, 1968).

2 Herman Kahn and Anthony Wiener, "Faustian Powers and Human Choices: Some Twenty-First Century Technological and Economic Issues," 위의 글.

3 *World Social Report 2020: Inequality in a Rapidly Changing World* (United Nations, February 2020), https://doi.org/10.18356/7f5d0efc-en.

4 Keith Payne, *The Broken Ladder: How Inequality Affects the Way We Think,*

Live, and Die (New York: Penguin, 2017); Richard Wilkinson and Kate Pickett, *The Spirit Level: Why Greater Equality Makes Societies Stronger* (New York: Bloomsbury, 2011).

5   Niklas K. Steffens et al., "Identity Economics Meets Identity Leadership: Exploring the Consequences of Elevated CEO Pay," *Leadership Quarterly* 30 (June 2020).

6   Mark Rubin and Rebecca Stuart, "Kill or Cure? Different Types of Social Class Identification Amplify and Buffer the Relation Between Social Class and Mental Health," *Journal of Social Psychology* 158, no. 2 (2018): 236-51.

7   Frank Mols and Jolanda Jetten, *The Wealth Paradox: Economic Prosperity and the Hardening of Attitudes* (New York: Cambridge University Press, 2017); Frank Mols and Jolanda Jetten, "Explaining the Appeal of Populist Right-Wing Parties in Times of Economic Prosperity," *Political Psychology* 37, no. 2 (2016): 275-92; Bernard N. Grofman and Edward N. Muller, "The Strange Case of Relative Gratification and Potential for Political Violence: The V-Curve Hypothesis," *American Political Science Review* 67, no. 2 (1973): 514-39.

8   Jolanda Jetten et al., "A Social Identity Analysis of Responses to Economic Inequality," *Current Opinion in Psychology* 18 (2017): 1-5.

9   A critical analysis of the gig economy is provided by Alexandrea J. Ravenelle in "Sharing Economy Workers: Selling, Not Sharing," *Cambridge Journal of Regions, Economy and Society* 10, no. 2 (2017): 281-95.

10   Arundhati Roy, "Arundhati Roy: 'The Pandemic Is a Portal,'" *Financial Times*, April 3, 2020, https://www.ft.com/content/10d8f5e8-74eb-11ea-95fe-fcd274e920ca.

11   Intergovernmental Panel on Climate Change, *Special Report on Global Warming of 1.5°C*, United Nations, 2018, https://www.ipcc.ch/sr15/.

12   Gallup Polling, https://news.gallup.com/poll/1615/Environment.aspx.

13   Matthew J. Hornsey and Kelly S. Fielding, "Understanding (and Reducing) Inaction on Climate Change," *Social Issues and Policy Review* 14, no. 1 (2020): 3-35; Kimberly Doell et al., "Understanding the Effects of Partisan Identity on Climate Change," PsyArXiv, January 26, 2021, doi:10.31234/osf.io/5vems.

14   Matthew J. Hornsey, Emily A. Harris, and Kelly S. Fielding, "Relationships Among Conspiratorial Beliefs, Conservatism and Climate Scepticism Across Nations," *Nature Climate Change* 8, no. 7 (2018): 614-20.

15   위의 글.

16   Kimberly C. Doell et al., "Understanding the Effects of Partisan Identity on Climate Change," *Current Opinion in Behavioral Sciences* 42 (2021): 54-59.

17   Intergovernmental Panel on Climate Change, *Special Report on Global Warming*.

18   Frank White, *The Overview Effect: Space Exploration and Human Evolution* (Reston, VA: American Institute of Aeronautics and Astronautics, 2014); David B. Yaden et al., "The Overview Effect: Awe and Self-Transcendent Experience in Space Flight," *Psychology of Consciousness: Theory, Research, and Practice* 3, no. 1 (2016): 1.

19   Nancy R. Buchan et al., "Globalization and Human Cooperation," *Proceedings of the National Academy of Sciences* 106, no. 11 (2009): 4138-42; Nancy R. Buchan et al., "Global Social Identity and Global Cooperation," *Psychological Science* 22, no. 6 (2011): 821-28.

20   David Waldner and Ellen Lust, "Unwelcome Change: Coming to Terms with Democratic Backsliding," *Annual Review of Political Science* 21 (2018): 93-113; Nancy Bermeo, "On Democratic Backsliding," *Journal of Democracy* 27, no. 1 (2016): 5-19

21   Sergei Guriev, Nikita Melnikov, and Ekaterina Zhuravskaya, "3G Internet and Confidence in Government," *Quarterly Journal of Economics* (2021), https://doi.org/10.1093/qje/qjaa040.

22 Kahn and Wiener, "Faustian Powers and Human Choices."

23 Bermeo, "On Democratic Backsliding."

24 Waldner and Lust, "Unwelcome Change."

25 Jennifer McCoy, Tahmina Rahman, and Murat Somer, "Polarization and the Global Crisis of Democracy: Common Patterns, Dynamics, and Pernicious Consequences for Democratic Polities," *American Behavioral Scientist* 62, no. 1 (2018): 16–42.

아이덴티티

초판 1쇄 발행 2024년 8월 14일
초판 2쇄 발행 2024년 10월 7일

지은이 제이 반 바벨, 도미닉 패커
옮긴이 허선영
펴낸이 고영성

책임편집 하선연 **편집** 윤충희 **디자인** 이화연 **저작권** 주민숙

펴낸곳 주식회사 상상스퀘어
출판등록 2021년 4월 29일 제2021-000079호
주소 경기도 성남시 분당구 성남대로 52, 그랜드프라자 604호
팩스 02-6499-3031
이메일 publication@sangsangsquare.com
홈페이지 www.sangsangsquare-books.com

ISBN 979-11-92389-94-3 (03180)